东北师范大学文库

蒋锡金与中国现代文艺运动

吴景明 著

东北师范大学出版社
长 春

图书在版编目（CIP）数据

蒋锡金与中国现代文艺运动/吴景明著. —2版. —长春：东北师范大学出版社，2015. 4（2025. 7重印）
ISBN 978-7-5602-9056-0

Ⅰ. ①蒋… Ⅱ. ①吴… Ⅲ. ①蒋锡金（1915～2003）—生平事迹②中国文学—现代文学史—文学史研究 Ⅳ. ①K825. 6②I209. 6

中国版本图书馆CIP数据核字(2015)第030046号

□责任编辑：吴东范　□封面设计：李冰彬
□责任校对：王　杰　□责任印制：刘兆辉

东北师范大学出版社出版发行
长春净月经济开发区金宝街118号（邮政编码：130117）
网址：http：//www. nenup. com
东北师范大学出版社激光照排中心制版
河北省廊坊市永清县晔盛亚胶印有限公司
河北省廊坊市永清县燃气工业园榕花路3号（065600）
2015年4月第2版　2025年7月第3次印刷
幅面尺寸：148mm×210mm　印张：11. 5　字数：338千

定价：53. 00元

本书系东北师范大学
图书出版基金项目

序　言

翻检古今中外的文学史、学术史，常常会发现这样一个现象：某个地方，某个时期，只要那里有一两位品行高洁、声名卓著的学者、作家高张大旗，往往会带动起周围一大批学者，一时云蒸霞蔚，蔚为壮观，甚至形成一种学派或流派，如弗罗伊德之于精神分析学派，马尔库塞之于法兰克福学派。而锡金先生所在的东北师范大学（1950 年前名为东北大学）以至吉林省学术界，50 年代就曾呈现出类似的状况。

20 世纪 50 年代的东北师范大学中文系，其学术地位在国内高校中首屈一指。当然，这是与抗战胜利前后整个东北在中国的政治、经济地位相适应的。1945 年抗战胜利后，东北在整个中国版图中的地位日益重要，无论是中国共产党，还是国民党，都想填充日本留下的空白。一时间，似乎谁拥有东北，谁就能决定整个中国的命运。正是在这种情况下，我党一方面派遣大批的军队进驻东北，一方面毛泽东亲自电令延安，决定占领东北的文化阵地——创建大学。1945 年 10 月，党中央决定从延安大学抽调部分教师、干部到东北建立东北大学。正是在这种形势下，1946 年，东北大学（东北师范大学的前身）在辽宁本溪建立了。学校建立后，先后有一大批当时国内著名的学者、作家从全国各地来此任教，蒋锡金先生就是其中的一位。除此之外，从关内来的学者还有闻一多先生的高足何善周，古文字学家孙晓野，古代文学史家杨公骥，红学家、现代文学史家张毕来，散文家、作家吴伯箫，古典诗词专家唐圭璋等。后来陆续到来的还有教育家、文学评论家成仿吾，著名诗人公木，法国文学、诗学专家穆木天及其夫人苏联文学家彭慧等。锡金先生在当时与讲授中国古典文学的杨公骥、讲授外国文学（法国文学）的穆木天、讲授语言文字学的孙晓野一起并称为东北师范大学中文系“四大名教授”。

这批学者在东北师范大学开设的一系列课程，如蒋锡金、吴伯箫的文选写作，何善周的古文字学，孙晓野的音韵学，杨公骥的古代文学，张毕来的现代文学，唐圭璋的诗词研究，穆木天的法国文学，彭慧的苏俄文学等，不仅在东北，甚至在全国高校中都具有拓荒的地位。50年代东北师范大学曾出版教材多部，被国内各高校广泛采用，产生了重大的学术影响。这其中就有蒋锡金先生翻译的早期文艺理论教材——《文学理论教学大纲》（东北教育出版社，1951年版）。时至今日，锡金先生的中国现代文学参与者，中国现代文学研究史家、诗人、作家、学者、鲁迅研究专家、儿童文学、民间文学研究家等称号已为学术界所公认。

作为中国现代文学参与者，锡金亲身经历了中国现代文学史上重要的文艺思潮与文艺运动，如抗战时期武汉的文艺运动、上海“孤岛文学”时期的文艺运动等；发起并组织了在中国现代文学史上有深远影响的“诗朗诵运动”、“中国诗人协会”、“行列社”等文学社团；参与编辑《抗战文艺》、《时调》半月刊、《战斗旬刊》等报刊。

作为现代文学史上的著名社会活动家，因文学活动，锡金先生结识了中国现代文坛众多著名人物，如鲁迅夫人许广平、茅盾、老舍、丁玲、萧军、萧红、李辉英、成仿吾、冯乃超、穆木天、楼适夷、戈宝权、关露等。

作为鲁迅研究专家和文学评论家，他一生发表论文百余篇，其中有关鲁迅的评论50余篇，内容涉及鲁迅研究的方方面面……

先生一生遭遇坎坷。他出生在20世纪初的动荡岁月里，19岁就离开故乡宜兴，为从事进步文艺运动和逃避反动当局的逮捕而辗转迁移，四处流亡，亲历了抗战时期武汉的文艺运动。抗战爆发后，他又辗转流亡于“武汉——广州——梧州（广西）——香港——上海”等地。解放战争时期，他到苏北解放区从事文化宣传工作，后经大连、朝鲜平壤来到佳木斯的东北大学任教，并先后随学校迁往吉林市、长春等地。新中国成立后，在反右斗争中被错划为右派；“文化大革命”中又被下放到通榆县走“五七”道路，直至1979年平反昭雪，他才算得以安度晚年。

重返学界的锡金先生，一面参与人民文学出版社编辑出版的《鲁迅全集》和《郭沫若全集》的注释与校对工作，出席各种学术会议；一面扶植青年，鼓励后学，帮助青年教师备课，指导他们写教案，寻找进修的机会，联系、推荐发表文章，为他们的著作写序等。可以说，他对青年教师是“知无不言，言无不尽”，竭尽所能，全力帮扶的。我就是其中的一个。

20世纪80年代中期，我研究生毕业，从南方回到东北师范大学中文系任教，有幸和蒋先生在一个教研室共事两年。那时教研室正集体编写一部《中国现代文学词典》，聘请蒋先生担任顾问，我也承担其中部分内容的撰写。但在查阅民国旧书刊时，常常遇到书目不全，内容散佚或缺失的情况，因此，不免去请教号称现代文学史活字典的蒋先生。先生则是有求必应，百问不厌，耐心地倾听与解答，甚至把自己收集和保存的书籍、资料提供出来。有时先生自己手头没有某类书刊资料，他就会凭记忆告诉你到某资料室或图书馆，在某某地方可能找到。按照先生的指教再去查阅，往往大有收获，甚至会发现一片新的天地。可以说，对蒋先生的求教，每次都获益良多。那次编撰词典和求教的过程，使我感到现代文学不再是干巴巴的教科书式的陈述和归纳，而是鲜活的历史，对蒋先生的求教也不是简单的交谈，而是在那段历史的参与者、在场者和见证者的引领下走近历史，重归历史，是在与历史对话。这样的求教和交谈，真是令人难忘！

锡金先生一生，笔耕不辍，从第一篇诗歌《旱》在上海《申报·自由谈》1934年7月17日发表，到1993年11月为北方妇女儿童出版社出版的《毛泽东诗词鉴赏辞典》作《〈毛泽东诗词赏析〉代序》，从事文学创作和文学评论半个世纪，公开发表了近50万字的文艺性评论和文学作品。这些当年曾在各种报刊上发表的作品，产生了广泛的影响。然而，岁月流逝，人事变迁，几经动乱之后，不但先生的手稿荡然无存，就连当年的许多报刊也很难找到了。遗珠之恨，实在令人叹惋！

先生还健在时，某出版社就曾多次找先生商议出版他的文集，但先生淡泊名利，对此全不热心，甚至劝阻大家不要为此耗费精神和财力。他曾自嘲地说：“旧文重印，应是传世之作。我写的东西，多是雕虫小技，你们还是别费心思了。”不仅如此，鉴于先生是三四十年代现代文学史的见证人和参与者，当我还是青年教师时，系里曾让我担任蒋先生的助手，协助蒋先生整理著述和个人史料，但由于种种原因却没能实现。可喜的是，这部书稿虽然还不太成熟，但却使几代人的遗憾有了结果。

文学院青年教师吴景明，自 2003 年 3 月以“蒋锡金与中国现代文艺运动”为题申请东北师范大学青年社科基金获立项批准后，两年来一直勤于查找资料，寻访当事人，查阅锡金先生的书信、藏书及手稿，撰写了 30 余万字的同名书稿，请我作序。翻看书稿，第一印象就是作者扎实的史料功底，没有过多的理论阐释，也没有更多华美的文字，锡金先生的生平、亲身经历的现代文学史事件、著译年表及活动年表等都显示了这种倾向。诚然，作为一个青年后学，作者对史料细节的把握还有待提高，对锡金理论研究的深化还有待开掘，但不可否认本书在勾画锡金先生文学活动时，披露了一些鲜为人知的现代文学史料，对丰富现代文学史料及东北师范大学的校史、学术史有一定的意义。这是青年作者的第一部书稿，作为导师，我期望他有更多、更好的书稿呈现给学界。

逄增玉

于东北师范大学文学院

目　录

一 动荡的童年（1915—1927）

（一）“锡 金”

锡金先生（左）接受作者访谈，并在客厅中留影（2003 年 4 月 15 日）

1915 年 1 月 3 日，蒋锡金先生出生于江苏南京省立第一医院，当时他的祖父蒋励真（利贞）正担任这家医院的院长。由于蒋家几代单传，所以锡金的祖父和父亲对这一男婴的出世倍感高兴，祖父给这个孩子起名为“锡金”，寓意像锡铁一样坚固，像黄金一样长存，不朽。

锡金的祖上原本是宜兴当地一个生活殷实的地主，虽称不上“钟鼎美食”之家，但也足以让人羡慕。自锡金的曾祖父起，家境逐渐败落，沦落为破落的地主家庭。那时全家人的日常生活已经不能完全依赖地租，需要另行做些小生意来贴补家用了。锡金的曾祖父是“读书人”，在太平天国运动兴起前，靠教私塾为生。太平天国时（1851—1864）逃至江北，全家人的生活靠曾祖母缝穷、洗衣度日。经过太平天国的变乱和曾国藩湘军的洗劫，原本繁华富庶的江南一片萧条，蒋家的家境也愈显贫困。太平天国运动被镇压后，锡金的曾祖父回到故乡宜兴，失业在家。当时锡金曾祖母和祖母的女红，竟成为家用的主要来源。

锡金的祖父蒋励真 18 岁“入学”之后就有些“文名”，因而能与同是地主家庭但家境富裕的外祖父交好。由于家庭贫寒，蒋励真只好抛弃了中国传统知识分子“科举仕途”的人生道路，去读洋书，并一心想凭借自己的实力扭转家庭的现状。正如鲁迅在《呐喊·自序》中所言：“有谁从小康人家而坠入困顿的么，我以为在这途路中，大概可以看见世人的真面目……那时读书应试是正路，所谓学洋务，社会上便以为是一种走投无路的人，只得将灵魂卖给鬼子，要加倍的奚落而且排斥的……”蒋励真和鲁迅年轻时面临着同样的家境，但他们都没有向命运低头，而是不断地努力进取。蒋励真终于在 36 岁时考取了日本东京帝国大学医学部的官费名额，并以个人微薄的官费带了锡金的父亲同去日本。在锡金的祖父和父亲留学时期，家中的生活则完全依靠锡金的曾祖母和祖母洗衣、缝鞋底和做拆衣（即在估衣店里取回料子，在家缝成衣服送去，赚取手工费）维持。因此锡金的父亲蒋拱辰在日本留学时，常从自己的官费中节省些钱来贴补家用。还曾回忆说：“那时家里常年吃粥，靠祖母做拆衣和典当嫁衣周旋困难。”

蒋家的生活状况自锡金祖父、父亲毕业归国后得以改变，因为处于清末民初，学成归国的留学生尚少，所以锡金的祖父、父亲回国后不仅声名很是显赫，而且在职业上也较为顺利，在当时人眼中看来真可以称得上是“衣锦还乡”，“光宗耀祖”了，蒋家的家境也渐渐由“破落”趋向“复兴”。

（二）父　亲

锡金先生保存的印有其父蒋拱辰姓名的《圣经》

锡金的父亲蒋拱辰（字伯阳）15岁时便被锡金的祖父蒋励真携往日本留学，后来自己也考取了日本东京高等师范学校的官费留学生，学化学专业。1914年，蒋拱辰从日本回国后，先后在南京工业学堂、奉天（沈阳）工业学堂及南京的暨南学校当数理教员。后因同学关系，进了江苏省教育厅，曾任江苏省教育厅视学、江苏省教育厅第二科科员、江苏省第三中学（后改名为松江中学）校长等职，并赴欧美考察西方教育。在胡庶华①执掌江苏省教育厅时，蒋拱辰为第二科科长。由于身处动乱年代，加之人事变动，导致职业很不稳定。胡庶华卸任后，蒋拱辰便辞了职，失业了七个月，后到上海暨南大学高中部教书。北伐战争爆发后，暨南大学高中部暂时停办，蒋拱辰就又入上海省立中学教书，失业后，又进"农矿部农产物检查所"（即后来的"实业部上海商品检查局"）为技术员。1940年汪精卫伪政权统治上海时期，商品检验局内迁，他留职停薪，仍住在上海未走，并在光华大学、南通大学②等学校教课，一直到上海解放，学校迁走时为止。

蒋拱辰37年的职业生涯中，在农矿部农产物检查所任职历时近20年，职位由技术员历技师、技士而升到技正、肥料化验室主任，1951年在上海去世。在锡金的印象中，父亲一生似乎一直是以教书谋生的。37年中，蒋拱辰失业三四次，但时间都不长，最长7个月。他的薪金收入，最低是当技术员，每月100元，最高是当技正时，每月230元，

① 胡庶华（1886—1968），教育家、冶金学家。湖南攸县人。字春藻。1911年京师译学馆德文班肄业。1913年留学德国，先后入柏林矿科和工科大学，1920年获铁冶金博士学位。1922年回国后，历任湖南公立工业专门学校教授、事务主任，武昌大学教授、代校长，江苏省教育厅厅长，上海钢铁厂、汉阳兵工厂厂长。1928年任国民政府农矿部农民司、农林司司长。1929年后任同济大学、重庆大学、西北大学校长，立法院第二届立法委员，第三、四届参政会参政员，国民党中央训练团教授委员、六届中央监委，三青团中央团部副书记长。1932年、1940年、1944年三次任湖南大学校长。1949年赴香港，发表声明，表示拥护中国共产党的领导，被国民党开除党籍并遭通缉。中华人民共和国成立后，任北京钢铁学院教授兼图书馆馆长，是全国政协第二至四届委员，从事冶金学的教学和研究，著有《铁冶金学》、《冶金工程》、《中国战时资源问题》、《钢铁工业》等。

② 南通大学：前身是南通织染传习所，创建于1912年4月，次年定名为南通纺织专门学校，由近代著名民族实业家、教育家张謇先生创办，是中国最早的独立设置的纺织高等学府。1927年，改称南通纺织大学，招收本科生。1928年，张孝若将纺织大学、农科大学。医科大学三家合建为南通大学，纺织为该校的三科之一。1930年民国中央教育部以"南通学院"的名义批复立案，改称南通学院纺织科。新中国成立后，1952年全国高校进行了院系调整，学校迁往上海，与其他院校的相关系科组建成华东纺织工学院（现东华大学）。

其中还含有兼课等额外收入。

（三）家　　庭

锡金（左一）与家人的合影，背景为东北师范大学教工宿舍（长春，1954 年）

锡金的母亲史久芳是大地主的女儿，精于持家，尤善调度和经营。因家庭人口简单且只有锡金一个孩子，别无兄弟姐妹，所以家庭每月的开支仅是 40 至 50 元，而那时锡金的父亲蒋拱辰教书的薪水是 120 至 170 元，还不到收入的一半，因此每月都有剩余的积蓄。这样累计叠加，至 1921 年，蒋家有积蓄 1600 元。这些钱最初是寄存在锡金的外祖父家里，后因其外祖父盖房屋而挪用，因此外祖父赠与父亲蒋拱辰 30 多亩土地作为补偿。所以在锡金 6 岁的时候，家中就有了最初的土地。锡金的母亲又用家中的积蓄购买田地，后来又逐渐发展，所收地租再置田地，这样，家中的田地就渐渐增多起来。到新中国成立初期土地改革时，家中共有土地 160 亩。

1930 年，锡金的祖父蒋励真逝世，留下了一些股票和宜兴的部分房屋。股票的面值约为旧“法币”2500 元。锡金的父亲蒋拱辰把股票分给锡金的祖母和庶祖母（即祖父之妾）做生活零用之需。1946 年祖母病逝，庶祖母也年老多病，不能劳动，锡金的父亲才代为掌管这部分股票。1951 年，锡金的父亲蒋拱辰病逝，又由锡金的母亲史久芳接管。至 50 年代初，每年约有 70 余元的股息收入，作为锡金庶祖母生活费用的一部分。

至于蒋家在宜兴的房屋，因为还有叔祖父住在内，所以是共有的。因此，蒋拱辰就把房屋给了自己叔叔一族，自己只留了一块宅基地，后来在这块宅基上自建了一处房子。由于他打算在暨南大学附属高中部长期教书，所以还听从朋友的劝告，在暨南村买了一亩多地的屋基，这些房屋和土地都在上海真如镇乡间。上海解放后，实行了土地改革，蒋家的田产分给了乡间的无地户，部分房屋被军队借住。

（四）幼年教育

1986年8月21日，蒋锡金先生接到的“鲁迅与中外文化学术讨论会”邀请函

蒋家因为两代单传，所以对锡金的教育十分注重。自祖父母以至父母，都把全部的精力倾注在锡金身上，但长辈们的思想并不一致，每个人都想照自己的愿望把锡金教育成人：锡金的祖父蒋励真是学医的，因此他一直希望锡金长大以后当医生；父亲是学化学的，他希望锡金继承自己的事业。所以幼年时，锡金的生活无时无刻不在各式各样的督责与诱导之下，自身颇为所苦。但他后来的发展是让家人们失望了——因为他没有走这两条路中的任何一条，而是走上了文学道路，后来又辗转当上了教师。

尽管锡金幼年时体弱多病，但4岁时，父亲蒋拱辰就教他识方块字；5岁时入江苏省立第一女子师范附设的幼稚园，开始受“新式教育”；6岁时，又入江苏省立第四师范附属小学；7、8岁时，锡金已经能跳跃着看《三国演义》了。这说明家庭对锡金读书识字能力的培养很早就开始了，目的是想培养出一个“超常”的儿童。实际上，这对一个幼儿智力的发展显然是不适宜的。据说，锡金小的时候很沉默，不与其他同龄的孩子玩耍，但也很任性。他曾回忆说："我还记得我的童年是寂寞的，几乎没有什么朋友，学校一放学，父亲就在教室外把我领回家去了。家中都是些大人，只有我一个小孩。那时我家在南京租住的是太平天国运动后兴修起来的'实园'，除了一定的时间可以出去和同住在这个花园里的几个台湾孩子玩玩外，我经常是一个人在自己的院子里逛来逛去，十分的寂寞。"

1923年，锡金9岁时，随父母到了松江县。那年他初小毕业，升入高小。锡金的父亲有意让他跳过高小，进入初中，所以在学习上抓得更紧。晚年的锡金还一直记得那时的情形：每天早上起来，锡金的父亲蒋拱辰亲自教锡金读英文；吃过早饭后，锡金便由一男仆背着去南门，上松江县立第一高小的课；课程学完，照旧由那男仆背回，吃过午饭后再背去。那男仆在学校中守着锡金，不许他在下课时同其他同学一起玩耍。下午放学，仍旧由男仆背着回家。家中已有在松江县立第三中教书并当文牍的表舅父——锡金的家庭教师——在等他。接着便由他教锡金读"四书"，读完"四书"，还要习字，完成习字任务后，天已经黑了。锡金的母亲通常会计算一下昨天的字得了几个圈，答应每得一个圈，给锡金一个铜圆。锡金回忆说那些铜圆据说是已经积成数十元银洋了，但一直由锡金的母亲替他保管着，锡金本人始终未曾拿到过。吃过晚饭，锡金的父亲又亲自在灯下教他算学。这一切完成后，锡金要记完日记才能睡觉。

由于年幼，加之长期劳累，到第二年，即1924年，10岁时，锡金就病倒了，四肢麻木并伴有抽痛，还不时头晕。那时松江县有一个著名的西医曾为锡金诊治，说得的是脑病，最怕劳累，且恐活不长，于是锡金只好辍读，直至锡金随父母回南京。锡金在南京家里休养了好长时间才又进了四师附小。那时学校教学已改成"道尔顿制"了，上午有一位"导师"讲课，下午是课外实践活动，有办银行、消费合作社、打气枪、做木工、摄影等等。锡金觉得很有趣，因为几乎尽是玩。

没过多久，大约在1925年，那时锡金的父亲蒋拱辰正在江苏省教育厅当科长，因与他交好的教育厅长胡庶华辞了职，蒋拱辰便也递交了辞呈。在南京住了一段时间后，锡金就又随父母回到了上海真如镇的暨南大学[1]附中教书。由于没有适当的学校，加之身体又不好，所以他就一直辍学在家。

1927 年北伐军进攻上海，暨南大学附中暂时停办，蒋拱辰与全家迁到上海，在省立上海中学教书，锡金便也随着到了上海，但由于身体总是有病，并且咳血，所以也并未上学。

（五）“功　　课”

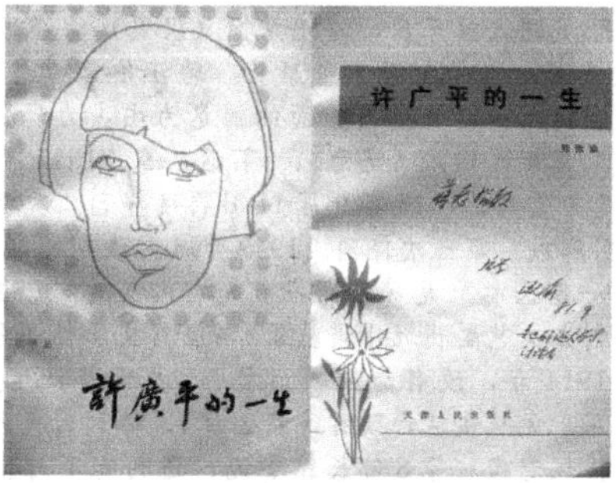

1981 年 9 月，作者陈漱渝签名并赠阅锡金《许广平的一生》
（天津人民出版社，1981 年版）

1925 年至 1927 年两年间，由于身体原因，锡金几乎没有上学读书。但父亲蒋拱辰仍旧交给他一些功课做——最主要的就是读报、剪报和贴报。关于读报和剪报留在锡金记忆深处的有下列几件事：

1. 1925 年发生的“五卅运动”是当时中国政治生活中的一件大事，许多报刊都曾以大量篇幅加以报道，发表了许多相关的文章。锡金回忆说受当时时代氛围及其父爱国思想的影响，他当时也曾剪贴了一大本关于“五卅运动”的相关报道并汇集成册。

---

① 暨南大学：学校前身是 1906 年清政府创立于南京的暨南学堂。1927 年更名为国立暨南大学。抗日战争期间，迁址福建建阳。1946 年迁回上海。1949 年 9 月被复旦大学、上海交通大学等校合并。1958 年在广州重建。1994 年开始，由国务院侨务办公室和广东省人民政府合作共建，是中国第一所由国家创办的华侨学府。

2. 蒋拱辰特别指定锡金每天必读的报纸是《新闻报·快活林副刊》[①] 上严独鹤[②]的谈话栏目。

3. 后来蒋拱辰又增加了内容，要求锡金每天必须把《时事新报》[③]上的社论用红笔圈上一遍，然后再向他陈述讲了什么内容。

4. 1926 到 1927 年间，锡金的父亲和他的一位留日同学，四川籍的

---

① 《新闻报》：1893 年（光绪十九年）2 月 17 日创刊于上海，日报。由华商张叔和、英商丹福士等人合办，公推丹福士为总董，斐思礼为经理。不久由丹福士独资承办。1899 年丹福士宣告破产，将该报售于美国人福开森，聘汪龙标（汉溪）为经理。1929 年福开森将该报股权转让给华商股份有限公司，以吴蕴斋为董事长。聘汪伯奇为总经理。该报虽几度易主，但主要内容一直以报道经济新闻和商业贸易方面的消息为主，为吸引读者，先后开辟了一些趣味性副刊，如《快活林》、《新园林》、《艺海》、《茶话》等。1941 年 12 月 8 日太平洋战争爆发后曾一度停刊，12 月 15 日复刊。1945 年 9 月 17 日再度停刊。次年 1 月 22 日再次复刊，至 1949 年 5 月 27 日上海全部解放后第三次停刊。1949 年 6 月改组出版《新闻日报》，1960 年 5 月 31 日终刊。《快活林——新园林》是《新闻报》颇有名气的文艺副刊。福开森聘华人汪汉溪为该报总经理时，开始创办文艺副刊《庄谐丛录》，但其文学性不强，影响不大。严独鹤出任编辑后，进行了改革。1914 年，改名为《快活林》，才逐渐产生影响。1932 年上海发生“一·二八事变”，创巨痛深，无从快活，改称《新园林》。停刊时间不详。撰稿者多为通俗小说名家，李涵秋发表过《侠凤奇缘》等 8 部长篇小说；还刊有不肖生（向恺然）的《玉块金环录》，顾明道的《荒江女侠》、《奈何天》和《惜分飞》；张恨水的一些小说《啼笑姻缘》、《夜深沉》、《满江红》、《水浒新传》等，也发表于此。这些作品揭露和抨击了黑暗的旧社会，艺术上也有所革新，是值得称道的。该刊还登载过由许多人合作的所谓“十锦小说”，如《海上月》、《奇电》、《蓬蒿王》、《红叶村侠》等。该刊还刊有弹词、诗词、杂文等。由于《新闻报》出版时间长，作品容量大，内容较为积极，作者大都是通俗小说名家，在群众（尤其市民群）中影响很大。该刊的变化，说明旧派刊物在向新派刊物靠拢。

② 严独鹤（1889—1968），现代著名报人、小说家。名桢，字子材，别号知我、槟芳馆主、老卒。“独鹤”是他早年丧偶后所取笔名。自 1914 年起，在上海主持《新闻报》副刊笔政长达 30 余年，编有《快活林》、《新园林》，即以“独鹤”之名，每天亲撰一篇“谈话”，积万余篇，多为针砭时弊之文，得到读者的赞赏。与《申报》著名作家周瘦鹃同为 20 世纪 30 年代“鸳鸯蝴蝶派”作家，人称“一鹃一鹤”。1929 年起在其所编《快活林》上刊发张恨水的《啼笑因缘》。小说一出，使张恨水名满天下。1950 年起，严氏以文化名流的资格，历任上海市第一届至第五届人民代表大会代表和全国政协第三、四届委员。“文革”中含恨而死。著有长篇小说《人海梦》、《严独鹤小说集》及电影剧本数部。

③ 《时事新报》：前身为《时事报》。1907 年 12 月 5 日创办于上海，1911 年（宣统三年）5 月 18 日改为本名。主编汪仲阁、潘公弼，日报，初为民初研究系的机关报，以编译东西报章、介绍西方资产阶级学术文化为主要内容。1918 年 3 月 4 日起，增出《学灯》副刊，注重宣传新思潮。辟有教育研究、教育界消息、学校指南、青年俱乐部等栏目。郭沫若曾在副刊上发表作品多篇。五四运动后抵制革命思想，反对马克思主义。1934 年后为孔祥熙财阀所控制。抗日战争期间，曾迁重庆出版，号数续前。1945 年 9 月 27 日复出上海版。1949 年 5 月 27 日停刊。

邓胥功[1]（字子纯，锡金称他邓伯伯）同在暨南大学高中部任教，租住上海真如车站迤南的梁家花园。邓胥功在国立暨南大学高中师范科当主任，订了《时报》[2]和《民国日报》[3]两份报纸，锡金每天到他那里看这两份报，通过这些报纸了解一些当时北伐军的情况，并将武昌战役的消息也剪贴了一本。

由于年纪尚小，那时的锡金对父亲为什么要他读报、剪报还不太清楚。多年之后，锡金先生对我说："剪报对于多病年少，很少外出的我大有裨益，它不仅开阔了我的视野，增长了我的见识，也使我逐渐熟悉了报纸，并在潜移默化中增强了我的写作能力。"而这一切都为锡金以后从事文学创作打下了深厚的基础。

蒋拱辰经常向锡金说起留学日本时受歧视的事情。比如：当时他有一次数学成绩考了第一，日本教师就特别指出这是"支那人"，而日本的同学就一律不和他说话。加之当时蓬勃兴起的五卅运动，使幼年的锡金受到了朦胧的民族主义、爱国主义的洗礼，家庭一直想把他培养成为一个旧社会出人头地人物的理想似乎并没有收到预期的效果，他一生的实践证明了这一点。

---

① 邓胥功（1886—1976），重庆市人。1915年毕业于日本东京高等师范学校后，在成都四川教育杂志社任编辑，1916—1923，任国立成都高等师范学校教授兼附小校长。1923—1925，留欧考察教育，1925—1931年任上海国立暨南大学高中师范科主任，1931—1952任成都国立四川大学教授、教育学院院长、教育系主任、师范学院院长等职。主要著作《教育学大纲》（上海华通书局出版社）、《教育通论》（上海世界书局出版社）。

② 《时报》：1904年（光绪三十年）6月12日在上海创刊，创办人狄葆贤（楚青），总主笔罗孝高，新闻编辑雷继兴、陈冷血，日报，设有时评、报界舆论、外论撷华、介绍新著、词林等栏目。该报在内容和体例上都力求创新，编排务求秩序，务求显醒，备有一至六号各种字模，对重要专电和新闻使用大字标题，以求醒目。还先后增设实业、妇女、儿童、文艺等周刊，随报附送。1921年出售给黄伯惠。1939年9月1日停刊。

③ 《民国日报》：中国近现代著名报纸之一。1916年1月22日在上海创刊。主编叶楚伧、邵力子。初为中华革命党的宣传工具，力主反帝、反封建、反袁世凯独裁专制。1924年国民党第一次全国代表大会以后，成为改组后的国民党机关报，积极宣传革命统一战线。辟有评论、电讯、新闻等栏。1919年创办的《觉悟》副刊，极力宣传新文化运动，并配合《新青年》展开反对无政府主义的斗争，经常刊有早期共产党人的文章，热情歌颂十月革命和介绍马克思主义。本报的另一重要副刊《妇女评论》，由陈望道主编。1925年底，报纸为西山会议派所把持，宣传西山会议派反共反统一战线的政治主张，遂变成国民党右派的报纸。1932年2月停刊。1932年5月4日易名为《民报》而复刊。1937年11月24日再次停刊。抗日战争胜利后，于1945年10月6日以原名复刊，但在中国舆论界的影响已甚微。1947年1月终刊。该报早期阶段所出期号内容是研究孙中山资产阶级革命派思想及国共合作的重要资料。

二 少年求学（1927—1934.8）

（一） 宜兴农民暴动

①宜兴农民暴动领导人万镒烈士像
②中共宜兴县委书记、锡金二舅父史耀宾的住宅，
也是宜兴县第一个马克思主义学习小组诞生地

1926年7月，北伐战争爆发。1927年初，北伐军逼近上海，真如镇的暨南大学高中部停办，锡金随父亲迁到上海，在省立上海中学教书。刚到上海时，蒋家最初租住一广东商人家，后因语言不通，又租住在一家邮局职员家里。上海通常的情况是房东与房客之间是没有什么交谈来往的，因此那时家人与房东之间也并不相互了解。那两处住址都位于靠近闸北的虹口租界内，但蒋家居住的时间都很短。不久，上海工人在北伐军队进攻上海之前就拿下了闸北[①]，直系军队逃走了，因为盛传

① 指1927年3月21日在周恩来、罗亦农为首的共产党人领导下，上海工人举行第三次武装起义，向北洋军阀直鲁联军全面进攻，经过30小时的奋战，取得最终胜利。次日召开临时市民代表大会，正式宣布成立上海特别市临时政府。

工人要冲击租界，锡金的父亲就又搬了一次家，搬到了租界的腹地——铜仁路（原哈同路，现中苏友好大楼所在地民尊北里）。

那时的锡金仍未入学，附在姨母家的私塾内读古文。教古文的王元淼老先生，字三水，是锡金姨母家的亲戚，还是一位国画家。当时蒋家恰好住在他家隔壁。老先生有四个儿子，都已长大成人了，但那时还都未结婚，同住在一间楼下的客堂内，工作是替某纺织厂画图案。因为住得近，所以老先生每隔几天便要锡金去他家背书和交作文。每当这时，锡金也就顺便在楼下和他的儿子们玩。那时锡金经常看到他们在读《幻洲》①、《太阳月刊》② 以及许多新文艺书籍，也就借些回来看，虽然不十分懂，但很感兴趣，因为里面谈的到底是些新事物而不是古人古事了。就是通过这些书籍，锡金接受了新思想和新文化。

1928 年，锡金 13 岁。那年秋天，他随母亲史久芳回故乡宜兴省

---

① 《幻洲》：1926 年，创造社成员周全平、潘汉年、叶灵凤等在上海组织了“幻社”，并于该年 6 月 12 日出版了《幻洲》周刊。“幻洲”，其含义为沙漠中一块小小的“绿洲”，发表过潘汉年的《幻想中的 OAZO》、《青鸟馆》、《编者的哓舌》，叶灵凤的《白日的梦》，木天的《平凡》，毓英的《六毛钱的威风》，骆驼的《我为什么要叫骆驼》等作品。1926 年 6 月 18 日停刊，仅出版 2 期。3 个多月后，1926 年 10 月 1 日《幻洲》复刊了，改为半月刊，由于当局的查禁，1928 年 1 月终刊，共出版 20 期。编者在创刊号上的《本刊编辑部启事》中表示：“本刊之创设，在摆脱一切旧势力的压迫与束缚，以期能成一无顾忌地自由发表思想之刊物。”该刊在编排上有特色，每期分上、下两部，上部题为《象牙之塔》，由叶灵凤编辑，所刊作品多描写青年的生活以及他们对理想的追求，表现他们的“生”与“性”的苦闷。小说有叶灵凤的《禁地》、陶晶孙的《音乐会小曲》、彭家煌的《劫》等；诗有滕刚的《最后的歌场》、李守章的《天台》、邱韵铎的《圣醇》等；还刊有蕗谷虹儿、罗丹、叶灵凤等的美术作品。下部题为《十字街头》，由潘汉年编辑，主要刊载时评和杂感，批评文坛以至社会的某些现象，犀利泼辣，有较强的现实意义，但也发表了一些不无偏激的文章。曾编发了“灵肉号”和“灵肉续号”，刊载了许多文章，探讨人生和性爱方面的种种问题，在当时曾引起过不同的社会反响，主要作者有周全平、王任叔、孟超、成绍宗、洪为法、裘柱常、沈松泉等，还编辑出版了“幻洲丛书”。

② 《太阳月刊》：1928 年 1 月在上海创刊的文艺刊物，太阳社主办，春野书店发行，蒋光慈、钱杏邨主编。内容以发表文学创作和评论为主，兼刊翻译作品。该刊在提倡无产阶级革命文艺方面曾起过积极的作用。蒋光慈在该刊发表了《现代中国文学与社会生活》、《关于革命文学》、《论新旧作家与革命文学》等论文。林伯修发表了《到新现实主义之路》，倡导“新现实主义”的创作方法，适应了时代对文学的要求，促进了革命文学运动的发展，因此在社会上产生了较大的影响。《太阳月刊》也发表了一些较好的作品，如刘一梦的小说《失业之后》和殷夫的诗。该刊受到苏联拉普派和日本纳普派的影响，在参与关于革命文学的论争中，受当时党内“左”倾思潮和教条主义的影响，对鲁迅等作家进行了错误的批判，钱杏邨否定鲁迅的文章《死去了的阿 Q 时代》就是该刊发表的。它的一些左的错误观点，引起了鲁迅与茅盾等的批评，遂发生了争论。1928 年 7 月，出至第 7 期后被国民党当局查禁而终刊。

亲，在外祖父家住了一个多月，这期间他亲眼看到了“宜兴农民暴动”[①] 的全过程。

锡金的外祖父是一个大地主，地方绅士，在宜兴当地很有些影响。锡金的三个舅父——史仪宾、史耀宾、史翰宾，虽是大地主家庭的子弟，但却在他们的朋友潘梓年[②]和潘汉年[③]思想的劝导下参加了共产党，经常在家中组织马列主义小组学习。其中二舅父史耀宾与另一位宜兴中

① 宜兴农民暴动：1927 年中共中央在汉口“八七”会议上，确定土地革命和武装反抗国民党的总方针，并将发动各地农民举行秋收起义作为党在当前最主要的任务。不久，中共江苏省委要求江苏农运主要工作是要即刻领导江苏农民暴动，夺取政权。1927 年 11 月 1 日上午，宜兴暴动行动委员会成员万镒、段炎华、匡亚明、宗益寿、史砚芬等人按原定计划，指挥各路农民军以分散隐蔽的方式陆续进城，上午 10 时，暴动民众数千人在县立中学操场集会，宣布举行暴动，打倒国民党县政府，建立革命的农民县政府（宜兴工农委员会）；处决罪大恶极的土豪劣绅；并推举省委特派员万镒为农民革命军总司令。中午 12 时，万镒在县署门前发三枪为号，暴动队伍臂缠红色布条为标记，手持短枪、铁尺、农具、木棍向城内军警发起进攻。暴动队伍迅速攻占了县署、公安局，县长、公安局长乘乱避于厕中，方得幸免一死。是日晚 8 时，暴动群众将县牢狱打开，被押人犯悉数释放。宜兴暴动打响了江苏土地革命战争的第一枪。就在暴动的第二天，国民党南京政府急忙调遣军警赶往宜兴进行镇压。在敌我力量对比悬殊，宜兴县城固守无益的情况下，3 日，暴动指挥部决定主动率部撤离县城，退往浙江长兴，利用山区的有利地形，继续与敌斗争。但不幸的是，11 月 5 日，宜兴暴动的主要领导人万镒以及暴动骨干蒋三大、陈伯麟等人在浙江长兴被捕，并于 22 日在宜兴殉难。

——摘自《扬子晚报》2001 年 6 月 24 日。

② 潘梓年（1893—1972），江苏宜兴人。1923 年在北京大学哲学系毕业后到保定中学任教。1927 年加入中国共产党，任中共宜兴县委宣传委员。同年 9 月，在上海北新书局主编《北新》、《洪荒》等进步刊物。30 年代初历任中国左翼社会科学家联盟负责人，中国左翼文化总同盟书记，中共江苏省委机关报《真话报》总编辑。1933 年 5 月被南京政府逮捕，1937 年 6 月出狱。抗战爆发后，在武汉、重庆筹办中共机关报刊《新华日报》和《群众周刊》，任《新华日报》社长，撰写了大量政论、时评。1947 年 2 月《新华日报》被迫停刊，率领报社人员撤回延安。此后，历任中共中央城市工作部研究室主任、中原省人民政府教育部长、中原大学校长、中南区行政委员会教育部长。1955 年任中国科学院哲学社会科学部副主任兼哲学研究所所长，主编《哲学研究》杂志。“文化大革命”中受到迫害，被捕入狱，在狱中去世。一生著译甚丰。主要著作有《文学概论》、《逻辑与逻辑学》、《辩证法是哲学的核心》等。报刊文字收入《潘梓年文集》。

③ 潘汉年（1906—1977），江苏宜兴陆平村人。1925 年加入中国共产党，是左翼文化运动的创始人和领导人之一。1931 年至 1933 年任中央保卫部门的领导成员。1936 年任共产党同国民党谈判联合抗日的正式代表。1948 年为准备人民政协，组织李济深等民主人士 350 余人越过敌占海域，全部安抵解放区。长期领导敌区隐蔽斗争和统战工作，功勋卓著。上海解放，任上海市常务副市长，协助陈毅市长领导上海人民为战胜封锁轰炸，恢复发展生产，改造旧上海，做了大量工作。1955 年蒙冤关押达 20 余载。1977 年含冤逝世。1982 年 8 月 23 日中共中央发表《关于潘汉年同志平反昭雪恢复名誉的通知》为其平反。

学的教员万镒[①]还是这次“暴动”的领导人。

最初，锡金看到二舅父每天都和一些人在楼上的书房里开会到深夜，并且不让他们孩子进去玩。锡金在感到奇怪的同时，也对二舅父心生怨气，而锡金的外祖父就住在那间书房的楼下，但他通常是躺在鸦片烟铺上看林纾[②]译的《说部丛书》[③]，从来也不管儿子们的事的。但民国16年10月11日那天，二舅父却忽然下楼来了，关照仆人们把前后门都关起来，家人一律不准外出。亲友们虽然诧异，但都一一遵行了。锡金等一些孩子因不能出去玩，就闷在家中下棋，但总觉得好像有什么大事要发生似的，所以常常到看得见外面的阳台上去观望。那阳台很长，一端可以很清楚地看到县政府的大门“中央台”，另一端可以隐约望见原来的“四乡公所”（那时已改成“县党部”门前的石板场了）以及正南的子牙桥，这些地方，后来在抗日战争中被日寇炸毁，新中国成立后，人民政府又加以修建，据说内河已经填平，许多房舍也都荡然无存了。由于年少好奇，锡金曾想尽种种方法去看外面的情况，只见在子牙

① 万镒（1902—1927），江苏宜兴人，1925年9月加入中国共产党。1926年7月，国民革命军北伐，万镒受党组织委派，到宜兴开展革命活动。他以宜兴中学的图画、体育教师为公开职业，并以创办图书馆为名义，从事党的地下工作。他在进步青年中秘密组织阅读进步刊物，宣传马列主义，培养积极分子。1927年为执行党中央“八七会议”决议，中共江苏省委决定在宜兴发动“江南秋收暴动”，党组派万镒和段炎华以省委特派员身份到宜兴参加暴动的领导工作。1927年11月1日上午，宜兴暴动行动委员会成员万镒、段炎华、匡亚明、宗益寿、史砚芬等人按原定计划，指挥各路农军以分散隐蔽的方式陆续进城。中午12时，万镒在县署门前发三枪为号，暴动队伍向城内军警发起进攻并迅速攻占了县署、公安局。是日晚8时，暴动群众打开县牢狱，被押人犯悉数释放。3日，暴动指挥部决定主动率部撤离县城，退往浙江长兴，利用山区的有利地形，继续与敌斗争。但不幸的是，11月5日，领导人万镒以及暴动骨干蒋三大、陈伯麟等人在浙江长兴被捕，并于22日在宜兴殉难。

——摘自《宜兴人物志》

② 林纾（1852—1924），近代文学家。福建闽县（今闽侯）人，字琴南，号畏庐，加署冷红生。清光绪举人，曾任教京师大学堂。早年参加维新活动，辛亥革命后，渐趋保守，以遗老自居。虽自己不懂外文，但依靠他人口述，用古文翻译欧美等国小说170余种，其中不少是外国名著，译笔流畅生动，文字优美，又能保持原著的风貌，很受欢迎。他翻译的名著《巴黎茶花女遗事》出版后，轰动全国。《鲁滨孙飘流记》、《伊索寓言》、《新天方夜谭》、《黑奴吁天录》等译著在当时都颇有影响，在我国翻译史上做出显著的贡献。此外还有《畏庐诗存》及传奇、小说、笔记多种。

③ 1903年，商务开始刊印的《说部丛书》，先后共出版了四集，凡322种，是一部庞大的世界文学（小说）丛刊。

桥头聚集了很多人，都是穿短袄的“乡下人”（当时对农民的称呼），有的手中还拿着锄头之类的农具，黑压压的一片，后来听说总人数有两万人以上。县政府门前还有一些县党部的士兵，这一天特别背上了武装长枪。过了些时候，农民队伍越聚越多，渐渐地抵到了台西路口，集合在“补庐”的大门口。正当锡金他们猜想要发生什么大事时，只听得三声枪响，许多农民就向作为“县政府”大门的“中央台”涌了上去，一下子就缴了守卫武装的械，占领了县政府。锡金等孩子们站在西侧的阳台上，看到一队队农民从县政府出发，胸前都挂上了一条红布，手中的武器都是些锄头和扁担。后来听说，农民队伍中只有锡金的大舅父有一把手枪，万镒同志就是用那把枪发出行动信号的。以后就看到有用绳索捆着的华服绅士、老爷等陆续被拉出来，天黑之后，又听到几声稀落的枪声。后来才知道这是暴动群众在县党部南的荒园内枪毙了几个恶霸地主。当时由于年纪幼小，锡金及其堂兄弟姐妹谁也不知道发生了什么事。当天半夜三时，锡金的二舅父与万镒同志一同回家敲门，叫大家马上收拾东西，立刻离开宜兴。锡金就随同家人出了后门，绕路奔向码头。

一路上，锡金等人听到城里仍是闹哄哄的，好像有人拖着脚镣在路上来回走动。后来才知道，这是被暴动群众刚刚从监狱中释放出来，还来不及解开脚镣的囚徒。据说这次暴动事先并未了解到监狱中关押了一批盗匪，所以他们一放出来并不遵守起义农民的部署，反而明火抢劫了当铺，而当铺内存放着农民因生活困苦而典当的大量物品，造成了对农民利益的侵害。这些是锡金后来知道的。当时家里人要锡金等人听到声音就绕道走，锡金等人穿过了西横街的关王阁，斜过节孝祠广场，就到了北水关。这条路如果不绕行，径直走，本来是很近的，但由于经常听到声响，锡金等怕遇到危险，所以经常绕道，因此走了很长时间。在北水关下停泊着两艘船，家人就分上了那两艘船。当时船上已经坐着一位老太太，她就是万镒同志的母亲，万镒托锡金的二舅父史耀宾把自己的母亲带到上海，并照顾她的生活。就这样，二舅父一家就匆匆与万镒同志作别，次日晚到了无锡，以后又辗转到了上海。

锡金的二舅父是与锡金等人同船走的，舅父们虽然能够背叛自己的阶级，领导农民捣毁自己的家庭，但这一切并不能挽救“暴动”失败的命运。到上海以后，二舅父一家就住在锡金家附近，中间隔开六家。万镒的母亲则住在锡金家对门的亭子间里。锡金经常受母亲的嘱托前往送些钱和食物。老人十分想念自己的儿子，虽然当时年幼的锡金从舅父那里得知万镒同志已经牺牲了，但是舅父们仍叮嘱锡金不许向老人透露实情。万镒的母亲由于思儿心切和孤独寂寞，每当锡金去看她时，就常常抓住他的手，给锡金讲诉万镒幼年时的事情：讲他怎样孝顺，怎样爱别人，小时候怎样代人受过而无怨……边说边流泪，锡金便也陪着她流泪。虽然年幼，但锡金知道这样好的人现在已经为人民牺牲了，已经永远地离开了这个世界，再也看不到了。可是锡金不能说，只是说万镒一定会来上海找她的。后来，20 世纪 30 年代，锡金曾写过一首诗歌——《笑容》[①] 纪念这位可歌可泣的烈士。新中国成立后，宜兴人民没有忘记自己的好儿女，修建了烈士纪念碑来纪念这次农民起义。约半年后，万镒的母亲一定要回家，舅父们经过商量，送她到乡下的一家亲戚家去了。

“宜兴暴动”失败后，锡金的舅父们陆续逃亡到上海，作为家庭的叛逆者，他们为了农民的利益组织了“宜兴暴动”，但暴动的农民却在史家离开宜兴老家后，捣毁了外祖父家的“补庐”，抢走了一些东西。这其中就包括锡金父亲寄存在外祖父家的一只铁箱，那里面藏有他喜爱的留学时期及出国考察带回来的一些东西，因此锡金父亲经常埋怨二舅父的革命行动。尽管外祖父家也是“宜兴暴动”的受害者，但国民政府还是没收了舅父们的土地、财产，并通缉捉拿他们，锡金的外祖父因经受不起这样的打击而忧愤身死。

逃亡上海后，锡金舅父们的生活都很艰苦，要靠亲戚的接济维持生

---

① 上海《国防诗歌丛刊·开拓者》1936 年；《新诗选》（中国现代文学史参考资料）第二册，上海教育出版社 1979 年 11 月；《中国新文学大系》第 14 卷，上海文艺出版社 1985 年 5 月。

活。不仅如此，由于“暴动”中指挥失误，他们还为此失掉了党籍。锡金父母辈的亲属都对舅父们不满，诧异他们“为什么有好好的日子不过而要造反”，并且因为不时要接济他们，时时也在背后非议。锡金的二舅父失掉党籍后，变得十分消沉，吸上了鸦片。然而舅父们的行动对于锡金等孩子辈（表兄弟姐妹们）的影响是巨大的。他们因与舅父们的接触，听到了许多革命道理，如什么叫革命、什么叫反革命、什么叫阶级、什么叫剥削、什么叫阶级斗争以及国民党对革命的叛变等等。除此之外，锡金的二舅父还教了锡金等人一些文艺常识，并且对人生观方面有所启迪。锡金对二舅父十分佩服，认为他的行动是正义的，是“大义灭亲”。除锡金外，蒋家、史家的许多表兄弟也都受到二舅父的影响，多数兄弟姐妹在 1937 年投身于火热的抗日战争，其中有三人去了延安，两人在抗战中牺牲，一人（表弟徐忻）在三野特种兵团为宣传部长。1946 年，锡金与表弟徐忻在华中解放区相遇，谈起往事，两人都认为二舅父对他们思想的启迪是巨大的。

（二） 学 校 教 育

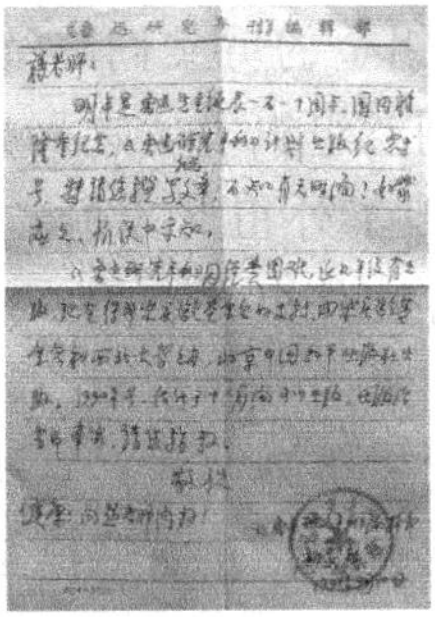

《鲁迅研究年刊》给锡金先生的约稿信（1990 年）

1929 年，锡金 14 岁，考入大同大学附属中学的初中一年级，从这年秋季起，直到 1934 年上半年，五年的时间里，锡金读了六个中学和一个大学：大同大学附中、东吴大学附中、光华大学附中、浙江省立一中、大夏大学附中、同济大学附中和上海正风文学院，从此结束了锡金在旧社会受学校教育的历史。其经历以表格详列如下：

阶段	时间·学期	学　校	年级/专业	年龄
中学	1929年·下学期	大同附中	初中一年级上	14岁
	1930年·上学期	大同附中	初中一年级下	15岁
	1930年·下学期	东吴二中	初中二年级上	15岁
	1931年·上学期	东吴二中	初中二年级下	16岁
	1931年·下学期	光华附中	初中三年级上	16岁
	1932年·上学期	浙江省立一中	初中三年级上	17岁
		大夏大学附中	初中三年级下（毕业）	
	1932年·下学期	同济大学附中	德文预备班上	17岁
	1933年·上学期	同济大学附中	德文预备班下	18岁
大学	1933年·下学期	上海正风文学院	大学一年级	18岁
	1934年·上学期	上海正风文学院	大学一年级（毕业）	19岁

其中须要说明的特殊情况有以下几点：

1.1932年上学期，锡金之所以读了两个学校，是由于那一年上海正值淞沪抗战，光华附中的有些同学集合起来想参加“学生义勇军”，锡金也准备同去，但此事被锡金的父母亲知道了，便哄骗锡金，让他先送一个表妹到杭州姨母家，回来后再去参加“学生义勇军”。但当锡金送人到杭州后，父母却没有按约定寄给他旅费，使他无法返回上海，所以不得不就近在杭州考入浙江省立第一中学，读了大约两个月，直到战事过去了，父母才又写信寄旅费叫他回沪，但又因为怕锡金受激进思想的影响，做出出格的事，所以便不许他在光华附中读书，因此才考入了大夏大学附中。

2.锡金的大学教育是从上海正风文学院开始的。锡金是1934年以“同等学力”考入该校的学生。正风文学院是一个由“鸳鸯蝴蝶派”文人创办的大学，主要教授“国文”，学校中有些纨绔子弟，他们并不读书，而锡金本人又因身体不好，所以，只读了两年就匆匆毕业了，结束了自己旧社会的学校教育历程。

(三) 青年时代的思想倾向

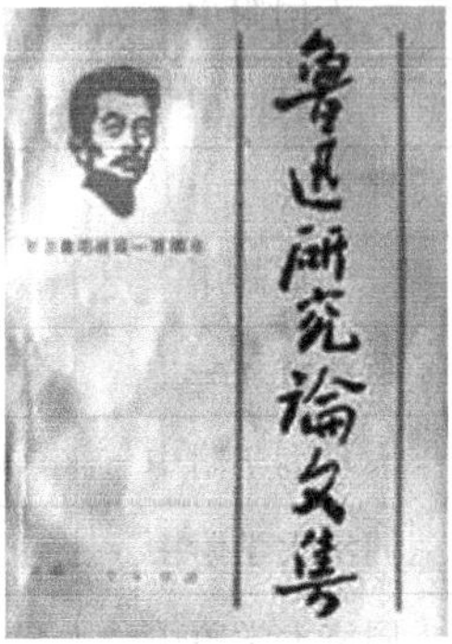

锡金作序出版的“纪念鲁迅诞辰100周年”《鲁迅研究论文集》
（吉林人民出版社，1981年版）

在锡金五年的学校教育历史中，有些重要事件对他以后的思想和行动产生了巨大的影响，具体详列如下：

1. 由于幼年的家庭教育打下了坚实的基础，加之锡金天资聪明，所以他在上海正风文学院大学学习过程中，课程的分数总是很高。平时他只是到课堂听听课，考试前翻阅一下笔记和教材，考试时分数却总能在80分以上，有时还能达到90分。

在所有科目中，锡金的国文是最突出的，这也是锡金以后走上文学道路的原因。在大同附中读初一年级时，学校为考核学生等级，曾把课程按难易程度分为三类：Ⅰ类——国文、Ⅱ类——英文、Ⅲ类——数理，各班同时上课。锡金入学时读Ⅰ类1——初中一年级国文，不久就升入Ⅰ类2——初中二年级国文，不久后又升入Ⅰ类3——初中三年级国文。在Ⅰ类3的班级中，锡金的国文分数仍然名列前茅。以后虽因父亲工作和身体原因，锡金频繁转换学校，但他的成绩仍然很好，因而在同学中较有威信。在同济大学附中学习时，出于年少的争强好胜，锡金曾当堂指出任课教师的错误，致使他总是请假，不敢再来上课。这使锡金得到了大多数同学的拥护，因为与蹩脚的国文教学相比较，大家都愿意有更多的时间来学习数理和德文。

除国文外，锡金的其他课程也较好。当时的同济附中是上海较难考的中学，每年报考的学生极多，录取的却很少，由于考题难，往往要降低分数来录取。1932 年，锡金以优异的成绩考入同济，在全部录取生中排名第二。锡金曾说："由于我总是能取得好的成绩，因此我对学习总是有些漫不经心，养成了习惯，以至一切都学得很不扎实，考试当时应付过去了，但过后所学的知识也就逐渐模糊而遗忘了，到现在更是'渐渐地不甚了然'起来。这与我以后在自学中的粗心大意，不求甚解是有很大的关系的。而其中'国文'成绩的突出，因为大家都这样认为，我如果学'文学'的话，是会学得很好的，我自己也就肤浅地这样自认。"当时年少的锡金哪里知道文学之路对于他也是充满艰辛和坎坷的。

2. 求学时期，锡金家庭经济条件比较宽裕，因而在经济上，他始终处于相对宽松的环境中。锡金的父亲为了培养他吃苦耐劳的精神，曾有意要锡金穿一些粗衣，吃一些蔬食，养成勤劳、吃苦的习惯，以磨练他的品质。但锡金的母亲却常常给他一定的宽限与补给。所以锡金求学时代的经济生活一直是虽有限制但仍宽裕的。只要说得出理由，家人是从不需要考虑节约的，这也造成了他自己以后在生活上的漫无计划。当他离开学校、家庭，到社会就业之时，常感到远不如求学时舒适。锡金曾表达过他当时的心境："虽然我轻视或反对同学中一些纨绔子弟的奢侈生活及不良作风，不和他们在一起，但对他们那种超越一般水平的物质生活，我在憎恶之余也含有某些方面羡慕的。摇摆在憎恶与羡慕的矛盾情绪之间，就使我有时难免产生颓废的情绪，而我的功课又比较好，在同学中又有威信，所以老师对我不是喜爱就是畏惧，这又使我在各方面（包括学习与生活）形成了自由散漫的习气。这种习气到以后'文化人'的生活中，更是得到了发展，造成了我一定的好逸恶劳和享乐观点，并也沾染了一定程度的自由散漫习气与颓废主义。"

3. 这期间中国发生的巨大历史事件——1931 年的"九一八"事变与 1932 年的"一·二八"淞沪抗战，对锡金的爱国主义思想产生了重大的影响。

（四） 光华时期的南京请愿

锡金 1931 年就读的光华大学附中校门及校徽（1925—1952）

愤激于日寇侵占我国东北及国民政府的卖国行为，上海青年学生的爱国情绪空前高涨。那时，锡金正在上海读初中三年级。他积极参与了当时的学生救亡运动，曾随学生宣传队到昆山、松江等地去宣传抗日，回来后，又参加了上海学生赴京（南京）请愿运动①。

那年上海学生到南京去请愿，队伍不下万人。只有一小队是光华附中的学生，锡金就是它的队长。

① 上海学生赴京请愿运动："九一八"事变后，全国掀起抗日救亡的群众运动，特别是大学学生都把挽救民族危亡作为己任，全国各地学生赴南京请愿，举行抗日救国游行示威运动。上海学生第一次赴京请愿是 9 月下旬，由 26 所大专院校选派 52 名大学生代表组成请愿团，向南京政府请愿，26 日上午，蒋介石在国民政府礼堂接见学生代表，说些搪塞欺骗的话。消息传到上海，抗日救国会决定组织第二次规模更大的请愿。9 月 28 日，复旦、暨大、交大、大夏、光华、沪江、大同、正风、同济、同德、东南医学、法政大学、南洋模范、暨大附中、光华附中、复旦附中、沪江附中、大夏中学等大中学校学生代表共 3000 余人，分别乘两列火车赴京请愿。29 日凌晨到南京，下午，学生集中在中央军校大礼堂。军校内布满武装士兵，还有几架飞机在头上盘旋。蒋介石接见学生，他一面表示"中央决不负国人"，接受学生们的要求；一面又指责学生请愿影响他"政治与外交的筹划"，说：学生如愿回校求学，车辆已准备好，当晚离京；如愿从军，即可编入义勇军，各级军官和营房已准备好。软硬兼施，迫使请愿学生返沪。此次学生赴京请愿，点燃了抗日救亡的烈火。

当时光华附中的主任廖世承[①]出面阻止学生出发，锡金就在操场上与他抗辩，痛陈国家民族之难和学生的抗日热情，最后把他说哭了，答应放游行队伍出发。这次请愿，对锡金的教育是极其深刻而生动的。最初由于没有路费，从上海到南京路途又远，锡金便带领请愿学生通过卧轨拦截才搭上了火车。乘客们得知这些学生要去南京争取抗日，对他们都很热情。当锡金及同学们从客车上下来时，坐车的旅客还给他们以热情的鼓舞。在昆山，光华附中的请愿学生遇到了从太仓一带哭号而来的同学。在常州，请愿学生被羁留了五六个小时。次日中午，包括光华附中在内的上海学生请愿大队约两万人，到达南京下关车站。学生们拒绝了国民党中央党部提供的慰劳食物，并且坚决不住政府指定的中央军校。为了解决住宿问题，在大队游行示威之时，锡金与光华附中高中部姓万的学生队长一起去联系了中央大学的女生健身房，作为请愿学生的住处。

第二天，蒋介石在架了机枪的中央军校礼堂给请愿学生“训话”。锡金因为是学生代表而排在首列，被中央军校的“学生”夹持着，左右各一人，他站的位置正是讲台的左侧。当时蒋介石虚伪地对请愿学生做

① 廖世承（1892—1970），我国近现代著名的教育心理学家，中等教育专家，上海市嘉定县人。1912年考入北京清华学校高等科（理科）；1915年赴美留学，在布朗大学攻读教育学和心理学，并先后获学士、硕士、哲学博士学位。1919年回国，任南京高等师范学校（后改为东南大学）教育科教授，主讲教育心理学、中学教育等课程，兼附属中学主任，并从事教育科学实验。1927年起任上海光华大学副校长。抗日战争时期，廖世承在湖南蓝田国立师范学院任院长。抗日战争胜利后，他回上海继任光华大学副校长、校长之职。中华人民共和国成立后，自1951年起，廖世承曾先后任华东师范大学副校长、上海第一师范学院院长、上海师范学院院长等职，为发展新中国高等师范教育作出了贡献。廖世承毕生致力于教育事业，献身于教育科学实验。他认为，当代的教育理论及设施均应建立在科学的基础上，尽力提倡科学的实验。早在1920年，他就参与创建中国最早的心理实验室之一，即南京高等师范学校心理实验室，并与陈鹤琴一起进行心理测验的实验研究。在实验的基础上，他编著了《智力测验法》一书，列有测验法35种，其中12种为著者自己创造的。1924年，他编撰出版了《教育心理学》，此书为中国这门学科最早的教科书。同年，廖世承在实验基础上，写出《东南大学附中道尔顿制实验报告》，比较了道尔顿制与班级教学制的优劣，并得出根据中国具体条件很难实行道尔顿制的结论。1925年，他与陈鹤琴合编了《测验概要》一书，对测验的性质、效用、种类，测验所用材料，实施手续，统计方法等，都作了详细叙述。该书对推广教育测验和心理测验起了一定的作用，被认为是测验最简便的普通用书。廖世承还对培养学生良好的习惯和道德进行研究，并制订过“学生信条”。此外，廖世承的著作还有《中学教育》、《教育测验及统计》等。

出一些许诺，夸奖了学生们的秩序，并警告请愿学生“不要闹到不可收拾的地步，造成什么惨案”。听到这话，锡金背后的学生一片哗然，锡金当时也十分激动，但两边中央军校的学生即刻拔枪抵住了他的腰，防止他有过激的行为。蒋介石那时停了一下。由于军队的震慑，场内没有再掀起更大的波澜。请愿学生虽然不同意政府“已经准备着手抗日”的许诺，但也没有什么更好的主张，因为单纯的学生运动也只能如此。“训话”的当夜，气温骤变，酷寒难忍。学生们由于来时天暖，衣服都很单薄，有的人挺不住就病倒了，同时请愿学生中也不乏跟着来凑热闹的少爷、小姐们，他们把带来的钱花光了，便想起家来，学生队伍经他们的影响便渐渐地松动了，各校陆续有人带队准备启程返回上海。光华附中、浦东中学、东南女子体育师范学校是坚持到最后离开南京的三个学校，包括锡金在内的一些信念坚定的同学对这样的请愿结果深表不满。

锡金回忆说：“当时那情景是深刻地印在我的记忆中的：我们来时秩序井然，回去时却意兴全无；来时群情激愤，拒绝了国民党中央党部的慰劳，回去时再遇到此类情况，却有人说‘收下吧，咱们也花费他们几个’，就心安理得地收下了。”在车厢中，一些同学还嬉戏、打闹，把吃不了的饼干和糖果相互抛掷，弄得满地狼藉；来时的火车犹如老牛拉车般缓慢，回去时却成了各站都不停的特快；有些男同学甚至和东南女子体育师范学校的女同学打打闹闹，并互换起通讯地址来。这时，忽然有一个声音沉痛地放声大哭起来，大家不知道因为什么事，都安静下来了，哭的是光华中学的那位姓万的同学。大家问他为什么哭？他说：“我们回去不是斗争的胜利，而是失败，原本有更艰巨的斗争，而大家的涣散更使我难受……”大家都不做声了，静静地一直回到上海。

回到上海后，请愿学生的一次巨大斗争就是包围市政府，营救华北学联的代表。当时从华北来的学生在上海市政府门前请愿示威，但遭到军警的驱逐和逮捕，学生代表前去谈判，遭到扣押。运用集体的智慧，学生们捕获了武装的特务，更由于群众的压力，迫使市长张群[①]不得不交出了学生代表。这些运动都教育锡金具体地理解国民党政权的虚伪和卖国本质。锡金将自己亲身经历与二舅父的教导以对照，就更对此深信不疑。因此，他经常细心地分辨各种言论，哪些是进步的、正确的，哪些是错误的、反动的。对积极的表示拥护，对错误的表示反对。到“一·二八”战争以后，锡金的活动范围就更扩大一些了，和各校之间都发生了一些联系，也参与了一些由“左联”发动的听讲演、写标语和半夜里去马路上贴标语的活动。

（五）大夏、同济附中时期的学生运动

1983年，丁玲签名并赠送锡金的散文集《访美散记》

锡金带头并积极鼓动学生参与各种救亡活动的情况被光华附中通报

① 张群（1889—1990），字岳军，四川省华阳人。保定军官学校、日本陆军士官学校毕业。蒋介石同窗学友。美国伊利诺大学荣誉法学博士、南朝鲜汉城大学名誉法学博士。早年加入同盟会，辛亥革命中参加上海战役，后又讨袁，任职于广州大元帅府，为新“政学系”骨干人物，后投靠蒋介石，被视为心腹重臣。历任国民革命军总司令部参议、军政部政务长兼兵工署长、上海同济大学校长、上海特别市市长、湖北省主席、外交部长、中央政治委员会秘书长兼外交专门委员会主任委员、军事委员会秘书长，成都行营主任兼四川省主席、行政院长、重庆绥靖公署主任、西南军政长官等职。赴台后，任国民党中央评议委员。1954年出任“总统府秘书长”，凡18年，后专任“总统府资政”，多次出访日本，对日本事务颇有研究。1989年响应退职条例，卸除“国代”职务。

给了家里，父亲蒋拱辰很担心他“赤化”，曾有意让他停学，但是淞沪战争爆发了，锡金从军未遂，从杭州回来，进了大夏大学附中，参加了学校文艺研究会的活动。

大夏大学附中文艺研究会是一个革命群众团体，就是在这个团体举办的活动中，锡金第一次听到了丁玲①的演讲。锡金至今仍记得她演讲时说的话：“文艺创作首要的是正确地反映生活，但不是所有的生活都同等重要，其中最重要的是反映工人生产及其斗争的生活。同学们，你们的学校处在曹家渡纺织工人区，因此对于体验生活是最方便的，你们应该争取与工人接近，参与他们的生产与斗争……”虽然锡金在大夏大学附中学习的时间很短——不足半年——那时还尚未进行什么创作，但他觉得自己更愿意参加这种文艺活动。不仅如此，他还经常到工厂去参加贴标语等活动。标语是研究会分派锡金写的，内容很简单，都是些“团结起来，打倒日本帝国主义”、“反对不抵抗主义”、“打到卖国贼”之类。锡金和同学们在宿舍写了许多，然后再趁着夜色张贴出去。

锡金的祖父蒋励真是学医的，他希望锡金学医，锡金听从了祖父的意见，1932 年考入了同济大学附中的德文班，准备学医。但当时“国难日亟”，同学们很难安下心来念书。加之这时国民党的教育法西斯化逐渐深入，锡金为了反对国民党派来的新教务长对学生的专制统治，就带领同学闹了学潮。

---

① 丁玲（1904—1986），现当代女作家。原名蒋冰之，湖南临澧人。在长沙等地上中学时，受到五四思潮的影响。1923 年入共产党创办的上海大学中文系学习。1927 年发表小说《莎菲女士的日记》等作品，引起文坛的热烈反响。1930 年参加中国左翼作家联盟，后出任左联机关刊物《北斗》主编及左联党团书记。这时期，她创作的《水》、《母亲》等作品，显示了左翼革命文学的实绩，1933 年被国民党特务绑架，后逃离南京转赴中共中央所在地陕北保安县。在陕北历任西北战地服务团团长、《解放日报》文艺副刊主编等职，并先后创作《一颗未出膛的枪弹》、《夜》、《我在霞村的时候》、《在医院中时》等解放区文学优秀作品。1948 年写成长篇小说《太阳照在桑干河上》，曾被译成多种外文。1951 年获斯大林文学奖金。新中国成立后，丁玲先后担任文艺界多种重要领导职务，并在繁忙工作之余，发表了大量小说、散文和评论文章。1955 年和 1957 年被错误地定为“丁玲、陈企霞反党小集团”和“丁玲、冯雪峰右派反党集团”主要成员，1958 年又受到“再批判”，并被下放到北大荒劳动改造。“文化大革命期间”深受迫害并被投入监狱。1979 年平反后重返文坛。先后出任中国作家协会副主席等职，并多次出访欧美诸国。作品被译成多种文字，在世界各国流传，产生了广泛的影响。

进入同济大学德文班后，锡金被选为年级长（德文为“Sprecher”，“发言者”之意），他带头反对当时从上海市党部直接派来的某委员的“党义课”。所谓的“党义课”就是三民主义和封建礼义廉耻的混合物，再加上国民党的施政纲领等。对这种纯粹的政治说教和空谈，而不是针对日本侵略进行切实的救国实践，同学们很是反感。锡金领头在课堂上与任课的某委员就是否需要上这门课展开辩驳，称他们完全不需要上这课，不然可以考一次试，如考及格就不必再上。那位委员恼羞成怒，一直吵到德籍教务长 thomann（欧特曼）处，欧特曼问“Wo ist sprecher”（“谁是级长——发言者?”）锡金说“Ich bin sprecher”（“我是级长——发言者。”）欧特曼说：“发言者应该代表大家发言，为什么委员大人不让他发言?”这样，同学们就在斗争中取得了胜利，取消了党义课，而把那堂课改成了自由的时事讨论，那位市党部委员则变成了一个旁听者。但同济附中的管理制度就在这时渐渐地法西斯化起来，校长由胡庶华换成了翁之龙[①]，而大权则落入了国民党党棍周尚、陆希言等人的手中，于是锡金及其同学便起来反对华籍教务长周尚和附中主任陆希言的专制统治。在驱逐陆希言的运动中，锡金被推举为同济附中的学生会主席，这时，国民党特务开始逮捕同济大学部参加救亡运动的学生，有些同学失踪了，如梁诚广与饶斌等，而锡金则由于带领被追捕的男同学入女生宿舍躲避，在违反校规的名义下，被逼要写“悔过书”。他拒绝写，于是校方通知家长把锡金“领回”，算是“自动退学”，实际上是被开除了。经过这些事情，锡金对于读书实在灰心极了，一心想早些结束自己的学业，可以得到一种资格进入社会这个大课堂，于是就进了上海正风文学院，学起国文来，只一年，便“毕业”了。那是 1934 年的夏天。

---

① 翁之龙（1896—1963），字叔泉。教授。江苏常熟人。1920 年毕业于同济医工专门学校；同年去德国法兰克福大学，专攻皮肤科，获博士学位。1924 年回国，历任北京大学讲师、教授，广州中山大学教授兼附属第一人民医院院长。1932 年至 1939 年任同济大学校长。1941 年任重庆中央大学校长。新中国成立后，任成都第二人民医院皮肤科主任、教授。并当选为四川省人民代表、政协委员、科协理事、中华医学会成都分会理事等，著有《皮肤病学总论》等。

(六) 包办婚姻

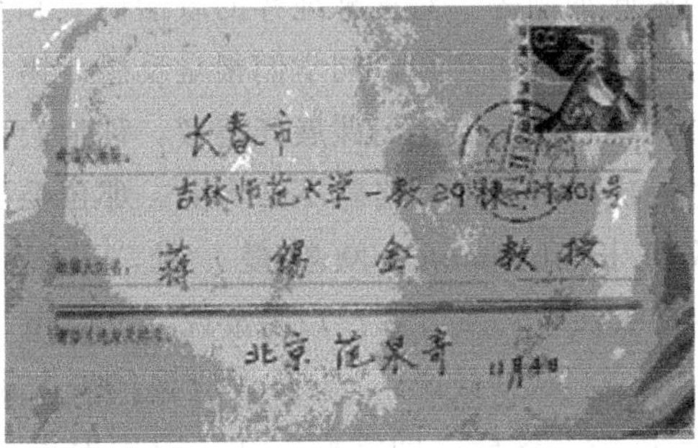

上海书店编辑范泉主编《中国近代文学大系》时
与锡金的学术通信（1984年11月4日）

1932年夏天，锡金离开大夏大学附中进入同济大学附中之前，父亲蒋拱辰看到他在学校中经常参加激进活动，很不安稳，曾有意让他停学在家。锡金曾说："父亲的意思是我的身体不好，家中也不一定有什么希望要我'有大出息'，最好是能够平平安安地度过一生。"于是蒋拱辰改变了原来把儿子培养为一个继承他职业的化学师的意图，而把锡金的前途安排为做一个奉公守法的小公务员或中学国文教员。在这样的意图指导下，17岁那年的暑假，锡金因拗不过父母的安排而结了婚。家人的用意很明显，认为锡金结婚以后，就是大人了，有家口了，不应该再孩子气了。但由于结婚时锡金还在求学，并没有独立的经济能力，所以这家庭负担是父母替他担负的，但蒋父那时认为"这家口最终还是会变成锡金的责任的""有了老婆，可以看着他"，这就是父母要锡金结婚的主要动机。

锡金在结婚以前原也有过一些爱情生活，但都不持久，因为女朋友通常是同学或同学的姊妹、朋友之类，都沾染着或本身就具有很浓厚的娇小姐习气，过不了多久就觉得彼此合不来。由于厌倦这种爱情生活，所以锡金就想早点结婚算了，反正自己找的也不一定就好。家里为锡金包办的婚姻对象朱琴秋是一个没落地主家庭的女儿，她的父亲曾一度办过钱庄，但后来倒闭了。她的长兄则做着股票交易所的生意，因此自身带有浓厚的封建习俗和小市民习气。她结婚的目的用自己的话来说就是“我不是和锡金结婚的，我是嫁给他家的钱和田的”。锡金和朱琴秋的婚后生活并没有培养出爱情来，因为双方在思想和兴趣上都是迥异的。朱琴秋对锡金的生活也从来没有满意过。她曾对锡金说：“像你那样的生活太苦了，我过不惯。”其实，当时锡金的薪金有 80 元，除去 10 余元的房租外，以 60 余元过两个人的生活是不会太苦的。但朱琴秋经常拿锡金与周围接触到的，她自认为生活较“好”的人进行比较，以他们作为锡金生活的榜样，逼锡金向他们学习，并对其进行监督，而对锡金原来的习惯和生活方式则尽力加以破坏，这种状况导致两人婚姻生活名存实亡。除了 1937 年上半年至该年 8 月不到半年的时间，夫妻二人同在武昌生活外，剩下的人生几十年都是朱琴秋与锡金的父母一起在家乡度过的。这次失败的婚姻对锡金以后的人生之路产生了巨大的消极影响。

（七）　初学写作的开端——《当代诗刊》

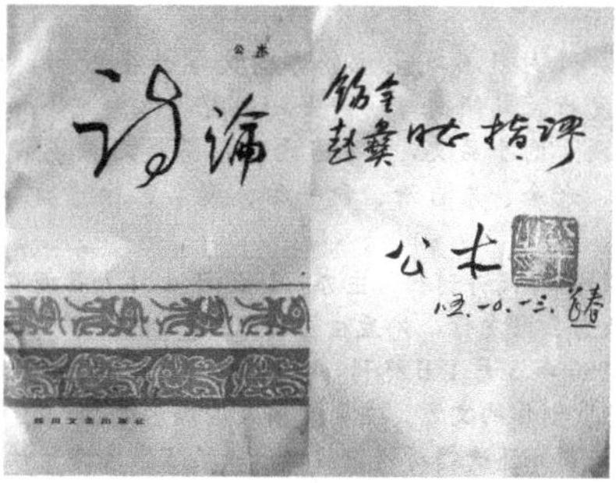

诗人公木签名并赠送锡金的《诗论》（成都：四川文艺出版社，1985 年 5 月版）

1933 年上半年在同济大学附中学习时期，锡金开始学习写作。早在 1932 年的秋天，锡金的表兄蒋有林就和一些朋友在宜兴地方报纸上办了多种文艺副刊，每期都寄给他看。锡金读了副刊上表兄和他的朋友们所写的新诗，觉得没有意思，就写信去批评他们，说他们玩的是“凑句子”的游戏。那时锡金正在学德文，因此就随便从教科书上译了几篇歌德和海涅的小诗寄给他们看，说这样的作品才能叫诗。锡金还说，这种句子他可以随意凑，要凑多少就能凑多少。蒋有林夸奖锡金“凑得好”，并把这些小诗在地方报上发表了，鼓励锡金进行创作。这样，锡金就写起诗来。锡金曾说：“我的写诗，开始没有什么正确的动机，态度也是不严肃的。然而，忽然看到自己的诗歌习作时常在报刊上零星出现，如《申报·自由谈》，以后又在林语堂编的《人间世》[①] 上发表，并且还得到了一些零星的稿费，这就引起了我研究写诗的兴趣，通过通信而认识的写诗的朋友也渐渐多起来，陆续有各地的报刊来约稿，这样，就开始了我的写作生活。”

在锡金快要离开正风文学院的时候，曾自编了一种题名为《声音》的诗歌墙报。后来同学严辰邀请锡金参加，同办一个诗刊，那刊物就是《当代诗刊》[②]。参加刊物编辑的同学有严辰[③]（严厂民）、王焕倩（罗伽）、朱征骅（振华，他是锡金的表弟，也在上海正风文学院肄业）等

---

① 《人间世》：1934 年 4 月 5 日在上海创办的文学性半月刊，由林语堂主编，陶亢德、徐讦编辑，良友图书公司发行。其倾向与《论语》相同，标榜“不涉及党派政治”，提倡“以自我为中心，以闲适为格调”的小品文，“宇宙之大，苍蝇之微，皆可取材”。主要撰稿人有林语堂、周作人、郁达夫、老舍、朱自清、俞平伯、废名、徐懋庸等。1935 年 12 月 20 日停刊，共出 42 期。

② 《当代诗刊》：月刊，“当代诗刊社”主办，1935 年 1 月 1 日创刊于上海。征骅、罗伽、锡金、厂民编辑。上海群众杂志公司发行，先后由上海汉文正楷书局与华丰印铸字所用四号楷体印刷，17×19 厘米异型本。1935 年 5 月 1 日终刊，共出版 4 期。《当代诗刊》以刊载新诗为主，偶尔也有外国诗歌的翻译和谈诗歌创作的文章。主要撰稿人除编者之外，还有臧克家、丽尼、赵景深、邵冠华、蒋有林等。《当代诗刊》还选编所刊作品，出版了“当代诗刊社丛书”。

③ 严辰（1914—2003），诗人，曾用笔名杨坪、AM。江苏武进人。1927 年入苏州中学附属吴江乡村师范学习，1933 年入上海正风文学院学习，当过乡村教师，1934 年开始创作诗歌、小说。抗战开始后流亡于武汉、重庆。1941 年到延安，在延安“文抗”、鲁艺文学院学习和工作。1942 参加延安文艺座谈会。1944 年任中央党校第四部文化教员，次年到华北联合大学文学系任教。新中国成立后任《人民文学》编辑部主任、《新观察》主编、人民文学出版社现代文学部主任、黑龙江省文联和作协副主席、《诗刊》主编、中国作协理事。他的诗作取材广泛，有歌颂革命根据地延安、反映抗美援朝斗争、歌唱工农业等各条战线上的新生活等。

人。《当代诗刊》出版于1935年1月，锡金参与了它的编辑工作，这是他从事编辑工作的开端。编辑完《当代诗刊》后，锡金就离开上海去了武昌。这刊物一共出了四期，主要撰稿人有臧克家、朱维基、邵冠华等。《当代诗刊》后来因为一位编辑挪用了共同筹集的并不多的办刊资金而被迫停刊。它停刊后，蒋有林又在宜兴组建中国新诗社，编辑并出版《中国新诗》月刊，写信到武昌邀锡金参加，锡金就在武汉帮助他集稿，寄到宜兴去印刷，然后再运到上海发行。《中国新诗》大约办了一年多，共出版10余期。当时，那样的小诗刊在全国各地发行不少，互相交换着，也交流着稿件。

反顾自己初期的创作思想，锡金认为包含着两重因素：其一是因为受到"山林文学"以及歌德小诗的影响，锡金喜欢创作一些模拟性的作品。特点是喜欢玩弄一些文字技巧，不厌其烦地斟酌修改词句，偏重于形式的推敲，如诗歌《雾》，就是这类诗作的典型代表，具有唯美主义的色彩，力图营造亦真亦幻的境界。其二，由于锡金对当时现实生活不满，也曾努力写出一些反映现实生活，表现改革社会愿望的诗篇，如《搬伕》，描写了劳动人民工作的艰辛和生存的不易。

锡金的表兄蒋有林把他初期的习作分投给两个性质不同的刊物：《申报·自由谈》和《人间世》，是本能地感到锡金的习作中并存着两种创作倾向的。在以后的写作生涯中，因社会变革的影响和朋友们的一些劝导，锡金基本结束了第一种创作倾向，发展了后一种创作因素，并且也带动了同伴们的创作趋向，这是他以后能够从事革命文艺工作的原因。

著有散文集《在城郊前哨》，诗集《唱给延河》、《生命的春天》、《小沈庄》、《朝鲜在战斗》、《风雪情怀》、《迎新曲》、《英雄与孩子》、《同一片云彩下》、《繁星集》、《少丹集》、《青青的林子》、《严辰诗选》、《黑海的帆》、《严辰诗歌六十年》、《春满天涯》、《战斗的旗》、《晨星集》、《最好的玫瑰》、《红岸》、《红霞集》、《玫瑰与石竹》，报告文学集《光荣的岗位》、《时代新人》（合作）、《信天游选》、《民歌选集》，电影纪录片撰稿《英雄战胜北大荒》等。

（八） 本期锡金著译年表（一）

锡金先生书房中摆满藏书的书架

一九三四年

《旱》（诗） 锡金 上海 《申报·自由谈》 1934 年 7 月 17 日。

《挑水的》（诗） 锡金 上海 《申报·自由谈》 1934 年 8 月 30 日。

三 糊口四方（1934.8—1935.7）

（一） 职业生涯的开端——湖北省农村合作委员会贷放干事

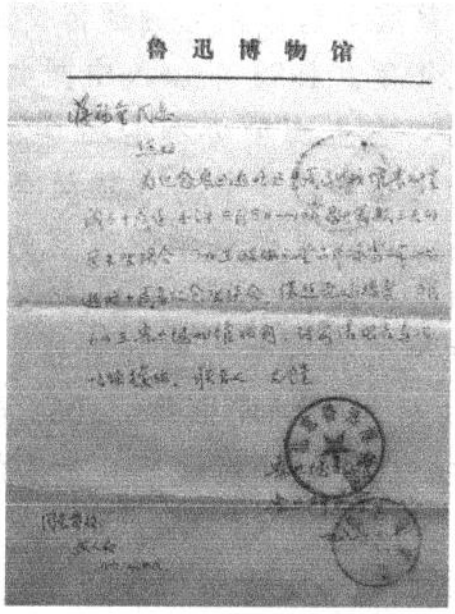
鲁迅博物馆

锡金先生保存的北京鲁迅博物馆、鲁迅研究室 1986 年 3 月的学术会议邀请函

1934 年夏，锡金从上海正风文学院毕业，像当时大多数青年一样，由于身处乱世，毕业就意味着失业。事实上，那时一般青年的情况也大抵如此。不同的是锡金还有家庭的经济供应，并没有立刻受到生活的威胁。锡金的父亲蒋拱辰屡次用言词讽刺他，说“你既然已经成家了，就应该想自己立业”，但他也知道锡金自己在乱世中是无从找到职业的。按照原来家庭为锡金设计的道路，蒋拱辰在教书与当小职员这两个方向为锡金谋求职业。但在半年的时间中，并没有什么结果。

这期间，锡金呆在家中无事可做，就把时间都花在阅读书报上。父亲有意不给锡金费用，于是锡金便每天带些干粮或零钱，步行去《申报》业余图书馆看书，一坐就是一整天。此期间，锡金对正在发生翻天覆地变化的俄国和俄文发生了兴趣，并参加了《申报》办的由冯定教授习作和俄文的业余夜校。在当时，学习俄文是与“亲俄”和“赤化”紧密相连的，因此时常有国民党特务前去检查或混入班中听课。一次，一个国民党特务找到锡金，带他到陈设非常华丽的“家”中，问锡金愿不愿意去莫斯科学习，目的是想要发展锡金去苏联从事间谍工作。由于这个特务经常缠住锡金不放，锡金就不敢再去上课，放弃了俄文学习的机会。在这个时期，锡金读了由艾思奇①、夏征农②等人主编的《读书生活》③ 及《大众哲学》④ 等书

---

① 艾思奇（1910—1966），哲学家和报刊活动家。原名李生萱。云南腾冲人。1925年考入云南省立一中，开始参加进步活动，曾任校刊《滇潮》编委，为该刊撰写了大量文章，宣传反帝反封建思想。1927年赴日留学，九一八事变后弃学回国。1932年参加上海反帝大同盟。1934年进《申报》馆，为该报《读书问答》的主撰之一。同年11月，任《读书生活》编辑，并在该刊开辟“哲学讲话”专栏，连载他所写的24篇有关哲学问题的通俗文章，后辑成《大众哲学》一书公开出版，对广大群众特别是青年起了启蒙作用。1935年加入中国共产党。1936年《读书生活》主编李公朴被捕后，继任主编。1937年5月，在上海创办综合性学术杂志《认识月刊》。抗日战争爆发后，在上海参与编辑《文化战线》和《战线》等杂志，鼓动全民抗战。1937年9月前往延安。在延安参加了延安新哲学会、边区文委、延安自然科学研究会的领导工作。1939年任中共中央宣传部文化工作委员会秘书长，并继续热心于报刊工作。1940年2月主编《中国文化》，1943年担任延安《解放日报》副刊部主任，1945年8月任延安《解放日报》副总编辑。新中国成立后，主要在中共中央党校从事马克思主义哲学的教学和研究工作。1966年3月22日病逝。著有《艾思奇文集》，主编《辩证唯物主义和历史唯物主义》，译有［苏］米丁的《新哲学大纲》、德文版《马克思恩格斯关于唯物主义的信》等。

② 夏征农（1904—1998），江西新建人。金陵大学肄业。1926年加入中国共产党。1933年参加左联。曾任新四军政治部民运部部长、中共苏中四地委宣传部部长、苏中公学校长、苏中建设大学副校长、中共济南市委宣传部部长。新中国成立后，历任中共济南市委副书记，中共中央山东分局宣传部部长，中共山东省委、济南市委书记处书记，中共中央华东局宣传部部长，复旦大学党委书记，中共上海市委书记，上海市社联、文联主席，中国大百科全书总编辑委员会副主任，《辞海》主编等职。

③ 《读书生活》：1934年11月在上海创刊。李公朴、艾思奇、柳湜等主编，上海杂志公司出版发行，半月刊，设有短评、讲话、读书问答、漫谈等栏目。以青年学生为对象，揭露日本帝国主义的侵略阴谋，批评国民党政府的对日妥协政策，号召学生坚持团结、进步、抗战，同时还连载艾思奇的《大众哲学》，在马克思主义教育工作上有重大贡献。1936年11月出5卷2期后被国民党政府查禁。

④ 《大众哲学》：从1934年11月至1935年7月，艾思奇先后在《读书生活》上发表了24篇哲学讲话。1936年1月哲学讲话结集出版，1936年印行第四版时更名为《大众哲学》。《大众哲学》全书四章24节，10余万字，从本体论、认识论、方法论和辩证法等方面阐述了辩证唯物论。《大众哲学》以通俗易懂的方式，日常谈话的体裁，大众喜闻乐见的语言讲述哲学，把深刻的哲学融化在生动的故事里，使之贴近生活，贴近实际，易于为大众所理解和掌握。《大众哲学》在大众中产生了广泛影响，新中国成立前就印行了32版。可以说，《大众哲学》是结合大众所关心的问题宣传马克思主义哲学，是马克思主义哲学大众化的一个成功范例。

刊和张仲实[①]翻译的列昂节夫（苏）的《政治经济学》，这是锡金在舅父启迪之外所接受的第一次马克思主义思想启蒙。

锡金原本打算去生活书店工作，因为当时有同济附中时的同班同学徐亢（徐伯昕的弟弟）为他从中介绍，但等了许久都没有消息，直到将近年底的时候，接到了锡金父亲的故交，时任湖北省财政厅厅长贾士毅[②]的来信，信中说锡金若找不到工作，可以去武昌找他。因此，锡金就被父亲打发到武昌去投奔贾士毅，从此开始了职业生涯。

1934年冬，19岁的锡金只身去了武昌。武昌当时的“宜兴同乡”很多，他们大多是通过贾士毅的关系而到武昌谋职的。锡金住在表舅父史乃宽家中。锡金的二舅父曾告诉他，这个表舅父在“宜兴暴动”前曾加入过共青团，暴动失败后，成为一个向国民党当局自首的分子。1935年后，史乃宽调到湖北的阳新县工作，锡金就和他分开了。后来锡金曾听母亲说起，史乃宽在1945年抗战胜利时曾随新四军进宜兴城，任宜兴新政府秘书，后不知何故去了台湾。

在表舅父史乃宽与贾士毅的安排下，锡金被安插在湖北省农村合作委员会担任贷放干事之职。所谓湖北省农村合作委员会是国民党政权为配合剿共在豫鄂皖一带设立的机关，它通过借用合作社方式，向农民（主要是

① 张仲实（1903—1987），翻译家。陕西陇州（今陇县）人。1924年加入中国社会主义青年团，次年加入中国共产党，曾任陕西省学联主席。1926年赴莫斯科，先后入东方大学、中国劳动者共产主义大学学习。1930年回国，后任中共唐山市委宣传部部长、《世界知识》主编、《大众生活》编辑、生活书店总编辑。参与发起组织上海各界救国联合会。1939年在新疆学院任教，并同沈雁冰一起领导新疆文化协会。1940年到延安后，任中共中央马列学院编辑部主任，中共中央政治研究室国际问题研究组组长，中共中央宣传部出版科、教育科科长。新中国成立后，历任中共中央宣传部国际处处长，中共中央西北局宣传部副部长，中苏友协党组副书记，中共中央马恩列斯著作翻译局副局长、顾问。参加了《马克思恩格斯全集》、《列宁全集》、《斯大林全集》的编译和部分译文的定稿工作，译有恩格斯《路德维希·费尔巴哈与德国古典哲学的终结》、《家庭·私有财产和国家的起源》，斯大林《论民族问题》等。

② 贾士毅：金融资本家兼有千亩土地以上的大地主。过去为“政学系”中的财政家，并是以杨永泰为首的蒋介石“智囊团”人物之一。杨永泰死后，他转与上海特别市市长张群接近。他与锡金的祖父同为江苏宜兴人，并且是朋友。1934年夏，锡金自上海正风文学院毕业时他任湖北省财政厅厅长，在他的安排下，锡金先后在湖北省农村合作委员会做贷放干事和湖北省财政厅任第一科科员。1937年，锡金因参加纪念“一二·九”运动两周年的学生运动而被特务逮捕，是他亲去向蒋介石要出的。著作有《民国财政史》（商务印书馆，1917年版）、《国债与金融》（商务印书馆，1930年版）、《民国续财政史》（商务印书馆，1932年版）等。

富农）贷款，以“兴复”红军撤走后各地区的农村经济，并从中为蒋介石的中国农民银行经营高利贷。贷放干事的工作就是把各县请求的贷款单转给银行，并由银行领得款项，送给各县的合作办事处。事实上，贷放干事的工作有一人做就足够了，锡金去“报到”时，会中已有一人，因为他是该会委员长贾士毅“安插”进去的，因而湖北省农村合作委员会并没有给锡金安排什么具体的工作，只是让他负责把从银行已经领来的款子送到各县，有时也把各县已收回的贷款带回来，交给银行，实际工作是一个押款人。之所以让锡金做这个工作，据说因为他是贾士毅介绍来的，而当时路途又不太平，丢失了可有人赔，更不怕锡金携款潜逃。这样“押款”的工作一个月不一定有一次，因而锡金就把大量的空闲时间用来读书和写作，并编了一种副刊——《华中日报》的《文艺周刊》。

（二） 感受“农村”与熟悉“工作”

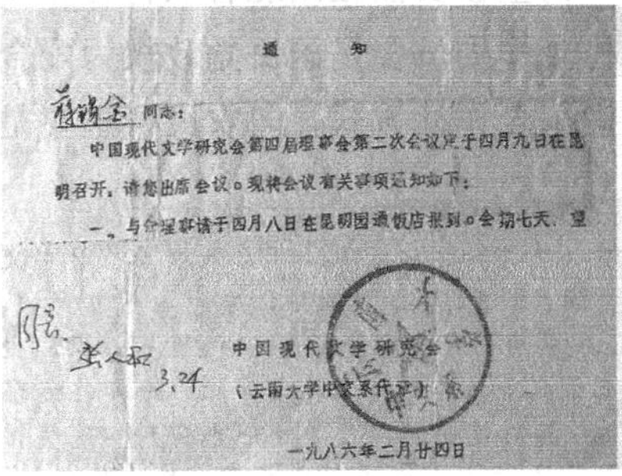
通知

蒋锡金同志：

中国现代文学研究会第四届理事会第二次会议定于四月九日在昆明召开，请您出席会议。现将会议有关事项通知如下：

一、与会理事请于四月八日在昆明园通饭店报到。会期七天，望

中国现代文学研究会

（云南大学中文系代章）

一九八六年二月廿四日

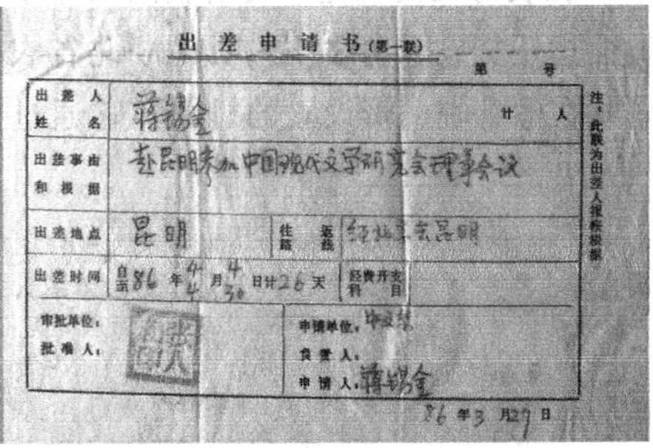
出差申请书（第一联）

第　号

出差人姓名	蒋锡金	计　人
出差事由和根据	赴昆明参加中国现代文学研究会理事会议	
出差地点	昆明	往返路线
出差时间	自86年4月4日至86年4月30日计26天	经费开支科目
审批单位：批准人：		申请单位：负责人：申请人：蒋锡金

86年3月27日

注：此联为出差人报销根据

1986 年 4 月，锡金先生收到的现代文学理事会
第二次会议邀请函及经审批后的出差申请

自 1934 年 12 月，锡金进湖北省农村合作委员会，至 1935 年 7、8 月间离开，在那里工作了约半年多的时间，在这段时间里，有一些事对锡金以后的生活与思想产生了影响。

因为工作性质是押送贷款，所以锡金走遍了湖北省的咸宁、孝感、浠水、罗田等县，顺道也在鄂城、黄冈等县停留过，熟悉了内地小城与

农村生活的贫困状况，扩展了锡金的生活视野。这期间，锡金写的一些诗歌，大都是从生活感受中产生的，而不再是用概念加技巧构成的了。锡金曾到咸宁去过两三次，其他各地都只去过一次。因为咸宁合作办事处的人邀锡金一同下乡发放“贷款”，所以锡金跑了北部的汀泗桥、贺胜桥一带以及南部、西部的乡村。在携款下乡的途中，锡金从同行者的口中得知：咸宁县当时只有三个乡有这类信用合作社，因为这三个乡的红军力量已经撤走了，而在东乡的大山里还有红军的游击队，所以办事处的人叮嘱锡金要绕道行走，怕他遇到危险。由于深入乡间，锡金看到了这些“贷款”的用途——是专为富农、中农接济的专用款。因为按规定，农民贷款需要抵押，而贫农和孤寡因无抵押物，是被排除在外的。锡金曾问一些农民：“共产党在这儿好不好?”他们说：“不好。”锡金问：“为啥不好?”农民回答说：“那是赤匪。”锡金又问：“国民党来了好不好?”农民们低头不响。锡金的内心被深深震撼了，因为从这些农民的眼神中，锡金看到了他们心底的言语，国民党的武力在这里是全无作用的，武力征服不了百姓的心，他们有自己的想法。此外，锡金还看到了当时国民党为“剿共”而修建的一些碉堡和公路。从浠水到罗田的路很不太平，因为怕途中可能遇到狼和“匪”，所以贷款是由浠水县派武装人员押送的。尽管这样，锡金还是从一个山村老妇口中听到了国民党“剿共”斗争的残酷，以及国民党如何把自己屠杀了的尸体与焚烧了的废墟拍照，诬蔑为“共匪”所为的伎俩。锡金深恨其行径卑劣，心想最好能遇上“匪”，就把这些贷款送给他们，自己也跟着同去，可是并未遇到。当然那种想法根源于青年人的浪漫心理，是不切实际的。

在与农村合作委员会“同事”的相处中，锡金了解到“人际交往”的复杂性。因为年轻，锡金说话很随便，所以外出放贷回来后，经常和别人谈起一些观感。这时，就有一位姓黎的同事告诉锡金说，有些话是不能随便谈的。他告诉锡金，农村合作委员会中的工作人员大都是“过来人”，也就是说，他们年轻时也曾经激进过，但现在多数都是曾向国民党坦白过的“自首分子”。这些人有的灰心丧气，安心以一点薪金苦度生活；也有的反动了，飞黄腾达起来，而锡金那样的谈话是要被当做材料，有被他们作为政治资本的危险的。这样，锡金就沉默起来，但心中却很压抑，深恶那些背叛了自己信仰的叛徒，对那些灰心丧气的人虽怀有同情之心，但也并不和他们接近。

第一次出差，锡金便被派去咸宁送贷款，并要把咸宁办事处收齐的已到期的贷款带回来交银行点收。历经艰辛，锡金顺利完成了任务，并将贷款如数交给了银行。但清点货款时，贷款员却从中挑出了一些破烂票子和大约七八元的哑版银币不收，说这是锡金收款时自己不小心造成的，责任应由锡金自己承担。锡金当时并没有与他们理论，自己赔偿了。但事后一个姓劳的会计偷偷对他说："这用不着你自己赔，原本是可以报销的。"锡金对他表示感谢，可当锡金去报销时，他又笑着不让报，说："时候还没到，等报销旅费的时候再说。"到了报销旅费的时候，劳会计看了锡金填写的报销单就笑了，说："像你这么报销，将来别人都不出差了！"锡金不明白，他就告诉锡金说："还应该报销旅店费、饭费。"锡金说："我住宿和吃饭都在办事处，没花钱。"他说："那也得报。"转身就拿了一捧现成的戳子给锡金，这捧戳子有大有小，小的是县名，大的是什么旅店与饭店，只要一凑合就可以凑成"××长发栈"、"××兴隆馆"之类的公章，并且他还带锡金"照规矩"作了假发票，其中最可笑的是火车费的报销，无需单据就可以报二等车费，而当时粤汉铁路只通湘鄂段，根本无二等车。锡金出差时，从咸宁到贺胜桥以及小站之间的来往都是搭货车走的，也可以做二等车报销。这样不但把赔偿的钱抵消了，而且还有剩余。为表示感谢，锡金请劳会计到冠生园吃了一顿饭，初步学会了国民政府办公"敷衍"、"造假"这一套。出差数次，锡金买了一只手表。

（三）“以文会友”的《华中日报·文艺周刊》

锡金出席“冯雪峰同志逝世十周年纪念座谈会”邀请函
（1986年3月7日上午北京政协礼堂三楼会议室）

由于锡金经常在《申报·自由谈》[1] 和《宇宙风》[2] 上发稿，并且参与主办的《当代诗刊》也尚得好评，因而他的“文名”也略被一些人知晓，“以文会友”，锡金便在武昌结识了一些文学青年。这些朋友，是以先于锡金到武昌的宜兴同乡为基础的。

---

① 《申报·自由谈》：上海《申报》副刊。1911年8月24日创刊。初期由王纯根、吴觉迷、周瘦鹃等先后任主编。所载多鸳鸯蝴蝶派的作品和文言笔记体散文和诗词，充斥着庸俗的趣味主义。1932年12月改由黎烈文主编，革新版面，注重“描写实际生活之文字，或含有深意之随笔杂感等”，并邀请鲁迅、茅盾、叶圣陶、巴金、老舍等左翼作家和进步作家撰稿，成为具有进步倾向的文艺副刊。1934年5月，黎烈文因遭到反动势力和旧派文人的诋毁，宣告辞职，由张梓生接编，内容仍具有进步色彩。次年10月底，张宣告辞职，《自由谈》从此中断。后于1938年10月10日复刊，先后由王任叔，黄佳音主编，直至1949年5月上海解放前夕终刊。

② 《宇宙风》：1935年9月上海创刊。林语堂、陶亢德、林憾庐编辑，宇宙风社发行。原为半月刊，后改为旬刊。文学主张与《论语》同调，提倡“幽默”、“性灵”的小品。除散文小品外，也发表一些小说和诗歌。老舍的《骆驼祥子》曾在该刊连载。鲁迅对该刊的文学主张曾进行了严肃的批判。抗战爆发后，曾迁至广州出版。1938年10月，因广州沦陷停刊。1939年9月在上海出版《宇宙风》乙刊，先后由林语堂、林憾庐、陶亢德编辑。第一年的文章与抗战现实较为密切，曾发表靳以、舒湮等报道大后方战地和八路军总部的报告文学。以后的作品多述历史掌故之类，偏重于趣味性。1941年12月1日出至第56期停刊。1946年7月又在广州复刊，至1948年8月终刊。

锡金初到武昌时，作为“父执”的父亲故交，时任湖北省财政厅厅长的贾士毅曾在自己的厅长室中设宴表示欢迎，同席的都是一些年轻的宜兴同乡，其中有两人是从事文艺创作的，一是邵冠华[①]，他原在《小说月报》上写些象征诗。二是李任子，笔名“银梦”，原来在镇江的报纸副刊上写些穆时英式的小说，后来有一个时期，他的思想也趋于进步，参加一些抗日宣传活动。这二人比锡金到武汉的时间早，与武汉文艺界，如《武汉日报》等报刊都有来往。由于这次宴会上的介绍，锡金也就和他们熟识起来，并且常常来往，谈论一些写作上的见解。

经邵冠华介绍，锡金又认识了沙蕾[②]和宋一痕[③]；经李任子介绍认识了符浩[④]，还有一个在汉口《华中日报》编副刊的广西人刘浪。受刘浪的邀请，锡金和李任子答应为《华中日报》每周编一期《文艺周刊》。当时武汉的报纸种类极杂，有些报纸是每天只销几百份的，背景也极复杂，大多数是一些“文化贩子”借办报为名向某些权势领些津贴。锡金和李任子当时也未弄清《华中日报》的背景是什么，只是每周帮他们出

---

① 邵冠华：江苏宜兴人，锡金的同乡。原在《小说月报》上写象征诗，后为30年代国民党提倡的“民族主义文学”的追随者，曾撰文《醒起来罢同胞》对“民主主义文学”予以声援，并于1933年9月在上海《新时代月刊》第五卷第三期发表《鲁迅的狂吠》一文，攻击鲁迅。鲁迅对该文的反驳见《南腔北调集·漫与》。

② 沙蕾（1912—1986），江苏宜兴人，锡金的同乡。诗人，曾用笔名沙林。回族。早年毕业于上海文化学院法律系，后任上海《金城》月刊文艺主编、湖北省财政厅科员。抗战爆发后，任中国回教青年抗敌协会主席，发起并参加中华全国文艺界抗敌协会。新中国成立后，任上海火星出版社总编辑、中央民族学院少数民族艺术研究所顾问。1925年开始写诗，主要作品有《一册图案的诗集》、《心跳进行曲》（新中国成立前），以及《木头姑娘》、《日月潭》，长篇抒情诗《大海之歌》、《时间之歌》（新中国成立后）等，另有五幕历史剧《蔺相如》和社会科学通俗读物多种。

③ 宋一痕：云南人。1926年入党，1928年脱党后在上海从事新闻、摄影工作，成为《扫荡画报》与《占斗画报》的主编。1938年抗战爆发后，投身于国民党云南省主席、云南绥署主任卢汉麾下，征战南北。1949年2月，宋一痕作为卢汉的代表与中共谈判，12月，卢汉举行昆明起义，云南、西康和平解放。

④ 符浩：湖南人，黄埔军校六期学生，中共党员。大革命时期，以“符号”为笔名，将诗稿寄到武汉《民国日报》副刊上发表。该报总主笔茅盾为他的作品加了一个总题为《星火集》。曾一度和写《从军日记》的女作家谢冰莹同居，生有一女孩，后来分开了。他带着那个孩子和他的妹妹在武昌平阅路上开一片卖文具的“小小书店”。大革命失败后，在天津出版文艺刊物《星星》。1930年被捕，1934年出狱回武汉，在《时代前》上发表作品。抗战期间在桂林创办综合性的《大千》杂志，出版《女人的秘密》、《三春集》等作品，后在重庆出版《西奔记》。

一个八开版篇幅的《文艺周刊》，内容不加以限制，刘浪甚至还答应每期可加印锡金等人自己创作的一些作品作为酬劳。锡金经过和李任子商量，就同意了。但并不要报社的稿费，目的在于有这样的一个阵地，可以督促自己多练习写作。《文艺周刊》出刊后不久，就有一些原来的武汉文艺青年进行攻击，说些讽刺的话，这激发了锡金等人继续办下去的兴趣。《文艺周刊》大约出了十期左右，《华中日报》便停刊了。这是锡金步入“武汉文坛”而渐渐成为“知名人士”的开端。

（四）财政厅“小公务员”的平庸生活

1983年，锡金（中）寻访旧地，重游武汉，并在曾经战斗过的地方留影

1935年夏天，湖北省举办各机关工作人员的暑期体育训练班，锡金被派去教育厅接受了一个月的训练。回来后，锡金在农村合作委员会就多了一件工作——每天早晨领大家做健康操。不久，贾士毅的湖北省农村合作委员会委员长的兼职被取消了，改由湖北建设厅厅长刘寿朋兼职，这使锡金觉得再留在农村合作委员会工作很无聊，就递交了辞职报告，当即被“照准”了。

辞职后，锡金从武昌回到上海家中住了三四个月，没有什么事好做，每天只是读读书，写写稿，但稿子却很少发表。由于闲赋在家，每天听到父亲与朱琴秋的闲言闲语，锡金心中极不好受，于是他就仍以大部分时间去图书馆。这期间，他还回了一趟宜兴，与表兄蒋有林等商议办了一种小型的诗歌刊物《中国新诗》，由锡金和蒋有林两人主编。锡金因为在武昌文艺界有众多文友，所以由他写信约稿，并负责把诗稿汇集起来，寄到宜兴蒋有林处印行《中国新诗》，再运回上海发行。1935年秋冬之际，贾士毅路过上海，与锡金的父亲蒋拱辰见了面，问他是否同意锡金去财政厅工作，蒋拱辰当即叫锡金前往。这一次贾士毅把锡金安插在湖北省财政厅第一科当办事员。

自1935年11月，锡金入湖北省财政厅，到1938年3月离开，在那里工作了两年半。在湖北省财政厅两年半的工作时光中，锡金所担任的都是同一职务，即经管各县囚粮及恤金的报销与送审。这工作很简单，但也很繁琐。简单是由于没有什么责任，各县把每月的囚粮册子送来，锡金算一遍，如数目与册子内容相符，就办一个简单公文转给审计处，不必一份份地转。可以汇齐了转，审计处核对无误，就通知锡金，算是报销了。全部的工作就只是锡金过一下手，在送审之前先算一遍而已。如果数目与总数不符，则需发回重新造册。繁琐是锡金每月都得算70个县的两种册子，约140多本，还有特殊的监狱如反省院之类的不在此列。这些册子都是厚厚的一本，锡金不擅长珠算，常常打错，打了几遍后往往发现原册子上的数字是对的，枉费了许多工夫，所以就时常感到无聊，便向贾士毅提出要调换工作。贾士毅却说："年轻人不该性急，应该先熟悉熟悉办公的一套，慢慢来。"锡金就这样一直"熟悉"了两年半。

在科里一些老于公事的"同事"教导下，锡金渐渐地知道了这种"公事"搁着不办也可，只要在收文后用油印公文填写"应即照转"，审计处送回后再批上"存候备查"四字，盖上章就完了。如发生问题，这"存候备查"四字就是"护身符"，因为自己是"存候"，就可以尚未查过。锡金觉得这样的"敷衍"工作大可不必由自己亲自来做，就把它托付给一个识字的工役张富祥，由他代为签到、盖章、填写"应即照转"和"存候备查"的公文，每月给他些钱，自己就只是上午去坐坐，看看报，领领薪，送送礼。那时厅长贾士毅平均每个月都有些家中的寿辰、婚嫁、阴寿等收礼的"大事"，每次厅内总有人帮着张罗，送礼的一般数目是十元，由会计室代收。这种状况持续很长时间后，锡金就索性不去办公了，将一切都托付给了张富祥代办。

最初，锡金工作时住在财政厅内，被安排在厅长贾士毅办公室的对房。同室住着的其他两人是张鹤暄和汪敬之，家乡分别是宜兴和苏州。三人都是20岁左右的年轻人，而以锡金最为年轻。除三人外，财政厅工作的还有一个常熟人胡孟久，他的父亲是大陆银行的经理，他也是一个纨绔子弟，常来找锡金等人玩。这四个年轻人在财政厅的地位是比较特殊的，因为他们可以自由出入厅长室，而且晚间也常被厅长找去谈些闲天，或下下棋。这四人中，汪敬之和胡孟久是一伙，他们几乎每晚都到汉口去“吃花酒”、打牌。锡金也被他们邀去过，但因他不能“入港”——锡金不会打牌，怎么也教不会——同时对妓女的“爱情”也不感兴趣，因此总是躺在家中看书，倦了就到球场上去打打篮球。贾士毅看到锡金这样生活，就对他说“你现在还是个学生样”。晚上他来找人谈话时，也总是锡金在的时候多，便总是找锡金去谈。财政厅的很多“同事”因锡金与厅长关系密切，因此总是以不同的眼光来看待他。

1936年春，湖北省实行省政府合署办公，锡金与张鹤暄、汪敬之便迁出财政厅，到附近胡孟久住处前院的一个店面楼上合住，生活也如往常一样：锡金看他的书，其他人喝他们的“花酒”，进他们的赌场。

1937年春，附近小金龙巷有座新住宅落成，全部租给了财政厅会计室的宜兴同事，锡金分租到了两间房，因为朱琴秋要从宜兴到武昌来，所以他就必须和张、汪分住了。后来抗战爆发，朱琴秋因过不惯武汉生活，又害怕战事，就又回故乡宜兴了，房子也就空了下来。适逢萧军夫妇来武汉，锡金就让了一间屋子给萧军、萧红[①]夫妇住，后来端木

---

① 萧红（1911—1942），原名张乃莹，笔名悄吟。黑龙江呼兰人。幼年丧母，1928年在哈尔滨读中学，接触五四以来的进步思想和中外文学。尤受鲁迅、茅盾和美国作家辛克莱作品的影响。由于对封建家庭和包办婚姻不满，1930年离家出走，几经颠沛。1932年与萧军同居，结识不少进步文人，参加过宣传反满抗日活动。1933年与萧军自费出版第一本作品合集《跋涉》。在鲁迅的帮助和支持下，1935年发表了成名作《生死场》（开始用笔名萧红），蜚声文坛。鲁迅为此书撰写《序言》，认为是反映东北人民在日本统治下反抗斗争的优秀作品。次年去日本养病，在东京写下了散文《孤独的生活》、长篇组诗《砂粒》等。抗战后，辗转敌后，继续写作。1940年与端木蕻良同抵香港，1942年病逝于香港。著有短篇小说集《牛车上》、《旷野里的呼喊》等，长篇小说《呼兰河传》、《马伯乐》，中篇小说《生死场》，散文集《商市街》、《桥》、《回忆鲁迅先生》和剧本《突击》等。

蕻良[1]也来到武汉，找不到住处，便也搬来住在锡金的房内。梁白波（著名女画家）也要搬来，端木就去与两萧三人同住一间屋子。后来那些宜兴同乡陆续搬走了，那两间房屋也就空下来了。在锡金的安排下，文化界的朋友陆续搬进来的有艾青[2]、黄白薇[3]、叶以群[4]、梁文若（叶以群的妻子）等，而锡金自己则搬去汉口与孔罗荪、冯乃超同住了。

财政厅暑期规定半日办公，由于锡金与张鹤暄二人和贾士毅关系特殊，所以常能得到他的允许，乘坐省政府为其专门配备的汽车。1936

---

① 端木蕻良（1912—1996），小说家、剧作家。原名曹京平。辽宁昌图人。1931年在南开中学读书时组织新人社，出版《新人》，发表《“力的文学”宣言》。1932年在清华大学读书时加入北平左翼作家联盟，主编机关杂志《科学新闻》。1933年创作第一部长篇小说《科尔沁旗草原》，反映草原上人民的抗日斗争，是其代表作。抗战后，在临汾、重庆等地大学任教。1940年到香港、桂林、重庆等地主编文学刊物。著有长篇小说《大地的海》、《大江》、《新都花絮》，短篇小说集《鹭鹭湖的忧郁》、《遥远的风沙》、《风陵渡》等。1949年8月回北平，任北京市文联副秘书长、创作部副部长等职，创作京剧《戚继光斩子》、评剧《梁山伯与祝英台》、长篇历史小说《曹雪芹》和散文集《花·石·宝》等，有《端木蕻良小说选》、《端木蕻良选集》。

② 艾青（1910—1996），诗人。原名蒋海澄。浙江金华人。1928年入杭州国立西湖艺术院绘画系学习，次年去巴黎学绘画，受现代派文艺影响，1932年回国后参加中国左翼美术家联盟，同年7月被国民党反动派逮捕入狱。在狱中写成抒情诗《大堰河——我的保姆》，抒发了对劳动人民真挚的同情和对吃人世界的诅咒，后又发表《芦笛》、《巴黎》、《马赛》等诗作。抗战爆发后辗转武汉、山西、西安。1940年到重庆，写了不少描写北国人民在铁蹄下的悲惨境遇和歌颂光明的诗篇。1941年到达延安。抗战胜利后任华北联合大学文艺学院副院长。出版的诗集有《大堰河》、《北方》、《旷野》、《向太阳》、《黎明的通知》、《献给乡村的诗》、《火把》、《雪里钻》等，另有专著《诗论》。新中国成立后任《人民文学》副主编，《诗刊》、《收获》编委，中国作协副主席等职。1957年被错划为右派，全家到北大荒落户，至1979年平反。新中国成立初出版诗集《欢呼集》、《海岬上》、《黑鳗》等。1979年发表抒情长诗《光的赞颂》，出版诗集《归来的歌》、《落叶集》等。1985年被授予法国文学艺术最高勋章。1990年任中华台港暨海外华文文学研究会会长，有《艾青诗选》、《艾青选集》。

③ 黄白薇（1894—1987），女作家。湖南兴宁（今资兴）人。原名黄彰。1926年毕业于日本东京高等女子师范理科。回国后，任武汉北伐军总政治部国际编译局编译，兼武昌中山大学讲师、上海中国公学大学部教授，后参加创造社。1931年参加左联和中国左翼戏剧家联盟。在桂林任《新华日报》特派记者，后在国民党政府军事委员会政治部文化工作委员会工作。1949年参加湖南游击队。新中国成立后，在中国青年艺术剧院工作，曾到北大荒、新疆等地调查研究，从事写作，著有剧本《打出幽灵塔》、《琳丽》，长篇小说《炸弹与征鸟》，自传体长篇小说《悲剧生涯》。

④ 叶以群（1911—1966），文艺理论家。原名叶元灿。笔名以群。安徽歙县人。早年赴日本东京法政大学经济系学习。1931年回国从事进步文艺活动，次年参加中国共产党和中国左翼作家联盟，曾任组织部长。1937年抗战爆发后任《抗战文艺》编委。1941年去香港创办中国文艺通讯社，后转赴重庆，与茅盾合编《文艺阵地》，并主编《青年文艺》、《文哨》月刊。1945年到上海主编《文联》杂志，后去香港从事海外华侨联络工作。新中国成立后历任上海文联副主席、作协上海分会副主席兼书记处书记、《上海文学》和《收获》副主编。主要著作有《文学底基础知识》、《给初学写作者》、《文学问题漫谈》等论文集，翻译《新文学教程》，主编文科统编教材《文学的基本原理》，另有散文集《旅程记》等多种。

年和 1937 年这两个夏天，锡金和张鹤暄二人常驾驶那辆汽车到东湖游泳场去游泳或逛合口农场等地。东湖游泳场与武昌相隔 20 余里，从财政厅到那虽然有直达公交车，但需要很长时间。武汉夏天炎热，东湖因有水而成为人们消夏的好地方，所以去的人总是很多，公交车也总是很拥挤。而锡金他们开的“私车”则便利、宽敞，因而经常有人搭车。锡金等人因此在东湖结识了不少女孩子。张鹤暄竟在那样的场合中谈起了恋爱。而锡金则是泛泛地交友，没有什么对象和意图。

在别人眼中，这样的生活仿佛是很快意的，但锡金还是感到精神上十分苦闷，感到自己不应该在这样的环境中沉沦，于是便靠读书籍和报刊来打发时间。这时，锡金读书很多，也很杂，什么都拿来读，但越读越感到自己的空虚和苦闷，因而就养成了以书伴酒消愁的习惯，同时也继续着自己的写作。

1937 年 12 月，锡金因参加进步学生运动被国民党特务逮捕，是贾士毅亲自找蒋介石批条放的人。锡金出狱后，贾士毅无法再把他留在身边，就把他提升为科员，外放到枣阳县去做会计主任。锡金没有到差，因此，结束了公务员的生涯，因而有更多的空闲时间来读书、写作，同结识的文艺青年共同参与了当时武汉的文艺运动，了解了抗战初期武汉文化界的不少情况。

（五） 本期锡金著译年表（二）（1934.8—1935.7）

国内学术界寄给蒋锡金先生的部分信件

一九三四年

《暮》（诗） 锡金 上海 《人间世》第 18 期 1934 年 12 月 20 日。

一九三五年

《舞狮》（诗） 锡金 上海 《当代诗刊》创始号 1935 年 1 月 1 日。

《抢米》（诗） 锡金 上海 《当代诗刊》创始号 1935 年 1 月 1 日。

《雾》（诗） 锡金 上海 《当代诗刊》第 1 卷，第 2 号 1935 年 2 月 1 日。

《普式庚的死》（诗） 锡金 武汉 《大光报·文艺周》第一周 1935 年 3 月 14 日。

《忆》（诗） 锡金 上海 《申报·自由谈》 1935 年 3 月 16 日。

《黄鹤楼》（诗） 锡金 上海 《人间世》第 26 期 1935 年 4 月 20 日。

《搬伕》（诗） 锡金 上海 《当代诗刊》第 1 卷，第 3、4 期 1935 年 5 月 1 日。

《西河桥》（诗） 锡金 上海 《人间世》第 29 期 1935 年 6 月 5 日。

四　抗日烽火（1935.8—1938.8）

（一）　抗战初期的武汉文化界

1938年，武汉“大撤退”前夕摄于“武汉东湖”。
左起：萧军、蒋锡金、萧红、罗烽

抗战初期的武汉，是国民党“剿共”军事中心的后方，处于白色恐怖的包围之中，气氛十分紧张，文化活动困难，给人十分沉重的感觉。市面上“三害”（烟、赌、娼）横行，联保里、华中里一带妓院丛集，吃花酒盛行。这城市似乎与锡金的个性不大一致，因而锡金是有些后悔来武汉谋职的。又因为并没有多少事情要做，工作之余，锡金便给上海的《申报》① 等刊物写些稿件，以打发自己的“空闲时间”。

当时，控制武汉文化界的有这几股力量：一是国民党汉口特别市党

① 《申报》：近代中国发行时间最长、影响最大的日报。1872年（同治十一年）4月30日创刊于上海。创办人为英商美查（Ernest Major），经理赵逸如，主笔蒋芷湘。参加编辑的还有何桂笙、钱昕伯、吴子让等。初创时为两日刊，不久即改为日报，日出8版。1909年因

部的《武汉日报》①，社长王亚明，副刊《鹦鹉洲》主编段公爽。他们是从外地（主要是湖南）来的，据说是CC派。二是湖北省国民党党部的《大同日报》，主编陶涤亚，副刊编辑胡绍轩，他们是国民党的“地方实力派”。三是武汉行营政训处的《扫荡报》②，主持人丁文安，副刊《野营》、《瞭望哨》编辑蒋铭、钟期森等。这三家报纸的竞争十分激烈，特别是《武汉日报》和《扫荡报》。《大同日报》似乎并没有多大的力量。此外，还有一个《时代日报》③，它的副刊《时代前》编得比较活

营业不振，售于席子佩经营。1912年转让史量才、张謇、应德闳、赵凤昌均为股东。次年由史量才独资经营，业务渐有起色，成为著名大报。由于该报几度易主，政治倾向变化甚大。初创时为外商所办，其政治主张多为帝国主义侵华张目。史量才接办后，政治倾向渐趋进步。袁世凯复辟帝制时，该报始终持批判态度。1931年九一八事变后，力主抗日，对国民党政府时有批评。1934年11月13日史量才遭国民党特务暗杀后，该报由史量才儿子史咏赓绥办，此后政治立场趋于保守。抗日战争爆发后，出至23208号停刊。1938年10月10日，在日伪控制下复刊，号数续前。此后又先后出版汉口版和香港版。抗战胜利后为国民党接收，成为CC系报纸。1949年5月上海解放时停刊。该报是研究中国近现代史的史料宝库，它不仅记载了各个历史时期国内外发生的重大政治事件，而且刊登了有关经济、文化等方面的内容。其商业新闻和《经济专刊》，是研究中国经济史的宝贵资料。由黎烈文主持的副刊《自由谈》，常邀请鲁迅、茅盾、陶行知、巴金等人撰文，宣扬民主自由思想。

① 《武汉日报》：国民党中央宣传部直接控制的报纸之一。1929年6月10日创刊于汉口。历任主持者有崔唯吾、胡伯玄、王亚明、宋漱石等。前身为国民党湖北省党部所办的《湖北民国日报》。改组后由国民党中央执委会直接控制，成为国民党在华中地区最主要的舆论宣传工具，并在南京、上海等地发行。抗日战争期间迁往贵阳，改出《贵阳中央日报》，并设有芷江、宜昌分社。还曾在湖北恩施出版《武汉日报（恩施版）》，在湖北黄冈发行本报“敌后版”。抗战胜利后，在汉口、宜昌两地同时复刊，1946年后集中于汉口。1949年4月停刊。

② 《扫荡报》：中国国民党军队的报纸。前身是1931年3月由贺衷寒在南昌创办的《扫荡三日刊》，1932年6月23日扩版为《扫荡日报》，1935年5月1日迁汉口出版，改名为《扫荡报》。同时发行《扫荡旬刊》、《扫荡画报》、《扫荡丛书》。早期以“攘外必先安内，抗日必须剿匪”为宗旨，迁汉口后更新设备，扩充版面，增强抗日色彩。刘咏尧、丁文安、袁守谦等先后任社长，彭可健、丁文安、刘威凤、陈友生等任总编辑。1938年10月1日创设重庆版，同年10月25日汉口版停刊，12月25日创设桂林版。1939年5月6日至8月12日重庆版参加《重庆各报联合版》。1942年6月1日至1943年3月31日与《中央日报》出联合版，黄少谷任社长。同年10月1日创设昆明版。1944年11、12月西撤途中出金城江版、独山版。1944年8月重庆版改组为报业股份有限公司，实施企业化经营管理。1945年11月12日改名《和平日报》，创刊南京版并设总社于南京，黄少谷任总社社长兼南京版社长。同时发行重庆、上海、汉口、兰州、广州、沈阳、台湾、海口8个分版，成为大型报系。1949年各分版相继停刊，4月23日总社迁往台湾，7月1日恢复《扫荡报》原名。1950年7月7日终刊。

③ 《时代日报》：1932年7月1日创刊于上海。创办人来岚声。该报是30年代初上海著名小报之一，日出4开4版，一版为钟吉宇主编的“时事分析”；二版由朱惺公主编，以报道有关文化、道德和生活习惯等方面的问题为主，辟有《假法庭》和《何丽英信箱》两个专栏；三、四版由卢溢芳主编，以刊登社会新闻为主。该报后为国民党蓝衣社分子陈宝骅所夺，停刊日期不详。

跃，编辑许一民追求“为艺术而艺术”，信仰无政府主义，培养了好些青年作者。据说陈荒煤[①]、严文井[②]、丽尼[③]、田一文等知名作家，都与他的扶持有关。还有一家报纸《大光报》，是从东北流亡到武汉的资深编辑陈纪滢创办的，据说背景是张学良。其副刊《紫线》由孔罗荪[④]主编。除此之外，武汉大学和中华大学的许多文学青年也曾在学校及社会

---

① 陈荒煤（1913—1996），作家。湖北襄阳人。1927年加入中国共产主义青年团。1932年加入中国共产党。1933年后在上海左翼戏剧家联盟、左翼作家联盟从事文学活动。1938年后任延安鲁艺文学系主任、文艺工作团团晋冀鲁豫边区文联副主任，中共石家庄市委宣传部副部长。新中国成立后，历任中南军区文化部部长，中南军政委员会文化部副部长，文化部电影局副局长、局长，文化部副部长，中国社会科学院文学研究所副所长，文化部副部长、顾问。著有文艺论文集《解放集》、《回顾与探索》及《荒煤短篇小说选集》。

② 严文井（1915—2005），儿童文学家。原名严文锦，湖北武昌人。1934年毕业于湖北省立高中后开始文学创作，并发表散文和短篇小说。1938年到延安，入抗日军政大学第四期学习，同年参加中国共产党，并在陕甘宁边区文化协会从事创作。是年底调鲁迅艺术文学院任教。1945年冬到东北，任《东北日报》副总编辑兼副刊部主任。他的著作有反映抗日战争初期一部分小资产阶级知识分子在斗争中动摇的长篇小说《一个人的烦恼》，另有散文集《山寺暮》，童话集《南南和胡子伯伯》、《丁丁的一次奇怪的旅行》，报告文学《一个农民的真实故事》等。新中国成立后，历任中宣部文艺处副处长、中国作协书记处书记、《人民文学》主编、亚非作家会议中国委员会副主席、作家出版社社长、人民文学出版社社长兼总编辑、国家出版委员会副主任委员、中国笔会中心副会长、儿童艺术委员会副主任等职。著有童话《蚯蚓和蜜蜂的故事》、《三只骄傲的猫》、《唐小西在下次开船港》和童话合集《小溪流的歌》等。有《严文井散文选》、《严文井童话选》。

③ 丽尼（1909—1968）文学翻译家，作家，原名郭安仁，湖北孝感人。1930年前后在上海、泉州、武汉等地任报纸文艺副刊编辑、中学教师，并从事散文创作和翻译工作。在上海参加“左联”。1935年与巴金、吴朗西等创立文化生活出版社并出版了第一本散文集《黄昏之献》。抗战时期先后在福建、四川等地中学、大学教书，担任过重庆相辉大学中文系教授。此时，出版了散文集《鹰之歌》和《前夜》。新中国成立后，任武汉中南人民出版社编辑部副主任、中南人民文学艺术出版社副社长兼总编辑，同时兼武汉大学中文系教授、广州暨南大学中文系教授。1965年调任广州图南大学中文系教授。“文革”期间，遭受迫害，1968年8月病逝于广州。1978年广州暨南大学为他恢复名誉。主要著译有：克鲁泡特金的《俄国文学史》、纪德的《田园交响曲》、契诃夫的《万尼亚舅舅》、《海鸥》，屠格涅夫的《前夜》、《贵族之家》、《丽尼散文选集》等。

④ 孔罗荪（1912—1996），著名报刊编辑、作家。原名孔繁衍，山东济南人。笔名鲁孙、叶知秋、野黎、毕端、周宓等。1928年在哈尔滨邮局工作，并开始向报纸投稿。在哈尔滨期间，曾组织蓓蕾社，创办《国际协报》文学副刊《蓓蕾》。30年代开始写诗、散文和小说。1935年任汉口《大光报》文学副刊《紫线》主编。1937年与冯乃超等人创办《战斗》旬刊，宣传抗日救国。1938年中华全国文艺界抗敌协会在武汉成立，被选为理事，并兼任机关刊物《抗战文艺》编辑。1940年与戈宝权一起任重庆《文学月报》主编。与此同时，不断地为《新华日报》、《抗战文艺》、《文学月报》、《中苏文化》等报刊撰写评论文章、杂文和小说。

上组织一些小团体，并在以上报纸发表文章，但在当时影响似乎并不大。

从1935年冬到1937年“卢沟桥事变”爆发，在这不足两年的时间里，锡金参加了当时武汉的许多文艺活动。

1935年冬，锡金回到湖北武昌，按事先和蒋有林的约定，分头在武昌、宜兴两地进行《中国新诗》月刊的编纂工作。宜兴方面负责编辑工作的有蒋有林、朱征骅、严厂民等人；武昌方面有锡金、叶平林①和伍禾②。叶平林、伍禾两人都是湖北省立师范的毕业生，并为邹荻帆的早年同学。那时他们在武昌当小学教员，并在有无政府主义色彩的《时代日报》副刊《时代前》上写稿。渐渐地，锡金和他们熟悉并交往起来，他们也成为《中国新诗》的主要编辑和撰稿人。

《中国新诗》虽然只出了半年多就停刊了，但此时，随着名声的扩大，约锡金写稿的地方却渐渐多起来了。经符浩的介绍，《扫荡报》的编辑蒋铭、钟期森、黄卓球等时时来找锡金，请他为《扫荡报》的副刊写稿。宋一痕也邀锡金为他主编的《扫荡画报》写稿，并且还时常特别

1949年参加中国共产党，同年任南京市文联副主席。1954年起，先后在上海任华东作家协会、作家协会上海分会和上海文联秘书长，主要从事文学评论工作。“文化大革命”中受到冲击，“文化大革命”后彻底平反。1977年任《上海文艺》编委，1978年调北京，任《文艺报》主编、全国作协书记处书记，著有《文艺漫笔》、《小雨点》、《野火集》等文集。

① 叶平林：洪湖县人。20世纪30年代初期与伍禾同在《时代日报》副刊《时代前》上发表诗作。在《现代》月刊上以“平林杏子”为笔名发表《古城颂》等诗，评介过《也频诗选》。抗战时期，在《时调》诗刊上发表过《我们不叫中国亡》、《血泊里生长》；在《抗战文艺》第二期上发表长篇叙事诗《童难谣》等诗。

② 伍禾（1913—1968），原名胡德辉，笔名，纪烟、苏眉甥，湖北武昌人。曾任中小学教师，扬子江出版社送货员，《新华日报》营业主任，文艺出版社编辑，南天出版社经理，上海救亡演剧第二队队员，广西艺术馆指导员，全国文艺界抗敌协会桂林分会理事，《新湖北日报》副刊编辑。1949年后历任《湖北日报》编辑，湖北文联副主席、编辑出版部部长，湖北省文化局副局长，《湖北文艺》编委、主编，中南文联执委。1933年开始发表作品。与叶平林同在《时代前》上发表诗歌。1937年在《时调》上发表《浮尸》、《我们不能逃亡》等诗。抗战期间，在桂林《文艺生活》编诗。抗战胜利后，回武汉主编报纸副刊《长江》。1957年被错划为“右派”下乡劳改，1962年调回武汉在湖北省图书馆工作，1968年在文革中被迫害致死。1980年平反。著有诗集著有诗集《梦之歌》、《流亡者之歌》、《萧》、《寒伧的歌》，文学剧本《门板》，诗剧《汨罗江边》等。

为锡金和沙蕾等撰稿人举办什么游园会之类。武汉大学文学院的陈源①（西滢）夫妇也托人来邀请锡金去家里作客，并曾经谈论过关于《大公报》文艺奖金②等问题。另一个女作家苏雪林③，也托甘运衡④邀请锡金去她家做客。后来甘运衡曾告诉锡金，苏雪林据作客期间的印象告诫他不要和锡金来往，认为锡金说不定是共产党之类的话。武昌国民党湖北省党部的胡绍轩、魏绍征等也来邀锡金为他们主编的《江汉思潮》、《文艺》等刊物写稿，锡金写了一篇名为《甲骨文发展史》⑤ 的文章，署名“蒋镛”发表在《江汉思潮》上。

此外，还有汉口市国民党部办的《武汉日报》，它的副刊为《鹦鹉洲》，由段公爽主编。锡金曾为之写过两三篇散文诗性质的小品文，其

---

① 陈源（1896—1970），字通伯，笔名西滢，江苏省无锡市人。1921年留学英国，先后在爱丁堡大学、伦敦大学攻读政治经济学，获博士学位。1922年任北京大学教授。1924年同胡适、王世杰等共创办《现代评论》杂志，主编该刊《闲话》专栏，反对以鲁迅为代表的左翼文艺运动，被鲁迅多次抨击。1927年以后，拥蒋反共。1929年，任武汉大学文学院教授、院长。后任国民参政会参政员，常驻联合国教科文组织“代表”。1965年，中法建交，拒不离开台湾驻法“大使馆”，后由法警扶持出馆。1966年退休。晚年瘫痪，1970年逝于伦敦。

② 《大公报》文艺奖金：1936年9月1日是《大公报》复刊十周年纪念日。为纪念复刊十周年，报馆举办了科学和文艺奖金活动。1937年5月，“大公报文艺奖金”揭晓，获奖者为：曹禺的话剧《日出》、芦焚的小说《谷》和何其芳的散文《画梦录》。

③ 苏雪林（1899—1999），现代女作家、文学研究家。曾用名瑞奴、瑞庐、小妹，又名苏梅，字雪林。笔名绿漪、灵芬、老梅等。原籍安徽太平，生于浙江瑞安。1917年毕业于安徽省立第一女子师范学校，翌年入北京高等女子师范学校。1921年毕业，次年赴法国留学，先后在吴稚晖创办的海外中法学院和里昂国立艺术学院学习美术和文学。1925年回国。1928年起任苏州东吴大学、上海沪江大学、安徽大学、武汉大学等校教授，一直到抗日战争胜利以后。1949年到香港真理学会工作。翌年赴巴黎研究神话。1952年到台湾，任台湾师范大学、台南成功大学教授，1973年退休。其间于1964年赴新加坡任教于南洋大学。她的著作颇丰，其中有小说散文集《绿天》，历史小说集《蝉蜕集》，自传体长篇小说《棘心》，散文集《屠龙集》，散文评论集《蠹鱼生活》、《青鸟集》，历史传记《南明忠烈传》，回忆录《文坛话旧》、《我的生活》、《我与鲁迅》，戏剧集《鸠罗那的眼睛》，专著《二三十年代作家与作品》、《中国文学史》，古典文学论著《唐诗概论》，论文集《蠹鱼集》以及《苏绿漪佳作选》、《苏雪林选集》等，另有一些译作。苏雪林的创作常写个人生活经历，笔致秀丽畅达，不乏女性作家温婉、幽丽的气质。

④ 甘运衡：武汉当时的进步文学青年，中华大学教育系学生，当时在《时代前》上发表诗歌作品。1936年创作的长诗《夜客的来访》，经武大教授苏雪林推荐，发表在傅东华主编的《文学》月刊上。同年，他还在《东方杂志》上发表诗作《在轨道上前进》。

⑤ 《甲骨文字发达史》（论文）蒋镛 武汉《江汉思潮》第4卷第5、6期；1936年6月30日。

中一篇署名为“雪天”，其余署名不详。这样，锡金写的稿件就渐渐多起来。体裁也从诗歌、散文小品到影评、剧评等。在理智上，锡金厌恶那些国民党御用文人，但要生活，就不得不与他们打交道，所以就打定主意写些七零八碎的东西去应付他们，而对自己所珍爱的诗则矜而不与。锡金给每个报刊写稿多少是依据他们对自己的态度以及约稿的殷勤程度而定的。

《扫荡报》与《扫荡画报》的编辑对锡金最为客气、殷勤，因此锡金为他们写的稿件也就多一些。直到抗战爆发前，锡金与武汉文化界的关系相处得很好。这体现在两个方面：

1. 由于喜爱喝酒，锡金常去武汉民生路转角的一家绍兴酒店，而《扫荡报》的编辑部就在民生路上，喝完酒，锡金通常去编辑部走走。虽然他并不熟悉编辑部里每个职员的名字，但编辑部里的人却都认识锡金，做什么事也都不回避他，有时还拿出一些不能发表的延安发出的通电给锡金看。

2. 因为长期供稿的关系，《扫荡报》的两个副刊《野营》与《瞭望哨》完全对锡金开放。如当时中国旅行剧团唐槐秋①等正在武汉演出，锡金曾写过有关剧评的长稿，编辑部就把整个副刊的篇幅让出来，专门给锡金连载几天。有时锡金去编辑室，社长丁文安也在，对锡金的态度也总是很客气的。这其中当然含有他们政治与业务的双重目的，但总体上看，锡金与武汉报刊界的关系还是融洽的。

① 唐槐秋（1898—1954），演员，导演。湖南湘乡人。原名震球。1918年赴法国巴黎华尔曼航空专科学校学习。1925年回国后，曾参与组织南国社和广东戏剧研究所。1933年组织中国旅行剧团，倡导中国现代话剧演出职业化。演出剧目有《雷雨》、《日出》、《文天祥》、《洪宣娇》等。新中国成立后，任中国戏曲研究院导演。

（二）夏特伦与冯乃超

八路军武汉办事处旧址纪念馆：汉口长春街 67 号

武汉时期，有两个人对锡金的创作影响很大，其一是夏特伦[①]。他对锡金的写作提出了很多中肯的意见，两人之间的来往也渐渐密切起来。不仅时常在一起喝酒，更达到了无话不说的程度。夏特伦重视锡金的“写作才能”，但认为锡金的“写作方向”不对头，锡金也承认这点。当时邵冠华与沙蕾等人一直在鼓励他写一些山林气味的诗，认为锡金写的这类诗多是“绝唱”，他们甚至还鼓励锡金编诗集出版，对此，锡金十分犹豫：这些诗歌的写作是与锡金创作初期“艺术至上”的文艺观相符合的。犹豫的原因是因为锡金当时正努力转变“写作方向”，改变创作方法。

锡金最终还是编辑了一本诗集《铜棺集》。这一方面是因为他受了邵冠华与沙蕾等人的怂恿，另一方面又接受了夏特伦的劝告与批评，所以觉得把这些诗歌汇集一下也好，以后就不再写这些“风花雪夜”的诗了。因此，锡金给自己的诗集取名为《铜棺集》。这一命名有两层含义：

1. “铜棺”是锡金故乡宜兴南门外的一座山名，也就是晋代周处“除三害”斩蛟龙、射猛虎的南山，以此做诗集的名字，目的在于纪念

① 夏特伦：扬州人，1938 年病故。原为浙江大学学生，在校时参加了革命组织，后被捕，关押在湖北阳新县的监狱中，出狱后就由原浙江大学的老师介绍，继任了锡金在农村合作委员会的职位。他从锡金原来办公桌的抽屉中看到毁弃了的一些诗稿，由于爱好写诗，便请求锡金的表舅父史乃宽介绍他与锡金相识。

自己的故乡。

2.“铜棺”又意味着遗弃和埋葬。说明这些诗作是一些不应该，也不愿意再让它们发展的创作倾向，所以把它们密密地在“铜棺”内埋葬了算了。

后来夏特伦据此嘲笑锡金诗歌创作转变得不彻底，这使锡金很惭愧，便销毁了那部诗稿，但其中的部分诗篇在《人间世》上发表过，现在还可以找到。

锡金和夏特伦在生活与思想上非常接近，与他相识以后，锡金所写的稿件大多是经他看过才拿去发表的，有的稿件事先经过讨论或交换过意见，还有的是交换过意见后由锡金或夏特伦写成的，署的是两个人的名字。因此，发表在《扫荡报》与《大光报》上的许多稿件，应该说是锡金和夏特伦集体创作的结晶。

其二是冯乃超[①]。1936年春，湖北省政府和署办公后，财政厅与民政厅在二楼的两间对面的大办公室办公，因此两人几乎每天都能见面，后来就渐渐熟识了。冯乃超那时在民政厅做选举股股长，改名为“冯子韬”，两人的工作都很悠闲，因而就时常在一起谈天。锡金渐渐被他吸引，觉得冯乃超不仅博学，而且富有正义感，特别是能帮助锡金解决许多弄不清楚的问题。所以锡金就常常把自己的一些阅读心得与想法告诉他，也常在下班的时候到他家中与他和他的爱人李声韵畅谈一个晚上，或者一同去看电影与戏剧。他们谈的问题很多，锡金觉得乃超的见解常是正确而又含蓄，富

---

① 冯乃超（1901—1983），后期创造社成员，著名诗人、翻译家。常用笔名冯子韬。原籍广东南海，生于日本横滨市的一个华侨商人家庭。1923年毕业于日本第八高等学校理科，先后就读于京都帝国大学哲学系、东京帝国大学哲学系社会学科，后改学美学与美术史。1926年3开始，在《创造月刊》上发表组诗《幻想的窗》等具有象征色彩的诗歌。1927年10月，应成仿吾之邀回国参加创造社，编辑《创造月刊》和《文化批判》，成为后期创造社的中坚分子。1928年1月发表在《文化批判》创刊号上的两首诗《上海》和《与街头上人》，标志其诗风从低沉到革命的转变。同年9月加入中国共产党。1929年秋与郑伯奇等组织中国艺术剧社，任文学部长。1930年参加筹建中国左翼作家联盟，被推举为《理论纲领》的起草人，并任“左联”第一任党团书记兼宣传部长，次年任文化总同盟书记。1938年到郭沫若领导的政治部第三厅任职，并参加筹备中华全国文艺界抗敌协会，后任理事兼组织部副部长。1946年赴香港，任中央华南分局文委书记。1949年调北京中央担任中山大学领导职务。1975年调任北京图书馆顾问。创作上以诗歌为主，也写小说和评论。著有诗集《红纱灯》、《今日的歌》，小说集《傀儡美人》、《抚恤》，译著有《芥川龙之介集》、《傅利采的托尔斯泰》及《冯乃超文集》。

有暗示性的。后来，沙蕾告诉锡金“这个冯子韬就是创造社的冯乃超”，而冯乃超据传说是在黄鹤楼上跳江自杀了的。锡金很惊奇，就去问他：“那位冯乃超不是穷困潦倒，跳黄鹤楼自杀了吗?”他笑了，说：“那不知道是什么人造的谣，我活着，就在你面前，我就是冯乃超。”

影响锡金创作和思想的这两个人，对锡金而言，夏特伦是年龄相仿朋友的商榷，而冯乃超则是一种前辈的亲切指导。

应汉口《大光报》文艺副刊《紫线》主编孔罗荪的邀请，锡金与冯乃超、孔罗荪、夏特伦等合作在《大光报》上另办了一个副刊《文艺周》，一直坚持到抗日战争爆发后《大光报》停刊。这样就形成了以冯乃超为领导，以孔罗荪、夏特伦、锡金等为骨干的一股文艺力量，此外还有张光年（即光未然，当时不在武汉）等。

（三）“武汉文艺工作者联谊会”和《文艺周》副刊

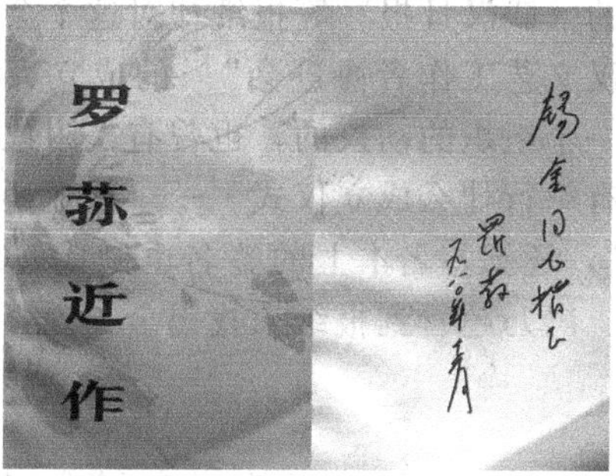

1980年，孔罗荪赠书锡金并签名留念

1936年5月，左翼文艺界内部发生关于“国防文学”与“民族革命战争的大众文学”两个口号的论争。此期间，冯乃超曾去了一次上海，回来告诉锡金等人论争中的一些问题与内幕以及文艺界的统一战线等问题。同年春，为了建立广泛的文艺界抗日民族统一战线，“左联”（中国左翼作家联盟）自动解散。“西安事变”后，全国的抗日风气渐浓，武汉文艺界的抗日氛围也逐渐高涨。

当时武汉的各种政治势力争先以“抗日”为幌子拉拢人才，以壮大自己的声势。一时间，什么“中华文化建设会汉口分会”、“鄂笔者学会”、“武汉文艺界抗敌协会”、“武汉市文化界抗敌工作团”等纷纷成立。这些团体成立的结果是较知名的老一辈文化人和锡金等文学青年成了各种政治势力争夺的对象。冯乃超与夏特伦、锡金等人商议后决定，只要是主张抗日的，就都去参加。但这些组织的发起人好像只热衷于开会和制造声势而不做任何务实的工作，实际上是徒有其名的。

有一次，锡金、乃超等一同出席了一个武汉各报刊联合召开的抗战会议，会议是借武汉日报社作会址召开的。会场布置得很气派，会也开得很隆重。锡金等人都在门口的签名簿上签了名。到会的都是各报刊的头头脑脑，也有省市党部的老爷们。会上很多人发了言，锡金、乃超他们只是听，没有发言。其中有些人的发言很刺耳，比如有人这样讲：现在左派的人知道悔改了，提出了“国防文学”的口号，这还可以接受，但怎么才能加强国防呢？还是只有一条：“攘外必先安内。”锡金等听了虽然很生气，但当场不能反驳。会议结束后，代表们还拍了合影。

不料，第二天的《武汉日报》等报纸却对这个会大肆宣扬，把它说成了一个名为“武汉文艺工作者协进会”[①] 的成立大会——在会上，确实有人提出过成立一个组织的动议的，也曾有人附议，可锡金等人并没有表态，最后也没有举行什么成立仪式。——报上还发表了一篇未经讨论而通过的“宣言”，还把签名本上的签名也制成锌版刊登出来，刊登了会场上拍的照片。冯乃超看到报纸来找锡金，说：“这简直太不像话，

① 武汉文艺工作者协进会：1937 年 1 月 17 日，在武汉部分文艺界人士举行的民族文艺座谈会上，有人提议组织一个永久性的团体，维系文艺界同人的感情，促进武汉的文艺运动。这个提议得到大家的赞同，便推定王亚民等 15 人负责筹备（锡金等人参加的即为此次会议）。此后，他们开过 5 次筹备会，1 次座谈会，确定社名为武汉文艺工作者协进会，借武汉日报社作社址。筹委会推王亚民任主任，魏绍征、何梦雪任总务，段公爽、胡绍轩负责组织工作。他们征得国民党湖北省和武汉市党部认可，国民党省、市党部分别派谢澄宇、王延烈任协进会指导员。筹委会又进行了征求会员的工作，先后收到会员登记表 217 份。1937 年 4 月 18 日在国民党武汉市党部礼堂举行武汉文艺工作者协进会成立大会，并发表成立大会宣言。次日，选出王亚民等 19 人为理事，马鸣鹿等 7 人为候补理事。

1937 年 12 月，武汉文化界抗敌协会宣告成立，协进会的大部分成员都参加了抗敌协会，段公爽、钟期森、魏绍征、陶涤亚等还当选为抗敌协会的理事。武汉文艺工作者协进会也就自行解体。武汉文艺工作者协进会 19 名理事是：王亚民、林荣葵、贺岳僧、钟期森、何梦雪、段公爽、蒋铭、朱铭仙、王禅、胡绍轩、魏绍征、程仲文、罗梦石、陈纪莹、郑田之、陶涤亚、王瑞麟，傅毅、孔罗荪。7 名候补理事是：马鸣鹿、唐性天、熊寿民、杨虔州、孟文渊、谢倩茂、吴风。

我们应该消除一下它的影响。”但当时锡金等人并没有自己的报刊，只好采取让读者可以意会的办法来表态。

那时，锡金等人正主办汉口《大光报》文艺副刊《紫线》。由于这是东北军的报纸，所以有时敢于发表一些与别家党报、官报不同的言论，故而在群众中还比较有影响。这时已经是“西安事变”之后，张学良怀着虔诚的心意把蒋介石送回南京而被扣押，《大光报》也只能维持着，等待着停刊的命运。锡金和罗荪商量，在《大光报》上发表了一个消息，说是在汉口又成立了一个“武汉文艺工作者联谊会”，这是因为当时在上海已经发表了一个《文艺工作者宣言》，在武汉的文艺工作者仅冯乃超、孔罗荪、夏特伦和锡金四个人被名列在内。其实就是在上海，也是仅有过那个《宣言》而并无什么具体的组织。锡金等人不仅借用了那个宣言而且还要虚张声势一下，多罗列一些人，但又不敢把确实在武汉的朋友都牵扯在内，因此就罗列了一些人不在武汉而确实是从武汉出去的以及一些经常给武汉寄稿的外地朋友的名字，开成了一张名单。为了表示这个“组织”确实是一个存在的实体，锡金等人还借用《大光报》副刊《紫线》的篇幅改办了一个周刊，取名为《文艺周》，定期出版，一直出到《大光报》的全部厂房设备都转让给《大公报》办武汉版，宣告倒闭为止。这已经是接近于“七七”抗战了。

（四）《战斗旬刊》与文协的成立

1938年，锡金等人成立的“战斗书店”旧址，
现武昌民主路263号（1983年摄）

1937年7月7日，“芦沟桥事变”爆发，第二天消息才传到武汉。那天，锡金正在东湖游泳，看见一个武汉大学的学生拿了张大标语从珞珈山上走下来，上面写着“同胞们，抗战开始了，团结起来，一致抗日吧！……”锡金看了很激动，当即就离开东湖，回去找乃超、夏特伦等人一同商量该做些什么工作。

那天晚上，锡金把在东湖游泳结识的伙伴找到一起，建议他们尽量去发动兄弟姐妹及同学等人，准备组织一个抗战宣传队。国民党也活动起来了，《武汉日报》召集组成了“武汉文化界抗敌协会”①、《扫荡报》召集组

① 武汉文化界抗敌协会：1937年12月19日在国民党汉口市党部礼堂成立。谢澄宇、叶溯中、刘伯闵、李公朴暨各文化团体代表魏绍征、陈友生、段公爽、阳翰笙、胡风等百余人出席了成立大会。会上，讨论并通过了几项决议：1. 以大会名义通电拥护蒋委员长宣言；2. 筹设武汉民众战时常设训练班；3. 发表大会成立宣言；4. 筹设武汉小学教师抗敌研究社及战事常识巡回演讲所；5. 集中武汉文化人分赴内地宣传抗日；6. 创办抗敌言论杂志；7. 筹备战时流动演剧队。大会选举段公爽、胡风、钟期森、何梦雪、魏绍征、刘炳藜、陶涤亚、光未然、彭芳草、谢楚珩、罗梦石、马丝白、谢倩茂、徐步、梁韬、林荣葵、李彦常、王镜清、郑峻生、朱双云、管雪斋、冯乃超、宋一痕、金则人等24人为理事，柳湜、胡绳、金仲华、孟宪章、李平、陈友生、沈兹九等7人为候补理事。1938年1月2日，召开首次理事会议，由谢楚珩主持。会议决定成立如下组织：1. 国际工作宣传委员会，聘陈友生、金仲华、金则人、鲁学瀛、张忠良、吕同华、王怀名、丁文安、龚庆榆、刘子纯、郭剑痴、胡绳等为委员；2. 教育工作委员会，聘王镜清、季平、胡绳、夏伯初、郑如海、萧养浩、程旨云，詹学海、王懋先、郑尧天、许纳夫、潘龙霖、李淑熙、汪正明、陈年新、何清明，倪得刚、朱再安、王郁之、陶鼎、吴亮夫等为委员；3. 电影工作委员会，聘袁丛美、史东山、罗静予、王瑞麟、应云卫、尹伯林、袁牧之、陈波儿、费穆、贺孟斧、孙瑜、万籁天、孙毅、吕奎文、郑用之、安娥、陈机孟等为委员；4. 出版工作委员会，聘彭芳草、管雪斋、柳湜、邹韬奋、孟十还、方秋苇、曹谷冰、胡秋原、刘直、俞颂华、宋悲如、姚宝贤、陈友生、丁守镇、潘梓年、胡伊默、张仲实、王造实、张申府、陶希圣、唐性天、杨春波、杨淑荪、龙步云、杨虔洲、范永炎、汤济民、许森阶、曹耿光、陈纪滢、王家鸣等为委员；5. 文艺工作委员会，聘胡风、钟期森、冯乃超、王平陵、穆木天、沈从文、老舍、叶圣陶、姚蓬子、萧军、萧红、萧乾、端木蕻良、凌叔华、孔罗荪、艾青、蒋锡金、程晓华、黎圣伦、苏雪林、胡绍轩、杨世骥、吴慕风、赵合倚、王霞宙、黄默忱、金石寿、高兰、田间、白朗、彭子冈、林庚白、徐盈、东平、辛人、林蒂、李士伟等委员；6. 音乐工作委员会，聘马丝白、梁韬、江定仙、冼星海、夏河兴、王人艺、谈正凯、曾昭正、李行夫、成庆生、盛家伦、熊务民、杜雷、张拾之、林一犨、邹声、戴逸青、李天海、张曙、安娥、何惧等为委员。以后，又曾设戏剧工作委员会、战地工作委员会、救济慰劳工作委员会、农村工作委员会，并出版了会刊《时事月报》。1938年1月29日，协会发起的“保卫大武汉宣传周”开幕，并组织了歌咏、宣传队等分赴全市开展抗日救亡宣传活动。3月，协会举办欢迎北大张忠绂教授的茶会和报告会，又举办了战时工作干部训练班。5月5日，协会首先通电全国，声讨周作人的投敌附逆行为。10月25日，武汉沦陷。在此前后，武汉文化界人士纷纷撤离，协会遂告解散。武汉文化界抗敌协会成立后，在全国文化界引起巨大反响，先后曾有83个文化团体响应加入，为翌年中华全国文艺界抗敌协会的成立奠定了基础。

织了“武汉市文化界抗敌工作团”（这个组织是由黄埔派掌握的），这两个组织锡金等人都参加了。前一个组织国民党抓得很紧，锡金等人被放在一种不能参与实际工作的客人地位，而后一个组织对锡金等人似乎抓得松一些。在成立大会上，冯乃超、夏特伦、孔罗荪和锡金都当选为理事。在理事会上，又被推选为宣传组（锡金和夏特伦）、出版组（冯乃超和孔罗荪）的正副组长。于是锡金、冯乃超等人投入了火热的抗战工作。首先把组织起来的一批青年组成宣传队，排练了许多抗日救亡的歌曲和街头剧，如《放下你的鞭子》（由学联的范元甄主演）等，还编写了许多壁报。这个宣传队不仅在市区内活动，还到徐家棚、刘公堤、武昌豹子澥等近郊的工农中进行抗日宣传，后来发展壮大，并入“青年救国同盟”。

鉴于上海战事在8月13日爆发，上海以及全国各地的书报不能运抵武汉，于是锡金等人又计划筹办刊物。最初《扫荡报》一批人是表示支持的，但后来由于他们对锡金等人组织的宣传队插不进手，所以不但不资助刊物的出版经费，并且根本不同意出版刊物的计划。锡金等人经过商议，决定自己筹款办刊，不与这个组织发生关系。但当时的新闻出版界完全被国民党当局所把持，所以办刊物并不是一件容易的事。第一，要经过汉口国民党市党部的登记，否则刊物就不能印刷、出版；第二，当时的印刷所也完全在国民党的掌握之中，进步刊物无处承印。锡金等人每次去印刷所跑印刷，总是遭到拒绝。因此，冯乃超、锡金、夏特伦等人虽然共同筹得了70余元经费，还是没法办成刊物。

这时，《扫荡报》自己要出一个《战斗画报》，由宋一痕主编，因为要扩大规模，所以在主编（宋一痕）之下分立了三个编稿部门，每个部门四个编辑。而文字编辑就邀请锡金、冯乃超、翦伯赞[①]、

---

① 翦伯赞（1898—1968），历史学家，中国科学院哲学社会科学部委员。维吾尔族，湖南桃源人，曾在长沙省立甲种商业学校任教。1924年赴美国加利福尼亚大学攻读经济专业，回国后研究史学和历史哲学。1937年加入共产党。抗日战争初期回长沙从事抗日救亡运动，任湖南文化界抗敌后援会常务理事，主编《中苏》半月刊。1943年和1946年分别出版《中国史纲》第一、二卷，为我国最早用马列主义观点阐述的中国通史。中华人民共和国成立后，任北京大学副校长、中央民委委员等职。“文革”中被迫害致死，1979年平反。著有《中国史论集》、《中国史纲》、《历史问题论丛》、《中国历史哲学教程》、《翦伯赞遗诗》等。

光未然[①]（翦伯赞、光未然两人是由宋一痕特别邀请的）四人担任。摄影编辑中有张印泉[②]等四人，漫画编辑有叶浅予[③]、梁白波[④]、

① 光未然（1913—2002），笔名张光年。湖北老河口人，中共党员。1935年肄业于武昌中华大学中文系。早年从事抗日救亡文艺活动，任抗日救亡秋声剧社社长，拓荒剧团团长，国民政府军委会政治部第三厅中共特支干事会干事，缅甸仰光《新知周刊》主编，缅甸华侨青年战工队总领队，《民主周刊》北平版编辑负责人。1949年后历任中央戏剧学院教育长、创作室主任，文化部艺术局副局长，《剧本》月刊主编，中国戏剧家协会党组书记，中国作家协会书记处书记、党组副书记、书记，中国作家协会副主席，《文艺报》、《人民文学》主编，中央顾问委员会委员，中国文心雕龙学会会长，中国作家协会第五届名誉副主席。1936年开始发表作品。1949年加入中国作家协会。著有歌词《五月的鲜花》，组诗歌词《黄河大合唱》，论文集《风雨文谈》、《青春文谈》、《光未然戏剧文选》、《江海日记》、《向阳日记》、《文坛回春纪事》、《光未然诗存》和一部诗歌集，论文《新时期社会主义文学在阔步前进》等。

② 张印泉（1900—1971），摄影家，直隶（今河北）丰润人。1921年毕业于北京国立法政大学经济系，曾任国民党政府财政部印刷局照相组技工、武昌行营摄影服务员。抗日战争时期，从事摄影理论的研究和摄影器材的研制工作。1944年后任北平师范大学教授。新中国成立后，历任新闻总署摄影局、新华通讯社摄影部研究员，中国文联第三届委员，中国摄影家协会第一、二届副主席。作品有《力挽狂澜》、《雪地惊鹅》、《前进》，著有《摄影原理与实用》、《人造光摄影》、《摄影应用光学》等。

③ 叶浅予（1907—1995），中国画画家，漫画家，浙江桐庐人。1927年开始从事漫画创作，以长篇连环漫画《王先生》驰名，后集成《王先生别传》和《小陈留京外史》。1936年出版《旅行速写》、《浅予速写集》，并联合全国漫画家举办第一次全国漫画展，次年成立中华全国漫画界救亡会，为该会负责人之一。抗战爆发后，在上海组织漫画宣传队，任领队并参加郭沫若负责的政治部第三厅，投身抗日宣传工作。1939年赴香港经办《今日中国》，次年回重庆，作《战时重庆》组画及叙事漫画《逃出香港》。1942年于贵州苗区写生，开始转向中国人物画创作。1943年访问印度，归来后举办旅印画展。抗战胜利后曾赴美国举办画展。1947年任教于北平艺术专科学校。1954年任中央美术学院中国画系主任、教授。1981年任中国画研究院副院长。曾当选中国美术家协会历届副主席，中国文联委员，全国政协委员。中国画作品《维吾尔人》获第六届全国美展荣誉奖。其他作品有中国画《婆罗多舞》、《长安怀古》组画以及小说《子夜》插图等。出版有《叶浅予作品选集》、《叶浅予画舞》等，著有《画馀记画》和《十年恶梦录》。1938年后任中华全国漫画界抗敌协会负责人、国民党政府军事委员会政治部第三厅美术科漫画宣传队队长、香港《今日中国》画报编辑。1943年赴印度访问。1946年在美国举办个人画展。1947年后在北平艺术专科学校任教。新中国成立后，历任中央美术学院教授、中国画系主任，中国文联第一至四届委员，中国美协第一届常务理事、第二至四届副主席，有个人画集多种。

④ 梁白波（？—1969），女画家，广东中山人。生于上海，毕业于杭州艺专和上海新华艺专。笔名Bomb、Bon。初学油画，为决澜社成员。20世纪30年代始为《时代漫画》创作漫画。1935年回上海，以连环漫画《蜜蜂小组》受到社会重视。全面抗战后，她即加入漫画宣传队，并与叶浅予相遇，一见钟情，遂成情侣，同在武昌昙华林文华大学第三厅漫画宣传队从事抗日工作，被选为全国漫画作家协会战时委员会委员。1938年她在武汉离浅予而去，与漫画家陆志庠幼时同学空军军官陈恩杰结为夫妇。婚后从南昌基地移居成都基地。在这相当长的一段时间内几乎与艺术界断了关系，只是从新疆回上海时与郁风、苗子在国际饭店一见。后与陈分手，从台南到台北，在廖未林所办的陶艺厂画瓶子，为林海音所编的《联合报》副刊画插图。晚年心情凄苦，后精神分裂，1969年在台南海边一间小屋里郁郁而终。梁白波的作品极具女性特点，她经常从女性的立场出发进行创作，以唤起妇女同胞的抗日觉悟，去尽妇女战时应尽的责任。

特伟[①]和陆志庠[②]四人。锡金等人答应了邀请，因《战斗画报》的原因，便将要办的刊物定名为《战斗旬刊》，用宋一痕题写的与《战斗画报》同一字体的字做刊头。请胡绍轩出面，在武昌的国民党湖北省党部进行刊物登记。当时办理刊物登记，还必须要有发行人和发行处，因此必须再办一个书店，用来发行刊物。锡金等人仍旧利用和胡绍轩的关系，租赁了胡绍轩新修的房子。那房子有一家临街的店面，并带三间楼房，位于武昌胡林翼路234号（现为武昌民主路263号），每月租金20元。锡金等人凑出身上所有的钱，共52元，先付了一个月的租金，剩余的钱买木料，搭书架，做了一张大桌子和大小两块牌匾，“战斗书店”就挂牌开张了。“战斗书店”经售的图书，由生活书店[③]供给，采取先赊，卖后

① 特伟（1915—），漫画家，美术电影编导，广东香山（今中山）人。1935年在上海从事漫画创作，1937年后参与组织抗日漫画宣传队，创办和编辑《战斗画报》、《漫画战线》等画刊，进行抗日宣传活动，1947年后在香港参与组织人间画会，任秘书。创作连续漫画《大独裁者》，1949年加入中国共产党。新中国成立后，历任上海电影制片厂美术组组长，上海美术电影制片厂厂长兼导演、顾问，中国动画学会会长，中国文联第四届委员，中国影协第三届理事、第四届常务理事、上海分会副主席，中国美协第二、三届理事。曾担任水墨动画片《小蝌蚪找妈妈》的艺术指导。编导的水墨动画片《牧笛》1979年获第三届丹麦欧登塞国际童话电影节金质奖，合导的动画片《金猴降妖》1985年获第五届中国电影金鸡奖最佳美术片奖。

② 陆志庠（1910—2001），聋子画家，20世纪30年代《时代漫画》的骨干作者。艺术风格摹仿乔兹·格罗斯，尤其擅长速写，无人能及。30年代中期，先后出版了《志庠素描》和《社会素描》（上下册），在漫画界引起了较强烈的反响。

③ 生活书店：创建于1925年10月，是1932年7月在《生活》周刊社基础上成立的“生活出版合作社”，对外称生活书店。生活书店是解放前重要的进步文化机构，前后出版发行了大量进步的社会科学和文艺书籍，达1000多种。1933年年底，《生活》周刊被迫停刊，生活书店迁到霞飞路（今淮海中路）桃源坊后，在那里建立了最早的门市。1934年生活书店迁到福州路复兴里。1938年初，生活书店另在福州路378号用“远东图书杂志公司”名义开设门市，继续营业。1940年又将“远东图书杂志公司”改称“兄弟图书公司”。1943年春又将“兄弟图书公司”改组为“新光公司”，经营图书、文具和百货。翌年新光公司也告歇业。抗日战争胜利后，生活书店迅即在重庆南路6号公寓大厦楼下建立门市，于1945年10月开业。在白色恐怖日益严重情况下，1947年12月2日，重庆南路门市部被迫结束，迁至福州路复兴里四楼继续营业。1948年2月12日，国民党上海市执行委员会发出查封生活、读书、新知三书店密令的前夕，生活书店等三书店紧急撤离上海，迁往香港。抗战前生活书店只有武汉、广州两处分店，后来又陆续在西安、重庆、长沙、成都、桂林等地开设分店，共达55处。生活、读书、新知三书店于解放前夕同时撤离上海后即在香港实行合并。1948年10月26日，生活·读书·新知三联书店总管理处在香港成立，三店合并任务正式完成。全国解放后，1951年4月，三联、中华、商务、开明、联营等5单位的发行机构联合成“中国图书发行公司”，上海成立分公司。1954年起，中国图书发行公司并入新华书店，中图公司上海分公司并入新华书店华东总分店的上海分店。

结账的办法。书店主要发行《战斗旬刊》，同时销售延安出版的《解放》[①]杂志。那时武汉三镇的书店都不敢经销《解放》杂志，只有战斗书店独家经营，因而受到国民党当局的注意，书店曾被查抄过一次。战斗书店一直维持到1938年8月锡金离开武汉时还在经营。

《扫荡报》的人看到锡金等人办的刊物《战斗旬刊》是和他们的《战斗画报》合作的，于是就同意由《扫荡报》报社专用的印刷厂印刷《战斗旬刊》，但后来由于《战斗旬刊》激进的思想倾向，《扫荡报》怕担风险，就帮锡金等人另找前花楼的新昌印刷所印刷。《战斗旬刊》于1937年9月18日创刊于武昌，由孔罗荪出面主编，另成立编委会。"战斗书店"则由河南人李乡朴，当时流亡到武汉的夏特伦朋友出面为经理，而实际上是由夏特伦掌握。《战斗旬刊》出版后就销售一空，在当时很受读者欢迎。由于杂志的销路好，生活书店也答应给锡金等人筹款。《战斗旬刊》一直坚持出版到1938年4月，因"中华全国文艺界抗敌协会"成立。锡金、孔罗荪等人接受了筹办全国文协的机关报《抗战文艺》的任务，由于在人手上忙不过来，所以就主动把《战斗旬刊》停刊了。在抗战初期的武汉，《战斗旬刊》是冲破国民党封锁的第一个刊物，共出版了23期。

① 《解放》：抗日战争时期中国共产党中央委员会的机关刊物。1937年4月24日在延安创刊。主编张闻天，责任编辑吴亮平。周刊。设有时事、短评、翻译、论著和文艺等栏目。刊载抗日战争前期中共中央的重要方针、指示、宣言、通电和中共主要领导人的著作、言论等。1937年8月曾刊载洛川会议通过的《中共中央关于目前形势及党的任务的决定》和《抗日救国十大纲领》。1938年7月7日发表中共中央的《对时局宣言》，10月10日刊登《关于目前形势与党的任务的决定》，并曾先后发表毛泽东的《抗日游击战争中的战略问题》、《论持久战》、《论新阶段》和《新民主主义论》等著作。周恩来、朱德、刘少奇、邓小平、陈云、吴玉章、王稼祥、林伯渠、杨尚昆、王明、林彪、康生等领导人也曾为之撰稿。探讨问题还包括经济、外交、民生、文化、教育等各方面。1941年6月15日停刊，共出134期。

（五）陈独秀与《战斗旬刊》

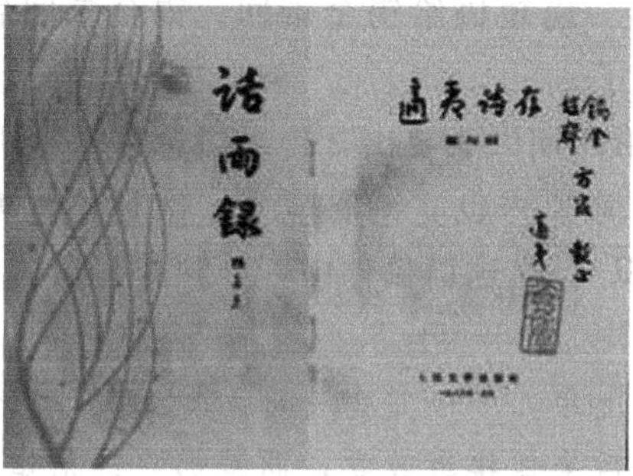

楼适夷先生赠给锡金的著作及扉页题字（1983年）

出版《战斗旬刊》期间，因为发稿的关系，锡金曾与陈独秀[1]有过几次交往。1937年10月，《战斗旬刊》上曾发表陈独秀的一篇稿件——《从第一双十到第廿六双十》，这篇稿子是锡金取回来，并经编委会讨论后才发表的。

陈独秀因1932年在上海淞沪会战中支持抗战，谴责蒋介石卖国独裁，被国民党政府逮捕。抗战爆发后，国民政府被迫释放政治犯。1937年8月，陈独秀出狱，住在武昌双柏庙后街26号。以前锡金的文艺界

---

① 陈独秀（1880—1942），安徽怀宁人，早年留学日本。1915年起主编《新青年》，提倡民主和科学，抨击封建主义，反对复辟帝制，1916年任北京大学教授。1918年冬，与李大钊等创办《每周评论》，评论时政，宣传社会主义，成为五四前期新文化运动的主要领导人之一。1920年发起组织上海共产主义小组。1921年7月，中国共产党举行第一次全国代表大会时，被选为党的中央局总书记。1923年在中共第三次全国代表大会讨论国共合作问题时，主张“一切工作归国民党”，否定共产党在政治上、组织上的独立性。在第一次国内革命战争时期，党内以他为代表的右倾思想形成为右倾投降主义，放弃对农民、城市小资产阶级和中等资产阶级的领导权，尤其是放弃对武装力量的领导权，对蒋介石的反革命进攻持妥协投降的政策，导致革命的失败。1927年中共“八七”紧急会议上，被撤销总书记的职务。会后，继续坚持错误立场，恶毒攻击红军和革命根据地，并与彭述之等人组织小集团，进行反党活动。1929年11月，被开除党籍。1931年5月，被自称为“中国共产党左派反对派”的托派组织推为总书记。1932年被国民党政府逮捕。1937年8月出狱。1942年病死于四川江津。

朋友沙蕾曾住过这房子，所以锡金很熟悉。冯乃超派锡金去访问陈独秀，问他对时局的意见。陈独秀谈了很多。回来后，锡金向冯乃超做汇报。大家觉得他的态度似乎还好，于是便让锡金去向他约稿，陈独秀答应了，当即就写了一篇短稿给锡金带回。锡金拿回后，就在《战斗旬刊》上第三期发表了。

《战斗旬刊》第四期因为要出《鲁迅纪念特辑》，所以大家又让锡金去向陈独秀约稿，陈独秀也立刻答应了，次日稿件就寄来了，篇名为《我对于鲁迅之认识》。在这篇稿件中，陈独秀写道：

> 民国十六七年，……党中一班无知妄人，把他（鲁迅）骂得一文不值，……后来他接近政党，同是那一班无知妄人，忽然把他抬到了三十三天以上，……鲁迅先生对于他所接近的政党之联合战线政策，并不根本反对……在这一点上，这位老文学家终于还保持着一点独立思想精神，不肯轻于随声附和，是值得我们钦佩的。

在当时的历史情况下，大家觉得陈独秀的言论是值得商榷的，便搁下来没有发表。约过了一个星期或十余日后，陈独秀给锡金邮来了一封信，大意是说“想为贵党党纪所拘，不发表这稿件是可以原谅的，但应照通例退稿”等等。锡金立刻提笔就此事给他写了一封退稿信，冯乃超看信后认为锡金回信的态度不太好，于是就又重新代锡金写了封退稿信，将稿件退给了他。这篇稿子陈独秀后来发表在陶亢德主编的《宇宙风·乙刊》① 第49期上。

锡金等人出版《战斗旬刊》后，《扫荡报》开始是拒绝代印，继而又取消了锡金、孔罗荪、夏特伦等人在《战斗画报》上“编辑”的名字，最终《战斗画报》停刊了。《扫荡报》的同人们就又在《战斗画报》

① 《宇宙风》：1935年9月在上海创刊。宇宙风社发行。原为半月刊，后改为旬刊。抗战爆发后，曾迁至广州出版。1938年10月因广州沦陷停刊。1939年9月在上海出版《宇宙风》乙刊，先后由林语堂、林憾庐、陶亢德编辑。第一年的文章与抗战现实较为密切，曾发表靳以、舒湮等报导大后方战地和八路军总部的报告文学。以后的作品多述历史掌故之类，偏重于趣味性。1941年12月1日出至第56期停刊。

社的原址开办了“战斗出版社”，专门经销反动书籍，虽然《战斗旬刊》和《战斗画报》两个刊物刊名和书店、出版社的招牌都用了宋一痕题写的字，但是当时的读者根据刊载的内容知道这两种刊物是大相径庭的。

（六） 穆木天与“时调社”的活动

穆立立20世纪80年代题字并赠送锡金先生的穆木天与彭慧著作

在创办《战斗旬刊》的同时，冯乃超又介绍穆木天①与锡金认识，大家一起在海月庵的穆木天家开会，商议办一个诗社，诗社取名为“时

① 穆木天（1900—1971），诗人、翻译家。原名穆敬熙。吉林伊通人。1920年留学日本，研究法国文学。1921年参加创造社。1926年毕业于东京帝国大学。回国后在广州、天津、吉林等地高校任教。早期诗作受象征主义影响。1931年参加“左联”，从事左翼文艺运动，是中国诗歌会的主要发起人及《新诗歌》的主编。抗战后，曾在武汉主编《时调》和《五月》，并任“文协”理事。新中国成立后，历任东北师范大学教授、北京师范大学中文系外国文学教研室主任。长期从事外国文学的翻译和研究。著有诗集《旅心》、《流亡者之歌》、《新的旅途》；论著有《平凡集》、《法国文学史》等；译作有《王尔德童话》、斯丹达尔的《青年烧炭党》、高尔基的《初恋》、普希金的《青铜骑士》、莱蒙托夫的《恶魔》以及巴尔扎克的小说多种。

调社"[①]，取"时代的调子"之意。后来又创办了《时调》诗刊。刊物在叶平林等人的支持下，在武昌的湖北省国民党党部登了记，由胡绍轩介绍了一家印刷所印行。

《时调》由穆木天和锡金主编，叶平林做发行人。这个团体由两部分人组成，一部分人是抗战前原来在武汉的；另一部分人是抗战后从上海、北平、天津等地新来的。《时调》于1937年11月1日在武昌创刊，32开本，每册16页。刊物办起来了，冯乃超十分高兴地拿起多年不动的笔，写出了被称为文艺界抗日救亡运动宣言的著名诗篇——《诗歌的宣言》，提出要"让诗歌的触手伸到街头，伸到穷乡"，"用活的语言作民族解放的歌唱"，它可以说是诗歌朗诵运动倡导者的"宣言"。以此作为《时调》的发刊辞，特伟题写了刊头字，梁白波画了封面。这个诗歌刊物的周围簇拥着柳倩[②]、

① 时调社：1937年11月1日，在左联主要成员冯乃超等领导下，时调社在武昌成立，同时出版《时调》诗刊（月刊），由穆木天、锡金主编，叶平林为发行人。时调社的其他成员有：蒲风、彭慧、柳倩、伍禾等。刊名《时调》，取"时代的调子"之意。《时调》创刊号《编后记》说，《时调》要"尽量发抒我们抗战的感情"，发抒"伟大的民族集体的英勇的情绪"，致力于诗歌"朗诵运动和大众化运动"。为了贯彻这样的办社宗旨，时调社成立后，创作和编写了不少救亡歌曲、国防诗歌、通俗诗歌、朗诵诗、歌谣、民间俗曲，发表了许多提倡和论述诗歌的朗诵运动和大众化运动的理论文章，致力于诗歌的大众化和开展朗诵诗运动，使诗歌在抗日救亡运动中发挥更大的作用。撰稿者除时调社同人外，还有宋寒衣、杜谈、厂民（严辰）、王亚平、方殷、艾芜、高兰、臧云远、邹荻帆、邹绿芷等。

1938年5月15日，时调社与大众报社、抗到底社、通俗读物编刊社等共同发起，在武昌青年会召开通俗文艺座谈会。

《时调》于1938年3月1日出版了第5期后停刊。此后又出版《诗歌综合丛刊》，第1辑《五月》，由蒋锡金主编，同年6月出版。后因武汉战局紧张，成员星散，第一辑不再出版，时调社也就停止了活动。

《时调》是抗战开始后在武汉最早出现的诗刊。郭沫若曾为《时调》题辞，只因无钱制版而未刊出，茅盾曾署名玄珠在广州《文艺阵地》第1期撰文报道了《时调》创刊的消息。

② 柳倩（1911—2004），当代著名诗人，学者，书法家，四川荣县人。早年就读于国立成都大学，1933年参加左联。1932年与穆木天、蒲风等人发起成立中国诗歌会，创办《新诗歌》杂志。抗日战争爆发后，经郭沫若介绍参加南方局领导下的文化工作委员会，是中华文艺界抗敌协会会员，后任浙东行署文教处负责人。新中国成立后，在上海军管会文艺处和华东文化部工作，曾任上海诗歌工作者协会副主席。1953年调北京市戏曲编导委员会。新中国成立前曾出版《生命的微痕》、《无花的春天》及诗剧《防守》等，主编了《综合杂志》、《新诗歌》月刊及《开拓者》等。新中国成立后主持编写京剧汇编108册，改编整理了约500出戏曲。

王亚平[①]、蒲风、舒群[②]、方殷[③]、窦隐夫等著名诗人和伍禾、叶平林等武汉地区的青年诗人。这刊物办得很有些影响，茅盾曾署名玄珠在广州《文艺阵地》第1期撰文报道了《时调》创刊的消息，还有人选了刊载的歌谣，用木板印刷了唱着它在街头零卖。各地来武汉的诗歌作者也几乎都来找锡金等人联系，有的还参加时调社的一两次集会。

《时调》刊登的主要作品有：《关于诗歌的朗诵》（论文，冯乃超作）、《诗歌朗诵与大众化》（论文，穆木天作）、《展开我们的朗诵诗歌》（论文，高兰作）、《血泊里生长》（歌谣体叙事诗，叶平林作）、《鬼子凶》（山歌，锡金作）、《农村妇女救亡歌》（民歌，彭慧作）、《悲哀的云涛》（诗，蒲风作）、《武汉礼赞》（朗诵诗，穆木天作）。由于种种困难，

---

① 王亚平（1905—1984），诗人。原名王福全。河北威县人。1932年参加中国诗歌会，主编过北平出版的《新诗歌》等，坚持反帝反封建方向，提倡诗歌大众化。1936年躲避国民党迫害去日本。抗战后回国，参加战地服务团，主编诗刊《高射炮》，积极宣传抗日。1946年加入中国共产党，后去解放区，任冀鲁豫文联主任，主编《平原文艺》、《新地》。新中国成立后，历任中国曲艺研究会副主席、《说说唱唱》副主编、中国作协理事等职。他以自己的社会见闻为题材，描写了农村的破产，城市的萧条，表现了劳动人民的悲惨命运，抒发了中国人民仇恨日本侵略者和抗日救亡的爱国热情。《灯塔守者》、《黄浦江》、《孩子的疑问》、《大沽口》、《农村的夏天》等，是他的具有代表性的诗篇。诗歌明快朴实，长于描述。由于作者注意向民歌、民谣学习，语言也比较接近大众口语。主要诗集有：《都市的冬》、《海燕的歌》、《十二月的风》、《难民曲》、《中国，母亲的土地啊》、《黄河英雄歌》、《写在母亲像前》、《灿烂的星辰》等。

② 舒群（1913—1989），作家。原名李书堂。黑龙江哈尔滨人。九一八事变后参加东北抗日义勇军。次年任第三国际情报员，并参加中国共产党。1935年开始文学创作，发表诗歌、散文等。同年在上海参加中国左翼作家联盟。次年发表短篇小说《没有祖国的孩子》，描写朝鲜儿童在东北杀死日本侵略军的故事，是其代表作。1937年任八路军随军记者，兼任朱德总司令秘书。1940年起，先后任延安鲁迅艺术学院教员、《解放日报》副刊编辑、鲁迅艺术学院文学系主任、东北文艺工作团团长等职。1945年后，任中共东北局宣传部文委副主任、东北大学副教授、东北电影制片厂厂长、东北文联副主席等职。1949年后任中国作协理事兼秘书长，《战地》、《知识》杂志主编，本溪市文联副主席等职。他的小说集有《老兵》、《没有祖国的孩子》、《崔毅》、《火场》（与人合著）等。1981年发表《少女chen》，获全国优秀短篇小说奖。有《舒群小说选》、《舒群文集》（四卷）。

③ 方殷（1913—1982），河北雄县人，原名常钟元，民进成员。1935年毕业于北平中国大学。1932年在北平参加反帝大同盟、共青团、左联，历任《少年先锋》、《科学新闻》、《诗歌杂志》编辑，南京《金陵日报》特约记者，山西临汾民族革命大学教师，延安鲁艺音乐系学员，重庆全民通讯社记者、编辑，重庆中华全国文艺界抗敌活动协会诗歌组长，重庆精益中学教师，重庆市文联编辑，北京人民文学出版社编辑。民进中央文教委员。1933年开始发表作品。1956年加入中国作家协会。著有诗集《平凡的夜话》、《方殷诗选》，叙事长诗《诛魔记》等。

处于战乱中的《时调》常常不能按时出版。1938 年 3 月 1 日，经艰难挣扎，出了 5 期之后，被迫停刊，但“时调社”的活动并没有结束。

（七） 时调社的三次“诗歌朗诵”

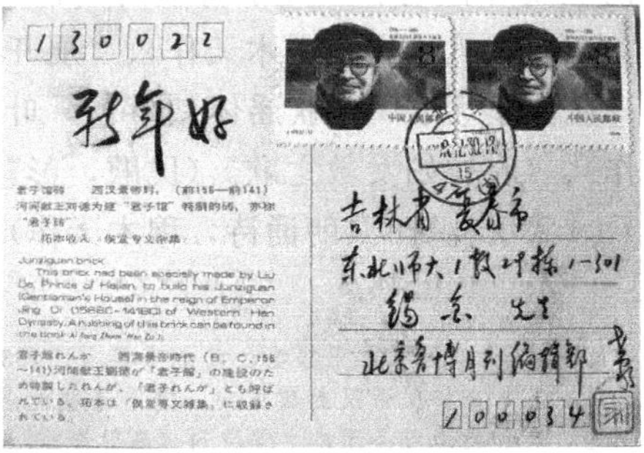

北京《鲁迅研究月刊》王世家寄给锡金先生的明信片

“时调社”组织了三次诗歌朗诵运动[①]：第一次是 1937 年 10 月 19 日，各地文艺工作者云集武汉，纪念鲁迅先生逝世一周年的纪念会上，

① 诗歌朗诵运动：战前由中国诗歌会首先提倡，但由于主客观条件的限制，当时主要还限于理论上的探讨，未能付诸实践。抗战爆发后，在作家深入生活，诗歌面向大众的潮流影响下，诗歌朗诵运动重新受到重视。吕骥、锡金、高兰、朱自清等人撰文探讨了诗歌朗诵问题，同时，在创作上也开始了实践。1938 年 10 月在武汉召开的鲁迅先生逝世两周年纪念会上，首次朗诵了柯仲平和高兰的诗，在文艺界得到了很好的反响。接着，诗歌朗诵活动从武汉开始蓬勃地展开。冯乃超、锡金、高兰等人，既是这个运动的推行者，也是朗诵诗的作者。高兰的诗歌《我们的祭礼》、《我的家在黑龙江》、《哭亡女苏菲》等，感情激昂语言流畅。武汉失陷后，诗歌朗诵运动一度在重庆出现，由“文协”发起组织了一部分诗人、音乐家和戏剧工作者，举办诗歌朗诵会，组成诗歌朗诵队等。光未然、徐迟等是这次运动的推动者。这个运动一开始就影响到延安、昆明等地。从延安出发的西北战地服务团，组织了诗歌朗诵队在前线表演。延安的新会曾致力于诗歌朗诵运动。各种集会上也出现了朗诵诗节目。

光未然的《黄河大合唱》歌词，也曾经以朗诵诗的形式，在抗日民主根据地广为流传。抗战后期，在昆明等地，也曾有过热烈的诗朗诵活动。闻一多和朱自清都积极参加这个运动。抗战时期的朗诵诗运动，对于扩大诗的影响，推动诗歌大众化，发挥了积极的作用；但是由于内容和形式上的局限性，它始终未能真正为广大劳苦群众所理解和接受，主要在知识分子中间流行。

这是时调社诗歌朗诵运动的发端。由柯仲平①、锡金和著名电影话剧演员王莹②朗诵了高兰的诗《我们的祭礼》。诗歌这一贵族化的艺术走出文艺沙龙，在广大群众面前进行朗诵，这在中国诗歌史上还是第一次。由此开始，在武汉文艺界的许多重要集会和广播电台上，一个诗的朗诵运动逐渐形成。茅盾先生曾给予高度评价："这是个要把文艺各部门中一向最贵族式的这一部门首先换装，而吵吵嚷嚷挤进泥腿草鞋中去的运动。""这是'新诗的再解放运动'"。（《时间的纪录·为诗人们打气》）

第二次是1938年春天"全国歌咏协会"在汉口光明大戏院开成立大会时，由穆木天和锡金参加。

第三次的时间是1938年5月，《五月·诗歌综合丛刊》快要出版的时候。锡金、高兰③、王莹在"美的冰室"举办的诗歌宴会上朗诵了瞿秋白翻译的普希金《茨冈》译稿。"时调社"的活动以编印《五月·诗

---

① 柯仲平（1902—1964），诗人。原名柯维翰。云南广南人。1921年冬，就读于北平法政大学法律系，开始诗歌创作。1927年出版第一部长篇抒情诗集《海夜歌声》。1930年任上海《红旗报》记者，工人纠察队总部及工会联合会秘书。同年入党。1935年去日本。抗战后回国，即赴延安，曾任边区文协主任，与田间等发起"街头诗运动"，写过大量诗作。发表长篇叙事诗《边区的卫军》、《平汉路工人破坏大队》等。诗作以大众化风格和塑造英雄群像取得了成就。此后又积极组织根据地的民众剧运工作，著有五幕诗剧《风火山》，诗集《从延安到北京》，大型歌剧《无敌民兵》等。新中国成立后，任中国文联副主席等职。有叙事诗《毛主席的小英雄》、长篇叙事诗《献给志愿军》和《黄河战歌》。有《柯仲平诗文集》。

② 王莹（1913—1974），安徽芜湖人，中国著名女话剧、电影演员，作家。1932年参加上海艺术剧社、辛酉剧社和联合剧社，曾主演电影《女性的呼喊》、《铁板红泪泉》、《同仇》。1934年东渡日本留学。1935年回国后，主演了电影《自由神》，又参加了40年代剧社主演话剧《赛金花》。据说因主演此剧而与江青结仇（江青争演主角失败）。抗日战争开始后参加上海救亡演剧队第二队，在各地巡回演出了《芦沟桥》、《放下你的鞭子》、《台儿庄之战》等剧。1939年，救亡演剧队第二队改为新中国剧团，任副团长兼主要演员，去香港、南洋一带演出。1942年，曾应美国政府邀请，在白宫演出《放下你的鞭子》和演唱中国抗日歌曲。20世纪30年代起经常撰写散文、游记、影评、诗歌。旅美期间，曾为《纽约新报》、《华侨日报》撰写社论。还协助史沫特莱写作《朱德传》。她创作的长篇小说有：《宝姑》、《两种美国人》。1955年王莹从美国回国，1956年任北京电影制片厂编剧。"文革"中被捕入狱，1974年3月3日冤死狱中。

③ 高兰（1909—1987），原名郭德浩，黑龙江省瑷珲县人。燕京大学国文系毕业，著名朗诵诗运动的发起人与倡导者；代表作《我们的祭礼》、《我的家在黑龙江》、《哭亡女苏菲》等，曾任山东大学中文系教授、系主任，青岛市文联副主席，青岛市教育工会主席，山东省文联副主席，作协山东分会副主席；系山东省政协常委，山东省第一、二、三届人代会代表；中国民盟山东省常委、顾问，山东省现代文学研究会顾问，山东省郭沫若研究会会长。

歌综合丛刊》为结束，因为当时战局紧张，离开武汉的人越来越多，这个“社”就散了。

（八）《诗歌综合丛刊·五月》

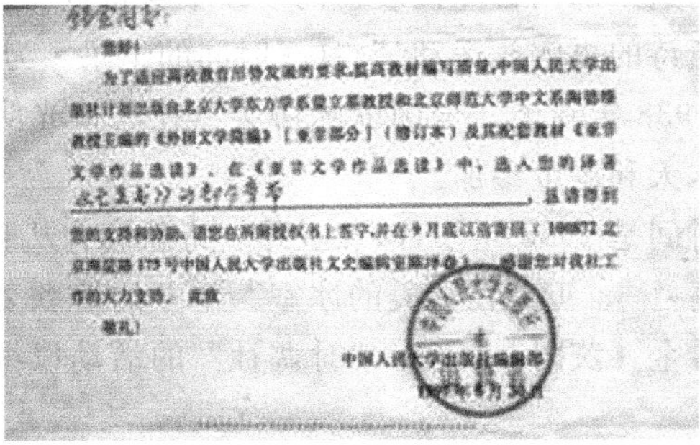

1997 年中国人民大学出版社《亚非文学作品选读》
为收入锡金先生的译著埃及《亡灵书》而寄的授权书

1937 年 11 月，穆木天、蒋锡金等在武昌成立了时调社，并创办《时调》诗刊。1938 年初，蒋锡金、穆木天等联络在武汉的诗歌作者，经常在一起讨论诗创作。1938 年 3 月 1 日《时调》出版了第 5 期后停刊，穆木天、蒋锡金等就以“诗歌工作社”的名义编辑、出版《诗歌综合丛刊》，于同年 6 月出版了丛刊第 1 辑《五月》，由锡金主编，是一个 32 开本 84 页的不定期刊。《五月》实际上是《时调》的继续，坚持了《时调》面向现实，服务抗战的方向。《五月》不仅大量刊载诗歌，而且发表了不少木刻、歌曲、散文诗、译诗和理论文章，内容更加丰富多彩。第 1 期以李桦的木刻画《群众》为封面，发表了诗作 21 首，散文诗 2 篇，译诗 1 首，论文 2 篇，木刻画 4 幅，苏联歌曲 2 首。在第 1 期上发表了高兰的朗诵诗《我的家乡在黑龙江》，力扬的《五月》、孙望的《道旁》、平林的《正义被杀害了》、王亚平的《在沦亡的国土上》、厂民的《祭》、锡金的《江岸》等，都是抗日题材的作品。

《五月》的主要撰稿人有厂民（严辰）、力扬[①]、王亚平、马耳（叶君健）、高兰、穆木天、张弦军和锡金等人。《五月》还介绍了瞿秋白[②]烈士的遗译《茨冈》。俄国诗人普希金原诗共569行，秋白的译诗433行和手迹一幅全部在诗刊上刊登。长诗歌颂的吉普赛人追求自由，不畏强暴，勇于斗争的精神，对于浴血抗战中的中国人民是一种鼓舞和激励。编者高度赞扬普希金“辉煌的天才的生命”和译者瞿秋白的译文“是那样慎重，那样精细”。高兰在《五月》上发表了《我的家乡在黑龙江》等诗篇，该诗以深沉的感情控诉了日本侵略我国东北大好河山的暴行，在诗歌运动中产生过久远的影响，《五月》也因此成为当时抗战诗坛上颇有影响的刊物。锡金等人在《编校后记》的最后说“诗歌综合丛刊，以后拟每月刊行一册”，可是仅仅出了一期就终刊了。

---

① 力扬（1908—1964），诗人。原名季信，浙江青田人。1929年入西湖艺术学院习绘画。在鲁迅的影响与支持下与进步同学合组“一八艺社”，为负责人之一。后转入“中国左翼美术家联盟”，任执行委员。1931年，因组建抗日救国团体，宣传抗日，反对国民党被校方开除。抗战后，继续从事进步文化活动。曾在郭沫若领导的文化工作委员会工作，并担任《文学月报》编委，曾任中华全国文艺界抗敌协会重庆分会理事和《新民报》文艺副刊编辑。1947年去上海、香港，参与进步文教工作。1948年加入中国共产党。新中国成立后，由马列主义学院毕业，留校任教。后到文学研究所工作。主要研究李白、杜甫等古代诗人。著有诗集《枷锁与自由》、《我底竖琴》、《给诗人》、《射虎者及其家族》等。

② 瞿秋白（1899—1935），江苏常州人。1919年，参加“五四”爱国运动。1920年，以记者身份赴苏俄采访，是最早向中国人民真实报道十月革命后苏俄情况的新闻先驱。1922年加入中国共产党。1923年1月回国后，负责中共中央机关刊物《新青年》、《前锋》、《向导》的编辑工作。1923年参加中共第三次全国代表大会，起草党纲。同年参与筹办上海大学，致力于马克思主义的宣传和研究工作，为党的思想理论建设作出了开创性的贡献。在第一次大革命期间，为促成国共合作、发动北伐战争、反对资产阶级右派进攻和党内的右倾错误，进行了坚决的斗争。1927年参加中共第五次全国代表大会，当选为中央委员、政治局委员、常委。在第一次大革命失败后的危急关头主持召开“八七”会议，结束了陈独秀右倾投降主义在党内的统治、确定了土地革命和武装反抗国民党反革命统治的总方针。会后任临时中央政治局常委，主持中央工作。1928年参加中共第六次全国代表大会，当选为中央委员、政治局委员，随后参加共产国际第六次代表大会，当选为共产国际执行委员、主席团委员及政治书记处成员。1930年9月回国，主持中共六届三中全会，纠正了当时党的领导人的“左”倾冒险主义错误。在1931年1月中共六届四中全会上，遭王明等人打击，被解除中央领导职务。此后在上海同鲁迅一道领导左翼文化运动，为中国革命文化事业作了大量奠基性的工作。1934年到瑞金任中华苏维埃共和国中央政府教育人民委员。1935年2月26日在福建长汀县水口镇小径村被国民党军队逮捕。同年6月18日在长汀县罗汉岭英勇就义。

（九）虎口脱险

锡金与来访的日本著名学者、鲁迅研究家伊藤虎丸合影
（1985年9月，东北师范大学）

1937年12月9日，武汉青年为纪念“一二·九”运动二周年，举行游行。那天中午12时许，锡金过江到了码头江汉关的集合处，看到前来参加游行的学生很多，很杂乱。当时“抗战”已经爆发，战事正紧，青年学生们群情激愤，所以队伍好久未集合起来。游行的大会主席团由陈纪滢等人组成，负责指挥游行。当游行队伍行进到民主路时，突然有个身穿军服的人向游行学生开枪，导致了惨案的发生。受伤的有东北流亡学生刘国梁等人。游行群众立刻展开追捕凶手的行动，最终将凶手堵在一家旅馆三楼的房间中，凶手声称他是“奉命行事的”，谁要近前他就开枪。相持了一些时候，有学生打电话给警备司令部，后来警备司令部来人将凶手提走了。锡金曾于抗战之初组织过青年学生下乡宣传抗日，所以有许多青年认识他。当时锡金已上了轮渡，那些青年学生便在渡轮上形成人墙，围着锡金，问他该怎么办，锡金推辞不过，就说了两个意见：

第一，不应该报告警备司令部，要设法捉住那凶手。凶手既无退路，是可以用说服等方法捉住的。把凶手交警备司令部就不会有什么结果了。只有抓住凶手，才能让警备司令部推卸不了责任，找出幕后指使人，并绳之以法。

第二，当晚回去应尽力到各校发动慰问队，去负伤者的医院进行慰问，人越多越好。锡金说话时是很愤激的。当时就有一个穿黑衣服的青年探头进来问："人已经给打伤了，慰问还有什么意义呢?"锡金说："为什么没有意义？目的是要让大家清醒一下，在团结抗日的年头，还有这样的事发生！这枪虽然是打中了刘国梁同学，实际上是对着一切抗日民众打的！"

船到了武昌汉阳门码头，游行的队伍也就各自散了。锡金自己也回了家。事后听说，慰问队是组织了的。

第二天中午（12月10日），锡金与一个思想比较进步的财政厅青年张鹤暄一同从小金龙巷家中出来，想找个地方同吃午饭。两个人走到长街时（那时已改名中正路），忽然锡金觉得背后有人拍了他的肩膀一下，叫了声"蒋同志"（那时白区人对人的称呼是称"先生"而不称"同志"的），锡金一回头，见一个穿蓝布短衫裤的中年男子，他说："我好容易追上你，跟我走罢，罗隆基①先生请你吃饭。"看他的言行，锡金就知道不对，因为前几天锡金就知道消息，在第六部从事进步文艺工作的罗隆基因发表激进言论，已经被特务看管。所以就说："我不认识什么罗隆基先生，你找错人了。"那中年男子说："不错，罗隆基先生要找的人就是你，人都到齐了，就等你一个人。"锡金看情形不好，就说："不，我已经吃过饭了。不去，请你谢谢他。"说完转身就走。不料这时背后已站了两人，也和那人一样打扮，厉声说："不行，非去不

① 罗隆基（1898—1965），江西安福人。字努生。1919年参加五四运动。1921年毕业于清华学校。后留学美国，入威斯康星大学学习。后获哥伦比亚大学政治学博士学位。1931年与张君劢等组织再生社。次年改组为中国国家社会党，任中央常委。曾任光华大学、南开大学、西南联合大学教授，《新月》杂志主编，北京晨报社社长，天津《益世报》主笔，第一届国民参政会参政员。1941年参加组织中国民主政团同盟，任中央常委兼宣传部部长。后主持建立民盟昆明支部，任主任委员。1946年任民主报社社长，并以民盟代表身份出席在重庆召开的政治协商会议。1947年民盟被迫宣布解散，在上海被国民党软禁。1949年出席中国人民政治协商会议第一届全体会议。新中国成立后，历任政务院政务委员、森林工业部部长、民盟第二届中央副主席等职。1958年1月26日，被错划为反党反人民反社会主义的资产阶级右派分子，在抑郁苦闷中度过了凄凉的晚年。

可!”锡金看前后都被围住了，就对张鹤暄说：“好像还是硬要我吃这顿饭似的，去就去一趟罢。你回去跟子韬（当时冯乃超在民政厅当股长时使用的名字）说一声，我到罗隆基先生那吃饭去了。”这是借故支开张鹤暄，暗示他回去找人报信。说完，锡金就跟了这三个人走，拐进了湖北省政府背后的一条巷子，看到了军人监狱。几个特务说：“到了，进去罢。”锡金说：“罗隆基先生在这请我吃饭?”那几个人却说：“你别管，进去了你就能见到他。”

锡金心想，这大约与半个月前孔庚[①]召集的一次文化界会议有关。那天锡金坐在罗隆基的对面座上，会议开完后还摄了像。罗隆基那天发表了要抗战胜利必须改组政府的言论。锡金当时曾鼓掌表示赞成。但为什么把罗隆基关在军人监狱，锡金就不懂了。既已跟到这里，没有别的法，也就只得跟进去了。走进去后，有一个旁门，门口挂了一个白底黑字的木牌，上写“湖北省反省院”，特务们把锡金领进了门，通过两排有木栅的厢房，到了办公室。办公室内一个人也没有，特务们就叫锡金坐等一下，说是罗隆基马上就来，并叫锡金写一张条子，说自己已经到了。锡金就在一张白纸上写了“蒋锡金到”四字。他们拿去了，接着就端出一碗肉丝面、两个肉馅包子，说是午饭时间过了，将就吃些罢，不够还可以再要。锡金就吃了半碗面，静观他们的下文。但这几个特务收过碗走后就不回来了，以后也一直没有见到他们。

锡金看了看这屋子的陈设：朝南是一排纸窗，窗下放一张方桌、两把木椅，东墙角有一个洗脸架，墙上挂着一张用玻璃镜框镶着的“反省十则”，锡金当时看了一遍，心里很是愤怒，因为那是极端反动而侮辱人的东西，所以一看就记住了，后来好久也未忘掉，但现在只记住一

① 孔庚（1871—1950），字文轩，号雯掀，湖北省浠水县人。少年入日本士官学校学习。1905年加入孙中山在东京成立的同盟会。1907年回国，先后在广西、北京任军职。辛亥革命爆发后，任晋军总司令，1922年被孙中山委任为讨贼军总司令，先讨陈炯明，后伐曹琨。1927年，湖北省政府成立，实行常委制，以孔庚为主，主管湖北行政事务。1931年，任湖北省府委员兼民政厅长。1936年创办《民族战线》宣传抗日。1946年，创办与民盟进步刊物《民主报》唱对台戏的《民主日报》，为蒋介石内战当吹鼓手。武汉解放前夕，不愿外逃，1950年2月，在武昌粮道街寓所病逝。

条，似乎是“你能不能永远记住自己思想的严重错误”。靠西墙的一面是一张三屉办公桌，桌子后面是一张藤椅，前面放一张藤躺椅，锡金就坐在那张藤躺椅上等人来。大约等了个把钟头，外面有个人探头进来望了一下，锡金看那人很像是隔夜在轮渡上问他话的黑衣人，等锡金站起来追出去看时，那人却不见了。因为等得不耐烦，锡金就在附近几间屋子里找人。走进对面厢房，看到里间有一个穿中山装的人正在躺着看书。看见锡金进去，他吃惊地站了起来。锡金看到那人看的书是斯诺写的《毛泽东传》。锡金问他：“你是干什么的?”他也反问锡金：“你是干什么的?”因心中有怨气，锡金便对他数落了一顿。那人起初态度很强硬，似乎要对锡金进行盘诘，但后来因为锡金的脾气发得很大，他就转而温和了，说：“有话好说，不必发火。”于是两人又回到了那间办公室，坐下谈了一会儿。锡金问他：“为什么说是罗隆基请我吃饭，又不见有人?”他说“我不知道此事”，但叫锡金不要性急，接着就去打了几个电话，回来说，锡金的事与他们无涉，是别人寄放在这里的，等一会儿，自会有人来找。锡金追问：“别人是谁?”为什么可以把我骗来，什么叫“寄放”，那人却说他也不清楚，但他的态度却一直很温和。又说，他是知道锡金这人的，并且还读过锡金写的一些东西。锡金没有好气和他谈话，就一直催他再打电话去问，但总是没有下文。看看天快黑下来了，锡金就拍桌子大骂他们胡作非为，他也不响。逼得没法，就再去打个电话。最后他很高兴地进来说：“电话打通了，那边说是误会了，很对不起，现在你可以出去了。”锡金说“那没什么”，说完就立刻往外走，想早点离开这儿。但当锡金走到门口时，守卫门岗的士兵却用枪逼住锡金，不许他外出。锡金又回来找他，责问他开什么玩笑。那人用手拍拍脑袋说：“我胡涂，我胡涂，我送你出去。”于是他一直送锡金到军人监狱的大门口，一路门岗都对他敬礼。到了大门口，他又对锡金说：“有空来闲玩吧。”锡金没有回答，但心里想：这真是见了鬼。那人到底是谁，锡金一直也不知道。

出来以后，锡金才知道在外面的情况是这样的：张鹤暄看到锡金被特务带走后，就急忙回去报信，路上遇到一个财政厅的工役张富祥，就告诉张富祥说："蒋先生被坏人带走了，你远远地跟着，看把他弄到哪儿去了，我回去找人想办法。"张富祥就一直跟着，看锡金进了军人监狱。张鹤暄则自己跑去找了冯乃超，乃超说："大家分头想办法吧。"并叫张鹤暄去找贾士毅设法救人。贾士毅打电话给武汉警备司令、省会公安局局长蔡孟坚①要人，说是把人先放出来，他可以负完全的责任。电话打了几次，最初对方说全武汉无此案件，贾士毅在电话中和他发了火，说是人若找不出来，得叫他负全责。蔡孟坚后来打电话说："人已找到了，并且已释放了。"

其实放出来的是萧军等四人。因为那几个特务拿了锡金写的"蒋锡金到"四个字的条子，就到小金龙巷 20 号，锡金的家中去找萧军，也说是罗隆基请他吃饭，并且蒋锡金已经到了。萧军②较有经验，回答说"不去，有逮捕状就拿出来，我就跟你走；没有就别来这一套；要不然，拿手枪把我打死在屋子里也行，要我走办不到！识相的就自己滚开，不然我就要揍你！"特务也僵住了，没办法，这时萧红就从后面溜出去叫了警察。萧军在家中与特务挣扎了半天，几乎打起来。警察来了，把萧军和端木蕻良二人带到了警察局的拘留所。过后不久，张鹤暄赶到小金龙巷去给萧军他们报信，碰上了再次到来的特务们，说"女的也要"，

---

① 蔡孟坚（1908—2001），字侔天。江西省萍乡县人。国民党籍。青岛大学经济系毕业，日本庆应大学、东京大学国防研究院研究生第 2 期毕业。曾任兰州市市长，1934 年 7 月任湖北省公安局局长，1946 年任甘肃省民政厅厅长，同年 6 月任行政院善后救济总署江西分署署长。1948 年在原籍当选为第一届国大代表（至 1992 年 1 月卸任）。1949 年 3 月任江西省政府委员兼建设厅长等职。1993 年 8 月受聘为国民党第十四届中央评议委员。2001 年病逝于美国。

② 萧军（1907—1988），作家。原名刘鸿霖。辽宁义县人。另有笔名三郎、田军等。1925 年考入张学良在沈阳办的东北陆军讲武堂第七期，学习法律和军事。1932 年在哈尔滨化名"三郎"在各报纸上投稿为生。1933 年，与萧红合著小说集《跋涉》，在哈尔滨出版。次年，到青岛任《青岛日报》副刊编辑。1935 年底到上海，在鲁迅的帮助下，参加《海燕》和《作家》的编辑，出版了《八月的乡村》。1938 年和 1940 年两次到延安。曾任中华全国文艺抗敌协会延安分会理事、《文艺日报》主编、"鲁艺"教员。1945 年以后去东北办《文化报》，一度受到不应有的批评。短篇小说集有《羊》、《江上》、《十月十五日》，话剧《幸福之家》等。新中国成立后，任北京戏曲研究所研究员等。1958 年受到批判，后被押在北京沙河。1980 年平反。著有长篇小说《五月的矿山》、《过去的时代》（上、下册）、《吴越春秋史话》、《鲁迅给萧军萧红信简注释录》，出版自传《我的童年》及《萧军文集》。

便把萧红也带走了，看见张鹤暄便说："你也不是好东西，一同去。"所以在警察局的拘留所中关了这四人，连带还有三个来访问萧红的女学生。蔡孟坚一接到贾士毅的电话，就下令马上找人，放人。他所说的人已经找到，并释放了，就是指这几个人而言。

那时锡金还在反省院未出来，张富祥回去告知了锡金的下落，张鹤暄又去找贾士毅，贾士毅着急了。当时蒋介石正在武昌，住在省政府的"官邸"内，贾士毅就亲自去找他，据贾士毅说，一切责任由他来承担，这才由蒋介石亲自写了条子放人。

锡金放出来后，贾士毅后来找锡金谈话，说："我和你父亲是故交，是你父亲把你交给我，我对你负有责任。你自己有什么政治信仰，我也不好来干涉。不过，放你出来的时候，我是对委员长答应了条件的：第一，你办的所谓杂志得停掉；第二，你以后再不许写反对政府的文章；第三，你不许再留武汉。这责任我都承担下来了，你看怎么办？""我想，你在财政厅再呆下去也不方便了，但现在正处于战争非常时期，你也没有什么地方好去，我打算把你调出做外县的会计主任，你觉得怎么样？"

听完贾士毅的话，锡金说："厅长栽培我的好意我是感激的，但有些事是我自己不好做主的，杂志是我和一些朋友合办的，不能我说要停就停。不过，我可以答应你，我自己不在上面写文章（因为锡金打算仍可用贾士毅不知道的笔名写，所以这样说），我也可以离开财政厅，不再连累厅长，但我只是离开武昌，搬到汉口去，那里的朋友冯乃超、孔罗荪等可以解决我的生活问题。"贾士毅叹了口气，说："你们的政治主张太理想了，说是我也会说的，不过说了也没有用，只是自己吃亏而已。既然你的家庭和我是世交，我也就不能不管你的生活，现在就放你到枣阳县去做会计主任罢。你只须到一次差，以后就可以按月拿薪水，你到哪里去我不管，只是自己要当心些，不要再闯出乱子来。"就这样，锡金就离开了财政厅，住到汉口去了，枣阳县会计主任的职位他也未去到差，因枣阳县的县长王开化认识冯乃超，以后锡金便交自己的图章给他，他寄了几个月薪水给锡金。

（十） 入党与“文艺中心小组”

1983 年，锡金重游武汉八路军办事处时的参观券

1937 年 12 月 9 日是“一二·九”运动二周年纪念日，锡金因参加武汉青年举行的纪念游行而被国民党特务逮捕，在湖北省国民党党部的反省院关了四小时。后经贾士毅营救才得以出狱。

出狱后，由于日军已于 11 月占领了上海，向南京进攻，威胁武汉，所以武汉的时局渐趋紧张，许多文艺工作者都纷纷离开武汉，还有些人如冯乃超和孔罗荪等已经把家眷送走了。当时武汉的生活完全变成了另外一个样。锡金与乃超为了方便工作，就与孔罗荪三人合住在汉口三教街九号原罗荪的家中。那时每日奔忙的事，除了办《战斗旬刊》、《时调》等刊物之外，还要忙于“中华全国文艺界抗敌协会”的筹备工作。三人日夜奔走在印刷所、咖啡店与酒馆中，即便是深夜回来，也合计一些工作的办法。

当时冯乃超对锡金说“像你这样孤军奋战是无力的，应当早日争取加入中国共产党，我可以做你的介绍人。”锡金听了，高兴极了！原来自己寻找了多年的共产党，就在自己的身边，竟是自己已相识几年，最亲近的朋友！冯乃超征求锡金对孔罗荪、夏特伦的意见，决定也吸收他们两人入党。后来，夏特伦与锡金同时入党，而孔罗荪则说顾虑家里的拖累，没有立即入党，但他说愿意为党做外围工作。入党时，锡金宣读了《共产党宣言》，填写了《入党申请书》，冯乃超接收了，他还向锡金口述了一些党的章程和纲领……于是锡金便被编在吴奚如同志领导的

“文艺中心小组”过组织生活，每周在大和街的八路军办事处开会。那时是1938年2月初旬。

锡金的入党介绍人是冯乃超和何伟。何伟[①]那时常在三教街跑动，和冯乃超有事接洽。锡金记得在填写入党介绍人时，是冯乃超自己填的，他拿笔想了一想，说：“还有一个介绍人是谁呢？就是何伟吧。”这样他就代为写上了。

那时的“文艺中心小组”由六个人组成，其中文学工作者二人：吴奚如[②]和锡金；音乐工作者二人：沙梅[③]与林路；电影戏剧工作者二人：

---

① 何伟（1910—1973），原名霍恒德。河南汝南人。中学毕业后考入武汉华中大学读书，参加抗日救国活动。1936年春加入中国共产党。被党组织派入全国各界救国会，为营救沈钧儒、邹韬奋等爱国七君子进行宣传。1937年在南京被国民党反动派当局逮捕，后经周恩来等营救出狱。抗日战争爆发后，到汉口任中共武汉临时工作委员会书记。中共湖北省委成立，任宣传部部长。1938年冬转入大别山区坚持敌后斗争。1939年初任中共鄂豫皖区党委组织部部长兼新四军驻金寨办事处代表。同年底调任皖中新四军江北游击纵队和舒（城）无（为）地区军政委员会书记。1940年5月奉命调到津浦路西前线，担任新四军第四支队政治部主任。1941年1月皖南事变后，任新四军第七师政治部主任，兼中央皖中区党委书记，参与领导建立皖中抗日民主根据地，坚持了敌后抗日游击战争。1943年奉命调到延安，入中共中央党校学习，参加整风运动。1945年4月出席中共第七次全国代表大会。抗日战争胜利后，1946年秋调到东北工作，任中共牡丹江省委书记兼牡丹江军区政治委员，领导发动群众进行土地改革和进行剿匪，支援东北解放战争。1949年调任第四野战军铁道纵队政治部主任。中华人民共和国成立后，历任中共广西省委副书记兼桂北区党委书记，中共广州市委第一书记兼广州市市长，国务院外交部部长助理，中华人民共和国驻越南大使兼驻老挝经济文化代表团团长，中共河南省委第二书记，国务院教育部部长等职。“文化大革命”中受到诬陷和迫害。1973年病逝于北京。1979年后平反。

② 吴奚如（1906—1985），作家。湖北京山人。原名席儒，中国共产党党员。1926年毕业于黄埔军校，参加了北伐战争，曾任叶挺独立团连指导员、团政治处副主任，中共湖北省委代书记、省军委书记。1933年参加左联，任左联大众化工作委员会主席。1936年赴西安，任张学良部抗日同志会机关报《文化周报》主编。西安事变后到延安，任军政大学教员。1938年参与发起成立中华全国文艺界抗敌协会。后任八路军西北战地服务团副主任，周恩来政治秘书，八路军驻桂林办事处处长，新四军第三支队、江北纵队政治部主任，山东省文化协会常委，牡丹江市总工会、松江省总工会主席，东北总工会生产部部长。新中国成立后，任鸡西煤矿工业学校校长。著有小说集《小巫集》、《未了的旅程》，中篇小说《忏悔》、《汾河上》。

③ 沙梅（1909—1993），作曲家。四川广安人。原名郑志。1926年加入中国共产主义青年团。1930年毕业于北平大学音乐系。1938年加入中国共产党。曾任上海艺术专科学校、戏剧专科学校，湖北师范学院教授。新中国成立后，历任上海戏剧专科学校歌剧系主任、上海歌舞团名誉团长、上海歌剧院顾问、中国音协第一至三届理事。创作的歌曲有《打柴歌》、《打回东北去》、《嘉陵江船夫曲》等，有《沙梅歌曲集》，著有《论川剧高腔音乐》。

金山[①]与陈波儿[②]；吴奚如为组长。在小组生活中，除了一定的时事及文件的学习外，也交换些工作情况与意见，策划一些文艺活动。

"文艺中心小组"的六个人中，陈波儿与锡金最为接近。她那时在儿童保育院工作，有空闲就来三教街找锡金，并约锡金去喝咖啡或河边散步，或到她家去吃她给锡金做的广东菜。有一次，她告诉锡金，国民党正在筹备成立"三民主义青年团"（简称"三青团"），有人拉她参加，问锡金愿不愿和她一同参加。锡金说这件事应该问问组织的意见。后来锡金便在小组会上提出了此事。吴奚如说要向组织请示一下，请示后说是不必去参加，以后陈波儿就再未谈起此事。1938 年 5 月，在提交《入党申请》三个月后，锡金的候补期满，吴奚如就召开会议，宣布他转正了。

---

① 金山（1911—1982），演员、导演。原名赵默，湖南沅陵人。少年时曾过半流浪生活。1932 年参加左翼戏剧家联盟，同年加入中国共产党，曾领导蓝衣剧社，在工人中开展戏剧活动，后组织四十年代剧社，并参加上海业余剧人协会的演出活动。抗日战争爆发后参加上海救亡演剧二队，1940 年率领中国救亡剧团去新加坡等地演出，宣传抗日。太平洋战争爆发后回重庆，继续从事戏剧活动。新中国成立后任中国青年艺术剧院副院长、中央戏剧学院院长等职。一生以舞台艺术创作为主，曾导演四十余部话剧，饰演不同类型的角色 70 余个，如《钦差大臣》、《马门教授》、《屈原》、《保尔·柯察金》、《万尼亚舅舅》的主角以及《赛金花》中的李鸿章、《红色风暴》中的施洋等，都获得观众好评。1936 年涉足影坛，在新华影业公司摄制的《狂欢之夜》中扮演假视察员，后又主演《夜半歌声》等影片。1946 年到长春接收满洲映画株式会社，成立长春电影制片厂，任厂长。翌年编导的影片《松花江上》，具有饱满的激情和鲜明的民族风格。1958 演出《十三陵水库畅想曲》。1959 年又根据所作舞台剧《红色风暴》编导影片《风暴》，并成功地塑造了施洋的银幕形象。其表演动作洗练，力度感强，善于展示各种人物的精神风貌。晚年任中国戏剧家协会副主席，同时致力于电视艺术的发展，任电视艺术委员会主任。著有《一个角色的创造》。

② 陈波儿（1907—1951），中国电影表演艺术家、电影事业家。原名陈舜华，广东汕头人。曾游学香港、上海、日本，肄业于复旦大学、中国艺术大学。1929 年参加上海艺术剧社，从事左翼戏剧电影活动。曾主演舞台剧《梁上君子》、《街头人》和影片《桃李劫》、《生死同心》等。1937 年组织上海妇女儿童慰劳团赴绥远抗日前线，演出街头剧《放下你的鞭子》等，同年秋加入中国共产党。七七事变后，组织并参加了战地移动演剧队，后改为救亡演剧一队，在武汉被选为中华全国电影界抗敌协会理事，并参加了中国电影制片厂摄制的抗战影片《八百壮士》的演出。1938 年组织华北妇女儿童考察团。1940 年返延安，参加编导舞台剧《同志，你走错了路》等，并创作电影剧本《边区劳动英雄》。1946 年参加东北电影制片厂的创建及领导工作，主持拍摄新闻纪录片《民主东北》17 辑，并编导中国第一部木偶片《皇帝梦》。新中国成立后，历任中央电影局艺术委员会副主任委员兼艺术处处长，后又兼任表演艺术研究所所长，为团结和培养电影艺术人才，创建新中国的人民电影事业，鞠躬尽瘁。1951 年 11 月 9 日，因病逝世。

（十一）“文协”与《抗战文艺》

1938年3月27日由锡金参编，创刊于汉口的“文协”会刊《抗战文艺》

与锡金入党差不多同时，全国文协就在汉口成立了。文协成立后，因要办文协的机关刊物《抗战文艺》，锡金被列入编委会委员。编委会由30余人组成，其中也包括国民党的王平陵[①]等人，还有丁玲等（当时并不在武汉）。老舍先生提出最好是由锡金来主持筹备《抗战文艺》的出版。

1938年5月4日《抗战文艺》出版，刊物实际上是由锡金和楼适夷[②]、

---

① 王平陵（1898—1964），作家。原名王仰嵩，笔名西冷等，江苏溧阳人。1920年开始发表作品。1924年主编《时事新报》副刊《学灯》。1928年任上海暨南大学教授。翌年主编《中央日报》两个副刊。1930年与范争波、黄震遐等提倡“民族主义文学”，反对左翼文艺运动，受到左翼作家的批判。1938年任“文协”常务理事。1943年为商务印书馆主编《大时代文艺丛书》。1949年去台湾，主编《中国文艺》月刊。后任曼谷《世界日报》总编辑。1959年，赴菲律宾讲学，并为马尼拉《大中华日报》主撰文艺专栏。1961年任政工干校教授至终。主要作品有长篇小说《茫茫夜》，短篇小说集《期待》、《残酷的爱》、《火种》、《锦上添花》，散文集《走目苏花路》、《雕虫集》，剧作《自由魂》，诗集《狮子吼》等。

② 楼适夷（1905—2001），浙江余姚人。1926年加入中国共产党。1929年毕业于上海艺术大学。同年赴日本留学。1931年回国。曾任左联宣传委员、上海反帝同盟党团书记、武汉《新华日报》副刊主编、中华全国文艺界抗敌协会宣传部部长、浙东行署文教处副处长，《新华日报》华中版编委，上海《时代日报》副刊编辑。1947年后在香港创办《小说》月刊，任主编。新中国成立后，历任中央人民政府出版总署编审处副处长，东北军区后勤政治部宣传部部长，人民文学出版社副社长兼副总编辑、编审、顾问，中国作协顾问。1978年主持编辑《新文学史料》，对完善中国现当代文学史料贡献巨大。著有《适夷诗存》、《话雨录》、《挣扎》，译有［苏］高尔基《在人间》等。

姚蓬子[①]三人主编。当时楼适夷正在《新华日报》编副刊《团结》，他于1933年被国民党当局逮捕，出狱后，组织关系尚未恢复；姚蓬子则是一个“自首分子”，代表国民党；而锡金则是不公开的党员，故而这最初十六期的《抗战文艺》实际上是由锡金在编。

编辑期刊过程中，时时遇到争执，这时锡金就回到文艺中心小组讨论或向冯乃超请示。遇到国民党人，如沙雁（原名陈聚人）、华林等投来的稿子内容反动，锡金就把王平陵拖来，叫他照商定好的意见改了再发稿。

（十二）《台儿庄》与《文艺阵地》

1938年5月4日由茅盾主编，锡金参编，创刊于广州的《文艺阵地》

徐州会战前的1938年4月，国民党军队在台儿庄打了胜仗，当时武

① 姚蓬子（1905—1969），原名姚杉尊。笔名方仁、姚梦生等。浙江诸暨人。入北京大学就读。1924年至上海，进光华书局当编辑，并开始文学创作。1927年加入中国共产党，1929年出版诗集《银铃》。1930年参加中国自由运动大同盟，1931年参加“左联”。1932年任“左联”的《文学月报》主编，后调中共中央特科工作。1933年12月被捕，1934年5月发表脱离共产党宣言。后任国民党中央文化运动委员会委员、中央图书杂志审查委员会委员等职。1938年，参加中华全国文艺界抗敌协会的机关刊物《抗战文艺》的编辑工作。1940年9月，任文化工作委员会委员。1942年在重庆创立作家书屋，出版郭沫若、茅盾、老舍、冯雪峰、胡风等人的著作。抗战胜利后，迁上海，出版《北方文丛》等。新中国成立后，在上海师范学院任教。著有短篇小说集《浮世画》，诗集《银铃》等。

汉三镇10万人举行盛大集会庆祝，锡金等人就集体创作①了剧本《台儿庄》②。具体分工如下：由锡金写第一幕，孔罗荪写第二幕，罗烽写第三幕。参与全部剧本讨论的还有王莹、舒群和楼适夷，贺绿汀③作曲，冯乃超也时时参与讨论。

这时茅盾从香港来到武汉，乃超带锡金去和他见了面，并在孔罗荪的住处三教街开了一次会。茅盾受生活书店的委托，提出要办一个“打阵地战”的文艺月刊，和大家商量了办刊物的方针，并决定将刊物的名字定为《文艺阵地》。

《文艺阵地》1938年4月在广州创刊，系文艺界主办的救亡刊物，茅盾主编，生活书店出版。茅盾在《发刊词》中写道：“需要一个比较集中的研究理论、讨论问题、切磋、观摩……而同时也是战斗的刊物，《文艺阵地》

---

① 集体创作：抗战初期出现的文艺创作的形式，在戏剧创作上表现尤为明显。其中最著名的是《保卫卢沟桥》。这种戏剧的集体创作形式，适合于及时反映抗日现实的需要，在延安有周扬、沙可夫等的《血祭上海》，在广州有夏衍等的《黄花岗》，在西安有萧红、端木蕻良等的《突击》，在武汉有罗荪、锡金等的《台儿庄》和崔嵬、王震之等的《八百壮士》，一时成为风尚。——《中国现代文学史》，第十二章，(二)《小型抗战作品的涌现》

② 《台儿庄》：(三幕剧)（集体创作，锡金写第一幕，并写主题歌）；汉口读书生活社出版，1938年。

③ 贺绿汀：(1903—1999)，作曲家、音乐教育家。湖南邵阳东乡人。幼时喜听民歌、戏曲，小学时爱弹钢琴、吹箫。1922年邵阳县立中学毕业后，任小学教员。自学音乐基础知识。1923年春入长沙岳云学校艺术专科学钢琴、小提琴，民族乐器及音乐理论，并组织国乐研究会、国乐团，开始早期音乐活动。1926年毕业后任中学音乐、图画教员，参加了农民运动。1927年参加广州起义并随部队到海丰，在东江特委宣传部工作。1928年创作的《暴动歌》曾在海陆丰一带流传。1931年入国立音乐专科学校，学和声、作曲，选修钢琴。1936年，任明星影片公司音乐科科长，加入词曲作者联谊会，为左翼进步影片《风云儿女》、《十字街头》、《马路天使》等写音乐，其中《春天里》、《天涯歌女》等插曲广为传唱。抗战爆发后，参加上海救亡演剧队第一队，赴华北作宣传，后到重庆任教于育才学校音乐组。1941年参加新四军、1943年赴延安，筹建中央管弦乐队，后任华北文工团长。新中国成立后任上海音乐学院院长，中国音协副主席，音协上海分会主席，中国音协名誉主席，中国文联副主席。1934年作有钢琴曲《牧童短笛》和《摇篮曲》。《牧童短笛》是较早把中国旋律和西洋复调音乐写作技巧结合起来取得成功的作品，于1934年秋获亚历山大中国风味钢琴曲一等奖，“摇篮曲”获二等奖。1934年至1938年间，曾为16部影片配乐，一些电影歌曲得以流传。抗战后，创作了许多歌曲和合唱曲，其中如《游击队歌》、《垦春泥》、《嘉陵江上》以及民间叙事歌体歌曲《保家乡》等广为流传。《晚会》和《森吉德马》等几首管弦乐曲，在管弦乐创作民族化上取得进展。此外，还写过歌剧、戏剧配乐、各种器乐独奏及合奏曲等。半个世纪以来，他共创作了三部大合唱、二十四首合唱、近百首歌曲、六首钢琴曲、六首管弦乐曲、十多部电影音乐。翻译《和声学理论与实用》一书，发表大量论文，收入《贺绿汀音乐论文选集》。

是企图来适应这需要的。”他在《祝全国文艺家的大团结》一文中，又提出帮助抗战文艺提高质量的工作是“外国名著的翻译，世界文艺思潮的介绍，本国文艺的研究，乃至民间文艺的探讨”。上述二文，反映了茅盾编辑该刊的意图和宗旨。该刊重视文艺理论的探讨和文艺评论的开展，每期都有多篇这方面的文章，组织了关于深入生活、反映时代、创造典型、浪漫主义与现实主义、大众化与民族形式、暴露与讽刺、通俗与提高、报告文学等问题的讨论。该刊也发表了许多文艺作品，其中影响较大的有张天翼的《华威先生》、姚雪垠的《差半车麦秸》、于逢的《溃退》、丘东平的《第七连》等。茅盾注意组织各地的作家，有一个广泛的作家网，其中包括了许多青年作者，这是该刊办得内容丰富、风格多样的原因之一。茅盾还开辟了文阵广播专栏，总汇和传达各地的文艺信息，加强各地文艺队伍的联系。该刊是抗战初期影响广泛的期刊之一，促进了当时抗战文艺运动的开展。该刊初为半月刊。从第 2 卷第 7 期起，因茅盾去新疆，改由楼适夷编辑。从第 5 卷起，改出《文阵丛刊》，共出 2 辑，即《水火之间》、《论鲁迅》。第 6 卷第 1 期起，迁往重庆出版，组成了新的编委会，成员有以群、艾青、沙汀、欧阳山和孔罗荪等，刊物改为月刊。1942 年 11 月出至第 7 卷第 4 期停刊。后来又出《文阵新辑》丛刊，共出 3 辑，即《去国》、《哈罗尔德的旅行》和《纵横前后方》。1944 年 3 月，由于国民党当局的查禁，被迫终刊了。该刊历时 6 年，前后共出版 63 期，在当时发挥了重要的作用，也是今天研究抗战文艺运动的重要历史文献资料。

考虑到当时的抗战形势，估计武汉可能守不住，因此茅盾决定把《文艺阵地》的编辑与出版工作设在广州。由茅盾在香港主编，并在全国各地分立一些通讯站。在香港是茅盾自己负责，广州由夏衍负责，成都由周文①负责，

---

① 周文（1907—1952），小说家。原名何稻玉，笔名何谷天等。四川荥经人。1932 年参加革命，次年入党。在安庆任左翼文化总同盟安徽分部组织部长时，写过不少作品。后到上海参加“左联”，任组织干事。曾将《毁灭》和《铁流》改为通俗章回小说。1935 年起，创作较多。他的作品真实地反映了西南边区的军阀争霸横行及风俗民情，具独特风格。抗战后，在四川文艺界做统战工作。1940 年去延安，曾任边区教育厅长等职。1942 年参加延安文艺整风，后任晋绥《抗战日报》社长等职。1946 年任重庆《新华日报》副社长。新中国成立后，任马列学院秘书长等职。有短篇小说集《父子之间》、《分》、《多产集》、《爱》，中篇《在白森镇》，长篇《烟苗季》、《烟苗季后部》等。有《周文选集》。

西安是郑伯奇[1]负责，上海由王任叔[2]负责，武汉由冯乃超和锡金负责。

“台儿庄大捷”后，武汉的空气松弛了一下，接着因日军大举进攻徐州导致国民党军队的“徐州突围”，使局势渐渐紧张起来。许多从重庆赶回武汉的人又都走了，那时梁白波因为和锡金在编辑《战斗画报》时认识，便时常来找锡金，邀锡金同去延安。梁白波那时在第三厅工作，她的目的在于抛开她与叶浅予的关系（1935年梁白波与叶浅予在

---

① 郑伯奇（1895—1979），原名郑隆谨，字伯奇。陕西长安人。1910年参加同盟会和辛亥革命。1917年赴日本先后入东京第一高等学校、京都第三高等学校、帝国大学。1920年在《少年中国》1卷9期发表第一首诗作《别后》。次年加入创造社。1926年毕业回国，任广州中山大学教授，黄埔军校政治教官。大革命失败后，到上海从事文艺工作。1928年创作了独幕剧《抗争》，任上海艺术大学教授、艺术剧社社长。后参加“左联”，先后编辑《创造月刊》、《北斗》、《文艺生活》、《电影画报》、《新小说》等期刊，编《中国新文学大系·小说三集》，发表过话剧、短篇小说、电影剧本和影评。抗战爆发后，到西安编辑《救亡周刊》。隔年到重庆，任职于郭沫若主持的文化工作委员会。1943年冬回西安任陕西师范专科学校教授。1945年为《秦风日报·工商日报联合版》主编剧刊《每周文艺》。1946年出版《参差集》。新中国成立后，历任西北大学教授、西北文联副主席、作协西安分会副主席，并写作评论和回忆录。其中回忆创造社的文章有重要的史料价值，后结集为《忆创造社及其他》。

② 王任叔（1901—1972），浙江奉化人。谱名运镗，学名子庚，字任叔，号愚庵。笔名巴人等。19岁宁波第四师范毕业后，在镇海、鄞县、宁波、慈溪等县的小学教书。21岁开始发表文学评论和诗文。1924年《四明日报》任地方新闻编辑。并编《文学》副刊。1925年参加中国共产党。五卅运动后回奉化，创办《新奉化》月刊。1926年去广州北伐军总司令部后方留守处作机要秘书。3月底辞职回宁波、奉化。1928年初，去上虞春晖中学执教，业余与张孟闻创办《山雨》杂志。创作小说《监狱》等6种。1929年初东渡日本，自学日语，参加社会科学研究会的活动，翻译苏联和日本的文学作品。年底回国。1930年先后在上海浦江中学、新中国成立中学教书。参加发起“中国自由运动大同盟”，参加“左联”。1931年被捕，半年后出狱，失去党的联系。1932年去武汉、南京谋生，任中小学教员，交通部航政司任科员。从事文学创作。1935年又一次被捕，5月被保释出狱回上海，与张天翼同住，专事创作。1937年，创刊《人间十日》旬刊，任主编，并任上海文化界救国会秘书长。1938年，参加上海《译报》工作，主编《爝火》、《大家谈》副刊；为《译报》图书部主编《公论丛书》，每月1辑，共出10辑；全力投入《鲁迅全集》的编校工作；10月受复刊的申报馆之聘，任《自由谈》主编，旋辞职。同年，重新加入中国共产党。1939年，与许广平等集资创刊《鲁迅风》。与郑振铎、孔另境为世界书局主编《大时代文艺丛书》。1941年3月，全家到香港。同年7月去新加坡，在南洋华侨师范任教，并在当地报刊发表抗日救亡的文章。日军攻占新加坡，逃亡在苏门答腊东部先达市，移住棉兰市，参加当地华侨的反法西斯大同盟，主编《前进周报》。9月，被迫隐蔽在原始丛林内。日本投降后，仍主编《前进周报》和印尼文《民主日报》。任华侨总会联合会顾问。1947年8月，他被进攻印尼的荷兰军队逮捕，被驱逐出境。回香港，与茅盾、周而复创办《小说》月刊。新中国成立后，出任中国驻印度尼西亚大使。1954年回国，任人民文学出版社副社长、社长兼总编辑，带领编辑，征求意见，组织稿件，团结知名著译者，培养新人，协助冯雪峰编制五年出版规划，倡议编印包括中外古今名著的《文学小丛书》，出版中外名家的多卷集以及影印文学古籍等。可惜在订出规划的第二年，因撰《论人情》一文受到错误批判，被撤销党内外一切职务。1961年调中央联络部东南亚研究所任编译室主任。两年时间内写成160万字的《印度尼西亚历史》书稿。“文化大革命”中受到残酷迫害，被遣送回乡。1972年7月25日在家乡逝世。1979年，他的冤案得到平反，恢复名誉。著译很多，有60多种，600多万字。主要的有：《巴人文艺论集》、《巴人小说集》、《巴人杂文集》、《文学论稿》等。

北平相遇，成为情侣，抗战初期在武汉同居）。进一步了解后，锡金才知道，她原来是1927年蒋家住上海真茹镇时租住房东的女儿。谈及幼年往事，两人就渐渐接近起来。但锡金没有答应梁白波同去延安的提议，一方面是因为怕与她同走，在他人来看便要成为恋爱的事实，另一方面是编辑工作实在脱不开。战时编辑《抗战文艺》不仅出版印刷条件恶劣，而且要保证每期刊物按时出版，组稿、选稿的工作也十分紧张，因此，冯乃超不同意锡金放下手上的工作走开。但过了些时候，梁白波竟失踪了，这使锡金背了一个把她藏匿起来的“罪名”。直到后来，文艺界才知道她是与国民党空军军官陈恩杰到南昌，结为夫妇后，又从南昌移居成都，在相当长的时间几乎与艺术界断了关系。

（十三）“十人文艺留守团”计划的流产

郭沫若著作编辑出版委员会

锡金保存的郭沫若研究学术座谈会邀请函

1938年6月，日军进攻武汉，“武汉保卫战”爆发。党小组同意了锡金提议，组织“十人文艺留守团”的计划。“十人文艺留守团”是指留下一些单身而力壮的青年文艺工作者，在被围困的武汉从事抗日文艺宣传运动，直至最后关头突围。开始报名参与的人有舒群等人，老舍也表示愿意一起参加。大家一致同意由老舍出任“十人留守团”的团长。这不仅因为他的年龄较大，稳重老练、受人尊敬，更因为他主持“文协”与国民党军队有长期交涉的经验。但这个计划因准备参加的人员陆续离开武汉而作罢。

“十人文艺留守团”计划流产后，李伯刚[1]来找锡金，动员他去桐柏山区参加游击战争。党小组内部经过讨论后，认为相对于武装斗争，锡金还是留在武汉从事革命文艺工作比较好。8月，楼适夷找锡金，邀请他与自己一起去广州办《大地》月刊，并说他先去，若锡金无适当地方可去，还是去广州找他为好。

这时鲁彦[2]忽然来找锡金，问锡金作何打算。锡金说还是想组织“十人留守团”在武汉继续坚持抗日宣传工作。不想这事传开了，连承担《抗战文艺》印务的印刷所工人都知道了此事。他们来找锡金，热烈地要求与锡金一起行动。他们说：“日军一来，我们就拆了印刷厂的机器跟你走”，“你到哪里，我们就跟到哪里，带一副轻便些的字模，你们写了东西，我们用手拓也帮你们印出来，不把这些设备留给敌人。”工人们的言语与行动使锡金很受感动，因此竭力想办成此事。但鲁彦却说“你想的美，实际上你还是一个孩子，太天真！时局一紧张，谁也不会管你，丢了你就走，你找谁去？军队也是靠不住的，你还相信国民党真的会保卫大武汉？”锡金说：“那你看怎么办？”他说：“告诉你一件事，胡愈之（时任第五处的处长）正在活动搞一个小组织，包括现在三厅第五处的那些人，如傅彬然[3]、

---

① 李伯刚：1936年冯乃超介绍锡金与他相识，那时他在民政厅为科长，1950年任武汉市政治协商委员会秘书长。

② 鲁彦（1901—1944），浙江镇海人，原名王衡，又名王返我，字忘我，文学研究会成员。1920年在北京参加工读互助团，1923年去长沙，先后在平民大学、周南女校、省立第一师范学校任教。北伐战争时期，到武汉任《民国日报》副刊编辑。大革命失败后在上海、福建、陕西等地从事教育和文化工作。1939年到桂林，创办《文艺杂志》。著有短篇小说集《柚子》、《黄金》，长篇小说《野火》（后改名《愤怒的乡村》）等。

③ 傅彬然（1899—1978），浙江萧山人。1920年毕业于浙江省立第一师范学校。曾任开明书店编辑。1947年后任《中学生》杂志主编、华北人民政府教科书编审委员会委员。新中国成立后，历任中央人民政府出版总署编审局处长、图书期刊司副司长，文化部出版局副局长，古籍出版社副总编辑，中华书局副总经理兼副总编辑，中国文字改革委员会委员，民进第四、五届中央委员。

宋云彬[①]等，你都认识的，大家处得也很好，所以我决定去参加了，我看你也来参加吧，我们大家在一起，别再像一个孤鬼游魂似的了。现在的组织不是国民党的就是共产党的，我们也该自己弄一个政党出来，不然总是寄人篱下的。”锡金回答说：“让我想想看。”于是便向党小组反映了这个情况，经党小组研究，同意锡金去参加他们的组织，以便把他们的活动及时向党做汇报。

三厅第五处的傅彬然等人知道锡金要去，都表示欢迎。说桌椅和住处早就为锡金预备好了，只差人搬进去了。正当锡金忙着结束汉口的一些事，准备到三厅工作时，鲁彦忽然又来找他，说：“我看现在情况有变，‘三厅’也没啥意思，最好还是不去，要去也不必到五处。”锡金又去了一次五处，发现傅彬然等人对自己要去工作的态度改变了。于是锡金就去找冯乃超商量下一步如何打算。乃超说：“不能让他们想要就要，想不要就不要，还是去。”并且说：“三厅党支部书记刘季平[②]已经提名你了。”刘季平也说：“不管他们，你还是来。”可锡金觉得这样一来，就等于公开了自己的政治目的，什么工作也不好进行了，好像只是为了去“掺伙逃难”似的，不如另外想些其他工作做，于是就把自己的想法同党小组成员说了。

经再三讨论，党小组同意锡金去广州与楼适夷一同办杂志的请求，

---

① 宋云彬（1897—1979），散文家、史学家，浙江海宁人，笔名宋佩韦，曾任《新浙江日报》主编，黄埔军校政治部编辑股股长，武汉《民国日报》、上海开明书店编辑，《中学生》杂志主编，桂林文化供应社出版部主任，参与编辑《野草》杂志。1924年由《野草丛书》出版《破戎草》杂文集。1942年出版《骨鲠集》。1945年参加中国民主同盟，任中央委员。后任民盟《民主生活》周刊主编，桂林、香港文化供应社总编辑，华北人民政府教育部教科书编审委员会委员。新中国成立后，历任人民教育出版社副总编辑，出版总署编审局处长，浙江省文联主席、省文史馆馆长、省第一届政协副主席，民盟浙江省支部筹委会副主任委员，中华书局编辑。著有《明文学史》、《中国文学史》、《中国近百年史》，另有《东汉宗教史》、《玄武门之变》、《康有为》、《刘邦》等史学著作，并参与二十四史校点。

② 刘季平（1908—1987），教育家。江苏如东人。原名焕宗，曾用名满力涛。1927年加入中国共产党。1929年毕业于南京晓庄学校。曾任中共南京市委宣传部部长、湖北省委宣传部干事、苏北行政委员会文教处处长、抗大九分校校长、苏中行署副主任、苏皖边区政府教育厅厅长、华东野战军随营学校校长。新中国成立后，历任上海市人民政府秘书长、副市长兼中共上海市委教育卫生工作部部长，中共山东省委、安徽省委书记处书记，教育部副部长、代理部长，北京图书馆馆长，文化部顾问等职。

并把锡金的组织关系转到了广州。锡金接到家中从上海汇来的一百五十元钱旅费后，于 8 月 12 日和叶君健二人离开了武汉，结束了抗战初期武汉的文艺生涯。

（十四） 本期锡金著译年表（三）（1935.8—1938.8）

锡金先生收藏的部分民间文学藏书

一九三五年

《墓碑》（诗） 锡金 上海 《人间世》第 33 期 1935 年 8 月 5 日。

《论小品文》（论文） 蒋镛 武汉 《扫荡报·野营》139 号 1935 年 9 月 30 日。

《火车》（诗） 蒋锡金 武汉 《扫荡报·野营》140 号 1935 年 9 月 31 日。

《日子》（诗） 锡金 武汉 《文艺》第 2 卷第 1 期 1935 年 10 月 1 日。

《灯》（诗） 周康 武汉 《扫荡报·野营》144 号 1935 年 10 月 5 日。

《双十节》(诗) 锡金 武汉 《扫荡报·野营》149号 1935年10月10日。

《船行》(诗) 锡金 上海 《人间世》第40期 1935年11月20日。

一九三六年

《闲情二章》(诗：夜步、畦畔) 锡金 《福建民报·南风》1936年4月9日。

《忧思》(诗) 锡金 福州 《小民报·南风》 1936年5月25日。

《国防艺术与木刻》 蒋锡金 广州 《木刻界》第3辑 1936年6月15日。

《甲骨文字发达史》(论文) 蒋镛 武汉 《江汉思潮》第4卷第5、6期 1936年6月30日。

《洞》(散文) 蒋锡金 武汉 《文艺》第3卷第3期 1936年7月1日 。

《流尸》(诗) 锡金 上海 《光明》第1卷第3期 1936年7月10日;《新诗选》(中国现代文学史参考资料)第二册 上海教育出版社 1979年11月;《中国新文学大系》第14卷 上海文艺出版社 1985年5月

《笑容》(诗) 蒋锡金 上海 《国防诗歌丛刊·开拓者》 1936年;《新诗选》(中国现代文学史参考资料)第二册上海教育出版社1979年11月;《中国新文学大系》第14卷，上海文艺出版社1985年5月。

一九三七年

《孤独的晚步时的心情》(诗) 锡金 武汉 《文艺》 第4卷第4期 1937年4月15日。

《诗人的常识》 锡金 武汉 《大光报·文艺周》 1937年5月9日。

《读戏偶谈——谈〈原野〉》 蒋锡金 武汉 《文艺》第5卷第1、

2期（抗战戏剧专号）　1937年8月15日。

《胡阿毛》（朗诵诗）　锡金　武汉　《文艺》第5卷第3期（抗战诗歌特辑）　1937年9月15日。

《怎样喊口号》　锡金　武汉　《战斗》旬刊 第1卷第2期　1937年9月28日。

《寡妇主义》（散文）　锡金　武汉　《战斗》旬刊 第1卷第5期　1937年。

《欢迎吧，新的黎明到了》（诗）　锡金　《战斗画报》第4期　1937年。

《千人针》（朗诵诗）　锡金　武汉　《战斗画报》第5期　1937年10月16日。

《鬼子凶》（山歌）　锡金　武汉　《时调》创刊号　1937年11月1日。

《军民合作歌》　锡金词　星海曲　武汉　《时调》第3期　1937年12月。

《朗诵去》（朗诵诗）　锡金　武汉　《时调》第3期　1937年12月。

《萝蔔菜》　（歌谣）　丁郎　武汉　《时调》第3期　1937年12月　。

一九三八年

《朗诵的诗和诗的朗诵》　锡金　汉口　《战地》第1卷第1期　1938年3月20日创刊。

《淞沪之战》（诗）　锡金　武汉　《战斗旬刊》第2卷第2期　1938年。

《我的家乡——宜兴》（报告诗）　锡金　武汉　《战斗》旬刊第2卷第4期　1938年。

《阴谋的败北——为高尔基复仇》（诗）　锡金　武汉　《战斗旬刊》第2卷第8期　1938年3月28日。

《论我们的歌曲》　锡金　武汉　《战斗旬刊》第2卷 第11期

1938 年。

《伟大的开始》（诗） 锡金 武汉 《弹花》第 1 卷 第 2 期 1938 年 4 月 10 日。

《中国的春天》（诗） 锡金 《文艺阵地》第 1 卷 第 2 号 1938 年 5 月 1 日；《新诗选》第二册（中国现代文学史参考资料）上海教育出版社 1979 年 11 月；《中国新文学大系》第 14 集诗卷，上海文艺出版社 1990 年 12 月版。

《疯妇人》（诗） 锡金 武汉 《抗战文艺》第 1 卷 第 3 期 1938 年 5 月 10 日。

《怎样编制士兵通俗读物》（座谈会发言） 武汉 《抗战文艺》第 1 卷 第 5 期 1938 年 5 月 21 日。

《江岸》（诗） 锡金 武汉 《五月》1938 年 5 月；《新诗选》第二册（中国现代文学史参考资料）上海教育出版社 1979 年 11 月。

《编校后记》 C·K 武汉 《五月》 1938 年 5 月。

《诗歌和朗诵》 锡金 南京 《文艺月刊》（战时特刊）第 1 卷 第 12 期 1938 年 6 月 1 日。

《望江南》（诗） 锡金 武汉 《抗战文艺》第 1 卷第 8 期 1938 年 6 月 21 日。

《他们在码头上》（独幕剧） 锡金 武汉 《抗战文艺》第 1 卷第 11 期 1938 年 7 月 2 日。

《论“文艺兵”的“战术”》（讨论） 劳难 《文艺阵地》第 1 卷 第 9 期 1938 年 8 月 16 日。

五　文艺逃亡之旅（1938. 8—1938. 11）
（广州——梧州——香港——上海）

（一）初到广州

锡金家客厅里悬挂的鲁迅先生像

南下广州的路并不一帆风顺。一路上，由于日本战机的轰炸，铁路、桥梁被毁，交通严重受阻。历经十二天艰难险阻，8 月 24 日，锡金与叶君健[①]两人才绕道到达广州，开始了抗战时期从“广州—经梧州

① 叶君健（1914—1999），作家，文学翻译家。湖北黄安（今红安）人，笔名马耳。1936 年毕业于武汉大学外国文学系，1938 年在武汉国民党政府军事委员会政治部第三厅做国际宣传工作，同年参加发起成立中华全国文艺界抗敌协会，并主编该会英文刊物《中国作家》。后在重庆大学、中央大学、复旦大学任教。曾以“马耳”为笔名，在上海沦陷后，锡金主编的《文艺新潮小丛书》中出版过一本外国小说翻译集《游荡者》、在《诗歌综合丛刊·五

(广西)——至香港——到上海”的文艺逃亡之旅。

1938年8月24日，锡金到达广州，同年10月20日——广州沦陷的前一日，离开广州，在广州停留了约两个月。离广州后，锡金等人又途经广西梧州、郁林（玉林）、广州湾（雷州半岛东侧沿海及附近岛屿）而至香港。在香港停留了一星期后，锡金于同年11月11日只身返回上海。这一天很容易记得，因为它是第一次世界大战结束的“国际和平节”。

锡金与叶君健两个人是坐头等车去广州的。叶君健那时的目的地原是香港。因为车票不好买，所以只好到广州后再转道去香港。锡金是托《大公报》副刊编辑陈纪滢①代他买票的。

虽然有熟人出面，但处于战乱的年代，火车无法正常按时刻表运行，且二、三等的车票早已经被逃难的民众抢购一空，只能买到价钱昂贵的头等车票，这对旅费原本就不多的锡金来说无疑是一种考验。没有

月》中发表过《吉卜色人》。1944年应聘赴英国宣讲中国抗战情况。后在英国剑桥大学皇家学院研究欧洲文学。1949年回国。历任辅仁大学教授，文化部对外文化事务联络局编译处处长，《中国文学》副主编，中国作协书记处书记，中外文学交流委员会主任，中国作协第二至四届理事、第四届主席团委员，中国文联第四届委员，民盟中央常委，译有《安徒生童话全集》。1954年夏，锡金曾带儿童文学研究生姜郁文等人和夫人赵彝去北京访学与他会晤。1988年，丹麦女王为表彰他把安徒生介绍给中国人民的巨大贡献和“比安徒生的原著更易于今天阅读和欣赏”的优秀的安徒生译文，特授予他“丹麦国旗勋章”，使他成为全世界众多《安徒生童话》翻译家中惟一受此殊荣的人。著有《叶君健童话故事集》，长篇小说“土地三部曲”——《火花》、《自由》、《曙光》，“寂静的群山三部曲”——《山村》、《旷野》、《远程》，散文集《两京散记》。

① 陈纪滢（1908—1997），资深编辑。本名陈奇滢，河北安国人。北平民国大学、哈尔滨政法大学夜间部毕业。1924年在北平《晨报》开始发表作品。1928年和孔罗荪共同发起成立“蓓蕾文艺社”，为形成东北作家群起了重要的作用。1932年到上海从事新闻工作与创作。1935年创办《大光报》，请原在哈尔滨邮局的同事孔罗荪任文学副刊《紫线》主编。抗战胜利后，陈纪滢任哈尔滨市“文化指导委员会”主任。1948年当选为国民党立法委员。后任《中央日报》董事长、中国广播公司常务董事、中国国民党评议委员。1949年8月12日赴台。在台湾时期，陈纪滢创办过重光文艺出版社，但他主要以从事文艺运动著称。陈纪滢去台后还写了一些回忆录，如《抗战时期的〈大公报〉》（黎明文化公司1981年12月版）、《30年代作家记》（成文出版社1980年5月版）。其中《30年代作家直接印象记》（台湾商务印书馆1986年8月版），所记的是作者在编辑工作中与作家们的交往，除专辟篇章的人物外，写到左翼作家的有舒群、罗烽、端木蕻良、巴金、周扬、刘白羽、姚雪垠、臧克家等人的言论和创作心态。这些作家大都采用写实主义手法。这对读者理解当时左右翼文坛互相斗争的情况极有帮助。作者回忆时，笔调平实，使读者对30年代作家产生敬意的同时，也对他们在大陆一些政治运动中所受到的严重伤害深表同情。此外，陈纪滢还有《文艺新里程》（中央文物供应社1956年1月版）、《文艺运动25年》（重光文艺出版社1976年9月版），也很具史料价值。

办法，锡金与叶君健经过商量，只能忍痛买下。当时叶君健身上只带有英镑，那是他在英国发表文章的稿费，他想带到香港后再兑换成港币，所以两人一路上所用的就是锡金筹集的那 150 元。但仅车票费一项就花费了 80 余元。途中因铁路遭日军轰炸，破坏严重，因此火车经常走走停停，往往一停就是一两天，锡金和叶君健两人就经常下车到处游山玩水，所以很快就用光了其余的钱。后来又绕道清远，雇船去广州，最终到广州时，锡金的身上仅剩下了最后的 5 元钱。

到广州后，叶君健就住在沙面英国领事贝尔扬处。锡金在那儿放下行李，便去找楼适夷。适夷请锡金和叶君健吃了一顿饭，算是为他们接风。吃完饭，楼适夷付了账，叫侍者把钱都拿去，并对锡金和叶君健说："锡金，这是我最后的一点钱，现在都用光了。""我从上海来广州时身上带的钱就不多，原想一到这儿就可以办杂志，可谁想到时局竟变化得这样快。"锡金问明底细后，就把自己仅有的 5 元钱拿出来，分成三份用，这就是锡金初到广州时的经济状况。谈到办刊的情况，适夷对锡金说："按原计划，天马书店曾答应拨款 5000 元办《大地》杂志，款子应该早汇来了，可现在一直未到，所以我也就耽搁在广州了。"没有办法，既来之，则安之，锡金就和楼适夷二人同在广州盐运西一条胡同里住下，住的是大众出版社（即后来卢芳的国民书店）的房子，吃饭则在昆仑书店[①]广州分店（那经理的名字叫张继铭）。

安顿好食宿后，锡金又按组织安排到东山找云广英接上了组织关

---

① 昆仑书店：1927 年冬筹办，1928 年正式开业。由李达、邓初民、熊得山、张正夫、熊子民等合办，李达任主编。设址上海重庆路马安里 204 号。随着业务的扩大，1929 年在北京东厂胡同开设分店，还曾与南强书店、春潮书店、乐群书局在福州路开设联合门市部。昆仑书店主要出版马克思主义著作和社会科学译著。其中马克思主义著作有：马克思的《资本论》第一卷第一分册（陈启修译）、马克思的《政治经济学批评》（李达译）、恩格斯的《反杜林论》上册（钱铁如译）、恩格斯的《路德维希·费尔巴哈与古典哲学之终结》（杨东莼、宁敦武译，载于《机械论的唯物论批判》一书中）。社会科学著作有：李达的《中国产业革命概观》和《民族问题》、邓初民的《政治科学大纲》、狄慈根的《辩证法的唯物观》（杨东莼译）、杉山荣的《社会科学概论》（李达、钱铁如译）等，还配合当时抗日战争形势出版《反对帝国主义丛书》一套 10 余种。昆仑书店的出版物一直遭到国民党当局的查禁，1932 年被迫停业。

系，以后就参加了施征军、李育中①等十余人组成的支部。由于锡金在广州停留的时间很短，且支部中成员多为广东人，支部活动又少，所以支部中其他成员的名字锡金都不很清楚了。

（二）“中国诗坛社”与《中国诗坛》

1938 年出版的《中国诗坛》第一卷第六期，《保卫华南特辑》

楼适夷和锡金在广州等着天马书店汇款的这段时间，锡金参加了广州的“中国诗坛社”和《救亡日报》的文艺活动。

中国诗坛社的前身是广州诗坛社。1936 年冬，由黄宁婴、陈残云、张哲元、鸥外鸥、蒲风、雷石榆、周钢鸣、冯剑南、李育中等人发起，

① 李育中（1911—），香港早年的作家、诗人、新闻工作者，笔名为马葵、白庐、李远等。青年时代起就活跃于香港、广东两地的文学和新闻界。早年受上海创造社及文学研究会的新文学运动主张的影响，喜爱作家丁玲、沈从文、郁达夫的作品，诗歌方面则较受戴望舒、艾青、臧克家的影响。1929 年开始写散文和诗，作品发表在《大公报》、《天南日报》、《星岛日报》、《诗页》、《今日诗歌》、《文艺阵地》及一些文艺刊物上。1941 年由桂林新潮社出版了第一本诗集《凯旋的拱门》。主编过《抗战大学》、《文艺新天地》等杂志，并担任《中国诗坛》编委。与夏衍一起编辑过《救亡日报》，并以《大刚报》战地记者的身份，随军采访中国赴缅甸远征军。1943 年由桂林文献出版社出版的《缅甸远征记》，是我国最早记录远征军战史的报告文学之一。新中国成立后，任教于华南师范大学，兼教中文、美术和英文，被誉为“华师一宝”。他还是第一个翻译海明威小说《诀别武器》（《永别了，武器》）；第一个“文革”后翻译卡夫卡作品；第一个把乔伊斯、萨特介绍到中国的翻译者之一。我多么热爱生活，/热爱一切有生机的事物；/而且我又是一个好事之徒，/虽然年纪有点大了，/但总希望着：/“给时间以一点时间。”这首诗是他一生的写照。

在黄宁婴家召开了广州诗坛社成立会议。会议决定出版刊物《广州诗坛》。《广州诗坛》最初由温流主编，他因病去世后，由黄宁婴主编。第1期于1937年2月出版，6月出第2期，10月出第3期。

与《广州诗坛》出版的同时，社内还出版了另一诗歌刊物《诗场》。主办人是黄宁婴、陈残云、陈芦荻、黄鲁、鸥外鸥。当时分出两个刊物的原因，主要是选稿略有区别。《广州诗坛》强调政治倾向，艺术上比较粗糙一些；《诗场》注重艺术质量，选稿较严。《诗场》共出4期，编排精致，有诗有画，设计封面和配画的有李桦、张望、梁永泰等。刊物发行到上海、北平、福建、江苏等省市。此外，还出版了一些诗集，有黄宁婴的《九月的太阳》、陈芦荻的《桑野》、陈残云的《铁蹄下的歌手》、黄鲁的《赤道线》、雷石榆的《$1937^{7}/_{7}$—$1938^{1}/_{1}$》、蒲风的《黑陋的角落里》、《可怜虫》和他翻译的《普希金诗抄》、温流的《我们的堡》、零零的《时代进行曲》等。

《广州诗坛》出版3期后，因抗战爆发，中国诗歌会的著名诗人蒲风南来广州，在他的建议下，扩大组织，发展从上海等地来的作者入社，并把广州诗坛社改名为中国诗坛社，刊物也从第4期起改名为《中国诗坛》，并且办了诗歌出版社，作为《中国诗坛》的出版机构，社址设在黄宁婴家里，自费出版。

中国诗坛社还到街头、剧场、电台朗诵诗歌，上街办诗画展览，到工厂组织读诗班。由于中国诗坛社一开始就坚持文艺的现实主义道路，诗歌运动与群众相结合的道路，所以影响较大，社员很快发展到100多人，成为当时活动在南中国的一个较大的诗歌团体。在《中国诗坛》上撰稿的作者，除蒲风、陈残云、陈芦荻、黄宁婴外，还有可非（李又华）、韩彦（苏翰彦）、李介石、陈继武、克锋（金帆）、芜军、野曼、零零、夏子（叶春）、李育中、征军、素庵、黄流沙、吕剑、林施均等。周钢鸣、黄新波、锡金也都参加了活动。郭沫若还给1938年5月号的《中国诗坛》诗人节专刊题了字，李焕之也曾给歌词配过曲。

几乎与此同时，中国诗坛社在梅县的社员野曼、素庵、烨火等又在梅县出版《中国诗坛》岭东刊。蒲风回到梅县后，也参加了编务。后来由于国民政府提出警告，要积极抗日的蒲风离开梅县，已编好送去审查的第 2 卷第 6 期刊物没有发回，《中国诗坛》岭东刊出至 2 卷 5 期后被迫停刊。

蒲风后来参加了新四军，到浙皖一带参加抗日战争，《中国诗坛》由雷石榆主编。1938 年秋，日本侵略军在大鹏湾登陆，广州沦陷，《中国诗坛》不得不停刊，人员也各自分头撤退。

1939 年末，在香港的社员胡危舟、征军、马荫隐等在香港复刊《中国诗坛》。由大家凑钱，陆续出了 3 期，交生活书店发行。后因未经港英当局注册，受到取缔，被迫停刊。另一批到达桂林的社员黄宁婴、陈残云、陈芦荻、林山、周钢鸣、冯剑南、李育中等，经过共同努力，又在桂林复刊《中国诗坛》，连出 3 期。正当第 4 期稿件送往印刷厂时，发生了皖南事变，时局迅速逆转，第 4 期未能出版，又被迫停刊。

从 1940 年到 1945 年，中国诗坛社的成员纷纷投身于抗战，奔向各自的岗位，直到抗战胜利，才陆续回到广州。1946 年初，经陈残云、洪遒等的努力筹备，《中国诗坛》在广州复刊。不久，国内全面内战开始。包括《中国诗坛》在内的广州市 10 多种进步刊物，都遭到政府查封。在查封后，这些杂志的负责人在司马文森出面主持下，开过几次会议，向国民政府提出抗议，向社会发表声明，出版了两期《联合增刊》，声讨国民政府压制民主的行为。但后来按照中共地下党的指示，许多成员陆续转往香港。从 1948 年至 1949 年，黄宁婴、陈残云、叶春、洪遒等又在香港第 4 次复刊《中国诗坛》，团结了一批作者，继续走诗歌大众化的道路。复刊后，共出版 3 期，由于广东已面临解放，有些成员由中共地下党有组织、有领导地转移到东江游击区。至此，《中国诗坛》也完成了它的使命。

“中国诗坛社”是华南诗歌工作者的组织，拥有社员上百名，在文艺界抗日民族统一战线政策的指导下，团结了一切可以团结的力量，以诗歌为武器宣传抗日救亡，因此社员成分比较复杂，但中国诗坛的领导力量是进步的，主要有蒲风[①]、陈残云[②]、黄宁婴[③]、任钧[④]等人。

锡金到广州后，中国诗坛社开了欢迎会，并且邀请锡金参加他们的组织和活动。召开几次会议，举行几次活动后，大家都觉得为了与目前的抗战形势相适应，必须加强“中国诗坛社”的战斗力、凝聚力，因而有必要对其进行整顿。整顿的方法首先是改变机构，清洗一些当时大家公认的叛徒等。

其次是办好《中国诗坛》这个刊物。因中国诗坛社的多数成员知道锡金曾主编过诗歌方面的刊物，便推举他来主编，实在推辞不过，锡金只好答应了。锡金在广州编了一期改版的《中国诗坛》，交付印刷，但未及出版，广州就沦陷了。

---

① 蒲风（1911—1943），诗人。原名黄日华，笔名黄风。广东梅县人。在上海中国公学读书时对新诗有浓厚兴趣。1927年开始诗歌创作。1930年参加中国左翼作家联盟。1932年与任钧等在“左联”直接领导下，组织了中国诗歌会，先后创办《诗歌生活》、《中国诗坛》等刊物，在坚持革命诗风和诗歌大众化方面作出了贡献。1933年以后，提倡过诗歌的“斯达汉诺夫运动”，在诗歌领域里有一定影响。抗战后，积极从事爱国救亡诗歌运动。1940年参加新四军，辗转华东各地，终因积劳成疾而谢世。诗集有《茫茫夜》、《生活》、《钢铁的歌唱》、《摇篮曲》、《抗战三部曲》、《六月流火》、《真理的光辉》、《取火者颂》等，译诗集有《普式庚诗抄》，诗论集有《抗战诗歌讲话》、《现代中国诗坛》。有《蒲风选集》。

② 陈残云（1914—2002），广州市人，小说作家、电影剧作家。1935年入广州大学。学生时代开始文学活动，主办《广州诗坛》、《诗场》。抗战爆发后，积极从事救亡工作，参加“广州艺协”诗歌组，1938年出版诗集《铁蹄下的歌女》。广州沦陷后，辗转流落到广西桂林、香港、马来西亚等地。1944年初从马来西亚回到桂林后发表了10万字的长篇报道《走出马来亚》，引起人们的关注。日寇投降后，与司马文森合编《文艺生活》，发表了第一部中篇小说《风砂的城》，其后创作了剧本《珠江泪》和一些中短篇小说。1949年参与主编了《影剧周刊》、《青年周刊》，组织了《粤片集评》。1952年担任华南文学艺术学院秘书长。其后创作了电影剧本《羊城暗哨》及长篇小说《香飘四季》。“十年动乱”期间惨遭迫害。改革开放后，重新执笔创作了长篇小说《热带惊涛录》及一些赞扬改革开放的作品。历任广东省文联副主席，中国作协历届代表，省作协副主席、主席等。2002年10月2日在广州逝世，享年89岁。

③ 黄宁婴（1915—1979），诗人。广东台山人。1934年考入中山大学经济系。读书时曾发表诗作多篇。后与温流、陈残云、芦荻等出版《今日诗歌》。1937年组织广州诗坛社，出版《广州诗坛》和《诗场》等刊物。抗战爆发后，将“广州诗坛社”改名为“中国诗坛社”，主编《中国诗坛》月刊。1946年任香港文协理事、秘书，主编《华商报》影剧双周刊。在极艰苦的环境里，坚持编辑《中国诗坛》近十年之久。诗集有《九月的太阳》、《荔枝红》、《民工短简》、《溃退》等。新中国成立后曾主编《舞台与观众》、《南国戏剧》。发表剧作《咸墙泥》。1977年任《作品》月刊副主编。有《黄宁婴诗选》。

④ 任钧（1909—2003），诗人。原名卢嘉文，笔名卢森堡等。广东梅县人。曾参加过太阳社，积极从事进步诗歌创作活动，后参加中国左翼作家联盟。1932年，与蒲风、穆木天、杨骚等发起组织中国诗歌会，是最早的诗歌朗诵运动的提倡者。诗作明快、有激情，接近口语。诗集有《冷热集》、《战歌》、《后方小唱》、《十人桥》，理论集有《新诗话》，中篇小说有《爱与仇》。新中国成立后，任《人民诗歌》编委、上海师范大学教授。著有诗集《新中国万岁》和《十人集》。

（三）《救亡日报》的活动

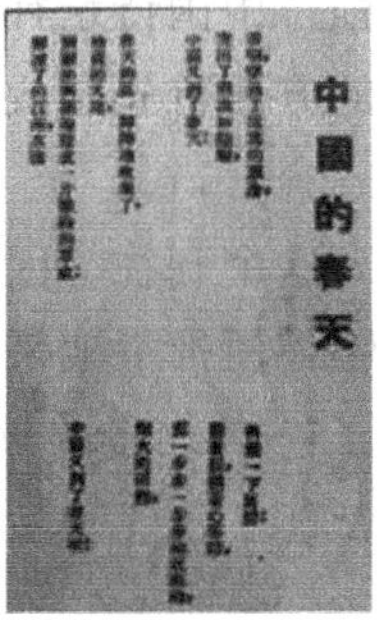
中国的春天

锡金先生发表在1938年5月1日《文艺阵地》
第1卷第2号上的诗歌《中国的春天》

当时，夏衍任总编的《救亡日报》[①] 也邀锡金参加他们的工作，锡金参加了他们主办的文艺总站通讯员的培训工作。这项工作是学习高尔基在苏联创办的工农通讯员工作而开展的，但培训的对象不是工人和农民，而是各县的文艺青年。当时各县的通讯员约有200人左右，锡金同

① 《救亡日报》：中国上海文化界救亡协会机关报。1937年8月24日创刊于上海，4开4版日报。初期由共产党和国民党共同派人筹办。报纸编辑委员会由27人组成。郭沫若任社长，夏衍任总编辑。钱杏邨、林林实际担任编辑主任。该报不登中央社和外国通讯社消息，以特写、评论、战地采访和文艺作品为内容。宋庆龄、何香凝、冯玉祥、邹韬奋、胡愈之、郑振铎、陶行知、黄炎培、沈钧儒、田汉等为它撰稿。以鲜明的团结抗日方向，精辟的战局分析和实际的战地采访，迅即赢得读者信任。创刊即日销千份以上，最多时达3500多份。1937年11月22日上海沦陷停刊。1938年1月1日在广州复刊。广州版接受中共香港地下组织的领导。新增一批广东籍编辑有华嘉、陆紫秋、谢加因、蔡冷枫等。欧阳山、草明、司马文森、黄新波等采写战地通讯。不少知名教授、文化工作者经常撰稿。以刊登长篇文章、文艺作品为主，新闻性较弱。1938年10月21日日寇逼近广州时停刊。1939年1月10日，《救亡日报》在桂林复刊。夏衍继续任总编辑。桂林版对版面编排和经营管理实行改革，精编新闻，压缩社论篇幅，除固定副刊《文化岗位》外，增出音乐、戏剧、美术专刊，多发“本报特稿”，文风力求通俗易懂。1939年底销量近8000份，发行到湖南、江西、广东、四川、香港和东南亚等地。“皖南事变”后，1941年2月28日，被国民党当局查禁停刊。抗战胜利后，改名《新中国成立日报》晚刊，1945年10月10日在上海复刊，同月22日被国民党市党部下令查封。

周钢鸣[①]、司马文森[②]等人一起，为通讯员修改稿件，回复信件，提修改意见。虽然当时生活十分困苦，但锡金等人从事文艺运动，宣传抗日的决心一点也没有动摇。

茅盾从香港写信来问锡金："为什么到了广州不来香港一趟?"其实不是锡金不想去，而是筹不出旅费来，没法去。冯乃超也从汉口来信说，"刊物办不成，不办也好"，他建议锡金"先回武汉，然后再绕道去皖南新四军部"。但因没有旅费，锡金还是走不了。为了解决燃眉之急，锡金决定在这段时间内先写一个剧本，写成后再去香港一趟，托茅盾帮忙卖掉，可以拿到稿费百数十元，还掉一些欠款，其余的换成路费，然后动身去武汉，再去皖南新四军部。所以锡金就埋头赶写起两幕剧《横山镇》来。

为了帮锡金解决生活问题，夏衍也曾准备介绍锡金进中苏文化协会或索性要锡金参加《救亡日报》的工作，但最终却没能实现。因为锡金当时的打算是写完剧本《横山镇》就离开广州。当时他还有另外一个想法，觉得《救亡日报》办得似乎和国民党的官方报纸没什么不同，这当然是由于当时的客观环境所限。为了扭转这种状况，锡金曾向夏衍建议另出一种增刊或晚刊，并表示他愿意主编，但夏衍没有同意。锡金也就未参与《救亡日报》的工作，还是集中精力写他的剧本。

剧本《横山镇》于10月10日写完。锡金原打算放两天，再修改一

---

① 周钢鸣（1909—1981），作家。广西罗城人。原名刚明。1932年参加左联。1934年加入中国共产党。曾任《救亡日报》记者，桂林《人世间》副主编，广州《国民半月刊》主编，中华全国文艺界抗敌协会桂林、香港、昆明分会常务理事。新中国成立后，历任华南文联副主任，广西省文化局局长，广东省文联、中国作协广东分会副主席，中国民间文艺研究会广东分会主席。著有歌词《救亡进行曲》，论文集《论文艺改造》、《怎样写报告文学》。

② 司马文森（1916—1968），作家。福建泉州人。原名何章平，笔名林娜。早年家境贫苦，到菲律宾当童工。1928年回国，1932年加入中国共产主义青年团。1933年转入中国共产党。次年参加中国左翼作家联盟。曾参加上海文化界救国会，广东文化界救亡协会。后任中华全国文艺界抗敌协会桂林分会常务理事，创办《文艺生活》月刊。抗日战争胜利后，在广州创办《文艺新闻》。1946年到香港，任《文汇报》主编、达德学院教授，民进中央委员。曾创办文艺生活社、文生出版社。1949年出席中国人民政治协商会议第一届全体会议。新中国成立后，历任香港《文汇报》总主笔，中国新闻社理事，中共华南分局文委委员，中南军政委员会文教委员，中南文学艺术界联合会常务委员，民革中央委员，驻印度尼西亚、法国大使馆文化参赞，对外文化联络委员会三司司长，从事对外文化交流工作。主要作品有中篇小说《尚仲衣教授》、《成长》、《南洋淘金记》，短篇小说集《危城记》，长篇小说《风雨桐江》等。

下，然后借一笔旅费去香港。不料10月12日，日军在广州大亚湾登陆，切断了广州至香港的水陆交通。当时，锡金曾想组织一批人到前线去进行抗战宣传，但在第四战区政治部工作的国民党分子杨邨人①劝锡金不要去，说："你不会说广东话，而日寇带来的大批汉奸都是东北人，语音和你差不多，老百姓很恨他们，广东民性强悍，容易闹出误会……"所以那前线工作团最终也未能组织起来。

日寇进展极快，10月19日，夏衍派人来找锡金，告诉他说日军前锋已过增城，离广州只60余里。广州当局已准备撤退，锡金应准备同《救亡日报》一起与第四战区的军队取得联系，随军撤退。战事紧张，要求行动要快，但不能带很多人，他们本身已有12人，另外可带四人，内定是巴金、特伟、适夷和锡金。如果锡金等人同意和他们一起走，就带简单行李搬到旅馆住；如另有安排，也请及时通告，好把这名额让出来通知别人。锡金向来人询问《救亡日报》撤退的方向，那人说是衡阳。但当时锡金并不想去衡阳，因为那里是国民党的军政中心，正像锡金在武汉时不打算去重庆一样，他总是想找一块可以施展自己才能的地方工作，这就要求政治环境比较宽松，而在国民党统治的军政中心，他的抱负是无法实现的。

锡金的这种想法在一定程度上也是受茅盾在香港而不在武汉创办《文艺阵地》暗示而来的。茅盾没有选择在军政中心武汉创办《文学阵地》，却在当时人们认为的"文化沙漠"——香港创办，而且还取得了成功，这鼓舞了锡金。但这样好的撤退机会不是随时都有的，因而锡金有些踌躇，想找适夷商量，于是便对来人说："今天晚上给你答复，找不到别的路，晚上我就搬到指定的旅馆去。"

---

① 杨邨人（1901—1955），小说家。笔名柳丝。四川人。1927年参加中国共产党。次年参加太阳社，从事文学创作活动。曾发表《女俘虏》、《三妹》、《藤鞭下》等小说。1930年加入"左联"。1933年在白色恐怖下公开宣布脱离共产党，"揭起小资产阶级革命文学的旗帜"，受到鲁迅等左翼作家的批判。后又化名柳丝，作《新儒林外史》，攻击鲁迅，即遭鲁迅等人的批判。抗战后去四川，在成都西南大学任教授。新中国成立后任四川师院中文系教授。主要作品有小说集《狂澜》、《失踪》，散文集《离群集》。

（四）逃离广州

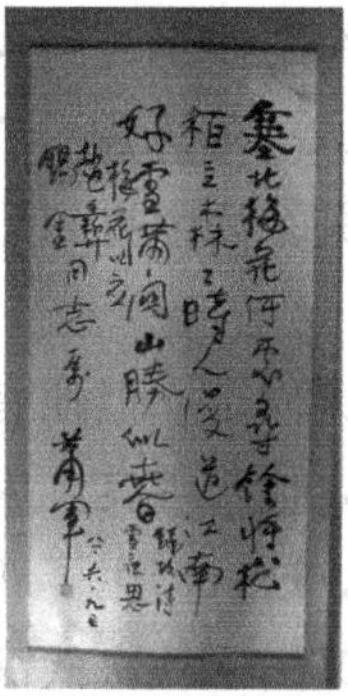

1981 年 6 月 9 日萧军赠锡金先生的条幅

锡金回去找适夷商量，问他们是否同意与《救亡日报》一同撤离。考虑再三，适夷也拿不定主意。当时锡金还有两条路可走，适夷便建议锡金去找找看。

两条路的其中一条是去海南岛。锡金有一个光华附中时的同学陈钟明，前些天从海南来广州，他在《救亡日报》上看到了锡金写的文章，便通过编辑部找到锡金，对锡金讲了他们琼崖根据地的斗争情况，并说他此次是专程来广州办军火的。陈钟明还留了一个地址给锡金，欢迎他去海南住些时候。但当锡金准备联系他去海南，按地址去找时，他已于一天前离开广州回海南了。第二条路是去南洋。武汉合唱团那时正在广州，他们打算去南洋群岛举行抗日募捐演出，当时还未出发，合唱团的团长夏之秋[①]曾经来找过锡金，邀请锡金与他们同去南洋。锡金这次去

---

① 夏之秋（1912—），教授。湖北孝感人。原名汉兴。1932 年入华中大学物理系学习。1936 年入上海音乐专科学校作曲系学习。曾任武汉市文化界抗敌工作团音乐组组长，武汉合唱团团长，重庆音乐院实验管弦乐团指挥，恩施教育学院、重庆音乐院、湖北师范学院教授。1949 年加入中国民主同盟。新中国成立后，历任中原大学文艺学院音乐系副主任、中央音乐学院教授，作品有歌曲《歌八百壮士》、《思乡曲》，著有《小号吹奏法》等。

找他时，他仍表示热烈欢迎，并说多几个人也不要紧，只是行李要简单些，因为他们自己已经带了很多，而政治部只答应给他们一定的车辆，而且当天夜里就要离开广州。锡金把打探的结果回去告诉了适夷。适夷同意去南洋。恰在此时，组织上派来的人找到了锡金，问他的安排。锡金便把一切打算都告诉了来人。那人说："这样，你到了目的地自己去找组织关系好了，找到组织关系后，再到广东组织上来找证明。"说完，他便匆忙回去复信了。

施征军也要和锡金、适夷同走，但他有六个女朋友要与他同走。施征军的生活作风是很严肃的，他很善良，因而许多女孩都愿意与他交朋友，但并不一定是恋爱关系。这就产生了新的问题：合唱团到底能容纳多少人数和行李？所以锡金又去了一次武汉合唱团，接洽具体的人数与行李数。合唱团的负责人说三个人还可以，但因为合唱团本团的"女专员"已经太多了，而且处于战争环境，路途遥远，所以怕照顾不过来，因此并不欢迎那六位女同志。这样，锡金就又回来给施征军他们回话。

在回来的路上，锡金边走边想该怎么办？猛一抬头，突然看到了路对面迎面走来的天马书店经理郭挹清①。他当时正一个人低头在路上走，似乎沉思什么。锡金连忙上前叫住了他，问："你怎么也在广州，什么时候来的？"郭挹清说："我刚到，这不，正四处找你们呢，可广州城太大，太乱了，怎么也找不到地址，你看，我累得汗流浃背。""那办刊物的钱带来了没有？""带来了，一共5000元。""终于等到办刊经费了，可广州就要沦陷了，不仅刊物要办不成，看来我们还要一起逃难。"二人边说边走。锡金把郭挹清带到适夷那儿。适夷说："有了钱就好办了，也不一定

① 郭挹清（1902—1952），浙江余姚人。曾用名，郭静唐或挹青。浙江第一师范毕业。1920年参加社会主义青年团。1926年在余姚从事农民运动。"四一二"政变后被通缉。1928年入浙江大学。1932年在上海开办天马书店。后参加抗日活动。1940年被捕关入上饶集中营。1942年经营救出狱。1944年到浙东抗日根据地，被秘密发展为中共党员（1946年正式批准）。历任新四军浙江纵队司令部秘书长、浙东参议会副议长，浙东行政委员会委员兼行署民政处长、工商管理局局长等职。渡江南下后，任杭州市军管会工业部副部长兼市工商局局长、财经委副主任，省人民政府委员，省财经委委员兼工业厅副厅长。1952年病逝于上海。

去南洋，走广西吧！”于是锡金、楼适夷、施征军和郭挹清四人决定去广西，每人分借了1000元作为路费，但是那六个“活行李”还是带不走，幸好锡金等人找到了一个学生团体，就把她们都安排进去了。

锡金将自己决定去广西而放弃随《救亡日报》撤退的安排通知了夏衍。当晚四个人就搬进了西濠口的旅馆。次日一早，整个广州城都乱了，到处挤满了人。锡金、楼适夷、施征军、郭挹清挤不上去三水的火车，就雇了一只载货的艇子船在珠江中划着，有什么离开广州的船就上什么船，最后登上了去梧州的一艘英国轮船。四个人在人缝里挤着坐了下来，才记起那天正是鲁迅先生逝世二周年的日子。于是四人闭目静神，以默哀来作为纪念鲁迅先生的仪式。两天后的夜里，广州沦陷了（1938年10月21日，广州沦陷）。几天之后，武汉也沦陷了（1938年10月25日，武汉沦陷）。

（五）从梧州到郁林（玉林）

1979年11月，锡金与参加第四次文代会的代表及中央领导合影（前排右四，局部）

锡金等四人到达梧州后，在梧州住了约一个星期。他们不无痛若地发现，梧州虽然有一所大学，但却根本没有什么文化工作可做。在李宗仁[①]与白崇禧[②]的以赌养兵的政策下，梧州最繁盛的是赌博。入夜，鸳江上到处都是灯火辉煌的赌博船，但市面上却连一家书店也找不到。

有鉴于梧州的情况，锡金等人从事文艺工作的打算破灭了。商量之后，四人又打算去桂林，但正值漓江水浅，不通船，需从陆路步行而往，况且即便到了桂林又能做什么呢？实际上锡金等人还是漫无目的。最后四人合计还是绕道广州湾去香港，因为那条路不仅有公共汽车可通，还可到香港找茅盾想办法。

梧州盛产柚子，且价格便宜，锡金等人一面把沙田柚当饭吃，观光梧江上名为饷馆实为赌场与妓院的楼船，一面寻找交通工具。终于在一辆装运军火的大卡车上，当了被夹带的“黄鱼”。车上还乘着两个散兵，不时摆弄着手枪，好像在窥探他们的钱包。那时锡金很调皮，拉适夷、施征军、郭揾清并坐在一列装炸药箱的车板上，故意同他们说笑攀谈。锡金估计这两个烂兵决不会对他们动手，因为只要他们开枪射击，座后的炸药便会被引爆，所有的人就会落得一个同归于尽的下场。这样锡金只费了几支烟卷，那两个逃兵的态度就缓和下来，把手枪收进到枪套里去，一路平安无事地到达了林木森森、环境幽静的郁林（玉林）。

---

① 李宗仁（1891—1969），广西临桂人。字德邻。1910年加入同盟会。1913年毕业于广西陆军速成学堂。曾任桂军帮统、统领、边防军司令，先后参加护国、护法和粤桂战争。后任广西自治军第二路总司令、广西绥靖公署督办、国民革命军第七军军长。北伐战争中任左翼军、江左军总指挥。1927年“四一二”政变后，任第三路军、西征军总指挥，第四集团军总司令，中央政治委员会武汉分会主席，军事参议院院长。1929年蒋桂战争失败后，回广西任护党救国军总司令。1930年参加冯、阎反蒋中原战争，任副总司令兼第一方面军总司令。1931年后任国民党中央监察委员、广西绥靖公署主任、第五路军总司令。抗日战争爆发后，率军北上抗日，任第五战区司令长官兼安徽省政府主席。曾指挥徐州会战，获台儿庄战役大捷。后任汉中行营主任。抗战胜利后，任北平行辕主任。1948年4月任国民党政府副总统。1949年1月任代总统。12月去美国。1965年7月回国，并发表声明，决心为祖国统一作出贡献。1969年1月30日因病在北京逝世。

② 白崇禧（1894—1966），字健生，广西省临桂县人。14岁进入广西初级陆军学校就读，后改进广西法政学校，1913年考入保定陆军军官学校第三期，毕业后回广西，在桂系第一师任下级军官。1924年加入国民党。1926年北伐开始后任国民革命军总司令部副参谋长、东路军前敌总指挥、淞沪警备司令。1927年参与蒋介石在上海发动的“四一二”事变。南国民政府成立后，历任军委常委、第四集团军副司令、军长等职。1936年参与发动“两广事变”，任抗日救国第一军副总司令。抗战期间历任军委副总参谋长、军训部长、桂林行营主任、监委主任，1946年任国防部长。1947年任战略顾问委员会主任委员兼华中“剿总”总司令。1950年去台，历任“战略顾问委员会”副主任委员、“国大”主席团主席。1966年12月2日于台北去世。

（六）西营轶事

姜椿芳（出版家）、楼适夷（编辑）、陈冰夷（翻译家、俄国文学研究家）、蒋锡金合影

到玉林后，锡金四人在小旅馆里安顿下来，心宽体泰，商定了行进的方向，决定到九龙去找茅公。四个人从郁林（玉林）到了西营（法军占领广州湾后，因设军营，改称西营。解放后改称湛江市）。

西营那时是法帝国主义盘踞的租界，不仅烟、赌、娼盛行，还是一个人口买卖的港口，有许多华工和妓女在那里集中出口，锡金等人住的旅店对门就是个妓院。有一天，锡金亲眼看到了一幕惨剧的发生。有个姑娘由她家乡合浦县农村被人带到这里，原本说是要给她找个婆家结婚的，可到了这里，却被卖进了妓院。她不肯，但钱已经给乡下骗她来的人拿走了，她痛哭着，鸨母狠狠地打她。锡金等人向施征军（只有他一人懂广东话）问明情况后，很同情她，同时他们还有些幼稚的想法：想把她当做一个教育对象，由大家负责把她教育好，然后再交给天马书店，等待书店重新开门后留做店员。于是众人就集款200余元，替她赎了身。

事实的发展却使锡金等人的理想破灭了。因为那女人以为有人替她赎身是为了爱她的肉体，因而死死地要从这四个人中间找到一个人做她的丈夫，而其他的她什么也不管。这四个人中，只有施征军一个人讲广东话，能听懂她讲话，其他人说的话她都听不懂，而当施征军和她讲话时，她就和他纠缠不清。但事情已做了就没有办法，也不能再把她卖掉，只好把她带到香港再另想办法安置。这就是后来别人所说的锡金等

“四个人公买一个女人，轮流睡觉”的谣言真相。事实上，当时锡金等四个人是同出同进的，并未和那叫宝珍的妓女发生任何关系。

到香港后，锡金等人的5000旅费也都差不多用完了，特别是把钱一折合为港币，比价是二比一，数目就更减少了一半，所以立刻也就发生了生活问题。这时，四个人就分开了，郭挹清去找他的书业同行，施征军去找他的同乡，楼适夷也有他的关系，所以锡金就打电话到九龙去找茅盾。

茅盾听说锡金住在旅馆，吓了一跳，因为香港的旅馆租金很贵，况且又处于战乱年代，来港避难的人很多，旅馆的价钱就更加不斐。于是茅盾便对锡金说他家里可住，叫锡金搬过去。当时恰逢其他人都外出了，把那妓女宝珍单独一个人留在旅馆内，锡金有些不放心，便找楼适夷商量，最后决定一同带她去茅盾家，并托茅盾夫人孔德沚设法安插她。那天晚上，锡金就在九龙太子道196号四楼的茅盾家中住下了，直到他离开香港。而宝珍则后经孔德沚介绍入儿童保育院做保育员，但她并不安心工作。不得已，锡金当时已经返回上海，楼适夷只好另筹了300元钱送她回合浦的故乡。

（七） 抗战时期的香港文化界

1981年纪念鲁迅诞辰100周年学术讨论会在长春举行。图为与会代表在长春宾馆旧楼前合影。前排（左四——左六）丁玲、楼适夷、蒋锡金；中排左四陈明。

锡金到香港后，原本想在香港继续从事文艺工作，但太平洋战争爆发前的香港实在没有什么工作好做。

据茅盾介绍，香港的文化界主要是在“第三种人”的掌握中，进步文化是孤立的，所以他也打算离开香港到内地去。锡金劝他还是勉力支持这一阵地，因为香港作为英国殖民地的特殊政治及地理条件决定了它是抗战时期连接内地与海外的中转站。

茅盾同意了锡金的意见。但支持了约半年后，1938年12月，茅盾还是接受了杜重远①的邀请去新疆讲学，《文艺阵地》的编务就完全交给了楼适夷主持。

（八）离港返沪

1980年北京鲁迅博物馆征调全国各地学者重新修订16卷本《鲁迅全集》

图为锡金（前排右三）与众多学者在人民文学出版社门前的合影

① 杜重远（1897—1943），《新生周刊》主编。辽宁开原人。1917年留学日本。1923年回国后在沈阳创办肇庆窑业公司，曾任辽宁商务总会会长。九一八事变后致力于抗日救亡运动，曾以记者身份奔走于湘、鄂、川、赣、沪等省市，鼓动民众抗日救国。1932年参与筹办《生活日报》。1934年2月创办《新生周刊》，任主编及发行人，揭露日本帝国主义的侵略阴谋和国民党当局的卖国行为。1936年5月，因该刊发表《闲话皇帝》一文，日本驻沪总领事以“侮辱天皇，妨害邦交”为口实提出抗议。7月被国民党政府逮捕，被判处14个月徒刑，《新生周刊》亦遭封闭。1936年9月出狱。1938年，杜重远抱着“为祖国奠立最后抗战基地”的愿望，接受新疆军阀盛世才的邀请，去新疆开辟工作，任新疆学院院长，创办宣传新思想的刊物《光芒》。为了发展新疆的文化教育事业，他聘请了茅盾、萨空了、张仲实、赵丹等人来新疆讲课。1938年12月，茅盾应杜重远的邀请，经海防、昆明去新疆迪化（今乌鲁木齐）。1939年3月抵新疆。在新疆学院任教。4月新疆文化协会成立，茅盾被推举为委员长。杜重远宣传抗日，宣传民主，反对封建割据的思想在新疆产生了巨大影响，因此遭到盛世才的嫉恨。1940年，盛世才的反动面目日益显露，茅盾被迫于4月底离开新疆，经兰州、西安于5月末抵达延安。在延安期间，曾在鲁迅艺术文学院、陕甘宁边区文化协会讲学。1941年5月18日，盛世才以“汉奸”、“托派”、“苏联间谍”、“共产党”等罪名逮捕了杜重远，杜重远被盛世才杀害，并毁尸灭迹。

1937年“八一三”事变后，上海华界沦陷，上海《申报》出至23208号停刊。1938年3月1日，上海《申报》出版“香港版”。锡金一心想留在香港做一些文艺工作，适逢《申报》“香港版”复刊后因缺少人手，准备招人。锡金打算请他的一个表姐夫王显庭介绍他去编副刊《自由谈》，但后来听说该栏目已决定由吴景崧[①]来编了。思前想后，锡金就和茅盾、适夷商议今后如何从事文艺工作。商议的结果是大家认为锡金还是返回上海继续从事文艺工作为好。回上海的原因有以下几点：

1. 茅盾和楼适夷都认为，随着抗战转入相持阶段，抗战文学早期着重描写正面战场作战以及将军、士兵爱国热情的一般化作品已远不能适应时代的要求了，将来的作品还应表现敌占区普通民众的生活和斗争，这方面当时的文学创作是一个空白，这样的题材应该有人写，这也是以后抗战文学的发展方向。后来的事实证明锡金、茅盾、楼适夷等人当时对文学发展方向的预测还是正确的。从某种程度上说，老舍小说《四世同堂》成功的原因也正在于此。当时茅盾表示他也想写这类的作品，听了锡金的决定后便说：“这样也好，你先回去，说不定我也要去体验一下沦陷区的生活，写一部小说呢。”

2. 香港的物资原本匮乏，全赖大陆供给，战争使香港的物价飞涨，日常生活开支剧增，经济负担日重。而对锡金而言，家住上海，回上海后，生活上能得到家庭的接济，较有着落，不必为衣食担忧，因而能全身心地投入文艺运动。

3. 楼适夷那时与一个华侨资本家达成协议，打算办一个专销南洋

---

① 吴景崧（1906—1967），笔名杜若等，江苏丹徒人。中学时代投入学生运动。客居上海，复旦大学毕业后考进商务印书馆，任《东方杂志》编辑。1932年后，任《申报·自由谈》编辑，《申报月刊》编辑。人称他“是脚踏实地的实干家，才华横溢的文章快手”。抗战爆发后，孤岛时期他参加翻译斯诺著《西行漫记》；主编《上海周报》，该刊很有影响。抗战胜利后，他主编大型的《中国建设》月刊，并主持世界知识社的工作。新中国成立后，任上海市新闻出版处副处长。1951年调北京在世界知识社任副总编辑，主持图书的编辑工作。1966年参加中国共产党。1967年11月24日“文化大革命”中受迫害自杀身亡。“文化大革命”后平反，恢复名誉。

宣传抗战的画报，刊名叫《大路画报》（英文名 Free—China；《自由中国》）。因为当时大陆的书报文章都无英译，只有简单的标题是英文的。而南洋的华侨多识英文，对汉文则不甚通顺，因而对中国大陆的抗战状况无从了解，鉴于这种状况，锡金等人决定这刊物办成完全中英合璧式的。因为香港印刷费用昂贵，所以楼适夷希望锡金回上海为他联系影写版的印刷事宜，帮助他在上海编辑这一刊物。

4. 那时由茅盾主编的《文艺阵地》[1] 正在上海印行，茅盾决定锡金回上海还负有政治使命——请他捎一些在香港组织好的稿件给孔另境[2]，并附带委托锡金在上海协助孔另境编辑《文艺阵地》，组织稿件。

回上海的事就这样决定了，锡金把在广州写成的剧本《横山镇》[3]交给茅盾，茅盾看后决定在《文艺阵地》上发表。锡金先在香港生活书店预支了稿费，买到了船票，乘船于 1938 年 11 月 11 日回到了上海，开始参与上海“孤岛”时期的文艺运动。

---

① 《文艺阵地》：1938 年 4 月 16 日，创刊于广州。由于日军的轰炸和广州印刷条件的落后，从第四期起，茅盾便把《文艺阵地》转移到上海秘密排印，然后委托内弟孔另境把印好的刊物运回香港，再转发内地和南洋，直至 1939 年 6 月 16 日第 3 卷第 5 期，《文艺阵地》的编务工作才正式转移到上海。

② 孔另境（1904—1972），原名令俊、若君。笔名东方曦等。浙江桐乡人。1925 年毕业于上海大学中文系，此后投身政治活动。1928 年到上海后开始向报刊投稿。1929 年到天津南开中学任教，旋改任河北女子师范学院出版部主任兼《女报》编辑。后返上海从事专业创作。出版有散文小说集《斧声集》和《秋窗集》以及《中国小说史料》、《当代文人尺牍抄》、《现代作家书简》等著作，并与郑振铎、王任叔主编《大时代文艺丛书》。后来一度到苏北解放区筹办中学未果，1943 年返上海在世界书局主编《剧本丛刊》。此后时而任教时而当编辑。1949 年后主要在上海出版界工作，文革中被迫害致死。

③ 《横山镇》：（两幕剧），锡金著，发表于《文艺阵地》第 2 卷第 4 期、第 5 期（1938 年 12 月 1 日、1938 年 12 月 16 日）。

（九）本期锡金译著年表（四）
（1938.8—1938.11）

锡金先生收藏和主编的部分儿童文学作品

一九三八年

《蒙古的少女》（书评） 锡金 《文艺阵地》第2卷第1期 1938年10月16日。

《广州即景三章》（诗） 锡金 武汉 《抗战文艺》第2卷第7期 1938年10月22日。

《晴空》（诗） 锡金 《文艺阵地》第2卷第2期 1938年11月1日；《上海“孤岛”文学作品选》 上海社科院出版社 1987年版。

《读梁宗岱先生的〈谈抗战诗歌〉》 锡金 昆明 《战歌》第1卷第3期 1938年11月（原刊《星岛日报》9月21日副刊《星座》）。

《横山镇》（两幕剧） 锡金 《文艺阵地》第2卷第4期、第5期（1938年12月1日、1938年12月16日）；上海国民书店（国防戏剧丛书）1939年版；上海戏剧书店 1940年版。

《台儿庄》（三幕剧）（集体创作，锡金写第一幕，并写主题歌）；汉口读书生活社出版 1938年。

六　“孤岛”文学（1938.11—1941.12）

（一）《大路画报》

上海“孤岛”时期出版的部分期刊。
上排右起：锡金主编的《文艺新潮》和曾发表过文章的刊物《大陆》

1938年11月，锡金回到上海家中不久，天马书店的经理郭少卿便也从香港回来了。楼适夷请他带信给锡金，让锡金在上海筹备办印刷《大路画报》的有关事宜。那时上海有影写版的印刷厂都停业了，而邵洵美[①]的“时代图书公司”却有一架影写机，但恢复起来需要资金，于

① 邵洵美（1906—1968），原名邵云龙。浙江余姚人。1924年上海南洋中学毕业后赴英国，入剑桥大学文学系就读，翌年，去法国画院学习绘画，并与徐悲鸿、张道藩等在巴黎组织天狗会。1926年回国，开始写诗。1928年在上海创办金星书店，创办并主编《金屋月刊》。1930年停办。后投资上海新月书店，1931年4月任新月书店经理。1932年，投资创办《大英

是锡金就为双方接洽合作。锡金提议由主张办画报的张姓华侨先垫付一笔款项，恢复邵洵美的印刷厂，然后再印楼适夷的《大路画报》。这事最终没能谈妥，于是锡金就又找了一家橡皮版的印刷厂，改用橡皮版制版、印刷。

1939年2月，《大路画报》月刊出版了，由楼适夷、马耳（叶君健）、钱君匋①和锡金四人主编，实际上是由楼适夷在香港发稿，叶君健把全部稿件译成英文，钱君匋做美术设计和划样，锡金负责处理图文的编排，而费用则在天马书店经理郭少卿处支取。

《大路画报》是在上海编印成后再运去南洋发行的。由于不在上海发行，所以见到杂志的人很少，锡金等人曾自留了几本，在抗战中几经辗转，其后又经历了漫长的文革岁月，就都散失了。《大路画报》共出了四期，据说在南洋的销路还不坏，但那华侨又无意经营了，便因此而停刊。

夜报》，宣传抗日；出资提供笔会出面接待来沪的萧伯纳。1934年创办时代图书出版印刷公司，花大力气办印刷厂、买厂房，采购新式彩色影写版印刷设备和高速印刷机。除出版张光宇主编的《时代画报》外，还创刊《时代漫画》、《时代电影》、《论语》半月刊（林语堂另行创刊《宇宙风》、《人间世》后，《论语》由邵洵美、郁达夫主编），还创办《十日谈》、《人言》周刊，并任主编。创办第一出版社。该公司以印刷快速、精美著称。终因印刷任务不足，难以维持。抗战前后，所出期刊大多停刊。他又创办《自由谭》，《公正评论》英文刊物，曾译载毛泽东的《论持久战》。抗战胜利后，在原厂址重新开业，《论语》虽然复刊，却无活气了。新中国成立后，居家从事外国文学翻译工作。印刷厂的设备机器由北京新华印刷厂作价收购，职工全部留用去北京工作。著译有《花一般的罪恶》（诗集）、《火与肉》（文论集）、雪莱的《解放了的普罗米修斯》、《麦布女王》，泰戈尔的《家庭与世界》等。

① 钱君匋（1906—1998），原名钱锦堂，字豫堂。祖籍浙江省海宁，浙江省桐乡县人。1925年毕业于上海艺术师范学校，从丰子恺学习西洋画，并自学书法、篆刻、国画。擅装帧美术及篆刻、书法。曾为茅盾的《蚀》、巴金的《家》、《春》及《小说月报》、《东方杂志》、《教育杂志》、《妇女杂志》等刊物设计封面。出版有《鲁迅印谱》、《长征印谱》、《钱君匋画集》、《钱君匋书籍装帧艺术选》和《钱君匋书画篆刻精品集》等。曾任中国美术家协会会员、中国书法家协会会员、中国音乐家协会会员、上海市书法家协会常务理事、西冷印社副社长、华东师范大学艺术教育系教授、桐乡市君匋艺术院院长、海宁市钱君匋艺术研究馆名誉馆长。

(二) 文艺中心小组

锡金（右起）与吴伯箫、曹辛之摄于厦门鼓浪屿日光岩（1980年12月）

回上海后，锡金大约有两个月的时间未去找党组织，这是因为：锡金有休息一下的想法，心想一旦组织关系接上了，就又要马上开始工作了，而自己当时也正在为办《大路画报》的事而奔忙，实在无暇分身。

在香港时，茅盾就曾告诉锡金，找到王任叔就可以找到党组织。当时王任叔正在上海申报馆主编《自由谈》（1938.10.10—1938.11.1），但锡金回上海时他已经被排挤出来，离开了，换上来的是国民党文化官员胡山源①。1938年10月10日《申报》复刊，同年11月1日起至次年12月31日止，胡山源继王任叔后，主编《自由谈》。

① 胡山源（1897—1988），江苏江阴人。1911年入江阴励实中学就读，毕业后留校任教。1918年入浙江之江大学求学。1920年停学，在江阴励实中学、松江景贤女子中学、苏州乐益女子中学及松江中学任教，1923年在上海组织弥洒社，创办并主编《弥洒》月刊，积极从事创作和翻译，同时在上海基督教青年协会书报部翻译。1929—1937年在开封大学、之江大学任教。1931—1937年在上海世界书局任编辑，抗战爆发后，1938年10月10日《申报》复刊。同年11月1日起至次年12月31日止，继王任叔后，主编《自由谈》。1938年6月16日，在上海创刊《红茶》半月刊。在《万象》月刊发表长篇小说《散花寺》等。同时在东吴大学、沪江大学、大夏大学任教。抗战胜利后，在中国新闻专科学校任教。新中国成立后任福建师范学院中文系主任，后在扬州苏北师范专科学校、上海师范学院任教。1988年1月1日逝世。著译近30种，著有《散花寺》、《龙女》等，编有《各代忠臣遗事》、《各地义民遗事》、《古今酒事》、《古今茶事》、《幽默诗话》。译有《郭尔第的光明》（长篇小说）、《欧·亨利短篇小说集》等书。

锡金虽然一时也找不到王任叔，但却在一些集会上遇到了许多上海的文艺工作者，因而也知道了一些有关王任叔的消息，并最终找到了他。王任叔见到锡金就说："早知道你回来了，大家都在找你呢。"锡金就把自己从广州到香港以及从香港回上海的经历等告诉了他，并说想要接续组织关系。王任叔说："组织关系的事，过一些时候再通知你罢，你可以先参加我们的文艺中心小组。"于是锡金便参加了这个"文艺中心小组"。这个小组由戴平万①、蒋天佐②、林淡秋③、

① 戴平万（1903—1945），小说家。原名戴钧，笔名岳昭等。广东潮安人。1924年加入中国共产党。1928年参加太阳社，编辑《太阳月刊》，后与杜国庠、洪灵菲组织我们社，编辑《我们》月刊。1930年参加"左联"。抗战爆发后，先后任《新中国文艺丛刊》、《文艺新闻》和《每日译报》编辑，并与梅益、林淡秋等编辑《上海一日》。1940年任鲁迅艺术学院华中分院文学系教授，后调至苏中区党委主编《抗战报》并任党校副校长兼教导主任。著有短篇小说集《出路》、《都市之夜》、《陆阿六》、《苦菜》，中篇小说《前夜》、《荔清》等。另有译著多种。

② 蒋天佐（1913—1987），原名刘季眉，福建靖江人。1930年加入中国共产党，曾任党支部书记、中共南京市委宣传部部长等职。1932年参加以鲁迅为首的左翼作家联盟，从事党的文艺工作，并在报刊上发表作品。同年被国民党反动派逮捕。1935年出狱后，到上海从事文艺译著工作，任上海文艺界总支部书记。抗日战争爆发后，他积极从事党的抗战文艺工作，多次发表宣传抗战的文艺论文。他撰写的长篇论文《什么叫抗战文艺》发表于《新中国文艺丛刊》，在文艺界影响很大。1941年在苏北根据地任鲁迅艺术学院教授，从事教学、编辑和部队宣传工作。1943年在反日伪军"扫荡"的战斗中，他因腿部负伤，奉命至上海从事党的秘密工作。抗战胜利后，他遵照周恩来的指示，与郑振铎、马叙伦等人创办政治性周刊《民主》，抨击国民党当局的种种弊政，揭露其发动内战的罪行，同时为中国民主促进会的成立进行舆论和筹建工作。1945年12月，中国民主促进会成立，蒋天佐是发起人之一。在积极从事统战工作的同时，还从事大量的文学译著，先后翻译了许多中外杰出作家的优秀文艺作品。如英国狄更斯的长篇巨著《匹克威克外传》、《奥列佛尔》，美国杰克·伦敦的中篇小说《荒野的呼唤》、《雪虎》，俄国萨尔科夫·谢德林的《寓言集》及《斯大林论文艺》等。1947年6月，上海光明书局出版发行了他的文艺论著《低眉集》。1949年7月，蒋天佐出席了全国第一次文艺工作者代表会，并当选为全国文联委员。新中国成立后，先后任人民文学出版社副社长、中央文化部办公厅副主任，并经常在《文艺报》、《人民日报》、《光明日报》等报刊发表文章。1960年调江西省文联工作，负责主编《江西文艺》杂志，先后当选为中国作家协会江西分会副主席、江西省文艺学会副会长、江西省文学艺术界联合会副主席。"文化大革命"受到了残酷迫害。粉碎"四人帮"后，冤案得以平反。1986年在江西省第五次文艺工作者代表大会上，被聘为省文联顾问，并当选为中国作家协会江西分会名誉主席。出版文艺论著《海沫文谈偶集》。

③ 林淡秋（1906—1981），作家、翻译家。原名林泽荣，浙江宁海人。中学毕业后就读于上海大学、上海艺术大学等校。1931年开始从事文学生涯。1933年入"社会科学者联盟"，1935年加入"左联"并任常委。1936年加入中国共产党。抗战爆发后在上海从事文化工作，参加编辑《上海一日》。1942年至苏中抗日根据地任报社编辑、总编辑。1950年初调至北京，任《人民日报》副总编辑兼文艺部主任。在1957年整风反"右"，受到不公正的指责。1958年调任杭州大学副校长、中共浙江省委宣传部副部长和省文联党组书记等职。"文化大革命"中遭受迫害。1978年恢复原来职务，1979年被选为全国文联委员、中国作协理事、省文联主席等。1981年病逝。著有短篇小说集《黑暗与光明》、《雪》，杂文散文集《交响》，及《林淡秋选集》。译作有《列宁在1918年》、《西行漫记》、《复活》、潘菲洛夫的《布罗斯基》、卡达耶夫的《时间呀，前进》等20余部作品300多万字。

石灵[①]、王任叔及锡金六人组成，每周在霞飞路路北的大三元茶室以茶会的形式开会[②]，讨论一些文艺问题。

过了一些时候，戴平万便告诉锡金说他的组织关系已接通并恢复了。后来锡金又与戴平万、林珏[③]（唐景阳）三人编为一个小组，每周在锡金家开党小组会。

---

① 石灵（1909—1956），作家、戏剧家。原名孙大珂。江苏滨海人。1931年考入上海中国公学。翌年，转暨南大学外文系就读，开始创作小说、诗、剧本，参加上海“左联”和中国诗歌会的工作，提倡用歌谣、时调形式，发挥通俗易懂、朗朗上口的特色。他创作的《新谱小放牛》、《码头工人之歌》被聂耳谱为歌曲，流传颇广。1935年毕业后留校任教。1938年兼编《自学旬刊》（自第2卷起），1939年，任《大美晚报》副刊编辑，并接编《鲁迅风》（自第17期起），1940年，与蒋天佐合编《奔流文艺丛刊》（6辑），与近仁（金人）、白曙主编《第一年》。自1937年至1940年，在大学任教的同时，编辑报刊，创作杂文、诗歌、剧本60万字，活跃于“孤岛”文坛。毕生创作了20个剧本。1940年后赴苏北解放区，在苏皖边区政府工作。1949年参加中国共产党。新中国成立后，先后任上海《文艺月刊》编委、新文艺出版社副总编辑，著有多幕剧《无缝的篱笆》、小说《捕蝗者》、译作有《小金牛》等，出版有《石灵选集》。在上海“孤岛”时期，他参加了抗战文艺选集《第一年》、《第二年》的编选工作。他还写过论文《展开文艺通讯运动》和小说《知己》，他创作的剧本有《学校风光》（原载《中学生活》）、《桃花梦》（原载《文艺新潮》）。在《第一年》里，选有他的独幕剧《我们放开恩怨》；在《第二年》里，选有他的诗歌《献金》。在《献金》这首诗里，他以锐利的诗笔，描画出凶残的敌人，毁坏了我们的村庄，杀戮了我们无数的爹娘，又抢走了我们宝贵的财物。这些悲惨的情景，激发我们满怀仇恨，使我们心里燃烧着复仇的火焰，他又以生动的诗笔刻画出：“……八十岁的老人，走过献金台，流着微笑的泪，摘下一颗金牙，忍着虫蛀比忍着子弹强……”这些拨动心弦的诗句，激起了人们献金的热潮！

② “孤岛”文艺工作中心座谈会：据钟望阳回忆：“1937年10月，戴平万同志介绍我入党，入党以后和戴平万、林淡秋等同志合编一个党小组，由戴平万担任党小组长。”据萧岱回忆：“我于1938年入党，入党后编入戴平万负责的党小组，党小组成员还有林淡秋、钟望阳等。”据蒋锡金回忆：1938年冬，他从广东到上海，党派戴平万去找他，给他接上组织关系，并把他和戴平万、钟望阳编在一个党小组，由戴平万担任小组长。此外，据蒋天佐、蒋锡金回忆：1939年春天，在“文委”领导下，由王任叔定期召开一个推动“孤岛”文艺工作的中心座谈会，每周一次，在霞飞路的大三元茶室以茶会的形式召开，讨论“孤岛”文艺运动中出现的一些问题，研究工作进行的办法，参加会议有王任叔、戴平万、林淡秋、蒋天佐、钟望阳、蒋锡金等六人，六个人各有分工，王任叔主要是负责给世界书局主编文学丛书，参与周刊《鲁迅风》的工作。戴平万主要是协助陈望道先生编辑出版《新中国文艺丛刊》，还兼管光明书局出版的“光明文学丛书”的事。林淡秋当时主要是搞翻译工作，所以负责介绍、分析翻译方面的情况。蒋天佐负责文艺理论方面的工作。钟望阳、蒋锡金分别负责儿童文学和诗歌。这个以茶会形式召开的文艺座谈会，曾经坚持了一段相当长的时间，对推动“孤岛”文学界各方面的工作起着重要的作用。

——饶凡子：《戴平万在上海“孤岛”时期的文学活动》；引自《上海“孤岛”文学回忆录（下）》，第231页。上海社会科学院文学研究所编；中国社会科学出版社1985年版。

③ 林珏（1914—1971），黑龙江省人，原名唐景阳，笔名林珏。新中国成立后历任黑龙江省松江师专（哈尔滨师范大学前身）校长，中共辽宁大学第一届委员会委员、党委常委、副校长。1959年在整风运动中遭到错误的批判和处分，1971年逝世。

（三）“上海诗歌座谈会”与《诗人丛刊·我歌唱》

1941年打入敌伪内部主办《女声》杂志的“行列社”成员关露

当时“文艺中心小组”的中心议题是商议如何使“孤岛”时期上海的文艺工作重新开展起来。因为锡金原来从事诗歌工作的时间较久，所以组织上就请锡金与石灵专门负责这方面的工作，那时已经是1938年岁末了。他们两人经过商量后，聚集了一些当时上海的诗歌爱好者，包括许幸之[①]、

① 许幸之（1904—1991），生于江苏省扬州市，祖籍安徽歙县。自幼爱好绘画，1917年拜江南著名美术教育家吕凤子为师。1919—1923年，入上海美专与东方艺术研究所深造。1924年赴日本勤工俭学，始入川端画会学素描，翌年考入东京美术学校，1926年创作油画《晚步》。1927年受业于著名油画家藤岛武二。1927—1928年，他在东京并于江丰、胡一川、蔡若虹、张谔等组织时代美术社，在鲁迅先生主编的《语丝》上发表宣言。1930年加入“左联”，被推选为中国左翼美术家联盟主席，左联时期著有诗集《扬子江》。1930年至1934年，他身体力行地创作了《工人之家》、《逃荒者》、《铺路者》等现实主义的油画，于1934年初冬在上海八仙桥青年会举办的“许幸之、吴印咸绘画摄影展览会”，在画坛引起强烈的反响。1935年导演影片《风云儿女》。1940年至1941年，他应邀赴苏北解放区，参与筹建鲁艺华中分院并在该院美术系与戏剧系任教，曾绘制大幅壁画《高尔基像》，设计了新四军臂章，后历任中山大学师范学院、上海戏剧专科学校、南京戏剧专科学校、苏州社教学院教授等职。

关露①、白曙②、戴何勿（萧岱）③、朱维基④、路易士⑤、吕绍光（此

---

① 关露（1907—1982），女诗人。原名胡寿楣，又名胡楣，原籍河北延庆。生于山西太原。1927年至1928年，先后在上海法学院和南京中央大学文学系学习。1930年初，第一篇短篇小说《她的故乡》发表于南京《幼稚周刊》。九一八事变后，参加上海妇女抗日反帝大同盟。1932年加入中国共产党，同时加入“左联”。曾在中国诗歌会创办的《新诗歌》月刊任编辑，左联时期著有诗集《太平洋上的歌声》蜚声当时上海文坛。影片《十字街头》主题歌《春天里来百花香》词作者。1939年冬至1945年，她受组织派遣，先后打入汪伪政权和日本大使馆与海军报道部合办的《女声》月刊任编辑。在该刊发表长篇小说《黎明》，同时以此作掩护，收集日伪机密情报。1945年抗日战争胜利后，她因病由苏北转到大连疗养。1946年病愈后，被分配到苏北建设大学文学系任教。从1947年秋到1951年秋，先后在大连苏联新闻局、《关东日报》社、华大三部文学创作组和电影局剧本创作所工作。自1955年至1976年粉碎“四人帮”，曾因受潘汉年问题一案牵连，两次入狱，达10年之久。1980年后，因患脑血栓症，全身瘫痪，失去工作能力，1982年自杀身亡。著作书目：《太平洋上的歌声》（诗集），1936年生活出版社出版；《新旧时代》（长篇自传体小说），1940年光明出版社出版；《苹果园》（儿童文学），1951年工人出版社出版；《都市的烦恼》（散文集），1986年百花文艺出版社出版。

② 白曙（1912—1986），原名陈作梅，笔名白曙、方未艾，广东台山人。1932年就读于上海暨南大学，曾参加左联，并发起组织中国诗歌会，任《新诗歌》编委。1936年后，在任香港、上海等地学校任教，1949年后历任广东台山师范校长，县文教科长，广西师范学院教师，广西文联常委、文学部副部长，桂林市文联副主席、《红水河》、《广西文艺》编辑部副主任。广西儿童文学会、民间文学会副主任。1929年开始发表作品。著有诗集《松涛集》、《火线下之歌》、《草珠集》、《雪天里》，长诗《夜的交响》等。上海“孤岛”时期，参与抗战文艺选集《第一年》、《第二年》的编选工作。创作了不少以抗日救亡为主题的诗歌，如：《秋梦》（原载《文艺新潮》）、《在远方》（原载《文艺新潮》）、《雨夕》（原载《中学生活》、《哨岗上的玫瑰》（原载《中学生活》）等。

③ 戴何勿（1913—1988），原名戴行恩、萧岱。浙江鄞县人。中共党员。1934年赴日本留学，毕业于东京日本大学。参加中国左翼作家联盟东京支部，并创办诗歌社。1937年回国。曾任《高射炮》主编，《新中国成立日报》、《联合日报》编辑。上海解放后，先后任上海文协秘书长、市文化局艺术处副处长、上海乐团团长、上海文联副秘书长、《收获》杂志编辑部主任、副主编。著有《残雪》等，译有《列宁给高尔基的信》等。

④ 朱维基（1904—1971），上海市人。早年就读于上海沪江大学。1927年起开始从事文学翻译，并研究外国诗歌。1933年翻译出版（英）弥尔顿的《失乐园》，并开始翻译但丁名著《神曲》（于新中国成立后出版）。1938年，在上海与蒋锡金等合编抗日诗歌刊物《行列》，并创作了不少抗日诗歌。1943年在上海中国艺术学院教英国文学、西洋戏剧文学史等。1945年后到苏北抗日根据地，曾在华中建设大学、华东大学任教。1950年任青岛大学（山东大学前身）教授。1951年回上海，在华东文化部研究室工作。1953年到新文艺出版社任编辑工作，同年8月，参加中国人民志愿军赴朝鲜前线做翻译工作。1954年回国继续从事文艺工作。后应华东师范大学邀请，讲授英国文学及拜伦作品。主要译作有拜伦著《唐璜》等。

⑤ 路易士（1913—），当代诗人。原名路逾，笔名路易士、纪弦、青空律。原籍陕西周至，生于河北清苑。1924年定居扬州。1929年以路易士笔名开始写诗。1933年毕业于苏州美专，举办画展。1934年创办《火山》诗刊，翌年与杜衡合编《今代文艺》。1936年与戴望舒等创办《新诗》月刊。此时诗作深受现代派的影响。抗日战争爆发后流转于汉口、长沙、昆明、香港等地，曾任国际通讯社日文翻译，主编《诗领土》。抗战胜利后始用纪弦为笔名写稿。1948年由上海赴台湾，曾编辑《和平日报》副刊《热风》，1953年创办《现代诗》季刊，发起成立现代诗社。纪弦是台湾诗坛的三位元老之一（另两位为覃子豪与钟鼎文），在台湾诗

二人后均成为汉奸)、列车等十余人，着手组织一个“上海诗歌座谈会”。经许幸之的介绍，锡金和石灵结识了他的同乡，一个在环龙路开一间“瘦西湖茶室”的生意人，将茶室的三楼作为“上海诗歌座谈会”最初活动的场所，并把原先由沈孟先①领导的诗歌小组的成员屠扶、白寒②等人也召集在一起，每周举行“茶会座谈”，这便是所谓的“上海诗歌座谈会”。

“上海诗歌座谈会”曾计划出版《诗人丛刊》多种，1939 年 6 月出版了第一辑《我歌唱》。它是以白曙的《奈何桥》居首，以关露的《我歌唱》殿后的创作合集，锡金在刊物上发表了诗歌《春日多雨》，此外还有三首拜伦的译诗和两篇评论。封面由钱君匋设计。

《我歌唱》出版后，“诗歌座谈会”又活动了一段时间，有人传说吕绍光、路易士等人已经堕落为汉奸。为了安全，避免可能发生的危险，

坛享有极高的声誉。纪弦不仅创作极丰，而且在理论上亦极有建树。他是现代派诗歌的倡导者，他主张写“主知”的诗，强调“横的移植”。诗风明快，善嘲讽，乐戏谑。诗作极有韵味，且注重创新，令后学者竞相仿效，成为台湾诗坛的一面旗帜。1974 年自台北成功中学退休，1976 年赴美定居。著有诗集《易士诗集》、《行过之生命》、《火灾的城》、《爱云的奇人》、《烦哀的日子》、《不朽的肖像》、《在飞扬的时代》、《纪弦诗甲辑》、《摘星的少年》、《饮者诗抄》、《槟榔树》(分甲乙丙丁戊 5 集)、《晚景集》、《纪弦诗选》、《纪弦精品》，诗论集《纪弦诗论》、《纪弦论现代诗》以及《纪弦自选集》等。

① 沈孟先：在出面编《行列半月刊》时改名沈孟天，是电影《南征北战》的编剧者沈西蒙的哥哥，也是在 1939 年初由组织介绍来参加行列社活动的。曾在上海红十字会病史室工作。新中国成立后在上海总工会任职。他从事进步文艺活动，行列社有一个时期曾在莘莘夜中学（派克路）开展活动，就是通过他的关系找到的。他还编辑给工人阅读的简报。由于他常在锡金面前说起苏北解放区的来往情况，因此锡金去苏北是他出面写的介绍信。1941—1945 年，锡金在上海承建中学教书期间与他交往密切，还曾参与《行列》的发行活动。

② 白寒（1916—），原名陈冰夷，笔名粱香、白寒、于健等。上海嘉定人。1938 年起翻译发表俄国和前苏联的文学作品和文艺论文，发表过评论俄苏作家和评论家以及概论前苏联文学的现状、历史和 20—30 年代国际革命文艺运动等的论文。1941—1953 年在上海地下党同前苏联党合办的时代出版社担任《时代》、《苏联文艺》等刊物与图书编译出版工作，曾任该社社务委员会副主任兼副部编辑。1953 年在中国作家协会，任《译文》（1959 年改名《世界文学》月刊）副主编，兼任作协外国文学委员会副主任，后改会作协外国文学工作小组副组长，负责组织作协会员从事外国文学研究的学术活动。1954 年起负责外国文学现状的调研工作，编印内部刊物《外国文学参考资料》及其他专题资料集。1964 年在哲学社会科学学部（中国社会科学院前身）外国文学研究所，任《世界文学》副主编，内部刊物《外国文学动态》主编、外文所副所长，1981—1984 年兼任中国作家协会书记处书记。主要译著有小说《暴风雪》、《戏闹的河》、《游街》、《钮扣的故事》，剧本《没有陪嫁的女人》、《俄罗斯人》、《最后一代》，文论《艺术与社会生活》、《谈文学》等。另有研究俄国文学论文十多篇。

全体成员就不能在原地开会了，但一时也没有找到其他更安全的、适于开会的场所，“上海诗歌座谈会”只好因此暂时停止了活动。过后不久，果然在南京的伪报上看到了吕绍光的名字，证明传闻不虚。

（四）“行列社”及诗歌半月刊《行列》

1980 年 7 月，内蒙古包头五当召学术会议合影
（左起）邝维垣（暨南大学）、吴奔星（徐州师范学院）、薛绥之（山东师范学院聊城分院）、锡金（东北师范大学）、谭汉钧（广东师范学院）、陈则光（中山大学）、戚俊民（广东鲁迅研究所）、韩文敏（中国社会科学院文学研究所）。

一两个月后，中心小组还是要求锡金等人把“诗歌座谈会”恢复起来，但在恢复之前要做许多工作。

首先，大家将开会的地点改在萨坡赛路（今淡水路）永安里朱维基家的客厅；其次，小组成员经过讨论，决定进行改组，去掉了路易士、吕绍光和列车等人，白曙和萧岱也不参加了；再次，在原有成员的基础上，又加上了芳信①、高之分、荒牧、诸敏等人；最后，根据前一阶段

① 芳信（1902—1963），戏剧家、翻译家。江西南昌人。本名蔡方信。受到“五四”新文化运动的影响，1923 年，他和刘和珍（他叫她五妹）等一同到北京，入陈大悲所办的“人艺”戏剧学校学戏。1925 年到上海，在“丹桂第一台”演“文明戏”，1926 年进民新影片公司和艺

“上海诗歌座谈会”的活动情况，对每个成员进行了考核，确定了正式的会员人数，成立了一个五人组成的核心领导小组，负责策划工作并处理一些日常事务。锡金等人还办了一个定期的《行列》诗歌半月刊，每期16开8页。刊物由朱维基、沈孟先出面主编，而实际上是由锡金主持，因此“上海诗歌座谈会”也就又有了一个“行列社”①的名字。一直到后来《行列》停刊，“上海诗歌座谈会”的活动仍然没有停止，但人们还是称它为“行列社”。

“行列社”社员人数不大固定，时多时少，约有20至30人。主要活动

华影片公司，拍电影。1927—1928年去日本专习英文，与周扬等同住一个公寓。1928年回到上海后，与夏莱蒂等办《火山》月刊，又与朱维基等办《绿》月刊，提倡唯美主义文学。1934年锡金与芳信相识，1938年锡金、朱维基办“上海诗歌座谈会”时芳信曾参与创办“诗歌书店”，印行《行列小丛书》并筹划各种事务。1941年太平洋战争爆发后，上海“孤岛”沦陷，锡金与芳信一同离开上海，后至宜兴周铁桥的求实中学教书。抗战结束，前芳信去了浙东四明山的新四军部，解放战争时在大连医学院教英文。解放后在北京人民文学出版社和戏剧出版社工作，1963年2月死于肝癌。主要译作：西班牙反法西斯内战歌谣集《……而西班牙歌唱了》、《奥斯特洛夫斯基戏剧全集》等。

① 行列社：1938年冬，蒋锡金从香港回到上海，和朱维基、芳信、沈孟先、石灵、辛劳等爱好诗歌创作的朋友组织了一个“上海诗歌座谈会”，因它后来出版过《行列小丛书》，所以又被称为行列社。社员人数不太固定，时多时少，约有20至30人。行列社每周都举行一次集会，朗诵各自创作的诗篇，并互相讨论、修改。因此大家都积累了不少自己创作的诗篇，希望发表。后来决定把各人积累起来的诗作加以精选，变成个人的小小专集，一本本地印刷、出版，统名为《行列小丛书》。由于大家热心工作，买纸、付印、校样、发行、收帐，都有人主动负责，所以很快就印行了好几种。芳信承担行列社的账务管理工作，他建议扩大社里的出版业务，得到大家的赞同。于是，决定创办诗歌书店。

行列社成员有流动性，不断有新成员经介绍后加入。有个时期由于人多不便于活动，另行建立了一个“竖琴社”，名称不同，但主要骨干和领导成员仍是行列社的同人。竖琴社成员后来有许多到解放区参加了新四军，不久就宣告解散。

为了办好诗歌书店，锡金制订了诗歌书店的出版计划，准备出版下列丛书：《诗歌创作丛书》、《诗歌翻译丛书》、《古典诗歌丛书》、《诗歌理论丛书》。计划通过后，由芳信筹划各种出版事务工作，卢芳的国民书店承担发行业务。

《诗歌创作丛书》原计划先印3种：白莽的《孩儿塔》、辛劳的《深冬集》、锡金的《黄昏星》。《孩儿塔》是锡金与许广平商议后，得到许广平的支持，由她特意去银行保险库中取出原稿，抄了一个副本交给锡金准备付印的。但由于1941年太平洋战争爆发，《孩儿塔》和《深冬集》都没有出版。《黄昏星》因篇幅少、成本较低，先印了出来。为了应付租界当局的审查，出版者署名为“泽上社”。《诗歌翻译丛书》也只出版了2本：朱维基译、英国W. H. 奥登的《在战时》和芳信译、西班牙反法西斯歌谣集《而西班牙歌唱了》。其他如朱维基译、拜伦的《唐·璜》、芳信译、拜伦的《恰尔特·哈洛尔特游草》、戴鸿麒译、德国刻纳的《诗集》、行列社同人合译的《摩罗诗选》等，都因太平洋战争爆发而没有出版。《古典诗歌丛书》原来拟印的锡金的《楚辞辩证》等和《诗歌理论丛书》几种，也都因战事而未能出版。不久，日军占领上海的租界，“孤岛”沦陷，朱维基被日军逮捕，锡金、芳信一起离开了上海，行列社也就在1941年12月终止了活动。

仍是每周定期开会，朗诵并议论各自的创作，经集体修改，在刊物上发表或向外界投稿。除了对诗歌创作的探讨，“行列社”还讨论国内外的重大时事和社会现象，许多成员还阅读了有关政治经济学的小册子，有时锡金等人也特别举行几次讨论会，解决政治学习中的一些疑难问题。

《行列》诗歌半月刊在上海渐渐发生影响，“行列社”的名字也渐为外人所知，因而要求加入的人也越来越多，后来甚至发展到百人左右。这些新成员多为教会学校的青年学生，所以锡金等人又把它分成“竖琴社”、“青春社”等。一些新成员很不理解，曾要求将其团体定名为“行列社分社”，但锡金没有同意，对他们解释说这样不好，因为现在的环境到底还是“孤岛”，这样改名后，不仅不利于活动，还会互相牵累。

后来“竖琴社”成立了，锡金曾被邀去作过一两次报告，解答关于诗歌创作方面的问题。这个团体虽然成员很多，但由于时间久远，流动性大，且有不少人去了江南抗日根据地，所以只有两个人给锡金留下了深刻的印象，一个叫张芾，一个叫钱大文；前者由于名字特殊，大家称他“张飞”，后者则是钱君匋的侄子，后来去了“江抗”，在那里牺牲了，《行列》上曾发表过他们的诗歌。

（五）《堡垒·诗座谈》副刊

范泉主编《中国近代文学大系》时与锡金先生的部分学术通信

当时上海有一个挂着洋商招牌的《中美日报》①。挂“洋商牌子”是“孤岛”革命报刊采取的策略，它利用与公共租界有特殊关系的外国人出面做发行人，每月给他一定的报酬，这样，既可以减少租界当局的阻力，又可以不受日伪的“新闻检查”。《中美日报》副刊《堡垒》的主编范泉②曾与锡金说，他与田间③、周而复④、马子华⑤等为同班同学。

---

① 《中美日报》：1938年11月1日在上海创刊。主持人有骆美中、张若谷等。以美商罗斯福公司名义发行。受国民党CC派系控制，宣传口径基本与重庆国民党政府同步，在抗日宣传中着重强调中央“法统”、“法制”。1941年12月8日太平洋战争爆发后停刊。1945年8月27日复刊，吴任沧任发行人。因经营不善而于1946年3月31日终刊。

② 范泉（1916—2000），中国现代文学史上著名的编辑家、出版家、翻译家、著作家，上海金山人，原名徐炜。1939年毕业于复旦大学新闻系，曾任上海《中美日报》副刊主编，上海永祥印书馆编辑部主任，复旦大学、新中国艺术学院讲师。抗战时期和40年代后期，他在上海主编《文艺春秋丛刊》和《文艺春秋》月刊，是世界上第一本《鲁迅传》（日本学者所著）的中文翻译者，并出版过散文集《绿的北国》和《文海硝烟》等。新中国成立后，范泉加入中国共产党，历任上海市总工会机关报编辑、新闻出版印刷学校分校副校长等职，在肃反运动和“反右”斗争中屡遭厄运，被错划为右派，发配到青海劳动改造。粉碎“四人帮”后，冤案得以平反，留青海师院中文系当教授，直至1986年冬才从青海调回上海，并任上海书店总编辑，主编《中国近代文学大系》。1993年，范泉主编并出版了《中国现代文学社团流派词典》一书，资料性很强，影响也很大。2000年1月逝世。中国三峡出版社2001年出版《范泉纪念集》，共收纪念和评论文章一百篇，书后还附有范泉先生的生平年表、著译编纂书目、著译文章目录和研究资料目录。

③ 田间（1916—1985），诗人。安徽无为人。原名童天鉴。上海光华大学肄业。1933年参加左联。曾任左联刊物《新诗歌》、《文学丛报》编辑。1938年加入中国共产党。同年随西北战地服务团到延安，倡导街头诗运动。后任晋察冀边区通讯社战地记者，晋察冀边区文化协会副主任，新群众杂志社社长兼主编，中共雁北地委宣传部部长、秘书长，张家口市委宣传部部长。新中国成立后，历任中华全国文学工作者协会创作部负责人，中央文学研究所秘书长，中国作协文学讲习所主任，河北省文联主席。著有诗集《中国农村的故事》、《给战斗者》，长诗《赶车传》，散文集《板门店纪事》。

④ 周而复（1914—2004），现当代作家。原名周祖式，笔名吴疑、荀寰等。原籍安徽旌德，生于南京。1933年考入上海光华大学英文系后创作诗和小说，合编《文学丛报》和《小说家》月刊。1938年大学毕业后在延安、重庆等地作文艺和编辑工作。1946年任新华社特派员赴华北、东北等地采访。同年去香港，主编《北方文丛》、编辑《小说》月刊。新中国成立后任上海市委统战部副部长、文化部副部长等职。他的创作成就是在小说方面，反映了中国不同时期的现实生活。长篇小说《白求恩大夫》以充沛的激情刻画了白求恩大夫崇高的形象，生动感人。代表作《上海的早晨》（4部）以改造民族工商业者为题材，塑造了各具个性的资本家形象，规模宏大，构思严谨，在国内外部有较大影响。他还著有小说集《春荒》、《高原短曲》、《山谷里的春天》，中篇小说《西流水的孩子们》，长篇小说《燕宿崖》，以抗日为题村的6部系列长篇《长城万里图》，散文报告集《诺尔曼·白求恩断片》、《晋察冀行》，诗集《夜行集》，散文集《歼灭》、《北望楼杂文》、《怀念集》，评论集《新的起点》、《文学的探索》等。

⑤ 马子华（1912—1996），白族，1931年加入“左联”。“左联”时期著有《路线》、《颠沛》等小说，《他的子民们》发表后受到茅盾的好评。新中国成立后先后在内蒙古农牧学院（现内蒙古农业大学）、云南大学中文系等地任教。

范泉通过“行列社”的社员转告锡金，希望“行列社”能在他主编的《堡垒》副刊上办一个每周一次的专刊。锡金把这情况与林淡秋领导的党小组谈了，组织方面也搞不清楚范泉的目的何在，但觉得可以试探试探。于是经由锡金、朱维基、芳信、石灵、沈孟先“行列社”五人核心小组商议，决定由朱维基和沈孟先二人负责出面和范泉接洽，提出了“行列社”办专刊的条件：

1.“行列社”成员不零碎交稿，要发就集体发一个整版，且要重新另立刊名。

2.在未经“行列社”成员允许的情况下，不得随意修改或增删稿件的内容。

3.不得用扩大篇幅的办法在专版内增发其他的稿件，或在稿件中间夹带广告。

谈判时朱维基等人甚至同范泉特别强调了这是“行列社”的风格，目的是不愿与一般的“报纸”立场相一致。虽然条件较为苛刻，但范泉认为还可以接受，但却也提了两个条件：

1.由“行列社”主办的副刊可以另立刊名，但为了他工作好交代的缘故，希望在新立的刊名上加上该报副刊原名《堡垒》的字样，字体小一点也可以。

2.一定要有锡金的稿件，并且希望其署真名（即“锡金”）一篇，以后用笔名不问。

“行列社”成员经过研究，觉得可行，就答应了。新副刊的报头由钱君匋设计，定名为《堡垒·诗座谈》，并刊发了社员的稿件。锡金写了一篇论文《论诗的分行》，讲的是写诗的一些技术性问题，主要目的在于试探。

《堡垒·诗座谈》周刊是由朱维基出面和范泉联系的，但实际上的主持人当然是锡金。出了3期后，范泉告诉朱维基说是不要再发稿了，重庆方面已经发来电报把他免职了，就是因为出《诗座谈》这事，他现在已因此失业[①]等。

因为这件事，锡金觉得范泉还算可靠，便答应与他在自己经常喝茶的新亚茶室见了一面，以后两个人就相识了，有了一些来往。新中国成立后，锡金曾听说范泉也被错划为“右派”，下放到青海劳动改造，平反后在青海师范学院任教授，20 世纪 80 年代中期回上海，任上海书店编辑，主持过《中国现代文学社团流派词典》[②] 和《中国近代文学大系》[③] 的编辑工作，此间二人曾有通信和往来，多探讨一些学术问题。

---

① 从 1940 年 2 月 14 日到 1941 年 2 月 14 日，我曾编过《中美日报》的副刊《堡垒》，共 147 期。《中美日报》是国民党 CC 系的报纸，挂着美商罗斯福出版公司的招牌，社址设在爱多亚路（今延安东路）长耕里东侧的大楼里。

……

《堡垒》是学艺性副刊，每周出版 3 期。

……

《堡垒》副刊曾发表过带有时代气息的学术论著。如锡金的《论诗的分行》、朱维基的《开展诗歌运动》、孔另境的《论方言剧与戏剧大众化及国语统一运动》、邹啸（赵景深）的《两年来的通俗文艺运动》、钱今昔的《“孤岛”文艺运动的策略》、过客（蒋星煜）的《艺术略论》、束胥（锡金）的《诗歌奋起战斗》等。介绍进步作家、推荐在“孤岛”出版或经销的进步文艺读物。前者如史叶的《热爱自由的普式庚》、钱今昔的《阿志巴绥夫论》、朱维基的《波兰大诗人及自由的战士密基维支》。后者如《文艺新潮》、端木蕻良的《新都花絮》、李何林的《近二十年中国文艺思潮论》、曹靖华、尚佩秋编译的苏联短篇小说集《死敌》等。

……

到了 1941 年 2 月中旬，由于《堡垒》编刊了“诗座谈”专辑多次，发表了锡金、朱维基等的文章，受到报社内部国民党反动派的攻击（后来才知道，主要的原因是“共党嫌疑”），而终于从 2 月 16 日起停止了我的编务，由钱佛公接编。

———范泉：《回忆“孤岛”时期的文艺战友们》；引自《上海“孤岛”文学回忆录（下）》，第 269 页、270 页、272 页。上海社会科学院文学研究所编；中国社会科学出版社 1985 年 9 月 1 版。

② 《中国现代文学社团流派词典》：范泉主编，上海书店出版，1993 年 6 月第 1 版。

③ 《中国近代文学大系》：1981—1985 年间由上海书店出版。过去，古代文学的研究范围划到鸦片战争为止，而现代文学史的著作又都从五四运动时期开始，惟独近代 80 年间文艺思潮的演进成为长期的空白。《中国近代文学大系》的出版，为中国近代文学爱好者和研究工作者整理、编选了极其丰富的近代文学作品，填补了这一研究领域的空白。《大系》总编委由王元化、范泉等 25 人组成，由吴组缃、季镇淮、陈则光合作撰写《总序》，由徐中玉、钟敬文、施蛰存、钱仲联等 17 人分任各卷主编，撰写《导言》。全书分 12 分集，共 30 卷，约 2000 万字。

（六）《文艺新闻》周刊

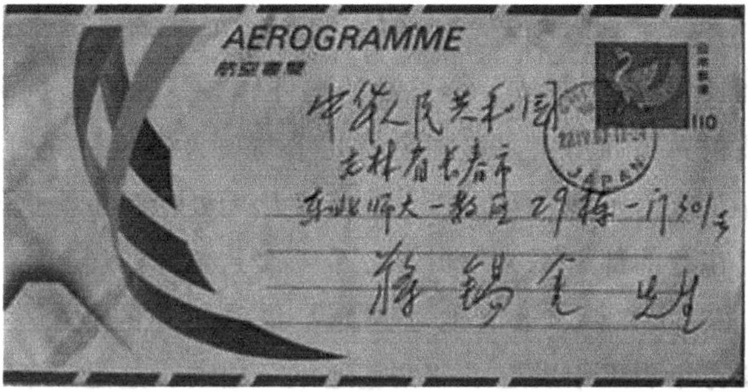

日本国寄给锡金的学术信件

1937年冬，上海沦为“孤岛”后，表面上的英法“租界”似乎是个“太平世界”，其实它并不太平。在这块狭小的地盘上，帝国主义分子及其鹰犬同国民党反动派、日寇汉奸紧紧地勾结在一起，共同压榨着中国人民。当时的上海“租界”，一方面是多数人挣扎于饥饿死亡线上，而另一方面，极少数官僚政客、资本家以及从其他沦陷区带着田契、金银珠宝逃亡出来的地主等阔人却终日过着荒淫无耻的生活，这也正是整个半封建半殖民地旧中国社会的一个缩影。在“孤岛”文艺界，一方面，一部分留沪的进步文艺工作者及其他爱国人士在党的地下组织的领导和影响下，英勇地同敌、伪、顽反动势力展开斗争，揭露批判各种损害团结抗日的不良倾向与小市民的种种痼疾，为抗日战斗和民主革命事业作出了贡献；另一方面，消极颓废、为敌人张目的反动刊物也时而冒头，成为一股干扰破坏抗战的逆流。当时，正义与邪恶、光明与黑暗、前进与倒退的斗争，是非常尖锐复杂的。在那艰苦的环境里，不少报刊为了掩人耳目，使用外商招牌出版发行，以争取生存；许多刊物因宣传抗日爱国而横遭扼杀，动辄被“租界”工部局以莫须有的罪名吊销登记许可证，往往只出数期就被勒令停刊。随着岁月的推移，环境一天天恶劣。1939年夏季后，进步文艺刊物渐少，出书也很困难。有些书店怕招事惹非，只售国学常识、作文指南之类的书籍，甚至玻璃柜台里只陈列一些文具用品。

在“孤岛”的政治和文化空气日益窒息的情况下，《行列》也没能逃脱厄运。大约出到六期之后，经销刊物的国民书店先是接到了署名“铁血扫共团”的附有两粒手枪子弹的恐吓信，后来《行列》半月刊的登记证又被租界当局吊销，这刊物便几乎与《鲁迅风》同时停刊。“孤岛”文艺界又成为了一个空白点，进步文化无处活动了。这时的“文艺中心小组”在党的部署下又编辑了一个《文艺新闻》周刊。

早在1938年春天，上海地下党为了培养年轻的业余文艺爱好者，就在学生和青年职工中发起了“文艺通讯”运动。这是一个群众性的文艺写作运动，团结了数以千计的文艺青年，提高了文艺青年的写作修养和战斗意识。“文艺通讯”运动发动起来以后，上海地下党“文委”为了进一步推动这一群众性文艺活动的开展，决定由《华美》周刊倡议，举行一次全市性的征文，以纪念“八一三”抗战一周年，征文形式仿效茅盾主编的《中国一日》，定名为《上海一日》，由梅益担任主编，戴平万、林淡秋、钱望任编委。稿件内容分为四部分：第一部分《在火线上》，描写前线动态及其他军事活动，共八辑，22万字；第二部《苦难》，描写死里逃生、流离失所、饥寒交迫的难民生活，共五辑，20万字；第三部《在火山上》，描写战时战后各种各样的社会活动，共九辑，30万字；第四部《漩涡里》，是各阶层人们在动乱一年中私生活的写照，共十辑，23万字。

《上海一日》于1938年12月出版，全书100万字。这部书的出版给后人留下了一部描述1937年8月到1938年8月上海军民战斗和生活的画卷，同时也大大地促进了“文艺通讯”运动的发展。当时的情况是，一方面，文艺通讯运动在青年学生中蓬勃展开，另一方面，由于进步文艺报刊纷纷停刊，参与文艺通讯运动的文艺青年稿件又没有园地发表。针对上述情况，经地下党委研究决定，由锡金、戴平万、黄峰（邱韵铎）三人创办一个偏于报道性质的文艺刊物——《文艺新闻》。

为了不引起租界当局的注意，经再三考虑才决定由锡金化名“蒋策”到租界工部局登记。原因是锡金初到上海不久，且当时其党员的身份还没有公开，这不仅便于掩人耳目，更方便党组织对刊物的直接领导。手续办妥后，锡金、戴平万、黄峰三人便定期集中在黄峰家里编辑刊物。《文艺新闻》主要是报道文艺界的消息，作家、艺术家的动态，反映抗战时期的现实生活，特别是“孤岛”错综复杂的社会状况。

《文艺新闻》于1939年10月1日创刊，每周1期，一共出了10期。出版第4期后，锡金被调去筹备《文艺新潮》，刊物便由戴平万、黄峰两个人编辑。戴平万曾用“君博”的笔名先后在《文艺新闻》上发表了《买国旗》、《说苦衷》、《关于“为了生活”》、《辨真伪》等随笔和文艺短论，还用“岳昭”的笔名参加了《文艺新闻》组织的关于影片《高尔基的童年》的笔谈会，发表《欢迎〈高尔基童年〉》一文。

《文艺新闻》上发表的文章大多短小精悍，说理透辟，都是联系实际、针砭时弊的，旨在帮助“孤岛”人民识别什么是真善美，什么是假恶丑，引导人们为正义的事业而斗争，为民族解放而战斗。《文艺新闻》作为“孤岛”地下党在文艺界的喉舌，它不但是当时的一面镜子，同时也给生活在“孤岛”的人们传达内地和根据地的文艺消息和动态，给今天的研究者留下了许多宝贵的历史资料。大约在1939年12月中旬，《文艺新闻》周刊由于揭发了穆时英[①]投降汪伪政权的事实，不久就遭到查禁，白色恐怖再次笼罩上海文化界。

---

① 穆时英（1912—1940），现代小说家。笔名伐扬、匿名子。浙江慈溪人。光华大学中国文学系毕业。1929年开始小说创作。描写光怪陆离的都市生活，技巧上着意学习和运用日本新感觉派横光利一等人的现代派手法，还尝试过写作弗罗伊德式的心理小说，与刘呐鸥、施蛰存等形成中国文坛上的新感觉派。出版小说集《白金的女体塑像》、《圣处女的感情》、《夜总会里的五个人》、《上海的狐步舞》。1933年前后参加国民党图书杂志审查委员会，后参加编辑《文艺画报》。抗日战争爆发后赴香港。1939年回沪，主办汪精卫伪政权的《中华日报》副刊《文艺周刊》和《华风》，并主编《国民新闻》，后被国民党特工人员暗杀。

（七）“江抗”斗争的素写——《江南漫记》

近年锡金查找并抄录新中国成立前发表的《江南漫记》片段

汪伪政权从租界工部登记处查到《文艺新闻》的主编人为“蒋策”，于是开始展开调查，这使锡金在上海的文艺工作很难展开，所以党组织决定派锡金去常熟游击区，把抗日游击队与敌伪斗争的情况写成通讯，反映给上海人民，以鼓舞斗志，消除上海令人窒息的郁闷氛围。

1940 年 8 月，锡金离开上海，于 9 月初到达常熟，进入“江抗”(江南抗日义勇军的简称，实际上是新四军的三五支队，与常熟当地的民抗——人民抗日义勇军 汇合而成）根据地，任江南社（新华社）记者，由曹白①、吴保康正副社长领导。

当时，锡金为了深入生活，写出真实的通讯报道，经常出没于白茆江两岸和沙家浜，有时在温玉成②、贺克希的部队中，有时在新成立的

① 曹白（1901—?），木刻家，原名刘平若，江苏江阴人。活跃于 20 世纪 30 年代。1933 年在杭州国立艺术专门学校肄业。1935 年至 1936 年 4 月间曾与鲁迅通信。鲁迅曾据他提供的材料写成《写于深夜里》，又有《题曹白所刻像》一文，均收入《鲁迅全集》。1946 年任苏南江南社社长，后长期当谭震林的秘书，上海解放后因病长期休养。

② 温玉成（1915—1989），江西兴国县人。1930 年参加工农红军，1932 年加入中国共产党。土地革命战争时期，任中央红军独立十二团总支书记，并参加了中共苏区历次反围剿斗争和举世闻名的二万五千里长征。抗日战争时期，温玉成被派到新四军工作，担任过新四军三支队组织科长，6 师 18 旅政委，后兼旅长，开辟了澄锡虞地区及江高宝地区的敌后抗日根据地，名闻遐迩的京剧《沙家浜》便是以其 18 旅为原型而创作改编的。解放战争期间任东北民主联军独立二师师长，参加辽沈战役。抗美援朝时期，任 40 军军长率队首批入朝参战。1955 年被授予中将军衔。“文革”期间惨遭迫害，1983 年平反，1989 年逝世。

苏州县政府（实际上是在常熟地区），或在东塘市、横泾、吴家市、白茆等地流动，还曾经随侦察班进过敌据点支塘。但大多数时间，锡金则在社内写通讯《江南漫记》。这是锡金仿美国著名记录埃德加·斯诺《西行漫记》的名字而起的，写成约8万字，未最后完稿，后来交组织带到上海发表的途中遗失了。

由于游击生活缺少规律，居无定所，食无定时，加之多宿于野外，潮湿阴冷，致使锡金得了痔疮。开始锡金并没在意，但后来痔疮时好时坏，使他寝食难安。1940年11月初，锡金再次因痔瘘发作病倒了。当时肛门处的脓肿如胡桃大小，不能破头，下肢每动一下，就疼痛钻心，不能行军。后来又发烧，恶心，无法工作。

鉴于根据地的医疗条件有限，缺医少药，所以组织上就安排锡金于11月11日通过长江下游南岸常熟县的浒浦敌据点回到了上海。锡金的痔疮在上海虽经过医生割治但却并未封口，天天流着脓血，一封口就疼痛难忍，这也是为什么锡金后来推迟到解放区的原因之一。

（八） 后期“行列社”的活动
——《上海诗歌丛刊》和“诗歌朗诵会”

穆木天之女穆立立赠送并签名的《穆木天文学评论选集》

锡金回到上海后，组织上把他与钟望阳[①]、林钰（唐景阳）编为一个党小组，每周在钟望阳家里开会。次年春，锡金又按组织安排与蒋天佐编在一个小组，经常在锡金为了写稿而另租的静安别墅家中开会。蒋天佐离开上海去苏北根据地后，锡金又被编在林淡秋领导的党小组内，与钟望阳等人一起活动。

当时上海的革命文化工作处于时起时伏的状态，变化频繁。文艺工作一时建立起来了，一时又被敌人摧毁了，文艺界被敌伪的低气压所笼罩，国民党的“汉奸文学”及小市民的“光明文学”与“颓废文学”泛滥一时。锡金除了为《文艺阵地》写稿外，还为《上海周报》撰稿。

《上海周报》是1939年11月由中共地下党创办的，请英商担任编辑和发行人，实际负责人是张宗麟，吴景崧担任总编辑。设有社论、一周简评、国际时事论著、国内问题论著、宪政问题讨论、日本与苏联、外论译丛、经济、学术思想、教育、华侨、科学研究等栏目。主要研究抗战的形势与任务；探讨政治、经济、教育等方面的问题；评析英、美、苏、日等国的对华政策。编者在发刊词《我们的立场》中表明了办刊宗旨：“中国人士应本自力抗战的决心……努力奋斗，最后胜利可操左券。”该刊是综合性刊物，除了发表时事、政治、经济、军事、教育等方面的文章，还刊有不少文艺方面的文章，如纪念鲁迅和郭沫若的文章，巴人的《四年来上海的文艺》述评文章，反映抗战前线和敌后游击区和孤岛的斗争生活的作品，还有杂文、书评、影评、剧评等。1941年9月出至第4卷第24期停刊，共出102期（其中第1—3卷每卷为26期）。锡金以“霍亭”为笔名，先后在该报发表《没有能力的人》、《难于解决的事》、《乖得很的唐炳金》、《恋爱的插曲》、《苏民的死》等五篇文章。

此外，锡金还继续参加了“行列社”的活动。在锡金去“江抗”的

---

① 钟望阳（1910—1984），儿童文学家。上海市人。笔名苏苏。1933年在上海参与组织海燕文艺社。1937年加入中国共产党。曾任上海沪东区职业界救亡协会总指挥、《淮南日报》通联部负责人。后在中共中央华中分局、华东分局工作。新中国成立后，历任上海市文化局副局长、上海音乐学院党委书记兼副院长、《上海文学》副主编、上海市文联党组书记、中国文联第四届委员、中国作协第三届理事。著有长篇童话《新木偶奇遇记》。

这段时间，虽然《行列》半月刊被迫停刊，但“行列社”的活动还是继续的，开会地点仍在朱维基家。此时的上海“孤岛”出版条件更加困难，锡金等人看到《行列》半月刊难以重新出版，但并没有灰心，“吃一堑，长一智”，大家在对敌斗争中增长了经验，于是就用“游击战”的方式，改出不定期的“丛刊”。因为出版丛刊只需到租界工部局申请一次，以后便可一劳永逸地出版多种丛书。丛刊是以单行本方式发行的，一本一个书名，所以敌人不好捉摸，而熟悉的读者是会识别和找到的。丛刊虽然每辑都换一个名字，但有一个总名为《上海诗歌丛刊》。由于年代久远，加之实物遗失，所以锡金记不清每一辑丛刊的名字，只记得这丛刊一共出了五辑，第二辑《宣言》，第五辑《收成》。后来随着社员们文艺兴趣的扩展，锡金等人又把他们写的或翻译的诗歌以外的作品汇集起来，出版了《上海文艺丛刊》和《述林丛刊》①。前者只出了一辑，名字叫《群鸟》，后者出了两辑，其中一辑名字叫《春雷》。

此期间“行列社”还搞了一次诗歌朗诵的活动。这是通过关系借当时上海四大百货公司之一“新新公司”的“玻璃电台”举行的。玻璃电台是设在新新公司四楼大餐厅内的一个电台，三面用大玻璃隔起来，广播者站在玻璃室内广播，外面的人可以看到广播者的面目，但声音却是和广播室隔绝的。这原本是餐厅用来吸引顾客的一种设置。“行列社”成员虽然花了很多时间来准备这次朗诵会，但因为对这个电台的性质一时还弄不清，为了避免风险，锡金决定不用“行列社”的主要成员出头露面，而选取了一些后期参加“行列社”的教会学校的青年学生加以训练，并请了电影明星蓝兰及话剧演员陈致通②等人参加朗诵。

---

① 《述林丛刊》：1941年6月创刊，同年7月停刊，共出版2辑。上海述林社编辑出版。刊有诗歌、散文、论文，如莫洛的《晨》（诗），邹荻帆的《春雷》（诗），锡金的《诗说教》（论文）等。发表的译作更多。

② 陈致通（1920— ），演员。艺名陈述。上海市人。1939年业余参加上海基督教青年会少年剧团、中青剧团和邮务工会的雁声剧团，演出话剧《放下你的鞭子》、《大雷雨》等。1942年起相继参加未名剧团、中国旅行剧团、国华剧社等职业剧团，任兼职演员。先后参加演出《雷雨》、《日出》、《茶花女》、《少奶奶的扇子》、《袁世凯》等30余个剧目。抗战胜利后在邮务工会话剧组和上海剧艺社演出《升官图》、《雾重庆》等。1951年起相继加入大同影业公司、上海电影制片厂任演员。曾在《渡江侦察记》、《铁道游击队》、《海魂》、《林家铺子》、《聂耳》、《飞刀华》、《难忘的战斗》等30余部影片中塑造不同类型的反派角色。

那天锡金等人虽未公开出面，但却在餐厅的一个餐桌上装作吃饭的样子，看着节目一个个地进行，并观看它们的效果。等节目一结束，锡金等人怕引起别人的注意，也就各自走开了。直到太平洋战争爆发后，朱维基被捕，被关在一个日本宪兵队，才从一个同他关押在一起的国民党特务口中知道事情的真相：那次诗歌朗诵会，那个特务也在场，目的是拍取锡金等人的照片，而且据他所说那次拍照的成绩很好。据此说来，当时没有弄清情况就举行诗歌朗诵会的活动是有些冒险的，幸而大家都比较小心，因此才没有出事。

（九）“诗歌书店”和《诗歌丛书》

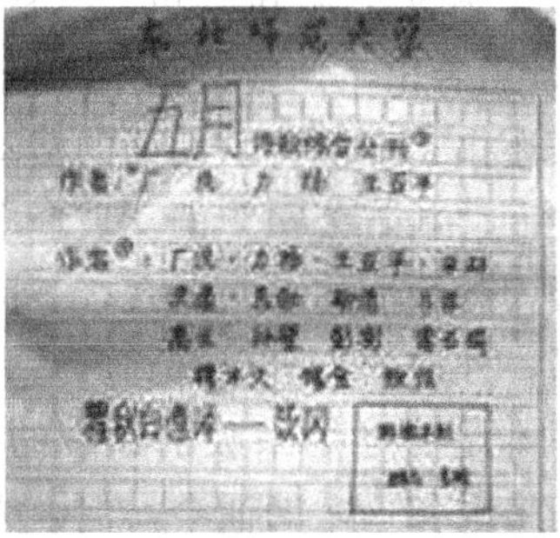

锡金晚年凭记忆绘制的《诗歌综合丛刊·五月》封面

鉴于大多数青年诗歌爱好者缺乏系统的诗歌修养，因此进行新诗创作时，往往把诗歌写成分行的散文。针对这一状况，“行列社”决定编译一些诗歌读物，这样既可以提高青年文学爱好者的诗歌修养，同时又可以对抗一下当时泛滥的“颓废文学”潮流。经过朱维基、沈孟先、石灵、辛劳和锡金几个人共同商议，决定由“行列社”办一个“诗歌书店”陆续出版这些读物。

为此，锡金等人曾订立了一个很庞大的“诗歌计划”——准备从四个方面入手：1. 诗歌创作丛书。2. 诗歌翻译丛书。3. 诗歌古典丛书。4. 诗歌理论丛书。芳信也积极参与了此项活动，书稿由卢芳的国民书店承担发行业务，其出版计划及出版现状诚意列如下：

1. 诗歌创作丛书：《诗歌创作丛书》当时计划要出版的有三种，按出版计划的先后顺序依次为：

（1）白莽[①]的《孩儿塔》。为了提高青年诗歌爱好者的艺术水平，更主要的是提高他们的创作情感，培养为革命文艺献身的精神，向他们介绍"左联"五烈士之一白莽的诗歌就显得相当重要。后来锡金把出书的计划告诉了鲁迅夫人许广平[②]，并得到了她的支持。白莽诗集的遗稿原是与鲁迅的遗稿一起存放在许先生租用的英商麦加利银行的保险柜里的，是她亲自找出来，拿给锡金抄了一个副本，准备交付印刷的。

（2）辛劳的《深冬集》。这是辛劳从自己近十年的诗歌创作中精选出的诗歌编成的集子，很有分量，书稿也比较厚重。

（3）锡金的诗歌选集《黄昏星》。这本集子后来最先印出来了，因为它的篇幅较小，成本较低，因而大家主张先印它。

这套《诗歌创作丛书》封面是由锡金设计的，钱君匋题的字，但只出了一本，便遭遇了1941年12月8日的太平洋战争，其他两册未能付印，原稿交由朱维基用油布包了，埋进他岳父家在星加坡路（今余姚

---

① 白莽（1909—1931），诗人。原名徐祖华，笔名白莽、殷夫、洛夫。浙江象山人。1924年开始创作诗歌。1927年到上海，入浦东中学读书。同年9月因参加革命活动被捕，三个月后获释入同济大学读书。1928年开始给《太阳月刊》写稿，不久加入太阳社。1929年参与团中共机关刊物《列宁青年》的编辑工作。不久，加入中国共产党。同年9月因从事革命活动第二次被捕。获释后仍在青年中做革命宣传工作。早期诗作略带苦闷、感伤色彩；后期诗作被称为红色鼓动诗，洋溢着革命理想主义和革命乐观主义的豪情壮志。1930年3月参加"左联"，1931年1月被国民党政府逮捕，同年2月7日牺牲。他的诗集有《孩儿塔》、《伏尔加的黑浪》、《一百零七个》，另有不少译作。有《殷夫诗文选集》、《殷夫选集》。白莽生前将自己1924—1929年的诗作65篇编为《孩儿塔》一书，未及出版就牺牲了。鲁迅为之写了《序言》，给与高度评价。1941年锡金、芳信等"行列社"成员在沦陷的上海创办了"诗歌书店"，计划出版诗集《孩儿塔》，后因太平洋战争爆发而告吹。

② 许广平（1898—1968），广东番禺人。笔名景宋。鲁迅夫人。五四运动时，在天津直隶省立第一女子师范学校学习。是天津女界爱国同志会会刊《醒世周刊》的编者之一。1926年毕业于北京女子师范大学，后协助鲁迅工作。抗日战争时期，在上海参加抗日救国运动。抗战胜利后，曾任《民主》周刊、文汇报《妇友》副刊编辑，上海妇女联谊会主席。1945年12月与马叙伦等共同发起成立中国民主促进会，任常务理事。次年被推选为上海人民团体联合会常务理事。1948年底经香港转到东北解放区。1949年出席中国人民政治协商会议第一届全体会议。新中国成立后，历任政务院副秘书长，全国妇联第一至三届副主席，中国文联副主席，民进第三届中央常务理事兼秘书长和第四、五届中央副主席。1960年加入中国共产党。在保存、整理、出版鲁迅的著述中作出了重要贡献。著有《欣慰的纪念》、《鲁迅回忆录》等。

路）松盛米店后宅的菜园里。不久朱维基被捕，这些原稿也就下落不明了。

2. 诗歌翻译丛书：《诗歌翻译丛书》出了两本。一本是由朱维基译的英国W. H. 奥登[①]的《在战时》；另一本是由芳信翻译的西班牙反法西斯内战歌谣集《而西班牙歌唱了》。这两本外国诗歌原稿都是锡金从叶君健处借阅，交给二人翻译的。这套翻译丛书原定还有锡金等许多人共同翻译的，参照鲁迅《摩罗诗力说》中提到摩罗诗人的诗歌选集《摩罗诗选》，朱维基译拜伦的《唐·璜》及锡金打算翻译的《耶利米哀歌集》[②]，但都因太平洋战争的爆发而告吹。

3. 诗歌古典丛书：《诗歌古典丛书》原来拟印的是锡金的《楚辞辩证》和朱维基已经翻译完的但丁《神曲》的《炼狱篇》和《天堂篇》。

4. 诗歌理论丛书：当时已经译成的有连载于《文艺新潮》由朱维基翻译的英国C. 鲁威士著《一个对于诗的希望》等。

虽然太平洋战争的猝然爆发使这一宏大的《诗歌丛书》计划没能完成，但对锡金及行列社成员以后的文学活动都产生了巨大的影响。

① W. H. 奥登（1907—1973），英国诗人。出生于约克郡一个笃信英国国教的名医家庭。1922年开始写诗，1925年入牛津大学攻读文学，同时从事诗歌创作。大学毕业后赴德国学习德国语言和文学，1930年回国后当过5年中学教师。30年时因思想进步，成为英国左翼青年作家领袖。1937年曾赴马德里支援西班牙人民的反法西斯斗争，给政府军当过担架员和救护车驾驶员。1938年和英国小说家衣修午德一起来中国采访。1939年又和衣修午德一同前往美国定居，1940年以后皈依基督教，1946年加入美国籍。他在许多美国大学教过书，后一度被选为牛津大学诗学教授（1956—1960）。晚年常在纽约和奥地利乡居。1973年9月28日患急病死于维也纳，所居乡村即以他的名字命名。1937年发表长诗《西班牙》，声援西班牙人民的反法西斯斗争。1938年访问中国以后，与衣修午德合写了《战地行》（1939），其中的一组十四行诗《战争时期》（1939）是奥登所写，对中国的抗战表示同情与支持。奥登晚年整理并修订了自己的诗作，按时间次序编排，分两册出版《短诗结集1927—1957》（1966）与《长诗结集》（1968）。奥登是一个多才多艺的诗人，诗体更是多种多样，被认为是继叶芝和艾略特之后英国最重要的诗人，1953年获得博林根诗歌奖，1956年获得全国图书奖，1967年获得英国文学勋章。

② 《耶利米哀歌集》：五首，哀悼耶路撒冷在公元前五八六年陷落、焚毁和人民被掳的诗作。书中虽然有很多悲伤的词句，为锡安的受苦和耻辱哀叹，但仍然表示对上帝的爱和权能有绝对的信赖以及对前途充满希望。犹太人每年记念公元前五八六年的国难，在禁食、哀悼举行礼拜时，常用这些哀歌。

（十）“无名集会”与“孤岛”文化界

锡金为吉林大学刘柏青教授学术著作

《鲁迅与日本文学》所作的序言及书影

“孤岛”时期，锡金除了恢复并发展“上海诗歌座谈会”、编印《上海文艺丛刊》和《述林丛刊》等刊物，还参加了戴平万领导的，由黄峰、林淡秋①、蒋天佐、楼适夷、石灵、钟望阳、王元化②、

---

① 林淡秋（1906—1981），小说家、翻译家，苏中解放区著名报刊主编。浙江宁海人。1929年开始文学活动。1933年入“社会科学者联盟”，1935年加入“左联”并任常委。1936年加入中国共产党。此后曾参与编辑《改造》、《新东方》等文艺刊物。抗日战争初期，在上海从事翻译工作。上海沦陷后进入苏中解放区，先后主编《苏中报》、《滨海报》和《抗敌报》。抗战胜利后到上海，主编《时代日报》要闻版。1949年后历任上海《解放日报》编委、《人民日报》副总编辑等职。著有短篇小说集《黑暗与光明》、《雪》，杂文散文集《交响》，译作有潘菲洛夫的《布罗斯基》、卡达耶夫的《时间呀，前进》等。新中国成立后历任《人民日报》副总编兼文艺部主任、杭州大学副校长等职。著有《林淡秋选集》。

② 王元化（1920—），文学评论家。湖北江陵人，笔名方典。大夏大学肄业，30年代开始写作。1936年参加中华民族解放先锋队。1938年加入中国共产党。1941年至1945年在上海从事党的秘密工作，曾任中共上海地下文委委员、代书记，主编《奔流》文艺丛刊。抗战胜利后，曾任国立北平铁道管理学院讲师，50年代初曾任震旦大学、复旦大学兼职教授，上海新文艺出版社总编辑，上海文委文学处处长，1955年受到胡风案牵连，1981年平反昭雪。曾任国务院学位委员会第一、二届学科评议组成员，上海市委宣传部部长。现为华东师范大学教授、博士生导师，杭州大学名誉教授，中国作家协会顾问，中国《文心雕龙》学会名誉会长，中国文艺理论学会名誉会长。著有论文集《向着真实》、《文学沉思录》，《文心雕龙创作论》。

满涛[1]等组成的“无名集会”。

这集会每周在满涛家中举行，内容除了交换些情况，讨论些问题之外，也举行一些研究与学习。比如那时研究过巴尔扎克的著作，也讨论过张恨水[2]的小说以及谷斯范[3]的《新水浒》等。

为了开辟工作，戴平万、林淡秋等人还于1940年编辑了《戏剧与文学》月刊，由国民书店出版。该刊由于伶（1907— ）（原名任禹成，笔名还有尤竞等，戏剧家）、满涛（1916—1978）（原名张万杰，翻译家）主持编辑。刊物以较多的篇幅研究上海“孤岛”的文化工作。创刊

---

① 满涛（1916—1978），文学翻译家，原名张逸侯。祖籍江苏吴县人。1935年入复旦大学就读，未毕业即东渡日本，进专修大学学习日语，同时在俄语讲习会学俄语，1936年到美国，在印第安纳大学、利诺大学读化学。1938年初，到法国学法文。同年回国，定居上海。1944年起，先后参与编辑《戏剧与文学》月刊、《翻译》、《奔流文艺丛刊》月刊、《奔流新辑》、《文坛》等期刊。上海解放后，在时代出版社、上海编译所、上海译文出版社工作。当选为作协上海分会理事、上海市政协委员。“文化大革命”中受到迫害，后得到平反昭雪。1978年11月18日在上海逝世。主要译作有契诃夫的《樱桃园》、《别林斯基选集》、《果戈理短篇小说集》等。

② 张恨水（1895—1967），现代作家。原名张心远，笔名愁花恨水生、恨水。祖籍安徽潜山，生于江西广信。从小喜读中外文学作品。少年时代主要在江西读私塾。16岁回潜山自学。后考入蒙藏垦殖学校，因学校解散而返乡。1918年任芜湖《皖江日报》编辑，开始写作生涯。1919年发表第一篇小说《南国相思谱》。同年赴北京，任《益报》校对、上海《申报》驻京办事处编辑、北京世界通讯社编辑。1924年主编《世界晚报》副刊《夜光》，此后创作了大量社会言情小说。1935年举家迁至上海，编辑《立报》副刊《花果山》。次年往南京与张友鸾创办《南京人报》，编辑副刊《南华经》。抗日战争爆发后到重庆，任《新民报》主笔，并主编副刊，被推选为中华全国文艺界抗敌协会理事，写了许多小说和诗文。1946年任北平《新民报》总经理，编辑副刊《北海》。1948年辞去《新民报》职务，结束了40年的新闻生涯。1949年初发表他的回忆自己生活和创作的《写作生涯回忆》。此后任文化部顾问、中央文史馆馆员、中国作家协会理事。所写长篇小说《秋江》、《孔雀东南飞》、《凤求凰》等发表于香港、上海等地的报刊上。

③ 谷斯范（1916—1999），浙江省上虞市人。1928年进白马湖春晖中学受教于夏丏尊、朱自清等著名作家而爱好文学。1936年在上海读书时，发表以“一二·九”为背景的报告文学《断了轨道的列车》以及短篇小说《不宁静的城》。抗战初期，在上海《每日译报》工作并在该报副刊连载长篇小说《新水浒》，试图用通俗的章回体，写浙西一支“游击队”的改造过程，受到文坛的注意。1938年11月起在桂林参加胡愈之、范长江主持的“国新社”，曾任采访部副主任。著有报告文学集《上海风物画》，长篇历史小说《桃花扇底送南朝》（后改名《新桃花扇》），短篇小说集《风雨故人》等。新中国成立后，在上海《新闻日报》编副刊。1951年赴朝任战地记者。1953年3月调华东文联任专业作家，1959年1月调浙江省文联任专业作家，享受国家特殊津贴。1980年当选为浙江省作协副主席，中国作协第四届理事，第五届名誉委员。主要作品有长篇小说《太湖游击队》（原名《新水浒》），长篇历史小说《新桃花扇》及短篇小说集《晚间来客》、《噩梦》、《不宁静的夜》和中篇历史小说《雨霖铃》等。

号上戴平万曾以“岳昭”为笔名在该刊第一卷第一期上发表长篇文章《一年来的上海文艺界》，回顾了“孤岛”一年来的文艺运动，并作出了正确的评论，是一篇有历史意义的著文。于伶、戴平万、锡金等撰文，分别总结剧运、文学创作、翻译等方面的情况。锡金《一年来的诗歌回顾》总结了上海“孤岛”一年来的诗歌运动。蒋天佐等人针对“孤岛”文化界出现的各种倾向，也发表了多篇文章，提出了看法和批评。所刊剧本，较多的是译自苏联，还发表了李健吾，沙沙等人的小说和芳信、朱维基等人的诗歌。后因戴平万1940年11月去了苏北解放区①，加之环境的不断恶化，该刊于同年被迫终刊，只出版4期。作者还有叶尼、张骏祥、赵景深、石灵等。由于办刊时间短，尚未产生更大的影响。

为了繁荣“孤岛”文艺界蒋天佐、楼适夷和锡金等人还筹办了《奔流文艺丛刊》。出完第2期后，蒋天佐在组织安排下离开上海去苏北根据地任鲁迅艺术学院教授，从事教学、编辑和部队宣传工作，时间大约是1941年。《奔流文艺丛刊》也就由楼适夷和锡金、石灵等人接办下去。

当时有一个新的情况，就是忽然出现许多新的文艺刊物，这些刊物的背景不是很清楚，如王元化曾介绍过一个刊物《文林》，要大家给它写稿，但出了几期后，发现其背景是国民党办的，于是大家就不写了；

---

① 1937年11月上海沦为“孤岛”，戴平万作为地下党文委成员留守“孤岛”，领导文艺运动……1940年11月，为了工作的需要，党派戴平万到苏北根据地去，由根据地的同志来接，经崇明岛出长江由水路到达根据地，先在盐城鲁迅艺术学院华中分院文学系任教，后到苏中区党委宣传部主编《抗敌报》。临行前，他把自己的短篇小说集《苦菜》交上海光明书局。这本集子共收《苦菜》、《病》、《在风雪中》、《哈尔滨的一夜》、《过江》、《佩佩》六篇作品，于1942年出版，为《光明文艺丛书》之一。戴平万在“孤岛”出的这个短篇小说集，也是他最后的一个短篇小说集。

——饶芃子《戴平万在上海“孤岛”的文艺活动》；引自《上海“孤岛”文学回忆录（下）》。上海社会科学院文学研究所编；中国社会科学出版社1985年1版，第233页。

又有一些方形的刊物如《万象》[①]、《春秋》[②] 等，里面的内容多刊载一些“鸳鸯蝴蝶派”和旧式文人的作品，但销路却很好，出的稿费也较

① 《万象》：1941年7月创刊于上海“孤岛”，是一种综合性、趣味性的刊物。刊物发行人为平襟亚。1941年6月，陈蝶衣应邀，参与创办《万象》杂志，并担任主编。由于平、陈二人均与鸳鸯蝴蝶派关系密切，故在陈蝶衣担任主编期间，程小青、范烟桥、周瘦鹃、顾明道、张恨水、包天笑等“鸳蝴派”文人的作品频繁出现于其中，但新文艺的许多作家，如赵景深、周贻白、钱今昔、李健吾等人的作品也经常在上面发表。从体裁上看，《万象》包括新闻通讯、小说、戏剧、电影、学术论文、随笔、小品文、杂文、游记、诗歌、词等，从内容上看，有人物传记、军事、地理、绘画、文艺等。应该说，《万象》真正实现了“包罗万象”之目的。1943年4月，陈蝶衣因与平襟亚发生矛盾辞去了主编职务。1943年7月柯灵继陈蝶衣之后接任《万象》主编，刊物的面貌有了很大改变。在保留“科学性”的基础上（译文依旧是内容之一），增强了战斗性。小说的数量有所减少，不再以专栏的形式出现。杂文、散文逐渐成为《万象》的主要内容。很多新文艺的名将都加盟其中，如鸿蒙（王统照）、白季仲（楼适夷）、康了斋（师陀）、晦庵（唐弢）、刘西渭（李健吾）等。此外，又陆续开设了“竹报平安”、“展痕处处”等栏目，让读者在这些栏目中及时了解大后方和沦陷区的情况。但战斗性的增强并没有以牺牲刊物的艺术性和可读性为代价。上海全部沦陷后，“孤岛”戏剧运动极盛一时，为了推动戏剧艺术的研究，柯灵于1943年10月推出了《万象》10月戏剧专号，对戏剧艺术理论、舞台技术、表演艺术等几个方面从理论上加以讨论研究。此外，改版后的《万象》每期都增加了插页，发表了一系列名家的诗画，如冰心、叶绍均、沈尹默、夏丏尊、朱自清、施哲存等的诗，丰子恺、庐世侯的国画，珂田的版画等，这些都在原来的基础上增强了《万象》的艺术性。《万象》从1941年7月起创办，1945年6月终刊，历时四年，出刊43期，号外1期。40年代的中国文坛由于对文学救亡功能的过分强化，作家在责任感面前，对于文艺功能的期待值过高，因而对超美感的体味便有些淡化，创作中的战争意识、二元对立意识的强化，使文学的战斗性有所增强，甚至助长了抗战八股、公式化、概念化倾向的滋生和发展，导致作家的个体意识逐渐淡化。在这个意义上，《万象》在众生喧嚣中，坚持以“言之有物”作为自己的编辑导向，不仅纠正了时代带给作家们的盲目性，又肯定了文学的主体价值，从今天的视角来看，是有其进步意义的。

② 《春秋》：月刊。1943年8月在上海创刊，该刊由陈蝶衣主编。编者在创刊号的《前置辞》中说：“现在的时代，虽然无异于春秋之世，不过我们这个渺小的刊物，只是志在供给一般人作为苦闷时的精神食粮而已，决不敢像孔老夫子那样，以寓褒贬，辨是非自任。我们不愿学贾长沙的痛哭流涕，有感斯发；也不想学桓子野的奈何徒唤，无病而呻。我们不谈政治，不言哲理，不作大言之炎炎，惟为小言之詹詹，以提倡文艺为归，以介绍知识为的，使人们在春秋佳日中，继续不断地读到我们的刊物，而一舒胸襟，多少得些益处，这就是我们的惟一希望了。”从其办刊宗旨的叙述中，寄寓了编者对时代的感慨。该刊是文化期刊，内容涉及文艺创作、文化报道、人物素描、史地常识、科学研究、风俗猎奇等。小说有胡山源的《罔两》、文宗山的《古城星月夜》、程小青的《女首领》、张恨水的《世外群龙传》等，剧本有凤子的《四美图》，其他文章有周贻白的《清初史实与吴伟业》、危月燕的《谈中国的杂志》等。每期有“春秋笔”一栏，专载小品。所刊特辑，如“女作家书简”、“作家书简”，有史料价值。1944年底，因环境恶劣而停刊。抗战胜利后复刊，陈蝶衣改名陈涤夷，与文宗山（即吴绮缘之子吴崇文）合编。不久又因内部闹意见而停刊，1948年4月再度复刊，1949年3月终刊。

多。由于经济利益的驱使，由锡金等人组成的那个“无名集会”中的一些人就以“统一战线”为名为他们写稿。锡金知道后很不满，因此就在精神上与那些人和这个“集会”分离了，但仍有时参加这个集会。

那时锡金还参与楼适夷办的一个通俗但较严肃的刊物《大陆》[①] 的写稿。这刊物的主持人是王任叔，由裘柱常[②]以“裘重”为笔名向公共租界工部局登记做对外的编辑人，由王任叔的朋友江少怀（当时他在棋盘街（今河南中路）的“新学会社”做职员）登记为发行人。《大陆》月刊的实际编辑是适夷，锡金只帮忙组织部分文稿而已。第一期封面是由楼适夷设计的，右上角“大陆”二个字，是夏丏尊先生写的魏碑；左下角是顾飞画的一帧仕女。内容目录就分印在左右两边。《大陆》发表的文章大部分是适夷组织的，每期大约要发 20 多篇文稿。最初几期的第一篇文章是由王任叔写的，论历史人物的有孔子，王阳明等，论小说人物的有林黛玉、宋江等篇，署名都用剡川野客。从第二卷起，王任叔离沪去南洋，第一篇文章多数由李平心执笔，以谈修养和人间百事为主。另有爱伦堡写的有关欧战报告的文章，起初两篇是由梅益翻译的，后面的几篇是由蒯斯曛译的。满涛写了他在美国留学时的生活，署笔名思维铭。

《大陆》月刊是由“新学会社”印刷发行的，出到第二卷末了，终

---

① 《大陆》：综合性月刊。1940 年 9 月创刊，主要刊载时论、史话、杂文、诗歌、小说、译作等。所刊作品和文章，主要有火山舞客的小说《上海仲夏夜》，许钦文的散文《水安山居》，魏如晦（阿英）的《南明佚史两种》，裘重的《岳飞之死》等。芳信、朱维基所译雪莱、普希金的诗，也有一定的影响。由于太平洋战争即将爆发，该刊于 1941 年 11 月停刊了，共出版 11 期。

② 裘柱常（1906—1990），浙江余姚人。1921 年在余姚读完小学后，到上海清心中学读书。他从中学时代就酷爱文学，同时开始写作投稿。中学毕业后，考入上海电报传习所，以后当过报务员。1929 年起在清心中等学校担任教师。1930 年 8 月曾被国民党余姚当局误为中共党员逮捕，在狱中坚贞不屈。他早期的白话诗、散文、译文发表于《洪水》、《幻洲》、《白露》、《大江》、《奔流》等刊物上。1940 年应王任叔、楼适夷之邀，主编《大陆》月刊，发表宣传抗战的文学作品。抗战胜利前夕，开始从事翻译工作，主要译著有：杰克·伦敦的《海狼》、《毒日头》，德莱塞的《金融家》以及《嘉莉妹妹》。著有《黄宾虹传记年谱合编》。1945 年进上海新闻报馆任编辑。建国后，任《新闻日报》资料副刊组组长、编委。1953 年参加民主同盟，任《新闻日报》民盟支部主任。1960 年任中华书局上海编辑所编审。曾任中国作家协会会员，中国翻译家协会理事。1979 年和 1980 年被聘为上海社会科学院文学研究所特约研究员。1990 年病逝。

于因为经济困难而出不下去，于 1941 年 11 月太平洋战争爆发前停刊。最后一期为五、六两期的合刊，因而凑满 12 期，实则全份只有 11 册，曾经出过汇订本。

（十一）“文艺通讯员运动”与“孤岛”文艺的繁荣

“文革”结束后老舍夫人胡絜青赠锡金先生的工笔画“独树一帜自皎洁”

锡金当时不仅以积极的写作支持着进步刊物的发展，同时还与林淡秋、蒋天佐、林珏、钟望阳（白兮）、武桂芳（文载道的爱人）等为《译报》[1] 办的“文艺通讯员运动”修改文稿。

“文艺通讯员运动”是上海“孤岛”时期（1939 年春—1940 年春）

---

① 《译报》：又名《每日译报》。上海“孤岛”时期出版的抗日报纸。1937 年 12 月 9 日创刊。4 开 4 版日报。夏衍负责主持。编辑部有姜椿芳、梅雨（梅益）、于伶等。为避开日本占领军的新闻检查，全部新闻、特写、通讯、论文稿源均编译自外国在华外文报刊。创刊号刊登了毛泽东对英国记者贝特兰的谈话。日销万余份。屡遭日伪的恐吓干扰，迫使印刷所不敢承印，于 12 月 20 日出版 12 期后被迫停办。1938 年 1 月 21 日改名《每日译报》复刊。雇用英国人孙特司·裴士和拿门·鲍纳出面任发行人和经理，以“英商中华大学图书公司”名义注册出版。实际由梅雨负责主持。林淡秋、戴平万、杨帆、冯宾符等参与编撰。王任叔、钱杏邨、于伶、陈望道等主编副刊和专刊。在新四军中设特派记者。创刊初版式和内容均沿袭《译报》。从 2 月 20 日起，增发本报新闻，以综合汇总各方电讯而报道中日战事新闻，并开始转载内地《新华日报》、《救亡日报》等报刊发表的重要文章。6 月 28 日扩大为对开张大型日报。陆续增辟了社会动态、新闻钥等栏目，《爝火》、《大家谈》等副刊以及《星期评论》、《时代妇女》、《职工生活》、《青年园地》等专版（周刊）。由单纯《译报》成为综合性大报。以消息灵通，见解独到，新颖生动，受到读者瞩目。另出有《译报周刊》和综合性丛刊《公论丛书》。1939 年 5 月 18 日在日本压力下，《每日译报》被迫停刊。

在党的地下组织领导下展开的一场颇有声势的抗战文艺大众化运动。早在1938年，就有文艺通讯稿件发表在上海《文汇报》的副刊《世纪风》上，如林萍的《从武汉到香港》、王志文的《大别山风光》、桂客的《桂林轮廓》。后来，《译报》副刊《大家谈》也登载文艺通讯稿件，如路工的《阿林嫂之死》等。因为文艺通讯的作者众多，且这类文章很受读者欢迎，所以文艺通讯这种体裁受到党的文艺小组的高度重视，提出了开展文艺通讯运动的号召。1939年1月18日，《译报》副刊《大家谈》发表唐韦的《文艺通讯运动》一文；同月出版的《自学旬刊》上登载石灵写的社论《展开文艺通讯运动》，要求展开文艺通讯的写作活动。其中洛蚀文（王元化）的《关于文艺通讯》一文连载三期，详尽地论述了“文艺通讯运动的意义”、“怎样做一个文艺通讯员”与“怎样写文艺通讯”这些问题。这篇文章对后来的文艺通讯运动有指导意义。经过上述理论探讨，文艺通讯员运动进入了实质阶段，在林淡秋的领导下，党的文艺小组拟写了一则征求文艺通讯员的《启事》，刊登在1939年3月14日《译报》第四版上，拟招聘副刊《大家谈》通讯员10—20名，但实际招聘的文艺通讯员人数已达一百几十个人了。从此，“孤岛”的文艺通讯运动在党的领导下有组织地展开了。

1939年4月15日出版的《公论丛书》第八辑刊出了《文艺通讯和文艺通讯运动》一文，这是一篇座谈记录，参加座谈的有武桂芳、锡金、钟望阳、林珏，由蒋天佐执笔。这篇专论全面论述了有关文艺通讯和文通运动的历史作用，在文通各支站进行定期活动时，大家都阅读和讨论过这篇专论。以后，关于文艺通讯和文通运动的理论文章在报刊上时有所见，作者有穆俊、星火、锡金、列车、石灵、贺依（蒋天佐），毁堂（巴人）等。

文通稿的作者除了“孤岛”上的文艺通讯员外，“孤岛”外的人也常写了稿件寄到《译报》、《野火》等编辑部来。由于许多稿件的作者都是初次写稿的文艺青年，有的连文字都不很通顺，但在这些粗糙幼稚的文章里面，却有着火焰一般的爱国热情。为了把这些稿件修改好，钟望阳和王元化还请一些同事共同来阅稿和写评语。参加这项工作的有王元化、蒋天佐、钟望阳、蒋锡金等。阅稿与写评语的工作量很大，但做这项工作的同事不顾劳累，都很认真负责。文艺通讯稿件不论是发表的还是退稿的，文后都写有评语。《野火》第二期“编者的话”说：“外稿即使蹩脚，只要有一点可取，我们总要给他修改，写下按语，发表出来。实在不好，只得退回原作者，也一定告诉他们缺点所在。”这类评语能具体地指导文艺通讯员如何去写好文艺通讯，提高了文艺青年的文学修养，也大大地促进了“文艺通讯”运动的发展。

1940 年 1 月《野火》的出版登记证被租界工部局吊销，杂志被迫停刊，文通的组织活动就停止了。文通组织活动停止的原因是：当时日伪势力对“孤岛”的压迫日渐加强，党考虑到文通各级组织公开地、经常地进行活动，容易暴露，这是不符合白区工作原则的，于是决定停止文通活动。但《大晚报》的《每周文艺》还陆续发表了一些文艺通讯稿件。

此外，戴平万还编了一个《新中国文艺丛刊》，由读书生活出版社负责出版和发行，主要刊载文学作品，也登载一些译稿和短文。每期改一个名字，用“丛刊”的编号以书籍的形式发行，除在上海印刷发行外，还打成纸版，寄到内地，在重庆翻印，用粗纸印本发行。刊物的主编是陈望道先生，具体的编辑工作则由戴平万负责。《新中国文艺丛刊》于 1939 年 5 月出版第一辑，1940 年 11 月出版第四辑以后停刊，已出版的四辑书名分别为：《钟》、《高尔基与中国》、《鲁迅纪念专辑》、《鹰》。第一、二、三辑的“编者的话”都是戴平万执笔的。第四辑出版时，戴平万已被党派到苏北根据地工作。锡金曾于 1930 年 5 月和 1940 年 2 月在丛刊第一期、四期上发表诗歌《枪手》和《荷花》，并于 1939 年 10 月在丛刊第三辑上发表《鲁迅与诗歌》，系统全面评价了鲁迅的诗歌创作及其在诗歌史上的地位。此前，上海仅有一二个转载内地文章的文艺刊物。这样，在四面被敌人包围的“孤岛”上海，进步文艺工作就展开了。

（十二）《文艺新潮》月刊和《文艺新潮小丛书》

80年代故友重逢：左起锡金、萧军、公木（张松如）

“孤岛”时期，锡金除了发展“上海诗歌座谈会”，组织“行列社”的活动外，还接编了《文艺新潮》。

《文艺新潮》是出现在“孤岛”时期上海的一种文艺月刊。1938年10月16日创刊于上海，最初由“野马文艺研究会”① 发起动议，得到了钱君

---

① 野马文艺研究会与《文艺新潮》：1938年夏，上海私立澄衷中学高中毕业生陈启龙、王俊伯、张圣烈等准备创办一个宣传抗日的艺刊物，得到当时正在澄衷中学执教的钱君匋的支持。钱君匋旋即与陶行知的学生李楚材（林之材）相商，决定将刊物取名为《文艺新潮》，由他创办的万叶书店承印。他为刊物写了《发刊词》，并向20多位进步作家如茅盾、巴金、郑振铎、巴人、丰子恺、许钦文等发信约稿。1938年10月16日，《文艺新潮》月刊创刊号出版，主编为钱君匋和林之材。创刊号编发了“鲁迅纪念特辑”，纪念鲁迅逝世两周年，刊登了陶元庆的炭画《鲁迅遗像》、由许广平汇编的以《论中国现代的木刻》为题辑录的鲁迅致李桦的七封信、林之材的《用工作来纪念鲁迅先生》、王任叔的论文《鲁迅先生的第一篇小说》等。

《文艺新潮》创刊不久，野马文艺研究会的青年，有的奔赴延安，有的参加了新四军，有的转徙到抗日后方重庆和云南等地。自第6期起，主编钱君匋和林之材邀请蒋锡金参加编务工作，以增加编辑力量。从第10期起，蒋锡金被列为刊物主编。

《文艺新潮》上发表的作品主要内容是积极宣传抗日。如白曙的《夜的交响》（长诗）、司徒宗的《人山》（小说）、罗洪的《我们十五个人》（小说）、周文的《在重庆遇轰炸记》（报告文学）、宇文节的《向广德行进》（报告文学）等。此外，夏侯未胤的长篇报道《铁和火，贫穷和困苦》，反映了长江南岸和太湖东面一带的游击队艰苦斗争的史实。该刊提倡文艺通讯，设立了文艺通讯站，每期都有几篇文艺通讯，生动地反映了“孤岛”内外的真实情况，如当时“孤岛”米价暴涨，人民生活困难，该刊就编发了一个“米价和生活”特辑。当时年仅18岁的何为写了反映皖南革命根据地战斗生活的散文《皖南琐记》、《钢铁的音符》、《皖南散记》等。

《文艺新潮》不但行销于上海的“孤岛”，也行销于开封等中原地区和香港、南洋群岛等地。由于日本宪兵的干扰、禁止，《文艺新潮》月刊至1940年5月1日出版第2卷第7号后停刊，野马文艺研究会的活动到此全部停止。

甸、李楚材的支持，并担任主编，由上海万叶书店出版发行。1940 年 5 月 1 日，出至第二卷第 7 期停刊，共出 19 期。从一卷 10 期起，锡金出面参与主编这个刊物，实际上从第 6 期起，锡金已参与它的编务了。这样从 1939 年 5 月下旬到 1940 年 7 月，锡金参与了它一年多的编务。

《文艺新潮》在上海创刊时，锡金正在广州，准备协助楼适夷为天马书店办一个定名为《大地》的文艺刊物，可是总是筹不到办刊经费，刊物便没有办成。广州沦陷后，锡金绕道回到上海，在编辑《大路画报》时，结识了担任画报美术编辑的钱君匋。他那时正主编《文艺新潮》月刊，《文艺新潮》每期出版后，钱君匋都赠阅锡金，要锡金提些意见并给它写稿。于是锡金从 1939 年 3 月 5 日出版的一卷 6 期起，就开始为它写稿，并与这个刊物有了联系。

《文艺新潮》首期登载了一张“特约撰稿者”名单，共 20 余人，有上海的，也有内地的，阵容斑杂。其中有开明书店系统的有夏丏尊①、丰子恺②；有当时被认为是“第三种人”的施蛰存③、

① 夏丏尊（1886—1946），浙江上虞人。原名铸，字勉旃。清光绪三十一年（1905）去日本留学，三十三年回国，曾任杭州浙江两级师范学堂通译助教兼舍监和国文教员，提倡民主思想，支持新文化运动。1919 年参加编辑浙江教育会刊物《教育潮》。1920 年起先后在湖南省立第一师范学校、上虞白马湖春晖中学、宁波浙江省立第四中学、上海立达学园和暨南大学中文系任教。1927 年后任开明书店编辑所所长，曾创办《中学生》杂志。1936 年任中国文艺家协会主席，从事文化运动和民主运动，赞成中国共产党抗日民族统一战线主张。抗日战争爆发后，任上海《救亡日报》编委。抗战胜利后，任中华全国文艺家协会上海分会理事。译著有《平屋杂文》、《爱的教育》、《近代日本小说集》等。

② 丰子恺（1898—1975），画家。浙江桐乡人。1914 年入杭州第一师范学校学习，受业于名师李叔同。1921 年赴日本东京川端美术学校学习西画和音乐。回国后在上海艺术大学、浙江大学任教。1942 年后任重庆艺术专科学校教授，教务主任。新中国成立后，历任上海市中国画院院长，上海文联副主席等职。艺术著作：《艺术概论》、《音乐入门》、《西洋名画巡礼》等，散文集《缘缘堂随笔》、《缘缘堂再笔》。

③ 施蛰存（1905—2003），著名文学家、翻译家、教育家，教授。杭州人。震旦大学肄业。曾任《现代》月刊主编，在当时影响广泛，云南大学、厦门大学副教授，暨南大学教授。新中国成立后，历任华东师范大学教授、《词学》主编。专于中国古典文学及碑版文献，旁及外国文学。著有《将军的头》、《唐诗百话》、《水经注碑录》，译有［丹麦］尼克索《征服者贝莱》等。

戴望舒[①]；有《大公报》系统的沈从文、孙毓棠[②]；有被当时视为无政府主义者的巴金、索非[③]；还有共产党人王任叔、戴平万。因此可以说是“统一战线”性质的。

1938年10月16日，《文艺新潮》创刊号出版，适值鲁迅逝世两周年将近，因此，刊物提前一个月特辟了纪念特辑，刊登了陶元庆的炭画《鲁迅遗像》、由许广平汇编的以《论中国现代的木刻》为题辑录的鲁迅致李桦的七封信、林之材的《用工作来纪念鲁迅先生》、王任叔的论文《鲁迅先生的第一篇小说》等。虽然组织的稿件不多，内容也嫌单薄，但在中外反动势力扼杀进步文化的“孤岛”时期，客观上是有树起战旗意义的。那时《鲁迅风》杂文周刊尚未创刊（它在次年1939年1月创刊），许广平先生为《文艺新潮》提供了许多当时尚未发表的鲁迅书简，共发了3期；以后《鲁迅风》创刊，鲁迅书简便移到那里去发表，也发了3期。

锡金参加这个杂志的编务，是由于钱君匋要他帮忙组稿。当时《文艺新潮》的稿源不足，它的“特约撰稿人”虽有20人之多，但有三分

---

① 戴望舒（1905—1950），笔名有戴梦鸥、江思、艾昂甫等。生于浙江杭州。是中国现代著名的诗人。1923年，考入上海大学文学系。1925年，转入震旦大学法文班。1926年同施蛰存、杜衡创办《璎珞》旬刊，在创刊号上发表处女诗作《凝泪出门》和译魏尔伦的诗。1928年与施蛰存、杜衡、冯雪峰一起创办《文学工场》。1929年4月，第一本诗集《我的记忆》出版，其中《雨巷》成为传诵一时的名作，他因此被称为“雨巷诗人”。1932年参加施蛰存主编的《现代》杂志的编辑工作。11月初赴法留学，入里昂中法大学。1935年春回国。1936年10月，与卞之琳、孙大雨、梁宗岱、冯至等创办《新诗》月刊。抗战爆发后，在香港主编《大公报》文艺副刊，发起出版《耕耘》杂志。1938年春在香港主编《星岛日报·星岛》副刊。1939年和艾青主编《顶点》。1941年底被捕入狱。在狱中写下了《狱中题壁》、《我用残损的手掌》、《心愿》、《等待》等诗篇。1949年6月，在北平出席了中华文学艺术工作代表大会。新中国成立后，在新闻总署从事编译工作。1950年在北京病逝。

② 孙毓棠（1911—1985），历史学家。江苏无锡人。早年就读于清华大学历史系、日本东京帝国大学东洋史系。曾任西南联合大学副教授，清华大学教授，英国牛津大学皇后学院、美国哈佛大学客座研究员。新中国成立后，历任清华大学教授，中国科学院经济研究所、历史研究所研究员。中国民主同盟盟员。从事经济史和中外关系史的研究。著有《中国古代社会经济论丛》、《中日甲午战争前外国资本在中国经营的近代工业》、《抗戈集》《孙毓棠学术论文集》等。孙毓棠酷爱戏剧和文学，一度致力于新诗创作，在诗歌艺术方面多所探索和追求。他的代表作短诗集《海盗船》和长篇史诗《宝马》在我国新文学史上也占有一席之地。孙毓棠的主要诗作已编成《宝马与渔夫》一书，由台湾业强出版社于1992年10月初版。

③ 索非：原名周索非，巴金的朋友，在上海开明书店工作。1925年巴金与索非等在上海发起“民众社”，出刊《民众》半月刊，这是中国无政府主义的一个集合体。1929年1月，巴金从上海鸿兴坊搬至闸北宝山宝光里十四号，与索非同住一楼。直至1932年1月下旬离开，共住三年。此期间创作了《家》、《雾》、《新生》（第一稿），翻译了《秋天里的春天》等作品，得到了索非多方面的帮助。

之一以上不在本地。远水不济近渴，要把刊物维持下去并求得发展，就要改变原来的方针，以组织和开拓本地的稿源为主，以外地约稿为辅。锡金当时正参与党的文艺工作中心小组活动，因此和当地的文艺界接触较多，约稿较为方便，况且文艺通讯员工作的开展产生了大量的稿件，党小组也正要开辟发表稿件的园地，而锡金那时还协助楼适夷在上海编《文艺阵地》，所以把两个刊物的稿件作适当的平衡和调剂也是比较容易的，他就答应了钱君匋的请求。

《文艺新潮》一卷 9 期起，开辟了《文艺通讯》专栏，这主要就是锡金为文艺通讯运动开辟的一个园地，每期都发表三到五篇的文艺通讯，还配合着一些短论和专论。二卷 2 期出版了《诗歌特辑》；3 期出版了《小说特辑》；4 期出版了《米价和生活特辑》[①]，实际上是专题的文艺通讯特辑；5 期发表了《关于现实主义讨论特辑》；6 期的《戏剧特辑》，发表了蒋天佐的《“自我批判”及其他》。从 8 期起，开辟了《万里来鸿》专栏，发表了茅盾的迪化（今乌鲁木齐）来信、邹荻帆[②]的武昌来信、特伟的重庆来信等，综述当时文艺界的各地情况。

特别是茅盾的迪化来信，这封信写于 1940 年 3 月 28 日，4 月 2 日由迪化（今乌鲁木齐市）寄出，锡金于 5 月 4 日收到，发表于 1940 年 6 月 10 日出版的《文艺新潮》二卷八号《万里来鸿》栏目。信中反映了当年抗战时期许多地方的文艺情况，现抄录如下：

---

① 《米价和生活特辑》：1940 年 2 月，《文艺新潮》出版了一个“米价和生活”特辑，发表了翁儿、杨伯、杨隶、陈一明四人的通讯稿，报导了“孤岛”米价飞涨，人民生活困难的种种情况。这几篇文艺通讯与金金的《平粜》、建英的《午膳》、吉同的《抢米》，敏之的《你有几袋米》等成为反映“孤岛”人民生活的名篇。

② 邹荻帆（1917—1995），诗人。湖北天门人。抗战前夕开始发表诗作。抗战后，参加中华全国文艺界抗敌协会，曾与冯乃超、穆木天等创办诗刊《时调》。1938 年去大别山区文化工作团从事抗日救亡宣传活动，并参加救亡演剧二队，在武汉等地从事演剧活动。1941 年在复旦大学外文系求学时，继续从事革命文艺活动。后期诗作追求更为鲜明的革命内容和娴熟的艺术技巧，注意意境的深远和词语的华美。曾任香港《华商报》编辑。1949 年加入中国共产党。新中国成立后，历任文化部对外文化联络局联络处处长，《文艺报》副秘书长，《世界文学》编辑部主任，《诗刊》副主编、主编，中国作协第四届理事。主要作品有诗集《意志的赌徒》、《雪与村庄》、《青空与林》、《噩梦备忘录》、《走向北方》、《祖国抒情诗》、《都门的抒情》、《浪漫曲》、《爱与神的搏斗》，散文集《春花秋月何时了》，长篇小说《大风歌》等。另有译诗多种。译著有托尔斯泰长篇小说《克罗采长曲》。

锡金兄：

万里外忽奉去年十一月一日手书，不胜欣喜。此信不知为何，路上走了那么多的日子，平常由上海来信，最多五十天总可以到的。

前接适夷来信，已知兄等近况，今知《文艺新潮》赖毅力支持，而《文艺新闻》及《通讯》且相继出世，远道闻之，殊为欣慰。《新闻》与《通讯》皆未得见，《新潮》来此后亦未见，仅《文阵》收到二卷、三卷各四五本，零落不完全，四卷一期则亦已收到，读后觉内容甚好。一个多月前，韬奋来信，谓《文阵》拟移渝出版，正征求适夷兄意见，弟自然赞成适夷兄赴渝，但不知成行否耶？

弟自来此后。内地文坛动态，所知甚少，刊物极难见到，则因邮寄常有遗失。而自身又懒又忙，又加多病，与内地旧友通讯不多，但友人不我遗弃，常有来信，藉知各人行踪而已。《文阵》方面已经有一年多未写一稿，想起来每每抱歉，然非不肯写，且无可写寄耳。这一年来，算是把本行的文艺工作完全抛弃了，所事乃在文艺圈子以外；生活又如此，无可奈何也。近又患目疾，此乃十年前老病复发，旧有白障，曾经刘姓医生诊治，不断擦药三四年，已渐痊可，今则卷土重来，视物不明，光线略差之处，即觉昏吒，以此更觉提笔为文，若受刑也。三个月前，即曾驰函上海友人，托其代觅从前所用之药，今犹未得复，大约是找不到罢？盖弟已忘药名，惟有从刘姓医生处查旧记录，但不知刘医生尚在沪否？即在，亦不能必其能抄得旧记录也。

端木已赴港，为某书店办文学丛刊，观其寄来之拟目，有适夷及他人之作品，亦索及拙作，然弟无以应之。红姑娘创作甚为努力，闻有长篇在《星岛》副刊挑日登载，想兄等已得读，弟则连书名尚未知之，寡闻抑何可笑。罗果夫过此时，曾与晤谈，彼时端木与红姑尚未赴港，罗于端木，红姑娘皆赞许，然意中微有不满，则谓端木之作尚欠大众化“不容易懂”，此所谓“不容易懂”究何所指，渠亦未有具体的说明。雪垠之《差半车麦秸》，则渠亦推为杰出之作。渠归国后将为《国际文学》准备《中国今日之文学》专号，征求弟之意见，且要我推荐可译之作品，然弟年来等于坐井观天，又安得好意见！罗所搜集之材料，多渝地出版者，上海方面者无一，倘兄等能以近二年上海所出版之佳作邮寄，弟当为转致。国际友人对中国文坛如此关心，吾侪真该更努力些，说到这里，我觉自己太糟了！

周文于两个月前来信，谓将赴晋南教书，（大概是阎氏所办之民革大学罢），然其后未有来信，而弟在此间则闻阎手下之新派近受排挤，然则民革大学或亦有变化乎？沙汀已由陕北归四川老家，云将摆脱一切，专写创作，然彼何时到家，弟亦不知，盖未有续书也。白羽、其芳似仍在原处。

渝方新刊，近闻甚多，惜皆不得见之。弟所知者，靳以拟办一文艺刊物，而文化生活书店亦拟办一个；又肖蔓若亦有所筹划，此皆两三月前彼寄来信索稿始知之，然弟一律复以空函，殊觉歉然。这一切文债，只好将来补还了，兄处亦不能例外耳。

以上所述，或者兄早已知之，然在弟则为珍闻，故敢本“野人献曝”之意，为兄告，幸勿笑我之“刺刺”也。匆复，即颂

日祺

弟

雁冰 启

三月廿八日

君匋、平万、任叔诸兄，均请代为致意。千万千万！

又拜。

依信推测，锡金去信可能是向茅盾征稿，茅盾回信写得这样长，可见他在新疆的寂寞。然而，他对文艺界的关心如昨。锡金自接到此信以后，就去了江南抗日民主根据地的游击区，《文艺阵地》也就转到重庆去办了。因楼适夷没去重庆，《文艺阵地》就由叶以群和孔罗荪接编。《文艺新潮》从第二卷起，发表的内地来稿只有刘白羽[①]、白薇、厂民（严辰）、周文、王亚平等等。

① 刘白羽（1916—2005），作家，北京人。1936年毕业于北平民国学院文学系。后从事文学创作。1937年在上海参加文化界救亡协会。1938年参加延安文艺工作团。同年加入中国共产党。1940年后任延安文艺界抗敌协会中共支部书记、重庆《新华日报》副刊编辑，新华通讯社军事记者。参加了临江、辽沈、平津、渡江等战役。1950年任总政治部文化部副部长。参加编辑的长纪录片《中国人民的胜利》获斯大林文学奖金。1953年后，历任中国作协书记处书记，文化部副部长，总政治部文化部部长、顾问，中国作协第一至三届副主席，中国文联第一至四届委员，国际笔会中国笔会中心副会长。著有散文集《早晨的太阳》《长江三日》，长篇传记文学《大海》、《第二个太阳》等。有《刘白羽散文选》、《刘白羽小说选》。

《文艺新潮》是在锡金被调去“江抗”后停刊的，具体情况不详，因为当时锡金并不在上海。这个刊物在“孤岛”上海坚持了 23 个月，跨越 1938—1940 三个年头，应该是“左翼”进步文艺刊物出版时间最长的，因为曾与它同时存在的刊物是《鲁迅风》，但只维持了九个月（1939 年 1 月—1939 年 9 月）。

锡金回到上海后，还继续编印了一套《文艺新潮小丛书》，前后出版了十余种。经锡金之手出版的有瞿秋白译普希金长诗《茨冈》（关露补译）、楼适夷译高尔基中篇小说《老板》、马耳（叶君健）译外国短篇小说选集《流荡》、林珏（唐景阳）的散文集《鞭笞下》等，其他种的《文艺新潮小丛书》是钱君匋经手出版的。

（十三）　与《鲁迅风》杂文界的论争

锡金注释《鲁迅全集》时手绘的“鲁迅幼年时代绍兴街市图”

在锡金等人恢复、扩大“上海诗歌座谈会”的同时，上海杂文界发生了一场关于“鲁迅风”杂文的论争①，这场论争的结果是1939年1月，上海“杂文界”创办杂文刊物《鲁迅风》。该刊由文载道②、唐弢③、柯灵④、

① “鲁迅风”之争：1938年间，在“孤岛”时期的上海，围绕着鲁迅杂文、鲁迅风格问题展开了一场论争。1938年鲁迅逝世两周年之际，阿英发表纪念文章《超越鲁迅》，认为鲁迅的时代已经过去，现在不应停留在模仿鲁迅风杂文的阶段上，一定要超越鲁迅，并批评了王任叔等六人的杂文合集《边鼓集》，引起了王任叔的反批评，于是展开了一场争论。后双方通过认真的座谈，终于取得了一致的看法。1938年12月20日，阿英、王任叔等34人联合署名发表了《我们对鲁迅风、杂文问题的意见》，肯定鲁迅风格和杂文的战斗作用。随后，王任叔、唐弢、柯灵等于1939年1月创办了以刊登杂文为主的杂志《鲁迅风》周刊。它的创刊是这一次论争的积极成果。

② 文载道（1916—），原名金性尧，别号星屋。浙江定海人。著名古典文学学者。青年时代曾主编《鲁迅风》、《萧萧》、《文史》等杂志，并出版有《星屋小文》、《风土小记》、《文钞》等书。新中国成立后，曾任中华书局上海编辑所第二编辑室副主任、上海古籍出版社编审。“文革”结束后至今，注释梓行《唐诗三百首新注》、《宋诗三百首》、《明诗三百首》及撰著《炉边诗话》、《一盏录》、《伸脚录》、《土中录》、《不殇录》、《饮河录》、《清代笔祸录》、《清代宫廷政变录》、《闭关录》等文史随笔，还为香港中华书局主编“诗词坊”丛书，并亲撰《闲坐说诗经》、《夜阑话韩柳》等。因“考评历史，议论诗文”方面的学术成就，被誉为“北季（羡林）、南金（性尧）”。

③ 唐弢（1913—1992），作家，文学评论家。浙江镇海（今宁波）人。原名端毅。1929年入上海华童公学学习。后入上海邮局当邮务员。1933年开始在《申报》副刊《自由谈》上发表文章。1938年参加《鲁迅全集》的编校工作。1945年后与柯灵合编《周报》。1946年后编辑上海《文汇报》副刊《笔会》。新中国成立后，历任上海邮政工会常委，复旦大学、震旦大学、上海戏剧专科学校教授，华东军政委员会文化部文物处副处长，中国作协上海分会书记处书记、《文艺月报》副主编，中国社会科学院文学研究所研究员，中国作协第一至三届理事。1956年加入中国共产党。出版杂文集《推背集》、《海天集》、《投影集》、《劳薪集》、《识小录》、《短长书》、《学习与战斗》、《繁弦集》，散文诗集《劳歌行》、《落帆集》。文论集《燕雏集》、《创作漫谈》、《晦庵书话》、《西方影响与民族风格》，曾主编《中国现代文学史》三卷。有《唐弢杂文集》。

④ 柯灵（1909—2000），原名高隆任，字季林，笔名陈浮、芜村，生于广州。1926年，在《妇女杂志》发表处女作叙事诗《织布的妇人》，后又写了散文《龙山杂记》并编辑《儿童时报》。1931年入上海天一影片公司，编写电影剧本《有夫之妇》（集体创作，执笔）。1933年后，任明星影片股份有限公司任宣传主任、明星二厂厂务秘书，并参加左翼影评小组，撰写电影评论。1937年后，相继主编了《文汇报》副刊《世纪风》、《大美报》副刊《浅草》、《正言报》副刊《草原》、《大美晚报》副刊《文化街》。曾主持金星影片公司编剧部，并创作电影剧本《武则天》、《乱世风光》等。1943年，任上海苦干剧团编导委员，并主编《万象》杂志。1944年编写舞台剧《飘》、《恨海》。抗日战争胜利后，任《文汇报》主笔兼副刊主任，并兼编《新民晚报》副刊。1948年，柯灵至香港，参与香港《文汇报》的创办和编辑工作，任副总编辑。并担任永华影业公司编剧，创作电影剧本《春城花落》和《海誓》。新中国成立后，柯灵回上海，历任《文汇报》副社长兼副编辑、上海电影剧本创作所所长、上海电影艺术研究所所长、上海电影局顾问。先后创作电影剧本《腐蚀》、《为了和平》、《不夜城》、《春满人间》（与谢俊峰、桑弧合作）、《鲁迅传》（与陈白尘、叶以群、唐弢、陈鲤庭等人合作）、《秋瑾传》（根据夏衍同名话剧改编）等，有《柯灵电影剧本选集》、《柯灵电影剧本续编》行世。柯灵的其他作品还有散文集《望春草》、《晦明》、《长相思》等十余种，短篇小说《掠影集》，杂文集《市楼独唱》，戏剧评论集《剧场偶记》以及《柯灵选集》、《柯灵》、《柯灵六十年文集》等。

周木斋[①]、石灵、王任叔，后又加上孔另境等六七个人，以同人刊物方式办成。由文载道出资并主编，但公开出面的则是一个小报记者冯普云。

“鲁迅风”既是同人刊物的名称，又是鲁迅逝世后在上海的一部分继承鲁迅传统的杂文作家自然形成的一个流派。它原是被有些人作为讽刺对象而提出的一个名称，后来才由这部分作家“索性来出一个《鲁迅风》的刊物”，“你讨厌我，我偏让它活着给你瞧”（巴人《鲁迅风话旧》）。

1938年，王任叔先后主编《每日译报》上的副刊《爝火》、《大家谈》和复刊初期的《申报》副刊《自由谈》，柯灵主编《文汇报》的副刊《世纪风》，开始大量刊登杂文。撰写杂文的有王任叔（屈轶、巴人、行者、八戒）、柯灵（陈浮、逆）和唐弢（风子、将离、横眉、马前卒、万人唾）、周木斋（辨微）、文载道（鑫鸟、秦坑生）、周黎庵（吉力、公西华）、孔另境（东方曦）、列车等。同年11月，由柯灵将大家的杂文编成《边鼓集》，作为《文汇报文艺丛刊》第1种。这部分作家无形中形成一个流派，成为鲁迅式杂文的继承者。

这个流派形成时，阿英（鹰隼）批评他们“只会守成，不求发展，只知模仿，忘却创造”，“如果鲁迅不死，他是不是依旧写着这样的杂文，还是跟着抗战的进展，而开拓了新的路”（《守成与发展》）。不久，庞朴、杨晋豪、张若谷相继发难，有的说，这种杂文“读不懂”，“狐鬼气味十分浓重”；有的说，这种杂文“拉杂拖长得使人莫测高深”，“那到底是给大众看的呢，还是给小众的‘知识分子’看的，还是给小众之小众的汉奸看的?”（杨晋豪《写给谁看》）

张若谷更重复他20年前攻击鲁迅的话，说鲁迅的文章“十足代表中国浙江作家的一种习气，尤其代表现代绍兴师爷的一种特殊风格”。正是

① 周木斋（1906—1941），杂文家。笔名辨微、犹太等。江苏常州人。早年在江苏省立第一中学读书。1931年毕业于无锡国学专门学校。后任上海大东书局编辑，经常在《太白》、《芒种》、《涛声》、《申报·自由谈》上发表杂文，并为一般书店编辑《新现实丛书》。1937年抗战爆发后留在“孤岛”上海继续从事杂文创作，在《鲁迅风》、《世纪风》等刊物上发表杂文，表现坚持抗战、赞美革命力量，反对不抵抗主义的思想，并提出“重振杂文”的口号。著有杂文集《消长集》、《边鼓集》（与人合作）、《横眉集》（与人合作）和《燕啄春泥》等。有《木斋杂文》。

在同这些形形色色对立观点的交锋中，“鲁迅风”作家形成了自己的队伍，并于1939年1月11日起创刊了《鲁迅风》。这个流派并没有严密的组织，也没有有计划的活动。由于王任叔当时是中国共产党江苏省委文委的成员，曾不定期地约请这些作家到他家进行包括对《鲁迅风》编务工作在内的叙谈，他自然成了这个流派的核心。而在同各种对立思想的斗争中，他确是名副其实的先锋。

《鲁迅风》期刊的创办，一开始就受到鲁迅夫人许广平（景宋）的支持。她一方面为这刊物撰稿，另方面把鲁迅的书简和早年日记交刊物发表。发表在5、6期的是壬子（1912年）5月至6月的日记。积极为这个刊物写稿的还有郑振铎（源新）、孔另境（东方曦）、石灵、武桂芳、祟珏、恽逸群（亭长）、锡金、白曙等。

1939年夏，锡金与《鲁迅风》同人发生了一场论争。

《鲁迅风》第1—13期为周刊，由文载道负责具体编务，以杂文为主，少量刊登散文和小说。从第7期刊登亢德的《关于“无关抗战的文字”》起，同人中出现了意见分歧，对于“无关抗战的文字”的论争，竟在《鲁迅风》刊物内展开了。先是巴人和主张有条件地赞成梁实秋的“无关抗战的文字”的亢德和隐晦地支持这个观点的徐讦之间的论争，后是巴人和要求将“抗战八股”艺术底地深入与提高”的苗埒（周楞伽）之间的论争。这期间，《鲁迅风》的主编文载道请锡金到他家里吃饭，闲谈中问锡金对《鲁迅风》这个杂文刊物的意见，锡金当时就提了几条：

1. 不应该登载像陶亢德①、徐讦等人提倡的专注描写“与抗战无

---

① 陶亢德（1908—1983），字哲庵。笔名徒然。浙江绍兴人。早年在苏州当学徒，后到沈阳工作。“九一八”事变后到上海。先后任《生活》周刊、《论语》编辑。1934年4月与林语堂、徐訏合编《人间世》半月刊，1935年9月与林语堂创办并编辑《宇宙风》半月刊，在上海创立人间书屋。抗战爆发后，1938年去香港，与简又文等编辑《大风》周刊。日军侵占香港后去日本。1942年在上海古今社编辑《东西》月刊。1943年任上海太平书局总经理。新中国成立后先后在新知识出版社、教育出版社、中华书局上海市编辑所任编辑。著有《徒然小说集》、《欧美风雨》散文集等。

② 徐讦（1908—1980），原名徐伯讦。浙江慈溪人。早年求学于湖南，1927年入北京大学哲学系，1931年毕业后又学心理学两年，并从事创作。1933年到上海，协助林语堂编辑《论语》半月刊。翌年，编辑《人间世》半月刊。1936年，与孙成合编《天地人》半月刊、

关”①的文章。

2. 应该发扬《鲁迅风》刊物的战斗精神，更积极地介入现实，以更好地发挥杂文的本质，展开更尖锐的社会批评与文明批评。

文载道听完意见后，对锡金说：

“锡金，刊物交给你编，好不好?”

当时考虑到这刊物是“鲁迅风”同人办的内部刊物，因而锡金并不想参与，况且钱君匋那时也正想把他和林之材（李楚材）编的《文艺新潮》移交给锡金，锡金已答应了，实在无力兼顾，就谢绝了。

几天后，王任叔来找锡金，告诉他文载道请他接编《鲁迅风》，他已经答应了，邀请锡金每期多写些稿件，支持他的工作。锡金同意了，不料却因此发生了纠纷。

1939年6月，锡金在接编后的《文艺新潮》上发表了由《鲁迅风》杂志退回的蒋天佐（时用笔名史笃、贺依）写的关于徐訏创作评论的稿件，同时锡金自己也写了一篇文章批评了徐訏“与抗战无关”的谬论。不料却因此与《鲁迅风》同人发生了纠纷，《鲁迅风》“同人”为此一同

《宇宙风》月刊，并主编《笔端》。同年秋去法国，入巴黎大学攻读哲学，获博士学位。创作《鬼恋》小说等。1938年初回上海，与冯宾符合编《读物》月刊，并在中央银行经济研究处做翻译工作。1942年去重庆，在中央银行任职，并在中央大学师范学院任教。又创办《作风》月刊。1944年去美国，任《扫荡报》驻美特派记者，1946年回上海，为《扫荡报》撰写社评，并从事创作。1950年去香港、新加坡等地，任《幽默》月刊主编，并办过创垦出版社。后在香港珠海学院、新加坡南洋大学、香港新亚书院任教。1979年任香港浸会书院文学院中文系主任、院长、香港英文笔会会长。1980年10月5日在香港逝世。徐訏一生创作甚丰，代表作有长篇小说《风萧萧》等。

① “与抗战无关论”：1938年12月1日，梁实秋在其主编重庆《中央日报》的《平明》副刊上发表《编者的话》，认为“有人一下笔就忘不了抗战”，写出来的却是“空洞的‘抗战八股’”，并公开征求描写“与抗战无关的材料”，提出了“与抗战无关论”。梁实秋的主张，立即遭到进步文艺界的驳斥，重庆的《抗战文艺》、《文学月报》、《大公报》、《新蜀报》等，连续发表了罗荪《再论“与抗战无关”》、宋之的《论抗战八股》和陈白尘、张天翼等人的批判文章。这一论争在抗战中时起时伏地表现出来。1939年，沈从文连续发表了《一般与特殊》、《新的文学运动与新的文学观》指出文艺界存在的“堕落倾向”，作家变成了“趋时讨巧”的工具。因此，反对作家与政治发生联系，要发动“文学运动的重造”，“使文学作品价值，从普通宣传品而变为民族百年立国经典”。1940年，侍桁在《抗战文艺的再出发》这篇文章中也对沈从文的观点表示认同。这场论争的实质是自由主义知识分子追求“艺术的独立价值与美”和左翼知识分子要求“最大限度地发挥文学的宣传作用，为抗战服务”的分歧。而徐訏、陶亢德等人的作品远离社会、时代，较为注重文学趣味，在当时被认为是“与抗战无关论”的代表作家。

拒绝为《文艺新潮》写稿。尽管“同人”中如周木斋、石灵等都认为锡金的意见是对的，但唐弢等却不知为什么，对此事极为恼怒，和锡金、蒋天佐完全对立起来了，其他的人也就不写稿了。

文载道本来是《鲁迅风》杂志的出资人，现在他不再主编《鲁迅风》，就不再供应资金了。锡金去与谢澹如[①]接洽，请他办的金星书店接办《鲁迅风》杂志，这时《鲁迅风》同人中就有人以“仇山”为笔名在陶亢德主编的《宇宙风·乙刊》和三青团机关报的《正言报》[②]，柯灵主编的副刊《草原》[③]上攻击锡金和蒋天佐。直到经销《鲁迅风》杂文刊物的金星书店收到署名“铁血扫共团”并附有两粒手枪子弹的恐吓

① 谢澹如（1904—1962），又名旦如，江苏上海（今属上海市）人。20年代同应修人、楼适夷等创办专门介绍新文化书刊的上海通信图书馆，编辑书目和《上海通信图书馆月报》，并加入应修人、冯雪峰等组织的湖畔诗社，自费印行湖畔诗集《苜蓿花》。1929—1930年，参加中国济难会、中国自由运动大同盟，与周全平、徐耘阡等合办西门书店，编辑《出版月刊》，向读者推广宣传马列主义和新文艺书刊，并为读者代理选订外国进步书刊，成为左翼文化工作的一个据点。1930年夏，西门书店被反动当局注意，被迫歇业，由谢澹如个人续办，改名公道书店，成为“左联”联络点之一。1931年夏，纪念“左联”五烈士的《前哨》创刊号，就是在公道书店用手工加盖木刻印章《前哨》刊名，粘贴烈士肖像，装订后再分发出去。此后，他冒着生命危险，掩护瞿秋白、杨之华隐居在南市紫霞路68号他的寓所达两年之久，以丰富的藏书为瞿秋白提供著译的有利条件，并保存瞿秋白、方志敏烈士的手稿以及一批“左联”机关刊物《前哨》、《文学导报》等。1938年起，创办金星书店，以霞社名义编印瞿秋白遗稿《乱弹及其他》及方志敏《清贫》等10多种书。并资助出版发行进步文艺刊物《鲁迅风》。1942年，上海“孤岛”沦陷，长期收藏保存瞿秋白、方志敏和鲁迅等手迹、原稿和书刊等革命文献史料，解放后慷慨捐献给政府和鲁迅纪念馆。新中国成立后，先后任华东文化部研究室副主任、上海鲁迅纪念馆副馆长，当选市第三届政协委员。1962年9月26日在上海逝世。著有《苜蓿花》（诗集），编有《上海通信图书馆书目》。

② 《正言报》：三民主义青年团上海总支部机关报。1940年9月20日在上海创刊。社长吴绍澍，总编辑袁业裕，主笔李秋生，编辑主任程玉西。当时用美商联邦出版公司名义发行。日刊。1941年12月8日太平洋战争爆发后停刊，1945年8月23日复刊，由正言出版公司发行。“孤岛”时期，以宣传对日正面战场情况为主。抗战胜利后复刊，逐步成为国民党反共反人民的喉舌，但副刊中有不少由进步文化人士掌握，如《草原》文艺副刊，茅盾、叶圣陶、赵景深、凤子等进步文化工作者曾为之撰稿。1947年该报公开反共后，进步人士离去，《草原》也随之终结。1949年10月，因国民党统治集团内讧被勒令停刊。

③ 《草原》：《正言报》（三青团的报纸）的副刊，1940年9月20日创刊，大部分时间是由柯灵主持编务。编者在发刊词《我们的声诉》中宣称：“真正的文艺总还有它提高人类情操的作用”，“推动时代的力量”，“可以迅速的反映现实，将大众的愤怒、欢喜和苦闷，诉诸读者”。这就是该刊的编辑方针。老作家叶圣陶、茅盾、魏如晦（阿英）等的散文随笔，季孟（师陀）的中篇小说《无望村的馆主》，仇重（唐弢）的论文《暗夜棘路上的里程碑》等，使该刊大为生色。该刊主要是以抒情散文取胜，有辛劳的《雨天书简》，特别是卞之琳翻译西班牙作家阿佐林的一组散文，影响较大。该刊对散文的发展作出了一定的贡献。1941年“皖南事变”之后，老板借故派亲信来接编，刊物就变得面目全非了。

信而停刊，锡金等人与《鲁迅风》同人的对立还是没有解除。王任叔后来为了搞好团结，想缓和一下双方的紧张关系，便不许锡金和蒋天佐发表任何反击的文字。蒋天佐还曾专门登门去请罪，但也未能得以缓和。后来锡金由组织调到了常熟游击区，从游击区回来后，就改用“霍亭”的笔名写文章，也是为了缓和这种对立和冲突。王任叔曾在他的《文学初步》[①] 的后记中提到：1947—1948 年，他返回香港与茅盾等创办《小说》月刊时，组织上曾有结论认为他那时对于工作的处理是右倾的，也许是指此事而言。但这事是那时文艺界经历了几年却未解决的一件大事。直到全国解放后，这种状况才得以改变。金近[②]在新中国成立初的 50 年代曾写信给锡金说，唐弢曾对他说过“锡金这人还是厚道”的话。

这里附带说明一下，1955 年出版的《唐弢杂文选》中，有《“但书”二例》[③] 这篇文章，其中说到两例“但书”。

第一例“但书”说：“现在也还有一些标榜自由主义的刊物，这当然是不很妥当的，在这样的刊物上写文章，足以引起一致的‘惋惜’，以为作者将一定染上‘自我’气；然而这些替人‘惋惜’的先生们呢，却又在顽固的营垒里大发妙论，挂出了皇然的招牌”。书下注释标明“当时有一位诗人反对同人在标榜自由主义的刊物上写文章，自己却在‘三青团’办的《中美日报》上出诗刊，所以这样说。”

第二例“但书”说：“这位请人‘滚蛋’的先生，为了报复私仇，却时时在自己的文章里埋下暗刺，聊快己意。‘不管如何被他人在旁拍

---

① 《文学初步》：王任叔（巴人）著，上海：海燕书店，1950 年 1 月初版。

② 金近（1915—1989），原名金知温，曾用笔名林玉清、王玖。浙江上虞县人。自幼家境贫寒，当过学徒、小书店校对、抄写员。1935 年在《小朋友》上发表第一篇童话《老鹰鸦的升沉》。抗日战争爆发后，在四川做过教员、报社记者和编辑。1946 年回上海。1947 年起为全国文协会员，并担任儿童读物工作联谊会理事。新中国成立后，任中国作家协会儿童文学组副组长。1963 年调北京办《儿童文学》。他在儿童文学创作中影响较大的是童话和儿童诗。其作品风格清丽，语言优美，充满诗情画意。主要作品有童话集《红鬼脸壳》、《顽皮的轮子》、《春风吹来的童话》；儿童诗：《小毛的生活》、《小河唱歌》、《中队的鼓手》等等。1954 年，童话《小鸭子学游水》获第一次全国少年儿童文学创作三等奖。1980 获第二次全国少年儿童文艺创作大会荣誉奖。

③ 《“但书”二例》：见唐弢：《唐弢杂文选》，第 234 页。北京：人民文学出版社，1955 年 2 月版。

手称快'。"书下注释标明"这是当时我们自己阵营里的一位批评家文章里的话"。

这两例"但书"即是指锡金和蒋天佐。注释中指明的"诗人"即是指锡金而言。但历经半个世纪的文事沧桑，锡金认为事实和唐弢先生所说的并不一样。

1. 锡金曾说他并未指责唐弢在自由主义刊物上写稿，自己也未写过这样的文章。因为那时王任叔为了搞好团结，以组织命令方式不许锡金、蒋天佐等人写反驳与辩白的文章，因此锡金并没有写这样的文章。只是有一次锡金曾与石灵谈起，说唐弢有意见尽可在党内自己人的刊物上发表，不必拿到其他派别的刊物上去，就是由我主编的刊物也并不排斥他，展开正式讨论也是可以的。想必是石灵把这话传给了唐弢。实际上唐弢发表文章的《宇宙风·乙刊》当时也决非什么自由主义刊物，其中发表的许多文章政治观点值得商榷，后来听说其主编陶亢德竟公开做了汉奸。

2. 文中所说在三青团机关报写文章，"挂招牌"，是指"上海诗歌座谈会"（即"行列社"）在《中美日报》上出了三期《诗座谈》的周刊。《中美日报》的背景是国民党，但其系统不详，那报纸是由张若谷①在编副刊的，主笔为詹文浒②，一个国民党分子。锡金原本并不认识他，周刊是由范泉向锡金约办的，经党组讨论同意后，由朱维基和沈孟先二人负责出面与范泉接洽办起来的。而唐弢《"但书"二例》发表的《正言报》副刊《草原》，却正是三青团的机关报，恰是他本人在

---

① 张若谷：天主教作家，圣名马尔谷。上海市人。早年就读于天主教徐汇中学，1925年毕业于上海天主教震旦大学。1926年任上海艺术大学教授，1927年任南京革命军日报编辑，1930年任古巴驻华公使馆秘书，1932年任上海大晚报记者，后遍览欧洲，1935年回国任上海时报记者。1937年《中美日报》创刊，用中英两国文字发表了大量抗日救亡的文章。1955年9月，因宗教原因被抄家，并被遣送至东北劳改农场劳动。后经上海市高级人民法院复查，撤销原判，恢复公民权。1967年，因病去世。著有《文学生活》、《艺术三家言》、《音乐ABC》、《歌剧ABC》、《到音乐会去》、《都会交响曲》、《新都巡礼》等。

② 詹文浒（1905—1973），浙江诸暨人。早年毕业于上海光华大学，后留学美国，哈佛大学硕士学位，回国后担任上海世界书局编译主任。1938年11月1日，在日军包围下的上海公共租界创办以国民党CC派为政治背景的《中美日报》，任总编辑。1941年太平洋战争爆发后，转往重庆，担任国民党《中央日报》副社长。1943年担任中央政治学校新闻系主任。抗日战争胜利后，以国民党中央宣传部上海特派员身份到沪接收《新闻报》，任总经理。1946年后还曾任上海市记者公会理事，兼任上海暨南大学新闻系主任。1949年5月上海解放后，逃亡他乡，1973年逝世。著有《报业经营与管理》、《新闻学概论》。

“三青团”的机关报上写文章。

从第14期起，《鲁迅风》改由石灵负责，周刊改为半月刊，扩大篇幅，内容改为以散文为主。作者队伍略有扩大，出到第19期，因政治环境恶劣和经费困难而停刊。

此后，这个流派的大多数作家仍从事杂文写作。1939年12月1日，柯灵主编《大美报》副刊《浅草》，1940年9月20日，柯灵又编《正言报》副刊《草原》，他们仍在这些刊物上发表犀利的短文。

“鲁迅风”作家群的主要作品有：柯灵编的《边鼓集》，王任叔等6人编的杂文合集《文汇报文艺丛刊》第1种，郑振铎等3人编的《大时代文艺丛书》之一的《横眉集》，巴人的《扪谈》、《窄门集》，柯灵的《晦明》，唐弢的《投影集》、《芳薪辑》等。1940年11月，列车为北社编了一套《杂文丛书》，又收入“鲁迅风”杂文作家的杂文集4种，第1辑4册，依次为周木斋的《消长集》、柯灵的《市楼独唱》、列车的《浪淘沙》、唐弢的《短长书》；第2辑1册，为列车的《两极集》。“鲁迅风”杂文作家还写了散文、小说、电影剧本等。

（十四）《奔流文艺丛刊》和《奔流新集》

鲁迅与冯雪峰两家人合影。此照片最初刊于
1941年11月《奔流新集》第1辑《直人》，才为世人第一次所见

"孤岛"时期，锡金参与了《奔流文艺丛刊》和《奔流新集》的编辑工作。《奔流文艺丛刊》[①] 是《奔流新集》的前身，是党和一些进步的文艺界同志一起创办的不定期刊物。锡金从"江抗"回到上海治病时，《奔流文艺丛刊》刚刚筹办，锡金并没有直接参与它的编务工作，只是为它写了一些稿件。

1941 年夏天，《奔流文艺丛刊》在出满 6 期后，由于原来承担出版发行的书店（发行人似叫"丁一之"）销售不出去，赔了本，便要求停刊。停刊会是在满涛里家开的，《奔流文艺丛刊》的创建者和主要撰稿人都去了。由于开的是停刊会，所以大家的心情都很沉重。锡金的心情也很不好，在会上发了脾气。他指出："刊物销路日降是因为刊物的内容日益空虚无力，毫无战斗气息。其根本原因是一些撰稿人把更多的精力放在其他方面，还有些人甚至为一些颓废刊物写稿，用以换取高额的稿费（当时满涛正为柳中浩[②]的剧团改编《金粉世家》），而把一些卖不掉的稿子以及什么朋友、爱人的习作拿来充塞自己的刊物"，"这样的刊物自然是要失去读者的，不要说群众鄙弃我们的刊物，就是我们自己也应该鄙弃。进步刊物受到政治压迫，被查禁而办不下去是常有的，但由

① 《奔流文艺丛刊》：1941 年初，林淡秋、柯灵、蒋天佐、蒋锡金、楼适夷、满涛等在上海组成奔流文艺社，同年 1 月创刊了"奔流文艺"丛刊，每辑都用一个带水字旁的字来作为刊名，第 1 辑《决》，以后各辑分别是：《阔》、《渊》、《汛》、《沸》、《激》。"奔流文艺"提倡新民主主义文学。第 1 辑上刊有《谈诗》一文，以马克思主义关于"物质生产的生产方式决定着社会的、政治的和一般精神生活的过程"这一基本原理，说明"现在的中国是一个新民主主义社会，从封建社会而来，向社会主义社会而去"，"所以新民主主义社会的文学，必然带有新民主主义的性质，也就是新民主主义文学"。《奔流文艺》出版到第 6 辑时，对刊物进行了改组，以预约、预订的办法扩大销路，开始出版《奔流新集》并得到了许广平的支持，她把鲁迅署名"直入"的一篇文章发表在《奔流新集》第 1 辑上，"直入"也作为这一辑的书名。《直入》还发表了毛泽东的词《清平乐·六盘山》。《奔流新集》第 2 本是《横眉》，于 1941 年 12 月 8 日太平洋战争爆发那天出版，没来得及发行，就在印刷厂焚于战火，后日军进驻租界，奔流文艺社被迫解散。

② 柳中浩（1910—），电影事业家。1930 年与兄柳中亮在南京新街口开办世界大戏院，放映外国影片。1938 年又共同在上海开办金城大戏院（现黄浦剧场），专映国产影片。同年 6 月 15 日，电影《渔光曲》在该院首映，连映 84 天，创当时国产片上映最高纪录。接下来就是《风云儿女》，这部影片让观众听到了《义勇军进行曲》。1937 年又创办金都大戏院，也以放映国产影片为主。1938 年与柳中亮合办国华影片公司，至 1941 年底摄制影片四十余部，其中取材于民间故事的影片达二十余部。太平洋战争爆发后，因不愿与侵华日军合作而将公司停办。抗日战争胜利后，柳氏兄弟合作创办国泰影业公司，柳中浩任总经理，聘请田汉、于伶等为特约编剧，拍摄了《无名氏》、《忆江南》等影片。1952 年国泰影业公司并入上海联合电影制片厂。

于销售不了，赔本而停刊的事情，还是从来没有过的，左翼进步文化走到这个地步是可耻的，是不能令人容忍的！”

石灵当即就反驳锡金说：“你自己在刊物后几期根本就没有写稿，怎么能说对刊物的发展尽了力呢？”锡金当时就指出那是因为他和蒋天佐与“杂文界”唐弢等人的关系总相处不好。若是自己写了稿，“杂文界”就一同罢稿，这是他无法继续写稿的真正原因。锡金当时讲话的情绪很激动，石灵见锡金说的话有一定道理，便也无言地退席了。大家问锡金正面的主张，锡金说：“刊物一定要继续办下去，办不下去的原因应从编辑方针上找。”锡金主张编一个有分量的刊物，并说：“到群众团体中去预约发售，用预约所得的钱支付纸张、印刷等费用，再由群众团体经营发行、收账等事务。只要能加强刊物的战斗性，不与那些‘颓废文学’合流，群众是会振奋起来支持我们刊物的。”大家同意锡金的看法，约定今后写稿应加强战斗性，以“黄色文学”和国民党当时在上海提倡的所谓“光明文学”（其内容是说一切都是光明的，大后方好得很，毫无缺点，因此大家可以坐待胜利的来临等等）为主要批判对象。

锡金等人鉴于自己与“杂文界”的不团结是由对徐訏和陶亢德的批评引起的，锡金也曾自认原来的批评有笼统与草率的缺点，于是经大家商量决定由锡金重读徐訏的全部作品，负责写对徐訏作品较为全面的批评，并以展开论争的方式改变与“杂文界”的关系。新刊物定名为“奔流新集”[①]，以显示与原来的《奔流文艺丛刊》既有区别又有联系，与会人员一致推举锡金与楼适夷、满涛三人为《奔流新集》的主编。

《奔流新集》第一辑缺少小说，于是锡金就把批评徐訏的论文放到了第二辑去完成，而改写一篇小说《第一名》，又请许广平先生写了《鲁迅先生对批评的态度》，以端正当时“杂文界”因批评而引起的恼怒不平。楼适夷则写了《忆雪峰》。第一辑的重点论文是满涛的《光明顶礼记》，但他当时是改用笔名发表的。这篇文章批判了那些所谓的“光

---

① 《奔流新集》：1941年11月创刊，同年12月终刊，共出版2集。奔流新集社编辑出版，实为中共地下党主办的。第1集书名用鲁迅遗作《势所必至，理有固然》的笔名“直入”为刊名，第2集取名《横眉》，都用鲁迅手迹制版。刊有鲁迅的《给黎烈文的信》，茅盾的《谈技巧·生活·思想及其他》，钟望阳的小说《丧事》等。作者多为是中共地下党员。

明文学”，在当时有积极意义。

为了办好《奔流新集》，锡金曾多次找许广平先生商谈，把《奔流新集》的办刊方针、计划对许先生说了。许先生表示赞同，但她说：“发行刊物预约的办法太渺茫了，你们若缺钱，可以从我这里儿拿。我这儿正保管着何香凝女士的一笔款子，有必要时是可以动用的。总之要把刊物办起来，办好它！”锡金谢过了许先生，说：“现在还用不着，因为《奔流新集》第一期预约发售的业绩很好，已把第一期的费用都筹足了。”为了表示对刊物的支持，也为了刊物办得更好，许先生拿出了鲁迅先生生前没有发表过的一篇杂文遗稿——《势所必至，理所固然》，让锡金拿去制版，并立刻动手为这篇文章写了一段《附记》。《奔流新集》也采取丛刊的形式发行，因此每一辑都要有一个刊名，经大家商量，就采用了鲁迅先生在《势所必至，理所固然》这篇文章上所署的笔名“直入”为刊名，以表示对鲁迅方向的坚守和对鲁迅先生的尊敬。

后来，锡金因送还鲁迅先生的原稿又去许先生家，许先生看到《奔流新集》第一辑初步编成的草目中收有楼适夷的《忆雪峰》一文时，便说她家中还有一张照片可以作为插图。这就是鲁迅全家与冯雪峰①全家的合影。这张照片是第一次发表在《奔流新集》上，才为世人所见的。

《奔流新集》第一辑《直入》是在上海科学图书公司印刷的。锡金因为经常跑印刷所，所以工人对他十分熟悉，曾对他说：“我们爱印这样的刊物，因为它能令人看到光明。”《奔流新集·直入》，出版后销路

---

① 冯雪峰（1903—1976），原名福春，笔名雪峰、画室、洛扬等。浙江义乌人。1921年考入浙江省立第一师范，参加朱自清等人组织的文学社团晨光社，开始创作新诗。1922年与汪静之等组织湖畔诗社，出版诗集《湖畔》。1925年到北京大学旁听日语，1926年开始翻译日本、苏联的文学作品及文艺理论专著。1927年加入共产党。1928年结识了鲁迅，编辑出版《萌芽》月刊，并与鲁迅共同编辑《科学的艺术论丛书》。1929年参加筹备中国左翼作家联盟，1931年任“左联”党团书记、中共上海文化工作委员会书记，编辑出版《前哨》杂志。1933年底到江西瑞金任中共中央党校副校长。1934年参加长征。1936年春到上海，任中共上海办事处副主任。1937年回家乡，创作反映长征的长篇小说《卢代之死》。1941年被捕，囚于上饶集中营。在狱中写了几十首新诗，后结集为《真实之歌》。1942年被营救出狱。1943年到重庆，在中华文艺界抗敌协会工作，发表了许多杂文及文艺理论文章。1946年回上海后创作了许多寓言。1950年任上海市文联副主席，鲁迅著作编刊社社长兼总编。1951年调北京，先后任人民文学出版社社长兼总编、《文艺报》主编、中国作协副主席、党组书记。1954年后因《红楼梦》研究问题和“胡风事件”受批判，1957年被划为右派，1966年又被关进牛棚。1976年患肺癌去世。1979年中共中央为他彻底平反并恢复名誉。

极好，初版就印刷了3000册，而《奔流文艺丛刊》未停刊时，每期只销售1000余册。除去预订者外，不到三四天的时间，《奔流新集·直入》就销售一空。在当时出版印刷业普遍不景气的上海“孤岛”是很少有的现象，由此可见这本杂志在社会上的反响之大。《奔流新集》的成功，更增强了锡金等人办好刊物的信心，大家决定用收回的书费预备印第一辑的再版和第二辑。

《奔流新集》第二辑的重点内容是茅盾的论文：《谈技巧·生活·思想及其他》。茅盾原说没有时间写，但锡金等人寄去第一辑后又发去一个电报，他马上就寄来了万余言的长论文。此外，还有海客的《记修人》（应修人[①]）（用以说明革命的文艺是用鲜血灌溉起来的，应该珍重这个传统）、林淡秋的小说《寒村一宿》等，许先生还撰写了《鲁迅先生在北平的反帝斗争》一文交给锡金等人发表。《奔流新集》的第二辑书名定为在《鲁迅书简》中寻出来的“横眉”二字，以与第一辑命名的“直入”相对应。

《奔流新集》从第一辑《直入》，到第二辑《横眉》的出版，其间只隔了20天。第二辑印成之日，恰是12月8日——太平洋战争爆发的那一天。那时日寇已进入租界，上海“孤岛”完全沦陷了。那天锡金到中国科学仪器公司（今延安中路茂名路口）印刷厂去，看到5000册《直入》都已印成了，一堆堆地放在那里。印刷厂并不要求锡金等人马上付清印刷和装订费，只希望立刻把印好的书运走。因为该书内容激进，放在那里对印刷厂是有危险的。但由于日军初入“孤岛”，气氛十分紧张，沿途有荷枪实弹的日寇三五成群地把守，行人和所携带的物品往往都要经过抄查，刊物根本无法运出。锡金只好先抽出三册《横眉》带走。一册通过林淡秋转交给党组织；另一册由楼适夷交给傅雷[②]，请他设法保存；还

---

① 应修人（1900—1933），浙江慈溪人，字修士，笔名丁九、丁休人。早年在上海钱庄当学徒，五四时期开始创作新诗。1922年同潘漠华等合出诗集《湖畔》，并主编小型文学刊物。1925年加入中国共产党。先后在广州黄埔军校和武汉国民政府劳工部工作。1927年赴苏联留学，1930年回国，从事革命文化工作，并参加“左联”。曾在上海中共中央军委、中共中央组织部工作，后任中共江苏省委秘书长、宣传部部长。1933年5月14日，他在上海任中共江苏省委宣传部长时，于地下工作联络中，英勇拒捕，壮烈坠楼牺牲，为革命献出自己宝贵的生命。著有童话《旗子的故事》和《金宝塔银宝塔》等。

② 傅雷（1908—1966），著名文学艺术翻译家、文艺评论家。一生译著宏富，译文以传神为特色，更兼行文流畅，用字丰富，工于色彩变化。翻译生涯历30年代载，翻译作品达34部，主要有罗曼·罗兰长篇巨著《约翰·克利斯朵夫》、传记《贝多芬传》、《托尔斯泰传》、《米开朗

有一册无处存放，他便在晚间送去给许广平先生，请她保存。所以，这辑《横眉》虽然印刷了5000册，但却未能发卖，是生而不得问世了！

几十年来，锡金一直为此而深感遗憾，但80年代中期，听楼适夷说上海作家协会资料室竟发现了一本《横眉》，这或许是从印刷厂流出来的一本，恐怕也是现在国内的孤本，这就更显得珍贵。《横眉》中的文章大部分是地下文委成员撰写的，现将目录抄录如下：

《奔流新集·第二辑·横眉》目录

谈技巧·生活·思想及其他 …………………… 茅　盾
鲁迅先生在北平的反帝斗争 …………………… 景　宋
记修人 …………………………………………… 海　客

（短 刺）

小言《小言》 …………………………………… 辱　谦
微感录 …………………………………………… 不　明
处世秘诀 ………………………………………… 史纪才
颂 ………………………………………………… 玄　堂
秋深夜语 ………………………………………… 一　卒
说笑只当它说笑 ………………………………… 闻　歌
礼拜六派新旧小说家的比较（论文） ………… 佐　思
宣传与反宣传 夸耀与出丑（批评） ………… 张承录

（每月书话）

《约翰·克利斯朵夫》傅雷译（商务版） ………… 世
《彼得大帝》适夷译（远方版） ………………… 理
《愤怒的葡萄》胡仲持译（大时代版） ………… 新
丧事（小说） …………………………………… 钟望阳

琪罗传》，巴尔扎克名著《高老头》、《欧也妮·葛朗台》、《贝姨》、《邦斯舅舅》、《亚尔培·萨伐龙》、《夏倍上校》、《搅水女人》、《都尔的本堂神甫》、《幻灭》、《赛查·皮罗多盛衰记》、《于絮尔·弥罗埃》，伏尔泰的《老实人》、《天真汉》、《查第格》，梅里美的《嘉尔曼》、《高龙巴》，丹纳名著《艺术哲学》等名著十五部；译作约五百万言，现已全部收录于《傅雷译文集》。遗著《世界美术名作二十讲》、《傅雷家书》等也深受读者喜爱，一百余万言的著述也已收录于《傅雷文集》。傅雷先生为人坦荡，性格刚毅，在"文革"之初即受冲击，于1966年9月3日凌晨，与夫人朱梅馥女士双双愤而弃世，悲壮地走完了一生。

寒村一宿（小说）……………………………………… 林淡秋
给黎烈文的信 ………………………………………… 鲁　迅
（书 页）
新时代（罗克西莫夫）
修人遗像及手迹

在《横眉》集内还有第三辑的要目预告，可惜第三辑始终没能与读者见面，但从目录依稀可见稿件涉猎的范围之广和影响之大：

《奔流新辑》第三辑要目预告

题未定 ……………………………………………… 郭沫若
忆柔石 ……………………………………………… 应服群
柔石日记 …………………………………………… 柔　石
《兄弟们》后记……………………………………… 耿济之
关于《约翰·克利斯朵夫》 ……………………… 傅　雷
梦幻的秋天？美术家的秋天？ …………………… 何丹霞
西崽的荒谬…………………………………… 霍　亭（锡金）
凉棚 ………………………………………………… 向　青

（十五）“孤岛”妇女界组织及刊物

锡金参加注释的《郭沫若全集·文学编·第十一卷》（1992年，人民文学出版社）

"孤岛"时期，锡金还参与了当时的一些妇女界活动。当时上海有两个进步的妇女界组织，一个是由许广平先生主持的中年妇女的集会，大约每月在许先生家中集会一次，讨论关于《上海妇女》月刊的编务工作及其他问题。《上海妇女》是地下党领导下的进步刊物，由许广平先生担任编辑，负总责，并有上海文委派戴平万同志作指导。锡金因为隔期为这一杂志写些稿件，所以每次集会都是被邀请的。这杂志的集会很有特色，几乎每次会都有会餐的性质，大多是由许先生自做鱼生粥或某女士做沙拉之类。

另一个是以董秋斯[①]的爱人凌山（她是董秋斯前妻蔡泳裳的学生，那时蔡泳裳已在香港病逝，她和董秋斯后来结合）为首的一些青年妇女的集会。参加这集会的男子除锡金外，还有董秋斯和赵平生[②]。这个青年团体妇女成员虽然较多，但却是流动的，不固定，因而锡金也记不清她们的名字。凌山等人也办着一个综合性小型半月刊《妇女界》[③]，以广大的中下层妇女为读者对象。80 年代中期，凌山曾写过回忆资料说这个杂志是在上海地下党直接领导下创办的。该刊物 1940 年初创刊，1941 年底终刊，坚持了两年时间。

---

① 董秋斯（1899—1969），原名绍明。笔名，求思等。文学翻译家。下隶静海（今属天津）人。1926 年毕业于燕京大学哲学系。同年底参加北伐战争，主编《血路》月刊。1930 年参加左联和社联的发起工作，并主编《国际》月刊。1945 年参与组织中国民主促进会，并任《民主》周刊编委。1946 年加入中国共产党。新中国成立后，历任上海翻译工作者协会主席、《翻译》月刊主编、中国作协编审、《世界文学》副主编。译有［英］狄更斯《大卫·科波菲尔》、奥兹本《高原牛的家》，［俄］列夫·托尔斯泰《战争与和平》，［苏］革拉特珂夫《士敏土》。

② 赵平生（1903—1990），学者、哲学家、编辑。浙江省义乌市人。1924 年考入浙江省杭州第一师范。1925 年参加共产主义青年团，1926 年转入中国共产党。建立了义乌县第一个党组织，发展了义乌第一批中共党员。1926 年参加北伐，并创办《乌喊》报，宣传革命思想；1929 年至 1933 年，因参加中共地下党活动，曾先后 3 次被捕。抗战期间，一直从事共产党领导下的进步文化活动。1942 年 3 月，受组织派遣到苏北根据地工作。编著有《新哲学读本》、《学习与修养》、《辩证唯物论辞典》等书。此外还主编了苏北解放区颇有影响的通俗报纸《盐阜大众报》，并担任苏北盐阜区行署文教处科长、编审室主任等职。40 年代在苏北根据地发起的"整风运动"中被打成"托派"分子，受到不公正的待遇。新中国成立后，先后担任华中建设大学系主任、华东大学代理教务长，华东革大附设工农速成中学校长，华东教育部工农速成中学校长，中央扫除文盲委员会副司长、党组副书记，中国文字改革委员会委员、秘书长，文字改革出版社总编等职务，在普及教育、扫除文盲、简化汉字等方面均作出了重要贡献。

③ 《妇女界》：是中共地下党直接领导的一个综合性的半月刊，1940 年 3 月创刊，读者对象主要是中下层的职业妇女。该刊得到楼适夷、满涛、董秋斯等人的帮助。后因太平洋战争的爆发而停刊。

锡金有时也应邀为《妇女界》杂志写些分析文艺作品的稿件。开会的地点总是在董秋斯家中，会上常备些瓜果，每次聚会大家都讨论一个问题，多是关于妇女解放和妇女地位方面的，但具体讨论过哪些问题，因年代久远，锡金也记不清了。

（十六）“田青事件”

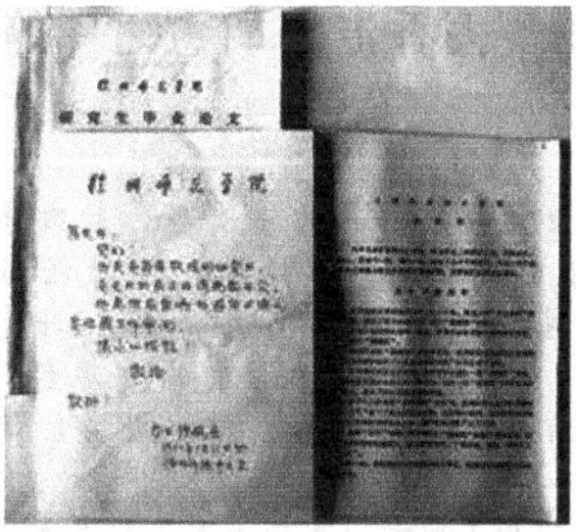

80年代徐州师范学院吴奔星教授请锡金评审的硕士学位论文（作者：徐瑞嶽《刘半农论》）

上海“孤岛”时期，锡金还曾牵扯到“田青事件”中。田青是当时“孤岛”时期的一个文艺青年，浙江宁波人。他的父亲是一个海员，出海数年不归，生死未卜。他和母亲靠摆一个饭摊维持生活。在锡金参与上海《译报》举办的培训“文艺通讯员”活动时与之相识。

《译报》是党领导下的一个大报，其特点是专门翻译电报文稿以显示“中立”，其主笔为钱纳水①先生，副刊主编先为“张若英”，即阿英①，后为王任叔。王任叔主编《爝火》、《大家谈》副刊时，

① 钱纳水（1892—1974），原名铁名，字纳水，笔名寿康等。湖北江陵人。1906年与胡鄂公等发起辅仁社。1907年留学日本，加入共进会、同盟会。1911年在保定参与发起共和会，任会长。辛亥革命后任北京革命军总司令。1912年初，任天津《大中华日报》编辑，不久便回江陵，协助胡鄂公办理旗人善后事宜。1914年后在家乡经商。1921年任郧阳征收局长、巴东、安陆等县县长。1929年来上海，与熊得山等创办昆仑书店，任经理。1930年参加发起中国社会科学家联盟，任出版部长。又参加中国互济会，任宣传部长。九一八事变后，加入中国共产党。1932年被捕，次年获释，脱离共产党。赴香港从事译著工作。抗战初期在上海从事新闻工作，任《每日译报》总主笔、总编辑，曾主持

锡金在那儿参与培训“文艺通讯员”的活动，创办文艺通讯网。而田青是其中一个比较优秀的通讯员。

王任叔、锡金以及其他一些从事培训工作的人员都认为田青是一个不仅有写作才能，而且有发展前途的文学青年。那时他只有16岁，生活十分困难，但思想却积极要求进步，一心想去解放区从事步出文艺工作。王任叔在征求锡金及其他同事广泛意见的基础上，送他去了苏北解放区。1940年秋，田青因在解放区犯错误，被遣送回上海。那时王任叔准备去香港与胡愈之②等人一同到旧金山办报，

“孤岛”时期关于“鲁迅风”杂文争论问题的座谈会。后政治上倾向反共，任国民党《中央日报》主笔，并任国民政府立法委员。抗战胜利后，任《前线日报》总主笔。去台湾后，任《中央日报》、《中华日报》主笔。1974年7月11日在台湾逝世。著有《社会运动史》，译有《社会科学概论》（与李达合作）、《唯物史观经济史》（与熊得山、施复亮合作）、《西洋哲学史》（与熊得山合作）、《新经济学之任务》等。

① 阿英（1900—1977），作家，文学史家，革命文艺运动的先驱者。安徽芜湖人。原名钱杏邨，笔名魏如晦。1919年入上海中华工业专门学校土木工程系学习。1926年加入中国共产党。早年在安徽领导学生运动，后到武汉做工会工作。1927年与蒋光慈等在上海组织《太阳社》，编辑《太阳月刊》、《海风周报》。1930年参与组织左联，任常委。后任左联党团书记和中国左翼文化界总同盟常委、宣传部长。抗日战争时期，参加编辑《救亡日报》和《文献》，同时创作话剧。1942年参加新四军。后任《江淮文化》、《新知识》主编，华中文协常委，中共中央华东局文委书记，大连市文委书记。新中国成立后，历任天津市文化局局长，华北文联主席，中国文联第一至三届委员，副秘书长。著有《阿英文集》。

② 胡愈之（1896—1986），笔名伏生。浙江上虞人。1911年入绍兴府中学堂学习，1914年进上海商务印书馆编译所当练习生。“五四”运动时，在《东方杂志》连续撰文，提倡科学与民主。积极参与创建上海世界语学会，介绍俄国和一些弱小民族的文学作品。1920年和郑振铎、沈雁冰共同发起成立“文学研究会”，“五卅”运动中，编辑出版《公理日报》，报道运动的起因与发展过程。“四一二”政变次日，起草对国民党当局的抗议信，邀集郑振铎等7人签名在《商报》上发表。后被迫流亡法国，入巴黎大学国际法学院学习。1931年初回国途中访问莫斯科，写了《莫斯科印象记》。“九一八”事变后，与邹韬奋共同主持《生活》周刊，主编《东方杂志》等刊物。1933年初加入中国民权保障同盟，同年加入中国共产党。先后筹办《世界知识》、《妇女生活》等杂志。1935年与沈钧儒等共同发起成立上海文化界救国会。1936年协助邹韬奋在香港创办《生活日报》。抗日战争爆发后，任上海文化界救亡协会国际宣传委员会主任，主持出版《团结》、《上海人报》、《集纳》、《译报》等报刊，进行抗日救亡宣传。在极端困难条件下，组织编译出版了E·斯诺的《西行漫记》，并首次编辑出版了《鲁迅全集》。1938年在武汉主管抗日宣传工作；武汉沦陷后到桂林出版《国民公论》半月刊，组织国际新闻社、文化供应社。1940年赴新加坡帮助陈嘉庚办《南洋商报》，后流亡苏门答腊。抗战胜利后，他创办新南洋出版社，在新加坡创办《南侨日报》、《风下》周刊、《新妇女》杂志。新中国建立后，历任《光明日报》总编辑，出版总署署长，文化部副部长，中国人民外交学会副会长，中国文字改革委员会副主任，中华全国世界语协会理事长，全国政协委员，第五届全国政协副主席，中国民主同盟中央委员会副主席、代主席，第一届中国出版工作者协会名誉主席等职。著有《印度尼西亚语语法研究》等。

经过香港耽搁了一些时间，遇上了太平洋战争，无法脱身，后来在郁达夫[①]的掩护下，他们在印尼一直呆到抗战胜利。

田青回到上海后，曾告诉锡金说，到解放区后，他被分派做“民运”工作，当时工作的重点是减租减息。因为在工作中遇到许多困难和挫折，更因为他年轻气盛，所以产生了急躁情绪。那时有人曾主张率性地没收一切违抗政策者的土地，对于这种过“左”的做法，他竟赞同了。后来，他又填表参加了“中国共产主义同盟”，被发展为组织成员，直至党发现这是“托派性质”[②] 的组织，并且一直在暗中进行破坏活动。于是田青与该组织其他人一同就擒，受刑讯后被遣送回上海。田青承认自己有认识上的错误，以致误入“异党”，但却认为自己是受蒙蔽，无辜的。

回上海后，因为生活困难，田青曾请锡金帮他找一份工作，以摆脱

① 郁达夫（1896—1945），现代作家，原名郁文，字达夫，浙江富阳人。1911年起开始创作旧体诗，并向报刊投稿。1912年考入之江大学预科，因参加学潮被校方开除。1914年7月入东京第一高等学校预科后开始尝试小说创作。1919年入东京帝国大学经济学部。1921年6月，与郭沫若、成仿吾、张资平等人酝酿成立了新文学团体创造社。7月，第一部短篇小说集《沉沦》问世，在当时产生很大影响。1922年3月，自东京帝国大学毕业后归国。5月，其主编的《创造季刊》创刊号出版。7月，小说《春风沉醉的晚上》发表。1923年至1926年间先后在北京大学、武昌师大、广东大学任教。1926年底返沪后主持创造社出版部工作，主编《创造月刊》、《洪水》半月刊，发表了《小说论》、《戏剧论》等大量文艺论著。1928年加入太阳社，并在鲁迅支持下，主编《大众文艺》。1930年3月，中国左翼作家联盟成立，为发起人之一。12月，小说《迟桂花》发表。1933年4月移居杭州后，写了大量山水游记和诗词。1936年任福建省府参议。1938年，赴武汉参加军委会政治部第三厅的抗日宣传工作，并在中华全国文艺界抗敌协会成立大会上当选为常务理事。1938年12月至新加坡，主编《星洲日报》等报刊副刊，写了大量政论、短评和诗词。1942年，日军进逼新加坡，与胡愈之、王任叔等人撤退至苏门答腊的巴爷公务，化名赵廉。1945年日本投降后被日军宪兵杀害。

② 托派：“托洛茨基”派的简称，这里指中国的托派。1927年革命失败后，以陈独秀为代表的一部分人采取了托洛茨基主义立场，认为中国资产阶级对于帝国主义和封建势力已经取得了胜利，中国资产阶级民主革命已经完结，中国无产阶级当时只能进行以“国民会议”为中心的合法运动，而要求取消无产阶级革命运动。因此中国的“托派”又被称为“托陈取消派”。1929年11月陈独秀等人被开除出党后，在托洛茨基的直接撮合下，同其他托派分子相结合，在1931年5月建立了统一的中国托派组织“中国共产党左派反对派”（1935年改称“中国共产主义同盟”）。陈独秀被推为书记处书记。不久，它的领导成员先后被国民党政府逮捕，这个组织随即瓦解，但一些托派分子和托派小组织还在继续活动。抗日战争时期，托派在宣传上也是主张抗日的，但是攻击中国共产党的抗日民族统一战线政策。把托派与汉奸相提并论，是由于当时在共产国际内流行着托派与帝国主义国家间谍组织有关、中国托派与日本帝国主义间谍组织有关的错误论断而造成的。

经济困境，锡金就把他的情况与当时的组织负责人钟望阳或林淡秋谈了。大家也觉得他确实太年轻，生活上还是应该给他一些照顾。于是锡金介绍田青为凌山编的《妇女界》刊物长期写稿，维持了一个时期的生活。后来由于“孤岛”文艺界处境日趋恶化，他的生活还是维持不下去。忽然有一天，田青来找锡金辞行，说是组织上又叫他回苏北去，他想征求一下锡金的意见。锡金想了一下，鉴于他的处境及上海局势，认为他还是回去的好，于是田青就又回到了解放区。

五六十年代，田青因上述问题曾受到过不公正的待遇。但历史是公正的，新时期以来，他以“孤岛”亲历者的身份写了不少回忆性史料。1985年中国社会科学出版社与上海社会科学院文学研究所编辑出版了《上海“孤岛”文学资料丛书·上海“孤岛”文学回忆录》（下），收入了田青写的《“孤岛”文艺通讯运动概述》一文，详细介绍了“文艺通讯运动”的兴起与发展，文中曾多次提及锡金与“文艺通讯运动”之间的关系。

（十七）　本期锡金著译年表（五）（1939.1—1941.12）

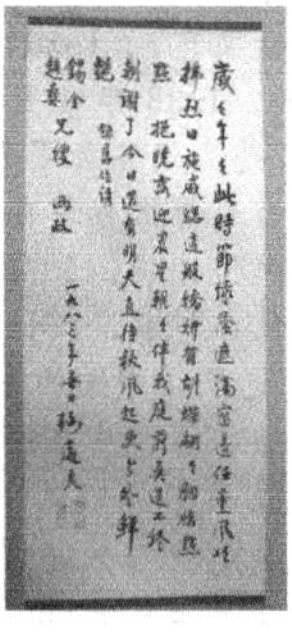

1983年春楼适夷赠锡金的题词

一九三九年

《怀乡病》（诗）　锡金　《文艺阵地》第2卷第7期　1939年1

月 16 日。

《抗战诗歌的一年间》 锡金 上海 《文汇报·世纪风》 1939 年 1 月 25、26 日。

《教士的工作》 锡金 上海 《鲁迅风》第 4 期 1939 年 2 月 1 日。

《夜泊吴淞口外》（诗） 锡金 上海 《鲁迅风》第 6 期 1939 年 2 月 15 日；《新诗选》第二册（中国现代文学史参考资料） 上海教育出版社 1979 年 11 月。

《中国诗坛社与蒲风》 锡金 上海 《自由谭》第 7 期 1939 年 3 月 1 日。

《海珠桥》（诗） 锡金 上海 《文艺新潮》第 1 卷第 6 号 1939 年 3 月 5 日；《新诗选》第二册（中国现代文学史参考资料） 上海教育出版社 1979 年 11 月。

《一个战士的死》（散文） 锡金 上海 《文艺新潮》第 1 卷第 7 期 1939 年 4 月 5 日 《撷英集》 琳琅书店 1940 年 1 月版；[日]泉信介译为日文，载日本《新潮》 第 38 卷第 2 期 1941 年 2 月。

《向着普希金的铜像》 锡金 上海 《鲁迅风》第 12 期 1939 年 4 月 5 日。

《义卖运动——向全上海市民号召》 白曙·石灵·锡金·关露（锡金执笔） 上海 《文汇报》 1939 年 4 月 24 日。

《枪手》（诗） 锡金 上海 《新中国文艺丛刊》第一辑（钟） 1939 年 5 月 1 日。

《诗随感》 锡金 上海 《鲁迅风》第 14 期 1939 年 5 月 20 日。

《怎样养成一个文艺通讯员》 锡金 上海 《译报》周刊 第 2 卷第 7 期 1939 年 6 月 1 日。

《春日多雨》（诗） 锡金 上海 《我歌唱》诗人丛刊 第 1 辑 1939 年 6 月 1 日。

《文艺通讯是什么》 锡金 上海 《文艺新潮》第 1 卷第 9 期

1939 年 6 月 5 日。

《诗琐论》 锡金 上海 《鲁迅风》第 16 期 1939 年 6 月 20 日。

《文艺通讯的现阶段》 辛 上海 《文艺新潮》第 1 卷第 10 期 1939 年 7 月 5 日。

《噱头主义的没落》 壑 上海 《文艺新潮》第 1 卷第 10 期 1939 年 7 月 5 日。

《连环画制作的诸问题》(论文) 锡金 上海 《文艺新潮》第 1 卷第 10 期 1939 年 7 月 5 日。

《意大利的脉搏》(书报介绍) 锡金 上海 《文艺新潮》第 1 卷第 11 期 1939 年 8 月 10 日。

《论文艺通讯》(论文) 曜宾 上海 《文艺新潮》第 1 卷第 11 期 1939 年 8 月 10 日。

《华铃诗四种》 锡金 上海 《鲁迅风》第 18、19 期 1939 年 8 月 20 日、9 月 5 日。

《诗歌的技术偏至论者的困惑》 锡金 《文艺阵地》第 3 卷第 10 期 1939 年 9 月 1 日。

《"肆无忌惮"》 常棻 上海 《文艺新潮》第 1 卷第 12 期 1939 年 9 月 10 日。

《八股习题》(杂文) 束胥 上海 《文艺新潮》第 1 卷第 12 期 1939 年 9 月 10 日。

《鲁迅为什么是中国的高尔基》 劳难 槟榔屿 《现代周刊》第 1 卷 第 25 期 1939 年 9 月 17 日。

《送行》(诗) 锡金 上海 《文艺新闻》创刊号 1939 年 10 月 1 日。

《看戏谈戏》(剧评) 丁若高 上海 《文艺新闻》第 2 号 1939 年 10 月 8 日。

《空屋子》(诗) 锡金 上海 《文艺新闻》第 4 号 1939 年 10 月 26 日。

《鲁迅与诗歌》 锡金 上海 《新中国文艺丛刊》第3辑 1939年10月。

《鲁迅的创作方法及其他》 读书出版社 1940年；《六十年来鲁迅研究论文选》中国现代文学史资料汇编（乙种）北京中国社会科学院出版 1982年9月。

《语文的学习》 锡金 上海 《文艺新潮》第2卷第1期（鲁迅先生逝世三周年纪念语文特辑特大号） 1939年11月1日。

《鲁迅与高尔基》 锡金 上海 《中学生活》第2卷第1期 1939年11月15日。

《漫画与木刻—工作与学习》（书报述评） 锡金 《文艺阵地》第4卷第2号 1939年11月16日。

《诗歌的口语化》 锡金 上海 《文艺新潮》第2卷第2期 1939年12月1日。

《我从高尔基获得》 锡金 上海 《文艺新闻》第7号 1939年12月1日。

一九四〇年

《一年来的诗歌回顾》 锡金 上海 《戏剧与文学》第1卷第1期 1940年1月25日。

《物价和生活》 锡金 上海 《文艺新潮》第2卷第4期 1940年2月1日。

《诗刊一束》（书报述评） 束胥 《文艺阵地》第4卷第7期 1940年2月1日。

《迎宪政、米价》（诗） 锡金 《文艺阵地》第4卷第7期 1940年2月1日。

《形式的产生》（短评） 锡金 《文艺阵地》第4卷第8期 1940年2月16日。

《荷花》 锡金 上海 《新中国文艺丛刊》第4辑《鹰》 1940年2月。

《诗歌语言的创造》(短评)　锡金　《文艺阵地》第4卷第9期　1940年。

《和假诗坏诗斗争》(短评)　锡金　《文艺阵地》第4卷第9期　1940年3月1日。

《茨冈》后记　锡金　《茨冈》　上海万叶书店　1940年3月15日。

《给戏剧家》(诗)　锡金　上海　《行列》第1卷第5、6期　1940年3月28日。

《诗歌与戏剧》(论谈)　锡金　上海　《文艺新潮》第2卷第6期　1940年4月1日。

《你要怎样》(戏剧)　锡金　上海　《文艺新潮》第2卷第6期　1940年4月1日。

《夕阳》(诗)　锡金　《福建民报·纸弹》　1940年5月13日。

《关于新民主主义的文艺》　霍亭　上海　《文艺新潮》第2卷第8期　1940年6月10日。

《春郊》(对话)　锡金　上海　《戏剧与文学》第1卷第4期　1940年6月20日。

《黄昏星》(诗)　锡金　上海　《行列》　1940年6月;《新诗选》第二册(中国现代文学参考资料)上海教育出版社　1979年11月;《中国四十年代诗选》(下册)重庆出版社　1985年。

《那六个走掉的》(散文)　锡金　《文阵丛刊之一·水火之间》生活书店　1940年7月。

《〈文艺长城〉述评》　劳难　《文阵丛刊之一·水火之间》　1940年7月;《上海"孤岛"文学作品选》(中册)上海社会科学院研究所上海社会科学院出版　1987年2月。

《草木》　锡金　常熟　《江南》第2卷第12期　1940年。

《伪军七叹》(歌曲)　锡金　常熟　《江南》第3卷第1期　1940年。

《从鲁迅出来》　锡金　《江南》第3卷第2期　1940年10月

30日。

《常熟农民第一次反对敌伪收租的斗争——〈江南漫记〉的片断》 锡金 常熟 《江南》第3卷第2期 1940年10月30日。

《冻死骨》（诗） 锡金 上海 《行列》第1卷第2期 1940年12月29日。

《没有能力的人》 霍亭 《上海周报》第3卷第1期 1940年。

一九四一年

《谈诗小札》（短文三辑） 锡金 上海 《奔流文艺丛刊》第1辑《决》 1941年1月15日。

《镇市风景》 丁若高 上海 《大陆月刊》第1卷第5期 1941年1月20日；《文艺阵地》第6卷第5期 1942年5月20日（署名锡金）。

《平阿炳的平粜米》 霍亭 上海 《奔流文艺丛刊》第2辑《阔》 1941年2月15日。

《黄昏星》（诗集收诗22首）《诗歌创作丛书》 锡金著 上海 泽上社 1941年5月。

《有女同车》 青嶂 上海 《大陆月刊》第2卷第1期 1941年5月。

《难于解决的事》 霍亭 《上海周报》第3卷第6期 1941年。

《乖得很的唐炳金》 霍亭 《上海周报》第3卷第7期 1941年。

《恋爱的插曲》 霍亭 《上海周报》第3卷第16、17期 1941年4月12日、4月19日。

《苏民的死》 霍亭 《上海周报》第4卷第3、4期 1941年。

《生活与文学》 长庚 上海 《大陆月刊》第2卷第3期 1941年7月1日。

《文艺史话》 劳难 香港 《笔谈》第6期 1941年10月16日。

《马伯乐》（每月书话）　辛　上海　《奔流新集》第1辑　1941年11月19日。

《第一名》（小说）　锡金　上海　《奔流新集》第1辑《直入》1941年11月19日。

《愤怒的葡萄》（美）　胡仲持译　辛　上海　《奔流新集》之二《横眉》　1941年12月5日。

七 蛰居上海
(1941.12.8—1945.5.17)

(一) 遭遇“太平洋战争”

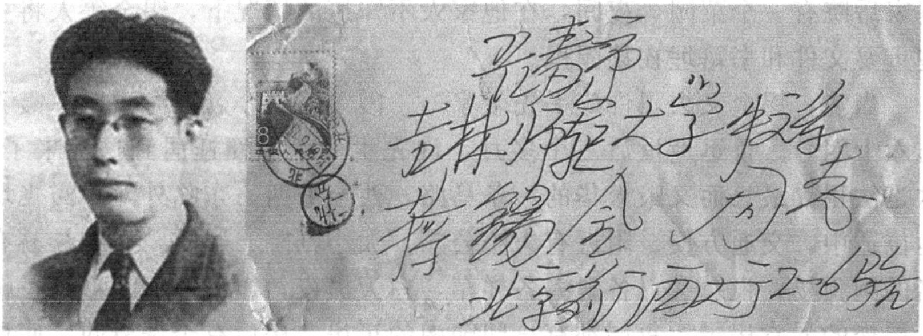

骆宾基 1947 年的照片，及其 1987 年从北京寄给锡金先生的信

1941 年 12 月 8 日太平洋战争爆发，当天上午，锡金就去林淡秋家询问组织安排。林淡秋说：“组织上还没有决定，等过几天，有了决定再通知你吧。”锡金与林淡秋当时还谈了一些对于情势发展的估计。林淡秋说：“看样子在日寇的直接控制下，进步文艺工作在上海是不好开展了，我想组织上大约会决定让我们撤退到苏北根据地去。”锡金却提出了自己的看法，说：“日寇刚刚入租界，他们应该是先抓取物资，然后才可能转入到整顿居民和扑灭对他们有敌对性的文化活动，所以我们在时间方面似乎还有一些安排和布置的余地……”林淡秋认为锡金说得有道理。

鉴于当时上海局势混乱而组织又没有决定锡金等人的去向，经商量后，锡金便按计划回去收拾东西，为撤退作准备。林淡秋与锡金事先约定了见面的方法和暗号：还是按通常的方式，由锡金去找他联系，他不来找锡金；他家里若无什么意外情况，他就在住室（亭子间）的窗台上放一个花盆。若锡金来了，没有看到窗台上的花盆，就表示他不在家或情况有变，锡金就不要去敲门。这是因为当时敌人的通常做法是在捕走嫌疑犯后，经常会派人“留守”，以便“守株待兔”，一网打尽。

从林淡秋家出来，锡金就到芳信家，与“行列社”的一些骨干分子会晤，传达了林淡秋代表组织发布的指示和对当时时局的分析。朱维基和芳信要求随锡金同去苏北根据地工作。锡金说：“这些事先不忙，等林淡秋与组织接洽后，有消息再说，但有些事我们是可以先干起来的，比如筹办旅费和棉衣，以及妥善处理一些稿件和有危险的书籍等。”说干就干，大家立刻行动起来了，把文件和书籍集中到一起却不知该怎么处理才好——既不想焚毁，保存又怕被日伪发现，惹祸上身。恰好朱维基家后院有一个菜园，夜间，在他家人不知道的情况下，锡金等人将一些重要文件和书籍埋在菜园里。

当晚，锡金又去了许广平先生家——霞飞路（今名淮海中路）霞飞坊六十四号。鲁迅逝世后三个多月，许先生母子俩便迁居到这儿来了。这是法租界最长而又最繁华的一条马路，西至沪西，东临外滩。霞飞坊地位适中，交通方便。附近有大小公园，大小剧院、影院，还有赫赫有名的跑狗场，夜总会，各式人各样车，白天黑夜，川流不息。这是一幢三层楼的弄堂房子，每层都有一间朝南的正房，房后有个洗漱间，底层和二楼之间朝北有个亭子间。许先生和海婴住二楼，接待客人、读书看报、吃喝写作，都在这屋里；女工双喜住三楼，鲁迅遗留下来的中外文书籍、书信、手稿以及一时用不着的资料和报刊都存放在这里。许先生屋里家具什物都很平常，进门右侧是一张最普通的双人床，靠窗是一张两头沉的木书桌，一个上下两层的大书柜，里面放着随手翻阅的新书报刊以及友人赠送的译著，此外就是一个五斗橱，一张饭桌、几把椅子和一台她常用的缝纫机了。屋内没有沙发，墙上没有装饰，柜台上没有摆设，有的只是书报杂志。室内明窗净几，井井有条，看得出主人一丝不苟的性格。鲁迅在世时，“从来不梦想什么是安适的生活”，现在搬了家，仍然保持着一贯的简朴作风。这里的一桌一椅、一书一物，凡是鲁迅留下来的，许先生都视为至宝，爱护备至。锡金送了一本刚出版却不能发行的《横眉》给她，并问她的打算。许先生那时正在检点书籍并准备焚毁。那些书刊大部分是进步书籍和刊物，许多都是作者赠送给鲁迅先生并附了题字的。锡金当时对许先生提了这样的意见：认为她那里鲁迅先生逝世前的这些书籍不必烧毁，因为由于鲁迅的关系，她那儿当然肯定是会有这些书的，如果没有，反倒奇怪，但鲁迅先生逝世后收到的进步书籍要想办法妥善保管。

关于许先生和海婴，锡金认为还是离开上海到苏北根据地去比较安全，因为当时上海的时局太乱，而她又是鲁迅的夫人，曾积极参与进步文艺运动，必将首当其冲。退一步说，她们母子即使只是遇到一些骚扰也是不值得的。许先生同意锡金对书刊的处理办法，就停止了检书，并放弃了烧书的打算，但她对锡金说不想离开上海，准备在上海挺下去，并说："我自己到任何地方去都可以，但不能不考虑海婴。海婴体弱多病，还是一个孩子，却患了老年人的哮喘病。虽然解放区的医药条件比普通农村可能好些，但要弄一些较好的特效药，总还是上海方便，况且周先生已经去世了，而海婴是他唯一的血脉，我不能只考虑个人的安危而让海婴冒险……，在考虑任何事时，我都只能把海婴放在第一位。"

这时，海婴从外面回来，一面上楼，一面喘气，满面通红，口中喊着"妈妈，妈妈"。许先生就对海婴说："你不要随便想到妈就喊妈！现在，外面世道变了，坏人多，我们很危险，所以，你一定要特别注意，不要想到妈就喊妈。到我们家来的人不多，这些人你都熟识了，譬如蒋先生（指锡金），楼先生（楼适夷），当着他们的面，你喊我妈，是没有问题的。但是有可能忽然家里出现了陌生人，这些人你从来没有见过，和常见的人不一样，你最好不要在我跟前，自己走远些。只要你不在我身边，妈妈就什么都不怕了。如果有人来把妈妈抓了去，也不要紧，你可以去找三叔（周建人①），王叔叔（王任叔），还可以去找蒋先生，也

① 周建人（1888—1984），政治活动家，生物学家。浙江绍兴人。字松寿，又字乔峰。早年从事生物学的研究。曾任商务印书馆编辑，《东方杂志》、《妇女杂志》，《自然》杂志编辑、撰稿人，上海大学、安徽大学教授。1932年参加中国民权保障同盟。后任生活书店、新知书店编辑。1945年与马叙伦等在上海发起成立中国民主促进会，并任中央理事。1946年上海人民团体联合会成立，当选为理事。1948年加入中国共产党。1949年参加筹备并出席中国人民政治协商会议第一届全体会议。新中国成立后，历任中央人民政府出版总署副署长，高等教育部副部长，浙江省人民政府副主席，浙江省省长，民进第三至五届中央副主席和第六、七届中央主席，民盟第三届中央常委，第三至五届全国人大常委会副委员长，第五、六届全国政协副主席。著有《略讲关于鲁迅的事情》、《生物进化浅说》，译有［英］达尔文《物种起源》。

可以去找李先生（指李平心[①]）。凡是我们的熟人你都可以找，他们不会不管你的，只要有他们活着，你就也一定能活着，有妈妈和没有妈妈都是一样。如果有坏人来，你还随便喊妈，这就给坏人知道你是谁了，他们一定要连你一起抓起来。坏人要打我，要杀我，我都不怕，我一切都能忍受的。但是，如果他们把你也抓了去，当着我的面打你，折磨你，我就忍受不了了。千万不要让坏人抓住你。这几天外面世道不好，多呆在家里，少到弄堂里乱跑，多呆在楼下，少来楼上，自己找爱玩的东西玩；特别是看到有不三不四的陌生人来找妈，你不要上楼来看，能溜掉就溜掉，能藏起来就藏起来，……”许先生这些话说得很郑重，海婴也听得很认真。锡金看到许先生的意思很坚决，便想把她的想法向组织汇报，就告辞离开了。

第二天晚上，锡金又找到了当时党小组的负责人林淡秋，询问组织方面的安排。林淡秋说："组织上已经做了决定，我们这些人都去苏北，你回去要大家准备准备，一有消息，我就通知你。"锡金问："还有几个'行列社'的成员（朱维基、芳信）要与我们同走，有没有问题?"林淡秋说："可以的。"锡金又汇报了关于许先生的情况和决定。林淡秋说："这件事请你放心，党组织会另外想办法照顾她的。"于是锡金就回来加紧准备棉袍和筹措路费。这些事都得瞒着家中做，因为家中并不知道锡金的活动，有时行列社的成员到锡金家里开会，他也都是把门关起，对家里人说是几个朋友来谈谈天。这样，锡金等人便把书籍、稿件之类运送出去，又把衣物等物品向芳信家集中，准备得到通知就从那里出发。

但接连几天，锡金到麦特赫斯脱路林淡秋家都找不到他。前几次，由于时局紧张，怕出差错，锡金都是在晚间去的，看到室内无灯，窗口

---

① 李平心（1907—1966），原名循钺，又名圣悦、鼎声，笔名倩之。江西南昌人。上海大学肄业。精通德、俄、日文。1928 年开始创作短篇小说并参加太阳社活动，任《现实周报》、《自修大学》期刊主编。1935 年创造性地编辑《生活书店·全国总书目》，影响很大。30 年代开始从事中国近代史的研究。1945 年加入中国民主促进会，任中央委员。解放战争时期，在上海《文汇报》任《青年周刊》主编。新中国成立后，任华东师范大学历史系教授，第二、三届全国政协委员，上海历史学会副会长。此外还致力于甲骨文、金文的考释，有论文多篇。“文革”初期被作为“反动学术权威”受到错误批判。1966 年 6 月 15 日自杀身亡。“文革”结束后平反昭雪，恢复名誉。著有《中国近代史》、《各国革命史》、《人民文豪鲁迅》，近年出版《平心文集》（6 卷本）。

也不见花盆。后来，由于心里着急，锡金索性冒险换成清早去、白天去还是没有人。因为锡金和淡秋事先有约定，所以他没有去敲门询问。

（二）“孤岛”遇险

冯雪峰学术讨论会合影（右一）为锡金（1986年3月7日，北京）

1941年12月15日清晨，日军开进租界后一个星期，天还乌黑，来自日本宪兵司令部的十多个便衣和原属旧法租界巡捕房的若干直辖人员，突然破门闯入许广平先生家。许先生心中有数，闻声而起，事到临头，反而镇静自若。她利用敌人从后门进入厨房，走上二楼的时刻，匆匆把一瓶治气喘病的药塞到还睡在床上的小海婴那里，吩咐他病时要吃药，又细声叮咛他赶快离家，不能再待在家里了。然后随手把棉被一拉，连头到脚严严密密盖住了海婴。便衣们翻箱倒柜，翻看得最仔细的是书橱和抽屉。他们把鲁迅从1911年到1925年的日记、各种图书，其中有不少是朋友送给许先生而且签了名的书刊，还包括出版将满两周年的《妇女界》半月刊以及十多个图章，打成两大包，全部抄走。他们又走上三楼，要继续搜查。正在要打开房门的紧张时刻，却被聪明的女工双喜姐阻拦住，她说：“这是借把人（租给人家）了的。”当时日寇刚侵入上海租界，还没有来得及登记户口，听说借给了人，也就算了，因而挽救了专门放置鲁迅遗物的三楼，使它免除了一场灾难。许先生还是被捕了。好容易挨到天大亮，大约七点光景，海婴才溜出大门，直奔蒲石路，遵照妈妈的嘱咐来到王任叔夫人王洛华家，暂住了几天，然后才转到叔叔三先生（周建人）家去。

当天楼适夷得到消息后，马上通过在他家附近居住的芳信告诉锡金，说是许广平先生已在当日清晨被日军捕去，海婴侥幸逃了出来，叫大家注意戒备，不要来往。一时间大家紧张起来，锡金数次去找林淡秋商量对策，都没有找到。

12 月 16 日，日寇发动了针对上海文化界的搜捕。就第二天夜里（日寇捕人总在半夜），与锡金准备同去苏北根据地的朱维基被捕入狱了。朱维基表弟戴鸿麟住在他对门，连夜赶去通知了锡金。看来敌人的黑手已经触及到“行列社”的成员了，大家都认为敌人一定是想从朱维基的身上得到有关锡金的消息，因此要求锡金注意隐蔽。由于怕情况生变，为了避险，锡金就连夜匆忙离家，去敲新婚表妹史曾瑜的家门，在她家的客厅住了一宿。表妹那时租住的是法租界麦琪路一座带花园的小洋房，四周有围墙，与外界是隔绝的。因为是新婚，刚搬进去不久，四邻还不了解底细，因而没有暴露的危险。

安顿下来后，锡金就把自己的藏身地址告诉了芳信，请他有事联系。但第二天早晨，芳信听说朱维基被捕的消息就来找锡金。他当时很害怕，不敢出去，没办法，锡金就让他也在自己的表妹那儿住下了。当时两人遇到的主要困难有：

1. 组织方面：锡金和芳信对外与组织失去了联系，无法得到组织的指示，更无从知道组织分配的工作。

2. 经济方面：锡金的表妹夫陈仁敌是一个四川银行家的儿子，因上海“孤岛”沦陷，家中的接济断了，也无法维持他在上海较阔绰的生活，于是想趁身边还有一些余款时和赶来上海参加女儿婚礼的史耀宾（锡金的二舅父，陈仁敌的岳父）一同返回南京，等候局势变化，或者再回重庆。

表妹夫陈仁敌劝锡金和芳信也一同到南京去暂住，避一避风头。锡金想表妹一家走后，无人照料自己和芳信的饮食起居，而当时的时局又很紧张，他们自己根本无法抛头露面，暂避也是一个办法，只是他心中忧虑的是如何与林淡秋代表的组织方面取得联系的问题，但却不能说明，因为母亲和父亲知道后，一定会设法把锡金羁留住，不让他走。1940 年，锡金去常熟江南抗日根据地，就是偷着走的。而且联系不上组织也不好走，于是锡金就请一位表弟史曾明去麦特赫斯脱路林淡秋住处去看一遍，告诉他有花盆就进去替他送一张条子，但表弟回来后，告诉锡金说还是没有任何联络标记。

在万般无奈的情况下，锡金就关起门来和曾经领导“宜兴农民暴动”的二舅父商量（当时芳信等人虽然知道锡金与组织有联系，但却不知他有党的关系），说了自己现在的困境——如何处理组织关系的问题。二舅父说：“这很简单，只要设法通知组织一声，你先到何处躲避就是了，等风声过了，回来后再找他们联系。”锡金觉得对，想来想去，就写了一封信，交表弟刘泽先送到静安寺路裕和坊的张一鹏（满涛的祖父）律师家，请满涛转给林淡秋。信上大致是说：“我去南京一行即回。”信是很简单的，目的只是向组织通报自己的行止，考虑到防止出现意外，所以没有必要写得十分清楚。由于满涛的祖父张一鹏在当时属于“上海名人”，所以锡金估计日寇一时还不能动他，而满涛原本曾参与过“行列社”的活动，与党的文艺工作者接触较多，所以不但林淡秋有经济或其他困难时会去找他，而且还很可能有别的同志去他那里寻求帮助，那也就知道了锡金的下落——并未因朱维基的被捕而被捕，而是去南京了。至于去南京的原因和其他的一切，等回来后都是可以说清楚的。

这样锡金就改了一个与二舅父家诸表弟排名相同的“史曾则”为名，芳信也改名为“方克勤”，领了“身份证”，于 12 月 20 日，动身去了南京。当时日军占领上海后，正重新办理“良民证”，为了避免身份证重复使用暴露目标，锡金同时也在家中领了一张名为“蒋福俦”的身份证准备从南京回来时用。之所以安心去南京，是因为锡金认为南京是敌伪统治的“中心”，在敌人的“眼皮底下”，而最危险的地方往往是最安全的。

(三) 避难南京

1981年长春地质宫前合影。左起：陈明、丁玲、适夷及其夫人、锡金

锡金的二舅父史耀宾那时正住在南京，他是专程赶到上海参加女儿史曾瑜婚礼的，因此便带了女儿、女婿及锡金和芳信一同回南京。由于他和任援道①是从小的朋友，所以经任援道介绍，二舅父在监察院任伪院长江亢虎的秘书，每月领一些薪金度日。

锡金在二舅父家住了几个月，但只看见他整天躺在床上吸鸦片（他在宜兴的暴动失败后，就总是那么躺着吸鸦片，很少起床），并没有看到他具体怎样办公。从饭食上看，二舅父家中的生活过得也不宽裕，因为并没有什么好吃的。可锡金当时的饭量却大得惊人，每顿可吃四碗，

① 任援道（1890—1980），字良才，号豁庵。江苏宜兴人。早年毕业于河北保定军官司学校，参加过辛亥革命，曾任平津警备司令。1935年，任“冀察政务委员会委员”；1937年，南京沦陷后，投靠“中华民国维新政府”梁鸿志的帐下，先任绥靖部长，后任“苏浙皖三省绥靖军”总司令；1941年1月，汪精卫伪国民政府在南京成立，任援道效命于汪伪政权。在日本侵略者支持下，在汪伪政权中先后任伪职有13项之多。主要实职有：伪第一方面军总司令，伪军事参议院副院长、代院长，伪海军部部长，伪江苏省省长（主席），伪苏州绥靖主任公署主任，伪江苏省保安司令，伪上海市市长等。1941年以后日伪建立稳固的后方，在占领区进行大规模的“清乡”、“扫荡”，任援道以伪海军部长的身份抽调海军舰艇配合，封锁重要交通河道和太湖等重要湖泊，成为日军的主要帮凶。1945年8月，抗战胜利后，任援道率军归顺重庆国民政府。蒋介石委任他为先遣军总司令，负责京（南京）、苏（苏州）一带治安，并出任军事委员会中将参议。后举家前往香港。1949年，人民解放军饮马深圳河，任援道又举家远飞加拿大定居。1980年逝于加拿大。

他曾说这是他生平吃饭的最高纪录。二舅父在珠江路租了四间正房，外有一个灶房与柴房。他自己住一间；锡金和芳信、大舅父（那时他也在南京，后来不久就走了）住一间，同睡在一张床上；家中雇的一个女佣带孩子住一间房；另一间书房住表妹史曾瑜和表妹夫陈仁敌两人。夜里搭铺，作为睡人的地方，白天拆掉，作为大家的餐室。因为锡金和芳信住的那间房子光线比较暗，所以两人白天看书和活动也在这间房中。二舅父整天躺着，也没见什么人找他办公，所以那间兼作饭厅用的书房就完全由锡金和芳信两人占用了，但由于家中孩子多，十分嘈杂，因而是无法安心看书的。

在日伪统治的中心——南京，当时的文化生活极其贫乏。锡金和芳信每天所能看到的都是些“歌舞升平”或“粉饰太平”的伪报，报道严重失实，因此便索性便连报也很少看。有段时间，两人每天下午都去南京的夫子庙喝喝茶，听听说书、清唱，或到旧书店去逛逛，买一些书。在百无聊赖的情况下，锡金用二舅父家中大叠的监察院稿纸起稿，继续研究起《楚辞》来。此外，锡金还有一个经常去的地方，就是“国府路”的“国立中央图书馆”，在那里借几本书，一看就是大半天。

临来南京前，锡金身边带有预筹的300元钱，芳信带有100元。两人每月都贴给二舅父家一些房饭钱。由于不善理财和花费较多，1942年2月时，芳信身边带的钱先用完了，锡金把剩余的钱均分成两份使用。两人经过商量后，觉得这样在南京待下去，整天无所事事不是办法，因此决定先派一个人回上海打探一下情况，看看风头是否过去了，再设法找一下出路。

芳信自告奋勇要求先回去，锡金也觉得他去较好，原因有：

1. 上海“孤岛”时期，芳信虽然曾积极参加过进步文艺活动，写过许多诗歌，后来又创办了“诗歌书店”，但由于他不是党员，而且最先从事的是舞蹈专业，因此不太出名，敌伪也很少注意他，并且不是日寇追寻的目标。

2. 芳信原来的爱人芳子是一个舞女，1928年两人相爱结婚，并在上海北四川路虬江路口开办了一所“腊雪司跳舞学院”，“腊雪司”为英语“水仙花”的汉语音译。后来上海“孤岛”沦陷时期，两人发生了婚变。芳子当时虽然已经与别人结合，但仍然可以给芳信一部分接济。

这样便决定由芳信先回上海，锡金给了他几个方面的关系，请他联系：

1. 寻找林淡秋同志，找到他，就能找到党组织，因此要想办法与林淡秋取得联系，途径可以从满涛处寻找。

2. 可以通过书店关系找梅益[①]，进而与党组织取得联系。当时虽然锡金和梅益没有直接关系，但锡金总觉得找到他能解决一些问题。锡金告诉芳信：“如果找到梅益，就告诉他我的情况，并马上通知我回上海。”

锡金在中正街车站送芳信上车，并在那儿徘徊了许久，那是他幼年时追火车玩的城内火车终点站，而当时却是“文华路”的一个站了。

芳信走后，锡金天天去各图书馆看书，继续写他的《楚辞研究》。这期间，锡金先后接到芳信几次来信，但从语气上看，芳信虽然尽力寻找组织，但却没有找到任何关系，并且芳信在信中还告诉锡金，上海的形势已经平静了，流露出希望锡金立刻回去商议下一步行动的想法。

---

① 梅益（1914—2003），中国大百科全书出版社总编辑、翻译家。原名陈少卿，广东潮安人。1929年考入上海中国公学，在校期间，受到革命思想的影响。1935年在北平参加了中国左翼作家联盟。同年底，受党组织委派转往上海“左联”和文化界救国会工作。1937年8月加入中国共产党。上海沦陷后，在上海从事党的地下工作并创办了《译报》。1942年，调中共华东局宣传部工作。1945年，奉中央指示返回上海，负责筹办《新华日报》。1946年初，到南京梅园新村工作，担任中共驻南京代表团新闻处处长、新华社南京分社社长。1947年3月随代表团撤回延安，担任新华通讯社总社编委、副总编辑。新中国成立后，梅益先后担任广播事业局副局长、局长、党组书记，为普及发展我国的广播事业做了大量工作。1957年当选为中国新闻工作者协会副主席。“文革”期间受到不公正对待。1977年5月，调中国社科院工作，历任副秘书长、党组副书记、秘书长、副院长、党组第一书记等职。1986年初，任中国大百科全书出版社总编辑，主持编辑《中国大百科全书》73卷（外加索引1卷）是我国第一部包罗古今中外知识，同时突出中国内容的现代综合性百科全书，翻译了英文版《钢铁是怎样炼成的》，是《西行漫记》的译者之一。

（四）重返上海

全国儿童文学教学研究会第二届年会合影。（1984 年，兰州）
二排左二：赵彝、左九：锡金

鉴于芳信离开南京回上海已经两个月，但还没有与组织取得任何联系，锡金觉得自己非亲自回去一趟不行了。于是 1942 年 4 月，锡金由南京回到了上海。

回上海后，事事不如意。首先锡金得知原来他藏在屋顶阁楼中的一部分珍爱的图书被包办婚姻妻子朱琴秋找出来烧掉了。其次是锡金仍然联系不上原有的组织关系。他曾到林淡秋原来的住处去找过一次，这一次他不仅敲了门，还从左邻右舍处了解到林淡秋全家已经在太平洋战争爆发几天后就搬走了，但不知去向。满涛处锡金没有敢去，原因是他的祖父张一鹏已经出任了伪司法部长，而他本人原来的表现就暧昧怕事，现在的态度就更不可料。前思后想之下，锡金决定为了避免意外的发生，还是不去找他问询为好。芳信则已经与他原来的妻子芳子完全分开了，并到宜兴周铁桥原锡金武昌财政厅同事张鹤暄办的一个中学去教书。而锡金则在上海等机会继续找组织关系。

这时“行列社”的成员沈孟先与戴鸿麟等人知道锡金回来了，就来找他，大家互相诉说了离别后的经历。沈孟先听完后便问：“锡金，你在南京有什么关系吗?”锡金就说了二舅父史耀宾及其与任援道的关系。

沈孟先说："锡金，我认识一个第三国际来的外国人，他一直希望找到与南京政府方面有关系的人，并想与其建立工作关系，然后派那人回南京去，设法打入任援道的军队内部工作，以便探取他们的军事机密或材料，但条件是被派遣人必须和过去所有认识的人都断绝联系，以保机密。而如刚才你所说，我觉得你的各方面条件都合适，不想试一试吗？"

锡金听了，感到很奇怪，"第三国际"① 在上海的活动究竟是什么性质的他一点也不清楚，而且在锡金的印象中似乎觉得第三国际早已停止活动或宣布解散了，这个外国人是否真的是第三国际的？是否这是革命同志对他去南京有所怀疑，故意以此来试探他是否有意到南京去参与伪政府？

于是锡金对沈孟先说："孟先，你知道，我是不适宜做这种精细机密工作的，我做文化工作太久了，生活自由散漫，遇事急躁，好冲动、逞强。况且我刚在南京呆了四个月，那种低气压的生活我受不了，要混在伪军中，我更会受不了的，所以我想我还是不与那位外国人见面为好。"

沈孟先是"行列社"中比较进步的成员，似乎与党有一定的关系，但当时党的纪律是不许在直系领导关系外另发生或打听什么关系，锡金自己就曾经因为打听过白曙的组织关系而受过戴平万同志的批评，所以对沈孟先的底细锡金当时也说不清楚，但因为经常听他说到苏北根据地的事，消息好像很灵通，而且平时的言论和行动也是进步的，所以并未怀疑他。

---

① 第三国际：即共产国际。各国共产党和共产主义组织的国际联合组织。1919 年 3 月，在列宁领导下，第三国际第一次代表大会于莫斯科召开，宣告第三国际成立。其总部设在莫斯科，凡参加第三国际的各国共产党都作为它的支部。1922 年 7 月，中国共产党"二大"决定参加共产国际，成为它的一个支部。第三国际曾先后召开过七次代表大会，领导过 70 多个国家和地区的共产党。第二次世界大战期间的 1943 年 5 月 15 日，共产国际执行委员会主席团为适应反法西斯战争的发展，并考虑各国斗争情况的复杂，需要各国共产党独立自主地处理面临的问题，作出了《关于提议解散共产国际的决定》。同年 5 月 22 日，向全世界公布了这个决定。同年 6 月 10 日，共产国际执行委员会决定共产国际正式宣告解散。

（五）出走未果，联系中断

第四届文代会诗歌工作者协会合影。左起：屠岸、柳倩（前排左二）、锡金（前排左三）、柯岩（前排左四）、方殷（后排左一）、任钧（右一）

由于暂时还没找到组织关系，无事可做，锡金就每天去鸿英图书馆，整天读书，继续做他的《楚辞》研究。在鸿英图书馆，锡金曾遇见过两个熟人，一个是董秋斯，见了面，大家点点头也并未谈话。另一个是赵景深[①]，锡金曾与他谈过几句话，赵景深问："你现在用什么名字？"锡金就告诉他说："蒋福俦。"他一听便十分惊讶，对锡金说："你真胆大，这名字怎么这样凶？"锡金当时很疑惑，没有听明白他说话的意思，但因为是在图书馆内的公共场所，所以也不好谈什么。后来锡金才想通了，原来赵景深把"福俦"听成"复仇"了。

鸿英图书馆位于霞飞路与拉飞德路的拐角，锡金每天去那儿都经过

---

① 赵景深（1902—1985），字旭初，曾用笔名卜朦胧、冷眼、陶明志、博董、露明女士、邹啸露等。祖籍四川宜宾，出生于浙江丽水。1922年天津棉业专门学校毕业，进新民意报社，任文学副刊编辑，兼绿波社社长，编辑《微波》、《虹纹》、《绿波周报》等刊物。1923年加入文学研究会，先后曾在岳云中学、中国公学、上海市立实验戏剧学校等校任教。1927年任开明书店编辑，1930年起任复旦大学教授，直至去世。同时曾经兼任北新书店总编辑，主编过《文学周报》、《现代文学》、《戏曲》等刊物。他著、译的作品数量多、范围广，有诗集《荷花》，散文集《小妹》、《文人剪影》，译著《罗亭》、《格林童话集》等，论著有《文学概论讲话》、《文学概论》、《中国文学小史》、《中国文学史概要》、《中国文学史新编》、《明清曲谈》、《谈曲小记》、《小说戏曲新考》、《中国小说论集》、《银字集》、《小说闲话》、《小说论丛》、《中国小说丛考》等多种。

蒲石路，常在路上遇见李平心的爱人胡蕴华，后来又遇上了李平心，并且常在一起谈谈。李平心是锡金为《上海周报》写稿的时候认识的，那时他正主编《求知文丛》。锡金与他比较熟悉是因为1937年在抗战时期的武汉，两人曾想一起筹办一个由韦悫[①]出面主编，给华侨读的刊物《祖国》[②]。这个刊物出版后不久就停办了。韦悫也先离开武汉到上海，后又离开上海到淮北抗日根据地兴办江淮大学[③]。

李平心不仅欣赏锡金写的诗，还热情地自己写了诗要锡金提些意见，并曾向《行列》投稿。这时李平心告诉锡金，他原来患的痔瘘已由成都路一个姓郑的医生割治而完全好了，对于健康大有裨益，连原来的头痛、头晕等毛病也大为好转，并劝锡金前去割治。他还说那个医生思想进步，很同情进步文艺工作者，所以收费并不贵。这样锡金就向母亲要了些钱。那时，家中一方面是生活窘迫，另一方面也是为了防止锡金忽然走掉，所以对他的用钱看得很紧，甚至连要买几本稿纸也得由别人代为购买，每月只能向家中领得三四元的香烟费。后来，锡金在李平心的爱人胡蕴华的陪同下多次去找那位医生看病。

有一次锡金看完病出来，正好在成都路遇见了钟望阳，他邀锡金和胡蕴华到他家中坐坐，并对锡金说："组织上正到处找你，你怎么在上

① 韦悫（1896—1976），教育家。广东香山（今中山）人。曾用名捧丹、普夫。早年加入同盟会。参加了辛亥革命。后留学德国、美国。曾获美国芝加哥大学哲学博士学位。1921年回国后历任广州高等师范、岭南大学教授，广州大元帅府外交部秘书兼国际司司长，教育行政委员会委员，多次代表中国出席美国太平洋教育会议，加拿大世界教育会议。1928年后，任上海市教育局局长，大学院社会教育处处长，中央大学教育学院院长，复旦大学、光华大学、暨南大学教授等职。1943年加入中国共产党。后任江淮大学、华东大学校长，苏皖边区政府副主席。新中国成立后，历任上海市副市长、教育部副部长、中国文字改革委员会副主任、华侨大学代理校长，著有《中国国际关系及其经济的政治的文化的诠译》、《德国教育思想概论》、《中国教育的改造》等。

② 《祖国》：1937年在汉口创刊。五日刊。辟有论说、文苑、批评、记事、报告、杂俎等栏目。主旨在于唤起全民众的民族觉悟和爱国心，奋勇抗战以卫祖国。主要内容包括：报道战局进展情况；评述政府外交政策和军事、政治方针；介绍各党各派的抗日政策和主张，以及全国各地的抗日组织和抗日活动等方面的情况。年内即停刊，共出3期。

③ 江淮大学：1942年9月，成立于淮北抗日革命根据地，是一所新型的理工科综合大学，设有土木工程、医学、农学四系和普通科，以"劳动、学习、为人民谋福利"为校训。江淮大学的师生大多是由于1941年冬"太平洋战争"爆发而从日军包围的"孤岛"上海撤出的教授和学生，为抗日民族解放事业培养了青年人才120余名。校长是由"孤岛上海"撤出的著名学者、教育家、苏皖边区政府副主席韦悫。

海耽着呢?”锡金就把与组织失去联系以及通过种种努力正在多方设法联系的情况对钟望阳讲了。钟望阳说：“下星期，我们正有一艘木船到苏北去，我也准备离开上海了，留在这儿的人不多了，将来你要找组织关系也不一定好找。”锡金当即就表示，想和他一同走，但仍有些问题难于解决，请组织协助解决：

1. 由于家中生活拮据，及父母怕锡金出走，在经济方面的制约，锡金自己目前无法筹到钱，因此去苏北解放区的路费希望组织想办法帮助解决。

2. 锡金想割了痔瘘再走。因为有上次在常熟的经验，痔瘘发起病来，不但不能工作，行军时还要人抬着走。况且那医生已经说了，治疗的时间很短，割完痔瘘，只要两三天，就可以自由走动了。钟望阳听完后，说：“行，你先去治疗吧，时间上来得及，路费也不用愁，反正是乘木船走，没有什么问题。”

这样锡金就在第二天去割了痔瘘。在回来的路上，胡蕴华一再劝锡金不要走，她说：“锡金，难道你不知道‘田青事件’?”锡金说：“我现在还不清楚。”胡蕴华见锡金一脸茫然，就接着说：“那个事件在苏北闹得很大，连赵平生都被当做‘托派’分子关起来了。”

锡金说：“田青曾回过一趟上海，对我也说过一些事，后来是组织上把他找回去的。”胡蕴华却激动地说：“但锡金，你知道吗，田青回去后，又被抓了起来，供出在上海时受你的思想影响最大，整个事件和供词都发表在根据地的报纸上了，你去苏北根据地，岂不是刚好投入这个案件之中?”锡金说：“田青是《译报》的通讯员，我只在工作中和他有些来往，去苏北也说得清楚!”。可胡蕴华却说：“可这问题一旦与‘托派’问题混在一起就不好办了呀!”锡金没回答她的话，但也并未反驳，只是说：“让我考虑考虑，再说吧。”

割治痔瘘的第三天，钟望阳来锡金家里看他。锡金正躺在床上，他告诉钟望阳说，他手术治疗的情况良好，要行动现在就可以走。但钟望阳却说：“不急，不急，过几天，我再来找你。”似乎有安慰锡金之意，稍坐片刻之后，钟望阳就起身告辞了。但过了几天，仍不见他再来。锡金心里着急，便去他的住处找他，可是却发现人去楼空——他全家都已经搬走了。这样，锡金就又与组织断了关系。

(六) 执教建承中学

锡金(中)与穆木天的女儿穆立立(右)、女婿乔福生(左)合影

随着时间的推移,日寇在租界的网渐渐拉紧,为了进一步加强对闲散人员的监督与控制,他们在居民中举办了"保甲"和"自卫警(民警)",要求每个人都要去马路上站岗,维持秩序。有工作的人轮值夜班,没有工作的人轮值日班。隔几天就要在路上站几个钟头。这迫使锡金必须改变自己"无业游民"的情况,以免引起敌伪的注意,于是那年夏天,在李平心的介绍下,锡金以"蒋福俦"为名,到位于白克路上的私立建承中学(现位于上海市静安区北京西路653号)教书。

这所中学为什么命名"建承",原因不详,可能是什么人的名字,锡金只知道它的前身是华华第二中学。在当时的上海,是青年学生中有名的"进步学校",与冯宾符[①]办的储能中学(后来锡金从学生口中得

① 冯宾符(1914—1966),原名冯仲足。浙江慈溪人。18岁考入商务印书馆当练习生,打下终身从事编辑出版工作的扎实基础。1934年参与创办《世界知识》半月刊,为特约撰稿人。抗战前夕,参加上海文化界救国会。1938年《世界知识》迁往内地出版,他在上海帮助胡仲持编辑《集纳》杂志,参与编辑《译报》周刊。是斯诺《西行漫记》翻译者之一。与胡仲持创办珠林书店,出版进步书籍。先后在麦伦中学、储能中学任教。为了掩护楼适夷等中共党员,被日宪兵队逮捕拷打,坚贞不屈。1946年4月,担任《联合晚报》总编辑,同时还实际负责《世界知识》的编务工作。1947年,加入中国共产党。从1950年世界知识社迁至北京,至1960年,一直主持《世界知识》的工作,还担任人民出版社副总编辑、外交部研究员,当选历届全国人大代表,中国民主促进会中央常委、秘书长,民进北京市主任委员等职。1966年患肠癌。"文化大革命"中受到诬蔑和迫害,1966年11月30日含冤逝世。"文化大革命"后,彻底平反,恢复名誉。译有《战后苏联印象记》、《德国问题内幕》等书。

知楼适夷也在储能中学教课，但当时由于处于特殊的时期，顾虑到互相牵累，便未曾谋面）一起被视为到解放区的“桥梁学校”。

建承中学的校长是戴介民，新中国成立后在上海华东师范大学历史系任教。他于1939年暑假创办上海私立建承中学。当时锡金曾见他在《译报·周刊》上写过《哲学讲话》或另外的什么文章，用的笔名是“巴克”，但那时锡金还不认识他。他后来曾和锡金谈起过，说他曾经参加过大革命，但真实的情况究竟如何，锡金不得而知。从几件事上看，他为人的大致轮廓是这样：

1. 戴介民不反对在学校中宣传一些革命思想和革命理论，但前提是不触及日本问题。当然这也是当时客观情况所限。

2. 戴介民和进步的文化界曾有联系而且在当时还保持着一定的关系。

3. 在戴介民私产式的学校中，先后有袁明吾、沙重叔[①]等党的同志在工作，戴介民相当尊重他们，因而学校始终在培养进步人才方面起着桥梁作用。

4. 戴介民的大儿子曾因追求进步，私自出走，去浙东解放区，被他自己赶去追了回来，并且用买钢琴、做西装等种种办法拉拢他，让他安心。经历此事后，他的儿子十分苦闷，在人前总是不说话的。

5. 戴介民有许多复杂的社会关系，如医生（范守渊）、律师（不记其名）之类，并经常和他们一起做投机股票的生意，还经常在一起会餐和打牌。

6. 建承中学校内教员的薪金发放办法是：每学期开始公布学费的收入，分配每点钟的薪值，然后按日照原定薪值发薪，而学生缴纳的全部学费与膳宿诸费，则成为戴介民投机的资本。沦陷时期的上海，由于通货膨胀，物价每月都变化很大，到学期末，许多教员穷得连饭都吃不上，只有少数与戴介民关系好的教师才能向他借款补贴，然后在从下个

① 沙重叔（1910—1999），原名史永，浙江鄞县人。曾用名沙文威。1925年加入中国共产主义青年团，曾任共青团江浙区委委员，共青团上海沪西、沪北区委书记。1934年加入中国共产党，后长期从事党的秘密工作。新中国成立后，历任中共南京市委统战部部长，江苏省委统战部副部长，中共中央华东局统战部秘书长，中共中央统战部处长，第四、五届全国政协副秘书长。

学期的薪金中扣还。

7. 由于学校“桥梁作用”的发挥，导致大批学生出走去解放区。戴介民因此不满意袁明吾等人的工作，曾有意让锡金接替袁明吾的教导主任工作。他曾对锡金说：“你看，这学校每个学期末都走掉半数以上的学生，所以，老袁不是在办学校，而是在拆学校。”“我们的学生若能留住，学校才能有发展。”这说明他的政治态度是以他的“教育商业”目的为前提的。

建承中学的教导主任是袁明吾（到根据地后改名吴明，新中国成立后至曲阜师范任校长），从后日的相处中，锡金知道他是戴介民的同乡，大概是浙江黄岩或温州人。在习惯上温州人或台州人都被称为“同乡”，因为这两地的语言习俗都是相近的。袁明吾与戴介民是幼时长期的故交，私交甚厚，但他们在见解上却并不完全一致。锡金与袁明吾相处尚好。首先，两人谈得来，对一些事情的看法相近。其次，由于锡金课教得多，课后经常在学校批改作业或试卷。批完卷，两个人就经常在一起喝酒，喝完酒又出去逛街。这样，在日常生活中就比较接近。

此外还有一个名叫王衡石的老师，袁明吾告诉锡金他也同苏北根据地有密切联系，后来锡金到解放区后，曾在第一纵队遇见过他，但他已改名为“王岭”。袁明吾向锡金说了别人的组织关系，同时也就表明自己是有组织关系的，但锡金当时却觉得他这样做与纪律不符，且有些奇怪，所以就绝口不谈自己的组织关系。

锡金在建承中学教了不足五个学期的课，所教的课时和科目却很多，每周总在 20 小时以上，差不多高中的国文总是由锡金来教。此外他还讲授初二的国文、高中的文学史、文学概论、西洋史等课程，但主要的是高中三班的国文。学生们不久就知道了他真实的姓名，不叫“蒋福俦”而叫“蒋锡金”，但却很愿意和锡金接近。锡金选的教材虽大半都是活页文选中的文言文，但通过那些选文，他也经常提出一些与现实相关的问题，让学生们思索，并加以解答，以启发他们的思想。遇到思想较激进的学生，锡金就指导他们自己组织读书会、图书室、办板报等，通过这些课外活动的接触，做一些进一步且比较亲切的谈话，然后再把他们的思想情况与要求告诉袁明吾，作为他介绍青年学生入解放区的参考。

两年半的时间就是这样过去的，上述工作差不多占了锡金精力的主要部分，因为那些课程虽然简单，但对锡金的“学历”说来，也还是陌生的。他主要是依凭武汉时期的自由阅读——锡金曾称之为“我的大学”——那一段的收获来教课，但教学工作与文艺创作活动，编辑工作是大相径庭的，所以仍需要作种种准备。

那时受锡金影响较大的学生，前期有董喆池（女）、朱维新（新中国成立后在总政治部，改名朱兰）、柴宏甫（到解放区后改了名字）、田杰人等，都到了解放区，后期有夏诚希、姚云（女）等。当然，影响这些学生的也并不只是锡金一人，整个革命形势、社会环境、学生中的进步青年活动、学校环境，都是他们趋向革命的重要原因。其他进步学生也都把自己的思想告诉锡金，同他商量学习、思想、生活中的种种问题，包括思想落后的学生，也以接近锡金为荣耀。

举两个例子来说，有一个姓汪的学生，是一个资本家的儿子，父亲开卷烟厂，出售当时较高级的香烟。由于自幼缺乏家庭教育，加之父亲又请了拳师在家里教他“十八般武艺”，因此，他并不安心学习，所以学习成绩全班最糟。不仅如此，他也并不与班级内进步的学生接近，一心只想着什么飞刀、飞镖，自以为真正的学问要到“峨眉山”或“崆峒山”才能求到。学习不用功，品质也不好，所以同学们都很鄙视他，冷落他，而他就更加精神不振。校长戴介民因他是有产阶级的孩子，因此就格外迁就他，这就更造成了他与普通同学间的距离。他来找锡金谈话时，锡金就告诉他：“追求真理是对的，但飞刀、飞剑绝不是真理，真理是人们在社会实践中总结出来的，并指导实践的一套价值理论体系，离开现实斗争的虚空冥想是永远得不到真理的。”几次谈话后，他就对同学们说：“我和蒋老师谈了几次话，蒋老师不像你们那样鄙视、冷落我，而是耐心地帮助我，现在我知道你们是对的了。”另外一个女学生叫陈华雯，是一个时装店店主的女儿。她的恋爱观点极其混乱。由于她容貌较好，因此追求她的人较多，但她都以游戏、玩耍的态度来对待他们，喜欢看男孩子为自己互相“争风吃醋”，因而人际关系搞得很紧张，最后的结果是人人都不愿意理她。她来找锡金谈她的苦闷，锡金从人生观出发批评了她。她逐渐省悟了，学习变得用功起来，积极热心于班内的工作，如墙报与演剧之类，思想上也有进步。但由于她过分与锡金接近，也曾引起学生们的一些非议，最终导致了她的退学。锡金自承这是他工作中有缺陷的地方。但事实上，锡金和她之间是没有任何特殊关系的。以上两个例子说明锡金当时在学生影响中的两面。其中，更主要的，当然是第三个方面，即在正常状况下把学生过渡到解放区，帮助他们开始新的另一种生活。

(七) 参与文艺活动

日本文化友人内山完造及其二三十年代创建的内山书店
(上海北四川路余庆坊弄口旁边 1908 号)

锡金自 1941 年 9 月到私立建承中学用“蒋福俦”这个名字教书，直到 1945 年 5 月。在不足三年的时间中，教学工作虽占据了他大部分精力，但除了教学之外，锡金还参加了一些文艺活动，以时间为序，详列如下：

首先，继续进行《楚辞》研究工作。在这两年半时间里，锡金完成了约 40 万字书稿，为原计划篇幅的四分之一。

其次，营救朱维基出狱。锡金从南京回到上海后，就从朱维基的表弟戴鸿麒处得知一些有关朱维基的消息。朱维基因为在狱中表现良好，所以已经从关押重犯的江湾日本宪兵队移解到犯罪较轻的南市监狱，刑期是一年半。当时的情况是可以想办法用钱赎取提前释放的，但当时朱维基与家中妻子的关系不合，他的妻子即使有钱也不愿意赎他出来，而是对锡金说：“让他在里面安静些吧，我有他和没他一个样。”朱维基呢，得知妻子的态度，也就准备在狱中挺到释放，不愿提前出狱。戴鸿麒去劝他，他听不进去，坚持要挺到释放。万般无奈的情况下，鉴于风声很紧，怕被敌人认出，锡金自己化了妆，到狱中去劝他，晓以利害，他才同意了。锡金与戴鸿麒同狱长谈了价钱，约一千数百元（价钱是要自己谈的），由锡金代替朱维基出面向他在上海交通大学当体育主任的姐夫张国权借得了1000元，再凑上一些数目，把朱维基从监狱中赎了出来。出狱后，经锡金介绍，朱维基到建承中学教高中的英文与初中三年的国文。但他在国文课中常念别字，因此学生们并不欢迎他，所以过了一个时期，他也就离开了。朱维基曾对锡金说起过在监狱以及日本宪兵队的情况，说到了张冰独①，也谈到了许广平先生的情况。他说，受审讯时问他的主要是关于锡金的问题，关于他自己的很少。日军也曾严刑逼供，叫他供出锡金的地址，但他咬定，平时只是锡金去找他，他从来没找过锡金，所以无法知道具体地址，日寇最后也拿他没有办法。

再次，看望许广平先生。出狱后的朱维基，很想见见许广平先生。因为那时锡金等人已听说许先生已由内山完造②营救而获释了，于是锡金和朱维基去看了一次许先生。

许先生对锡金讲述了她自己在狱中的遭遇：她于1941年12月15日被日军监禁在北四川路日本宪兵司令部，次年2月17日又由日本宪兵“护送”到沪西极司非而路（今万航渡路）76号臭名昭著的汪伪特

---

① 张冰独：著名报人、影剧评论家。1937年组织“新创造社”，主编《电影日报》、《影迷世界》、《理想家庭》等多种报刊。抗战期间，被日寇视为“赤色文化人”，与许广平、陈歌辛等一起被抓进了“ABC”集中营。1943年，潜赴桂林任战地特派记者，四度采写陈纳德，并投入柳亚子、田汉等组织的民主抗日运动。在阿英主编的《文献》上，他与梅益同被列入抗战期间51位左派著名的文化人士。

② 内山完造（1885—1959），生于日本冈山县后月郡。1913年被大阪参天堂派至上海及中国内地推销眼药。信奉基督教。1917年其妻内山美喜子在上海住所开办内山书店。后迁至施高塔路（今山阴路）11号。该店以书会友，成为中日文化人士的活动场所。1930年，脱离参天堂，全力经营内山书店，与鲁迅等成为挚友，曾帮助鲁迅买书、印书、卖书，还协助鲁迅在上海举办版画讲习会及版画展览会。日本侵华战争期间，身处日本，令上海内山书店维持现状。1941年，回上海主持书店。太平洋战争爆发后，奉命管理美商的中美图书公司。其间，曾秘密营救许广平、夏丏尊、章锡琛等人。1945年8月，将书店财产全部分给店员。同年10月，书店被中国政府接管。1947年12月被强制遣送回国，回国后积极从事日中友好活动。1956年被举为日中友好协会理事长。在国内作过几百次演讲，六次访问中国。1959年9月20日在北京逝世。生前视上海为第二故乡，依照他的遗愿，安葬在上海。著作有：《一个日本人的中国观》、《上海漫语》、《中国四十年》、《花甲录》等。

务机关所谓“调查统计局”，3 月 1 日才由内山书店出面保释，在狱中蹲了两个半月，共 76 天。出狱时适值阴历十五，回家当晚，她便在夜色笼罩下匆匆赶到周建人先生家，接回海婴，并通过周先生设法通知朋友们暂时不要去看她，怕有暗探盯梢。许先生在狱中虽然吃尽苦头，但出狱后，念念不忘的仍是老朋友的安全。

当时日寇主要是逼她供出几个人的地址，她也为此受了电刑，她曾捋起左腿裤管来给锡金等人看大腿上的瘢痕，诉说了那种残暴的施刑方法和受刑的感觉。她那种坚忍熬刑的斗争意志使锡金感动流泪。最终，许先生没有办法，曾带日本宪兵去过楼适夷的住处，因为她估计那时楼适夷一定搬走了。楼适夷住的是个大杂院，人口简单，搬走是比较容易的。于是，在可以确定适夷已经搬走的情况下，许先生作了一次戏剧性的串演。日本宪兵押着她到了成都路的那个杂院，杂院的许多住户果然说姓楼的在一个月前就搬走了。她知道这时又要挨打了，便披散了头发，捶腿大哭，说：“我这女人好命苦啊！嫁了个老汉死了多年，连他的朋友的事也要算到我头上来，我怎么能知道啊！”她是在天井里哭的，杂院里的许多房客就站在洋台式的走廊上围观。日寇觉得这样不好，便又把她带回去收押起来……，她也曾说起因不肯说出锡金的地址而受过刑。

（八）　恢复“行列社”

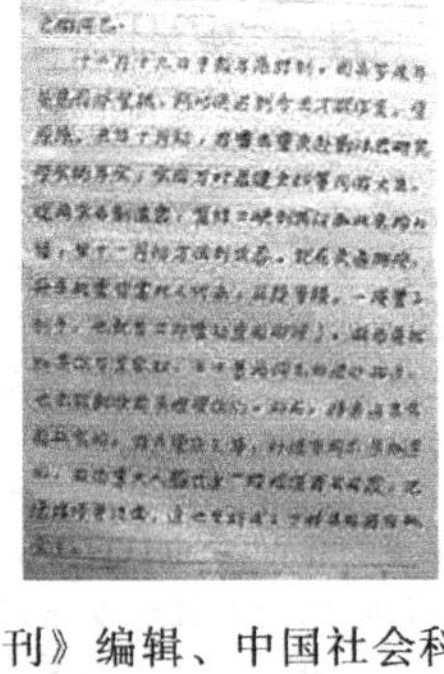

锡金寄给《诗刊》编辑、中国社会科学院外国文学研究所研究员卞之琳先生的信（1986 年）

朱维基出狱后，锡金就与朱维基等人一齐恢复了“行列社”的活动，地点放在戴鸿麟的家中，但参与的人少了很多，只朱维基、戴鸿麟、沈孟先、芳信（他不常来）、林雪明、姚云及锡金，共七人。活动的具体内容分为几个方面：

1. 谈论时事和学习李昂吉耶夫著的《政治经济学》。锡金等人曾邀请沙重叔参加，并解答学习中遇到的一些疑难问题。

2. 汇集当时可得到的英文、德文书籍，着手研究和翻译以鲁迅《摩罗诗力说》中提到的“摩罗诗人”为中心的诗歌作品。锡金在这一期间曾翻译了匈牙利民族文学奠基诗人裴多菲[①]、波兰诗人密茨凯维奇[②]、

---

① 裴多菲·山陀尔（1823—1849），匈牙利伟大的革命诗人，匈牙利民族文学的奠基人。出身于贫困的屠户家庭，从小过着困苦的生活。做过演员，当过兵，是1848年匈牙利资产阶级革命的领导者和歌手。他的一生是与匈牙利人民反抗外国侵略和争取政治自由的斗争联系在一起的，最后在与沙俄哥萨克兵的搏斗中为国牺牲，年仅二十六岁。他十五岁开始写诗，在短暂而光辉的一生中，共写了800多首抒情诗和九首长篇叙事诗。最著名的抒情诗有《民族之歌》、《我的歌》、《一个念头在烦恼着我》、《自由与爱情》、《我愿意是急流》、《把国王吊上绞架》等等；最著名的叙事诗有《农村的大锤》、《雅诺什勇士》（一译《勇敢的约翰》）和《使徒》。此外他还写过小说，戏剧和政论。裴多菲的诗用民歌的形式描写当代人民的斗争。他曾说：“在匈牙利人民中间，我的歌是为了争取自由而斗争的第一课。”

② 密茨凯维奇 Adam Mickiewicz（1798—1855），波兰诗人。出身于立陶宛一个小贵族家庭。父亲是律师，曾参加1794年科希秋什科领导的抗俄民族起义，密茨凯维奇从小受到爱国思想的熏陶。1815年他进入维尔诺大学，在这里积极参加学生爱国运动，加入秘密组织爱学社和爱德社，成为两个组织的领导人。在大学学习期间，密茨凯维奇开始写诗。1822年他的第一部诗集的出版成了波兰浪漫主义文学兴起的标志。翌年他又发表了诗剧《先人祭》第二、四部和长诗《格拉席娜》。《先人祭》第一部这时也开始写了，但未完成。《格拉席娜》是一部取材于立陶宛古代民间传说的长诗。不久后，当时沙皇在波兰的全权代表、俄国参政院议员尼古拉·诺沃西尔佐夫来到维尔诺，发现了爱德社，密茨凯维奇和他的一些朋友被捕入狱。1824年10月，诗人被判流放俄国。在俄国期间，他结识了十二月党人和普希金等。1826年，他出版了《十四行诗集》，包括《爱情十四行诗》和《克里米亚十四行诗》两组诗。后一组对克里米亚的高山和大海作了生动的描写，表现了诗人对祖国的怀念。1828年，长诗《康拉德·华伦洛德》问世，叙述13世纪立陶宛爱国者华伦洛德抗击入侵的日耳曼十字军骑士团的故事。1829年密茨凯维奇来到罗马。1830年11月起义爆发时他立即整装回国参加起义，但途中被阻在波兹南。起义失败后，他随流亡战士来到德累斯顿，写出了《先人祭》第三部（1832）。1832年起，密茨凯维奇定居巴黎，写出了《波兰民族和波兰巡礼者之书》。1834年出版了他最重要的作品、长诗《塔杜施先生》。书中描述的立陶宛地区两大仇家的斗争与和解以及两家的年轻一代塔杜施和佐霞的恋爱反映了波兰贵族的生活，叙述了波兰爱国志士反沙俄侵略的斗争。1843年欧洲革命爆发期间，密茨凯维奇来到意大利组织波兰志愿军队反对奥地利占领者。1855年俄土战争爆发，他来到土耳其，打算组织军队去和沙俄作战，但受到反动势力的阻挠和破坏。后来诗人因染上瘟疫，1855年11月26日逝世于君士坦丁堡。

斯洛伐茨基[①]和克拉西茨基[②]的诗选，但这些诗选因年代久远，加之时局动荡，现在大都散失了，锡金只存一部埃及《亡灵书选》的译稿，新中国成立后发表在1957年1月的《译文》杂志上。

3. 在日伪白色恐怖文艺政策笼罩下的上海，出版进步刊物已不可能，于是锡金等人只能采用“手抄本”的方式分类编行刊物《行列》，并在会员中互相传观，直到现在锡金仍保存和积累了一些稿件。

4. 积极在青年学生中开展工作。“行列社”成员也兼带做些教会大学的学生工作。例如，戴鸿麟肄业于圣约翰大学；林雪明肄业于沪江大学，通过他们的关系，在学校中组织一些学生团体，如沪江大学的“战时文学研究所”，圣约翰大学的“莎士比亚研究会”等。在这些团体中，除了讨论文学问题之外，经常研究些时事问题，读些社会科学方面的书籍。在讨论中遇到争端，戴鸿麟和林雪明就介绍锡金去做一次讲解。这种讲解会通常是在那些倾向进步的学生家中举行的，借此锡金等人也传播一些革命思想。

---

① 斯洛伐茨基 Juliusz Siowackiji (1809—1849)，波兰诗人、剧作家。出身于贵族家庭。在大学期间开始写诗，早期诗歌充满感伤情调。1829年到华沙后，他关心当时的政治斗争和文学论争，写了许多篇富有浪漫主义色彩的长诗，如《胡果》(1829)、《修道士》(1830)、《阿拉伯人》(1830)、《扬·别列茨基》(1830)和两部诗剧《明多维》(1829)、《玛丽亚·斯图亚特》(1830)。《扬·别列茨基》是其中的优秀之作。1830年11月，华沙爆发了反对俄国的武装起义。斯沃伐茨基写了《自由颂》、《悲歌》和《立陶宛军团之歌》等诗，歌颂争取自由和民族解放的斗争，给起义战士以很大鼓舞。起义失败，斯沃伐茨基流亡国外。1832至1836年侨居瑞士，先后写出了长诗《在瑞士》，诗剧《科尔迪安》、《巴尔拉迪娜》、《霍尔什亭斯基》和《马泽帕》。1836至1837年，斯沃伐茨基游历东方，先后到过希腊、埃及、叙利亚、巴勒斯坦和黎巴嫩等地。他写了长诗《瘟疫病人的父亲》、《伐兹伐夫》、《比亚特·但特舍克的长诗》和带有神秘色彩的散文诗《安赫利》。1838年后定居巴黎。随后他写了剧本《里拉·维涅德》、《法塔齐》和长诗《贝尼奥夫斯基》。1842年以后，斯沃伐茨基受到托维安斯基的宗教神秘主义的影响。这期间写的《莎乐美的银梦》、《马列克神父》和长诗《精神之王》，都带有这种神秘主义色彩。后来国内民族解放斗争高涨，他脱离了宗教团体，声援革命。1848年他抱病回国，参加了波兹南的起义。后又去法国，1849年4月4日死于巴黎。

② 克拉西茨基 Ignacy Krasicki (1735—1801)，波兰诗人、作家。出身贵族。曾在罗马神学院进修神学，回国后被任命为宫廷神甫，后任伐尔米亚主教。1795年任格涅兹诺大主教。1801年死于柏林。克拉西茨基于1774年发表第一首诗作《热爱祖国颂》，以后相继发表了《群鼠》(1775)、《摩纳霍玛其亚，即修士之战》(1778)等长诗，揭露波兰统治阶级的残暴凶狠，嘲笑天主教修士的虚伪愚昧。小说《米科拉亚·多希维亚德钦斯基历险记》(1776)宣扬保存私有制度的资产阶级“理性的王国”的思想。此外还写了大量寓言诗、政论文章，并编纂了波兰第一部百科辞书《日用知识大全》(1781)。

（九）《青年知识文库·星象》和《剧本丛刊·赌徒别传》

锡金创作的五幕剧《赌徒别传》

（据道斯退夫斯基小说改编，上海世界书局剧本丛刊之一，1945年）

在建承中学任教期间，学校曾发动学生义演，组织抗灾募捐活动，为此锡金专门请芳信指导，帮助学生排演了俄国著名作家列夫·托尔斯泰①于1886年创作的剧本《黑暗之势力》，当时用的是欧阳予

① 列夫·托尔斯泰（1828—1910），19世纪俄国最伟大的作家。出生于贵族家庭，1840年入喀山大学，受到卢梭、孟德斯鸠等启蒙思想家影响。1847年退学回故乡在自己领地上作改革农奴制的尝试。1851—1854年在高加索军队中服役并开始写作。1854—1855年参加克里米亚战争。几年军旅生活不仅使他看到上流社会的腐化，而且为以后在其巨著《战争与和平》中能够逼真地描绘战争场面打下基础。1855年11月到彼得堡进入文学界，其成名作：自传体小说《童年》（1855）、《少年》（1857）。这些作品反映了他对贵族生活的批判态度，“道德自我修养”主张和擅长心理分析的特色。从中篇小说《一个地主的早晨》（1856）之中可以看到他站在自由主义贵族立场主张自上而下改革而在自己庄园试验失败的过程。1860—1861年，为考察欧洲教育，托尔斯泰再度出国，结识赫尔岑，听狄更斯演讲，会见普鲁东。他认为俄国应在小农经济基础上建立自己的理想社会；农民是最高道德理想的化身，贵族应走向“平民化”。这些思想鲜明地体现在其中篇小说《哥萨克》（1852—1862）之中。1863—1869年托尔斯泰创作了长篇历史小说《战争与和平》，这是其创作历程中的第一个里程碑。1873—1877年他完成其第二部里程碑式巨著《安娜·卡列尼娜》。70年代末，托尔斯泰的世界观发生巨变，写成《忏悔录》（1879—1882）。80年代创作：剧本《黑暗的势力》（1886）、《教育的果实》（1891），中篇小说《魔鬼》（1911）、《伊凡·伊里奇之死》1886）、《克莱采奏鸣曲》（1891）、《哈泽·穆拉特》（1886—1904）；短篇小说《舞会之后》（1903），特别是1889—1899年创作的长篇小说《复活》是他长期思想、艺术探索的总结，也是对俄国社会批判最全面深刻、有力的一部著作，成为世界文学不朽名著之一。托尔斯泰晚年力求过简朴的平民生活，1910年10月从家中出走，11月7日病逝于一个小站。

倩[①]的译本（1939年8月，现代戏剧出版社出版），改名为《欲魔》。该剧在上海金城大剧院演出，取得了很好的社会反响，并募集到数目不小的一笔钱。

当时范泉又通过与锡金同在建承中学教国文课的司徒宗（即茅盾的妻弟孔令杰）找到了锡金，说是有一个永祥印书馆[②]要成立，请范泉去做编辑，想编一套《青年知识文库》，邀请锡金参加。锡金详细询问了书店的背景。范泉介绍说，"这书店是一个老店，其创设年代略晚于商务印书馆[③]，目前正想股票上市，所以也想大做一下"，"这其中可能有一些宋子文[④]的资本在内，但并没有什么政治目的"。同时范泉还向锡金保证"绝无敌伪资本在内"。锡金于是提了一个条件，要范泉答应

① 欧阳予倩（1889—1961），戏剧教育家，戏剧电影编导。湖南浏阳人。原名立袁，艺名莲笙、兰容。1902年东渡日本，先后入成城中学、明治大学、早稻田大学学习。1907年在日本参加新剧团体春柳社为演员，演出《黑奴吁天录》，《热血》。回国后，在上海与陆镜若等人组织新剧同志会、春柳剧场，倡导并参加编演新剧。1914年开始从事京剧创作与演出，自编自演新剧目二十多出，成为著名京剧演员，曾有"南欧北梅（兰芳）"之誉。1918年在南通创办伶工学社，进行戏曲教育改革尝试。1926年参加民新影片公司，编演了《玉洁冰清》、《天涯歌女》、《三年以后》等无声影片。1927年参加南国社。1929年到广州创办广东戏剧研究所。1937年后，在上海主持戏剧界救亡协会歌剧部。后在桂林创办广西艺术馆，领导桂剧团体，编导《梁红玉》、《木兰从军》等戏，宣传抗日，并与田汉等发起举办西南剧展。新中国成立后，历任中央戏剧学院院长，中国文联第一届常委和第二、三届副主席，中国剧协第一、二届副主席，中国舞协第一、二届主席。1955年加入中国共产党。是我国新兴话剧运动奠基人之一，戏曲改革的先驱者。著有《欧阳予倩文集》。

② 上海永祥印书馆：1899年由陈永泰独资创办于上海。初办时仅圆盘机三台，徒工三四人，因能承印书刊及表格零件，在同业内名盛一时。1940年后，业务重点转向书刊并增设凹凸彩印设备，工厂迁到上海陕西南路。至新中国成立前夕，已是私营企业中印制书刊产品的大户之一。1956年公私合营后，并进三江、福兴、新时代等15户小厂后组成上海人民印刷十三厂。60年代又并入戏鸿堂等小厂40余家，业务已全部转向包装装潢。70年代末迁往市郊朱行镇内，定名为上海塑料彩印厂。

③ 商务印书馆：中国近现代出版事业中历史最悠久的出版机构。1897年创办于上海，1954年迁北京。100年来，商务印书馆出书3万余种。目前，以翻译介绍外国哲学、社会科学的学术著作和编纂出版语文工具书为主要任务，兼及研究著作、教材、普及读物等。香港、台北、新加坡、吉隆坡都设有商务印书馆。

④ 宋子文（1894—1971），金融家。广东海南人。早年毕业于上海圣约翰大学。后去美国哈佛大学攻读经济学，获硕士学位，继入哥伦比亚大学，获博士学位。1923年任孙中山英文秘书，后主管国民党财务。1924年在广州创办中央银行，任总裁。1925年任国民政府财政部长。1928—1930年间通过谈判收回关税自主权，使中国有权确定关税税率和监督税收。1942年担任国民政府外交部长后曾与美国国务卿赫尔签订中美抵抗侵略互助协定，次年与外国谈判收回各国在华的治外法权。宋子文于1945年出席联合国大会任中国首席代表，同年6月去莫斯科与斯大林会谈，8月签订中苏友好条约。1947年任广东省政府主席。1949年去香港，后移居美国纽约。1971年4月病逝于旧金山。

"稿件可先交，但交一部分需拿一部分的稿费，书只能在抗战胜利后出版"。范泉完全接受了，并且答应锡金无论写什么题目都行。锡金对范泉当时还是存着一定的戒心的，怕被利用，经再三考虑，决定不写关于文艺方面的文章。因为锡金当时在研究《楚辞》，通过自修，积累了一些天文学方面的知识，所以决定写一部关于《星象》[①] 的小书，并组织了朱维基写《生物的进化》，芳信写《罗曼·罗兰评传》。应附带说明的是，抗战胜利后，范泉曾主编过一个文艺刊物《文艺春秋》[②]，其中发表了锡金的六篇稿件，篇目分别为：

1.《论离骚》上海《文艺春秋》丛刊之二《春雷》　1945年3月15日。

2.《矛盾》（寓言诗）上海《文艺春秋》丛刊之四《朝雾》　1945年6月1日。

3.《枯鱼》（寓言诗）上海《文艺春秋》丛刊之五《黎明》　1945年9月1日。

4.《蛇》（散文）上海《文艺春秋》第2卷第1期　1945年12月15日。

5.《摩罗诗说》上海《文艺春秋》第2卷第2期　1946年1月15日。

6.《假威》（中国寓言诗）上海《文艺春秋》第2卷第3期　1946年2月15日。

那原是锡金存在朱维基处的旧稿，是范泉从朱维基处取去的。

孔另境当时正在为世界书局编一套《剧本丛刊》，来向锡金约稿，锡金就把一部《赌徒别传》略加修改，给了他。

---

① 《星象》：（青年知识读物）锡金著；上海永祥印书馆，1945年10月初版；1947年9月再版。

② 《文艺春秋》：1944年10月10日创刊于上海的综合性不定期刊物。上海永祥印书馆出版。最初以丛刊形式由该馆编辑部编辑。12月1日起由范泉主编。1945年9月1日改为纯文艺月刊，内容包括文艺、历史、教育、出版等，其中以文艺为主。抗战胜利后，改为文艺月刊，成为国统区有影响的大型刊物，内容以发表文学创作和文艺批评为主，兼刊译介文章和解放区作家的作品。在文学理论上注重对现实主义的探讨，创作大多反映国统区的社会现实。主要撰稿人有郭沫若、茅盾、田汉、洪深、李健吾、臧克家、何家槐、碧野、王西彦、黎烈文、顾仲彝、施蛰存、魏金枝、许杰、林焕平、艾芜、任钧等。1949年4月15日出至第8卷第3期停刊，共出44期。

这部稿子是锡金看到当时在日寇的支持下上海“赌风”猖獗，败坏人心，所以从F. 道斯退夫斯基的小说改编的，成稿时间较早。最初是芳信看锡金生活清苦，想让他挣一些稿费糊口，因此替一个当时在上海兰心剧院演出的剧团向锡金约的稿。因为这个原因，考虑到剧团商业利益的需要，在进行剧本改编时，锡金加入了模仿当时赌场风气的描写，但这也并不完全是作者主观的想象，比如说为了弄清赌场的实际情况，锡金就曾到赌场内体验过几次生活。后来那个剧团并没有采用这个剧本，所以孔另境来约稿时，锡金就将稿件修改后请他交给世界书局了。

1943年后，孔另境为上海世界书局主编了5辑《剧本丛刊》，每辑10册，共有50册之多。除孔另境自己写的5册外，其余都是留沪剧作家的作品，先后在1944、1945年出齐。这5辑《剧本丛刊》的封面是钱君匋设计的。剧本的作者和书名如下：

孔另境：《李太白》、《沉箱记》、《春秋怨》、《凤还巢》、《蛊惑》

王文显：《梦里京华》

方君逸：《银星梦》、《满庭芳》、《离恨天》、《花弄影》、《红豆曲》

石华父：《晚宴》、《孔雀屏》、《雁来红》

邓昭晖：《妻》、《丈夫》

周贻白：《绿窗红泪》、《金丝雀》、《阳关三叠》、《连环计》

朱端钧：《圆谎记》

李健吾：《花信风》、《喜相逢》、《风流债》

佐　临：《梁上君子》、《荒岛英雄》

吴仞之：《赚吻记》

洪　漠：《阖第光临》

姚　克：《清官怨》、《楚霸王》、《银海沧桑》、《美人计》

胡　导：《眼儿媚》

袁牧之：《钟楼怪人》

袁　俊：《富贵浮云》

黄　鹤：《潘巧云》

杨　绛：《称心如意》、《弄真成假》

鲁　思：《十字街头》、《狂欢之夜》、《蓝天使》、《爱恋》

锡　金：《赌徒别传》

魏于潜：《钗头凤》、《甜姐儿》

顾仲彝：《三千金》、《重见光明》、《新妇》、《野火花》、《八仙外传》

由于《剧本丛刊》宣传爱国抗敌意识，孔另境遭日本宪兵逮捕，受到酷刑拷打，直到抗战胜利前夕才被释放。《剧本丛刊》中的不少作品都在上海话剧舞台上演出过，受到广大观众的热烈欢迎。其中姚克的《清宫怨》，后来在香港改编拍成电影《清宫秘史》，影响更为广泛。

（十） 沦陷后的文艺界交往

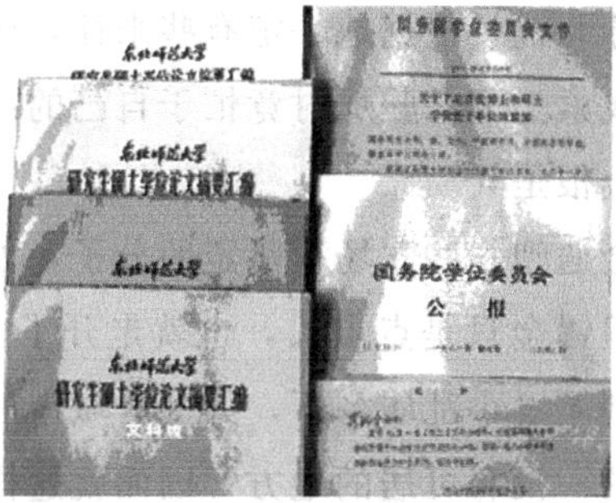

锡金先生保存的国务院学位委员会公报及东北师范大学硕士学位论文汇编

上海沦陷的三年中（1942—1945），因身处“沦陷”时期特殊的政治氛围，锡金交往的人很少。当时人们信奉的处世原则是不十分了解情况的熟人尽量不来往，怕互相连累。当时与锡金时常见面的还有刘汝醴（著名美术教育家、理论家、画家、艺术大师徐悲鸿的学生，曾在抗战胜利后到过解放区）和鲁思[①]，这两个人都是芳信的朋友，此外还有吴

① 鲁思（1912—1984），著名戏剧电影评论家、教育家。原名陈鹤，江苏吴江人。1931年，入复旦大学政治法律系。新中国成立后，先后在上海电影专科学校等单位工作。受戏剧家田汉“南国社”的影响，对文学、戏剧产生浓厚的兴趣。用“鲁思”笔名发表《儒林内史——弟弟的来信》、《血的跳舞》、《爱与死之角逐》和《都会流行症》，并主编《民报》副刊《影谭》和《中美日报》副刊《艺林》，还编导田汉改编的高尔基小说《母亲》片断和阿英的《日出之前》等剧，撰写《影评忆旧》、《艺社忆旧》、《剧联影评战线的回忆片断》和《中国左翼电影运动回顾》等电影史料文章。

景崧、麦秆[①]。

其他极熟的朋友，如楼适夷，锡金虽然知道他当时就在上海，但也不能互相来往。因为太多次数的往来会相互暴露目标，这是不适于各自“蛰居”愿望的。但有时锡金在路上也会遇到一些人，如马骏（此人曾翻译过华西列夫斯加亚最早的几部小说），他告诉锡金他在苏联商人控股的时代出版社工作，让锡金有空去找他，但锡金由于忙和怕暴露身份，一直未去。后来日寇搜捕锡金，为躲避搜捕，锡金藏匿在诸敏家中，在万般无奈的情况下，想到马骏，因为他工作的上海时代出版社是苏联商人办的，与苏北抗日根据地一定有些来往，所以希望从他那里得到一些去解放区的线索。可马骏那时竟忙于自己的结婚，完全不理会锡金的请求，这使锡金很是气愤。

有时，锡金还会遇到一些立场不坚定的分子，如路易士，他见到锡金，也问问近况，但锡金只是点点头，也就走开了。路易士却说：“锡金，你真怪，真做到了‘小乱居乡下，大乱居城市’了。”锡金说：“这也没有什么好奇怪的，没有可居的地方，因而就这样居下来了。”这时，原“行列社”的有些成员变节了，如徐野、芳群（范晋）等，路上一看见锡金，就躲开了。还有荒牧等人，遇见了锡金，也都向他自承了自己的堕落。

① 麦秆（1921—2002），原名王麦秆，山东省招远人。1931年九一八事变，随家流亡上海，就读于南方（格致）中学，参加抗日救亡运动。1940年进入刘海粟创办的上海美术专科学校学习，这个时期出版过《革艺木刻集》、《铁流版画集》等宣传抗日激情的版画漫画集。曾因抗日活动两次被捕，创作版画《放回来的爸爸》、《战地之夜》、《苏联红军的夜晚》、《斩断侵略者的魔爪》、《法西斯的前进》等代表作品，这些作品至今在上海鲁迅纪念馆和上海图书馆珍藏。1942年任苏北“新四军战地服务团”美术教员。1946年任中华全国木刻协会常务理事、上海美术作家协会常务理事。1949年在解放军二野宣传部工作，兼任贵州省美术工作者协会副主席。1953年至2002年任天津美术学院教授。

（十一） 恋爱纠葛

1978年，第四次文代会期间，茅盾赠锡金的条幅

在沦陷时期的上海，锡金还发生了一次恋爱的纠葛。上海建承中学高中部的女学生姚云爱上了锡金，并对他表白了爱情。

由于功课好，喜爱写作，又有些天分，姚云经常拿些习作请锡金帮助指导，所以锡金就吸收她参与了当时“行列社”的活动。但锡金当时的动机并不是恋爱。后来，芳信却追求起姚云来。起初，姚云并没有察觉，但芳信有一次直接对她表白了爱意，没有办法，姚云就来找锡金谈，并且很干脆地告诉锡金说，她不爱芳信，许久以来一直是爱着锡金的，所以想请锡金去向芳信说明白，请芳信放弃对她的情感追求……锡金觉得有些突然，但想到情感应该是两厢情愿的事，否则很难有幸福可言，所以就把姚云的话原原本本地告诉了芳信。之后，锡金与姚云两人之间的感情就与日俱增起来。

在锡金看来，一个女孩子是很少能这样勇敢地追求自己的情感的，所以他被姚云的执著和真诚感动了。锡金认为姚云还太年轻：当时也就对姚云说明了，情感不是只凭一时冲动的狂热追求，自己不仅年纪较大，而且家中已有妻子儿女……作为一个恋爱对象是不适合她的。可姚云却说，这些情况她都了解，但她并不能真的因此就不爱锡金，“只要……只要你能爱我，我，我就很满足了，除此之外，我并没有更多的目的”。于是两人的感情日益热烈起来，但都彼此矜持着，是不至于做出出格的事情的。姚云要求锡金等她毕业后与她一同去解放区工作，锡金答应了。当时的情形似乎是这样，如果两人到了解放区，就会很自然地结合在一起。

1945年农历正月初七那天，锡金家的过年菜刚吃完，蒋天佐忽然来找锡金，说是他前段时间因为有事来上海，但到上海不久即被捕，现在刚被释放出来。他在狱中受刑多是拷问关于锡金的情况，但他坚持回答不知道，可日寇却说，他们早已摸清了锡金的底细，并给蒋天佐看了一些他们掌握的有关锡金的材料。据此，蒋天佐认为，锡金留在上海是十分危险的，必须立刻离开，建议锡金同他一同去解放区。

锡金却认为日寇知道一些材料是可能的，但他们既然没有动手，也就不一定马上动手，所以就未听从蒋天佐的劝告。其实，另一个原因是锡金曾与姚云约定，等她暑期放假一同去解放区的。实际上，锡金也并非完全要等姚云，因为如果他要走，姚云还是会跟他走的。后来锡金遭日军搜捕时，姚云跟他避难到诸敏家，住了约四五天，兑了她的戒指加上锡金从范泉处取得的半部《星象》稿费，算算路费还不够，于是姚云便请她的一个同学顾雅珍去家中找她哥哥拿些钱，却被她哥哥以“最后见妈妈一面”为由骗回去关了起来，因而她没能走成。就这样，在阴差阳错之间，二人错过了这段情感。

20世纪80年代中后期，两人费尽周折打听到对方的消息，终于在锡金去上海开会时见了面。以后又有了书信往来，但经历了几十年的风风雨雨，彼此的情感已经褪尽了情爱的因素，剩下的只是美好的回忆了。

（十二）吉田东佑

1981年北京纪念鲁迅诞辰100周年学术讨论会。9月19日下午在中南海瀛台合影。左一蒋荷贞、左四至左六锡金、裘士雄、赵端蕻

1945年，抗战即将结束。在胜负已见分晓的情况下，由于武力进攻已彻底失败，所以日寇在上海散布了另一种攻势，即以《申报》与后来汪馥泉[①]主编的《大公报》为阵地宣扬一种“求和”的空气。这两份报纸曾转载了毛泽东的文章《论联合政府》的片段以及蒋介石的文章，再由几个日本文化特务出面鼓吹什么“日本人应该悔悟”、“重新与中国合作”等论调，用来迷惑一些人的视听。

当时日本文化特务头子吉田东佑是最活跃的一个。据说，陈友仁[②]就是他自香港挟持回的。就在那时，有一次，锡金在新雅茶室坐着等孔

① 汪馥泉（1899—1959），浙江杭县（今余杭）人，曾任复旦大学教授，抗日战争时期堕落为汉奸，曾任汪伪中日文化协会江苏分会常务理事兼总干事。50年代在长春东北人民大学，现吉林大学任教。

② 陈友仁（1878—1944），广东香山（今中山）人，生于特立尼达岛。曾在当地作律师。1912年回国，任北京英文《京报》主笔，曾被段祺瑞逮捕。1919年作为南方政府代表团成员出席巴黎和会。1924年任孙中山英文秘书。孙中山逝世后，在北京编辑英文《民报》。1926年任国民党中央执行委员、国民政府外交部长，先后主持收回汉口和九江的英租界。七一五反革命政变后，赴欧游历。1931年任国民党政府外交部长，因主张抗日，被迫去职。1933年参加李济琛等在福州成立的“中华共和国人民革命政府”，任外交部长。1938年后闲居香港。日军侵占香港后，被拘捕，强迫移居上海，1944年病逝。

另境或朱维基赴约，忽然有一个日本人来到锡金的座上，操华语自称是吉田东佑，找锡金谈了个把钟头。谈的内容大致是问锡金对时局的看法，锡金回答说："对不起，我数年来除了教书之外就是热衷于《楚辞》研究，对时局已久不关心，没有什么看法，恐怕令你失望了。"可那日本人却说："没关系，鄙人对《楚辞》也很有兴趣，我们可以一起谈谈《楚辞》的。"于是锡金就把话题转向了对《楚辞》的看法，谈了一会儿，那人就约锡金以后再见，走开了。以后锡金并没有再见到他。

蒋天佐去苏北根据地后，上海的局势由于苏军攻克柏林（1945年5月），就异样地紧张起来。这表现为：一方面，马路上各处大楼都悬挂起苏联旗，甚至一些白俄的家门口也都挂起苏联旗了。一路过去，到处是红旗招展；另一方面，日寇暗中把一些居住高楼的中国人都赶入顶层，占据了下面的几层，给日本人及其机关住，以防飞机轰炸遇到危险。有些重要的路口甚至还拉起了铁丝网，限制交通，进行严格的检查。同时锡金也听到了李健吾①、柯灵等人被捕的消息。这说明日寇已经加紧了他们的攻势。而这时，建承中学和储能中学也同时遭到了日寇的搜捕。

① 李健吾（1906—1982），山西省运城县人。著名作家、戏剧家、文学翻译家。1925年考入清华大学中文系，后改读西洋文学。1930年留学法国。"九一八"事变后，他写了以反对内战为主题的《中秋节》，后又写了以团结为主题的《老王和他的一伙》。1933年回国，从事教学、写作和翻译工作，出版《这不过是春天》、《福禄拜评传》，参加《委屈求全》、《说谎记》、《爱与死的搏斗》等剧的演出。1941年参加《金小玉》一剧演出，被上海日本宪兵司令部拘捕。出狱后，继续用历史故事编写剧本。日本投降后，他改编《和平颂》，揭发国民党统治区官僚的残酷剥削，还写了《青春》、《山河怨》剧本和不少书评。新中国成立后，他先后出版《司汤达研究》、《莫里哀的喜剧》、《巴尔扎克的世界观问题》等著述。1954年到文学研究所工作，1964年到外国文学研究所工作，翻译了《包法利夫人》、《圣·安东的诱惑》等。先后任国务院学位委员会评议组成员、全国文联委员、北京市政协委员、外国文学会理事、戏剧家协会理事、法国文学研究会名誉会长。

（十三）再遭搜捕

锡金与著名文学翻译家戈宝权畅游松花湖（1979 年）

1945 年 5 月 12 日，日寇从浙东解放区寄往上海建承中学的信件中发现了一些信息，那是已经去解放区的学生给准备去解放区学生写的催他们快去的信。信中提到了锡金及一些同学的名字，于是日军便来学校搜捕锡金和相关的学生。那天锡金正在家赶写一部《星象》的稿件，打算写完后，卖掉它换取到苏北根据地的路费，因而未到学校，所以日寇未捕到他，却捕去了承建中学的校长戴介民、教务员孔令杰（司徒宗，茅盾的妻弟）及学生会主席夏诚希等 10 余人。当时一个女学生吕宏贞看到形势危急，立即骑脚踏车来给锡金送信，得信后，锡金马上离开了家。日寇到家时，搜捕锡金未果，只好捕走了锡金的父亲。

根据一些白区活动的经验，锡金判断：敌人是不易从人多广众之中找到他们要搜捕的目标的。所以锡金离家后就到永安公司茶室的一角暂坐，买了一份报纸看着，遮住脸，混过一段时间，并打电话找到了本来约定同去苏北的女学生姚云。因为锡金自己行动不便，有些事是可以托她代为奔走的。姚云也决定和锡金一同行动，近几天就赶赴苏北根据地。两人出茶室后，又在电影院混到天黑，姚云则想通过同学向她的家人要钱，以解决旅费问题，但却被她的哥哥骗回家，关了起来。锡金没办法，就找到原行列社（又称“上海诗歌座谈会”）的成员诸敏[①]家，因为诸敏在前些时候曾经对锡金自承投敌（指依据党的命令，打入敌人内部），并在日寇的陆军报道部工作，言下之意深表忏悔。锡金曾对他说：“当然，一个人不能对国家民族变节，但已变了节的人就应考虑如何自赎。”鉴于诸敏的言论和行为，锡金觉得他是不会告发自己的，因此在他那儿住是比较安全的。同时，诸敏住的地点是在卡法路，正处于建承中学（白克路）与家（赫德路）之间，而且处于闹市，比较嘈杂，因而也比较方便自己在必要时出来走走。

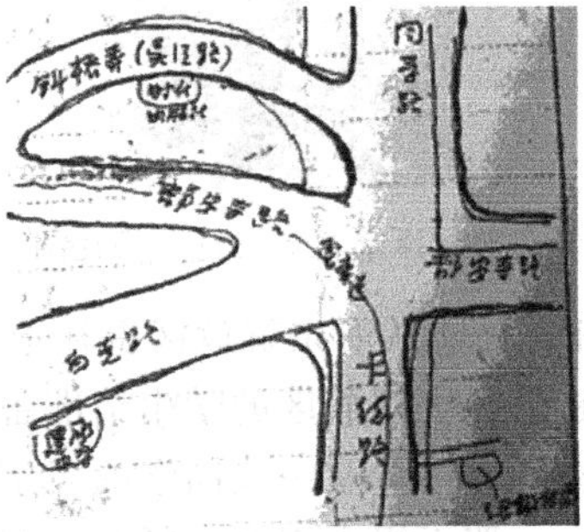

锡金先生画的诸敏家及建成中学附近的地形图

锡金到诸敏家时天已经黑了，照往常的习惯，诸敏给锡金打了些酒，锡金喝完后，就说天晚了要住在诸敏那里。半夜，锡金叫醒了诸敏，告诉他自己必须在他这儿匿居一个时期，并要求他打听外面的情

① 诸敏（1921—1999），原名朱启聪，又名俞志明，祖籍江苏南京，生于河南开封。1936年到上海正风中学求学，被推举为学校高年级学生自治会主席，从事抗日宣传工作。1938年6月，入中国共产党。1939年4月，根据党的指令，打入国民党军队内部，为党争取武装力量，期间参与领导该部与日军作战。1940年起，先后任中共江苏昆（山）嘉（定）县委、昆山县委宣传委员，中共苏南淀山湖工委书记。1944年进华中局党校学习。1945年2月，调任中共上海市近郊工作委员会委员，积极筹组武装。同年秋率部北撤，先后任山东大学文化队队长、华中局城工部第二训练班主任、中共江苏省徐州工委委员、华中野战军政治部联络员、中共江苏无锡县工委书记等职。1947年，受中共上海局派遣，任浙东人民解放军第三支队政治处主任。1948年10月，任中共台西工委书记。1949年1月，任浙东人民解放军第二游击纵队政治部主任，参与指挥了解放天台、三门县等战斗。1950年12月，任浙江省宁波军分区副政委。1962年3月，任总参装甲兵科学技术研究院政委。1965年6月，任总参装甲兵政治部副主任。“文革”时期遭受迫害。1979年2月，军委作出了平反决定。3月，主动要求参加了对越自卫反击战。1983年6月，任南京高级陆军指挥学院政委。1986年春离休。1999年5月因病在北京逝世。

形。诸敏说完全没有问题。于是锡金改了姓名，扮做是诸敏杭州来探亲的妻兄，两人编造了白天日寇来盘问时的口供。数日之间，锡金白天喝了酒便睡觉，以避免有日寇进诸敏的屋子时要与之谈话。抽空做了以下几件事，以便实现顺利进入苏北解放区的计划：

1. 首先与沈孟先取得联系，锡金是从他那里得到了进解放区的路线图和他开据的介绍信。

2. 将还未来得及写完的半部书稿《星象》，卖给了上海的永祥印书馆，筹集路费。

3. 通过诸敏设法弄到了通行证，目的是持通行证通过日伪的哨卡，坐火车前往苏北根据地。

当时“蒋福俦”这个名字已经暴露，日军正在到处搜捕锡金，所以不能再用了。那时就有诸敏的一个张姓朋友，把他自己的“特种通行证”给了锡金，换上了锡金的照片，可上面缺少原来盖的钢印，于是他就用钢笔头在照片上细心刻制成钢印的模样，做得不很像，近看能辨别出真伪。

看到锡金有些担心，张姓朋友说：“不要紧，日本人有一个习惯，就是喜欢摆架子，一旦你被盘查时，只要把这张‘特别通行证’持低些，他们一般是不会接过来，捧着看的，所以应该不会有什么问题。”鉴于当时的紧张局势，锡金对他也并不是没有警惕：假如他事先向日军告发，看到这张通行证锡金就可能被逮捕，但除了这个办法，真的没有其他的途径了。同时锡金又想，他们要出卖自己，也没有必要花费这样大的周折，现在告发，不是一样吗？所以就接受了他的建议。锡金问张姓朋友：“你失掉这张证件怎么办呢？”他说：“不要紧，你到镇江后，寄一张明信片回来，写明你已经安全抵达镇江了，这样我就可以报失了。”就这样，锡金一路用这个证件到达苏北根据地，沿路遇到盘查，拿出这个证件，不一定要打开，就轻松地混过去了。

锡金的父亲在被日寇关了一日一夜后，放了出来，开始是每天要去军部报告一次：到哪去找过锡金了？走了多少路？有没有关于锡金的情况？以后是每三天一次，以书面报告的形式呈递。后来是一周一次，直到日寇投降。同时，家中也时常有日本特务前来查问。

(十四) 本期锡金著译年表(六)(1941.12—1945.5)

作者王观泉赠给锡金的《郁达夫书简》(天津人民出版社,1982 年版)

一九四一年

《谈诗二则》(书柬) 锡金 桂林 《诗创作》第 6 期 1941 年 12 月 15 日。

《诗说教》 锡金 上海 《述林丛刊》第 1 辑 1941 年。

《一个少奶奶的经历——江南草长之一》 霍亭 上海 《述林丛刊》第 1 辑 1941 年。

《朵兰》(诗) [英] A.J 尼生 锡金译 上海 《译文》丛刊 1941 年第 2 辑。

《少女病》(小说) 丰隆 上海 《万人小说》 1941 年创刊号。

《群鸟》 锡金等著 上海文艺丛刊社编辑 上海文艺丛刊社出版 1941 年。

一九四二年至一九四四年

至苏北解放区,随军队行军,发表作品多散失,无法搜集和记录。

一九四五年

《论离骚》 锡金 上海 《文艺春秋》丛刊之二《春雷》 1945 年 3 月 15 日。

八 苏北解放区的生活与斗争 (1945.5.17—1947.12)

(一) 奔赴苏北

锡金（左一）在鲁迅逝世50周年暨诞辰105周年纪念大会上演讲（1986年10月）

1945年5月12日，锡金在上海写完《星象》后记，把稿件交给永祥印书馆换成稿费，就拿了“特别通行证”离开了上海，向苏北根据地进发。锡金乘坐的是午间的火车，因为这种车检查较松，车到镇江时已近半夜，于是锡金决定在镇江过一夜，以便明天有充足的时间活动。次日清晨，锡金雇船从镇江摆渡到瓜州，由于身上带了治疗瘘痔的药品，所以在镇江和瓜州的渡口都遭到了伪警的勒索，因为用的那张“特别通行证”是伪造的，所以锡金没有与伪警们争辩，怕因此滋生事端。

两天后，锡金只身到达苏北解放区的边缘交通站——濮拊湾附近，休息了两天后，遇到了陆续到达苏北解放区的两位女同志。其中的一个叫夏昭，是上海锦江餐室的女店主夏露懿的女儿，她是从母姓的。夏露懿是四川军阀杨森①的姨太太，也是当时上海小有名声的女钢琴家。她们当时是有交通员带领的，因此锡金就与她们一同在交通站雇了驴子，向解放区腹地——天长县（今为安徽省天长市）的华中局进发。到华中局天长县的乡间——汊涧镇后，锡金就和那两位女同志分开了，被安置在新建的唐家油坊招待所。

华中局最初接见锡金的是刘长胜②，他慰问了锡金途中的辛苦，并邀请锡金一同进餐，问他生活上需要些什么帮助，在解放区希望见到哪些熟人，希望做些什么工作等等。锡金向刘天胜谈了自己的组织关系问题，并向他说了林淡秋、戴平万、梅益等一些自己熟识的同志的名字。

刘长胜说："这是淮南地区，林淡秋在苏中地区，戴平万在苏北，只有梅益就在这附近，你马上休息一下，我立刻通知他来找你。"这样，锡金在招待所中住了一夜。第二天，梅益就派了一位警卫员领锡金到了

① 杨森（1884—1977），国民党军将领。原名淑泽，又名伯坚，号子惠。四川省广安区龙台寺乡人。杨森幼时便对习武从军深感兴趣。1906年入四川陆军弁目队，加入中国同盟会。1908年升入四川陆军速成学堂，与刘湘、唐式遵、潘文华等同学，这些人后来形成以刘湘、杨森为首的"速成系"，四川军阀集团核心人物。毕业分至新军第三十三混成协见习，又分派出任四川副都督的朱庆澜的六十五标任尉级军官，始而步入职业军人生涯。1910年升任第二营右队队官。辛亥革命后任第一师营长，参加"二次革命"，失败后投滇军曾任护国军第一军少校参谋、参谋处长。1915年1月参加护国战争，立下战功。1917年任滇军参谋长兼独立团团长。1920年4月脱离滇军，投川军刘湘部任第二师第一混成旅旅长、泸永镇守使，继升第九师师长。1922年任川军第二军军长。1922年在一、二军之战中战败，逃往宜昌投靠吴佩孚，任中央军第16师师长、四川省省长等职。1926年加入国民革命军（北伐易帜），任第二十军军长兼川鄂边防司令等职。1929年1月下川东之战，攻刘湘失败，退入渠县。1933年10月被任命为第四路总指挥"围剿"川陕苏区。1937年任第六军团军团长，率部参加淞沪抗战、长沙之战，历任第二十七集团军总司令兼第二十军军长、第九战区副司令长官兼第二十七集团军总司令。1944年调任贵州省主席，1947年调重庆市市长。1949年11月任重庆卫戍总司令辖五路总指挥。11月30日重庆解放，逃到成都。1949年12月18日飞往台湾，任台湾"总统府"国策顾问、台湾省"奥林匹克委员会"理事长等职。1977年5月15日病逝于台北。

② 刘长胜（1903—1967），中国工会领导人，国际工会活动家。山东海阳人。1922年赴海参崴当码头工人。1924年加入列宁共产主义青年团。1927年加入苏联共产党（布），后转入中国共产党。曾任海参崴码头工会主席。1933年入莫斯科国际列宁学院学习。1935年回国。历任全国总工会西北执行局主任，中共江苏省委组织部部长、省委副书记，上海工人运动委员会书记，中共中央华中局城工部部长，中共上海市委书记，中共中央上海局副书记。新中国成立后，历任上海市总工会主席，中共上海市委第三书记，中共中央华东局工委书记，全国总工会第七、八届副主席和第八届书记处书记兼北京国际大学校长，中非友好协会会长，世界工联第二届理事、第三届书记处书记、第四至六届副主席。

他在新华社的住所。在新华社，锡金还遇见了赵扬[①]，他过去是上海的文艺青年，原名赵不扬，那时任新华社秘书。

梅益弄了些酒菜欢迎锡金，两人谈了一个下午，主要谈的是解放区1942年以后和上海“孤岛”沦陷后的文艺情况。梅益向锡金介绍了解放区最近的情况，特别是关于“整风运动”的必要性及意义等，还送了锡金一部由他自己整理装订的《整风二十一文件》和一本赵树理的小说《李有才板话》，叮嘱锡金一定要认真阅读，仔细体会，因为这两册书分别是解放区重要的方针政策汇编和《在延安文艺座谈会上的讲话》[②] 指导下的文艺代表作。然后锡金就由一个警卫员护送到唐家油坊的招待所住下了。

锡金在招待所读完了梅益送他的《文件汇编》，特别是把其中的《在延安文艺座谈会上的讲话》读了两遍，觉得很兴奋。作为文艺工作者，这些文艺思想锡金原本也曾想过，但还不甚清楚，现在给毛主席一说，就说得透彻极了。看了赵树理的作品，锡金也觉得十分鲜活和生动，这与他在沦陷区、国统区读到的那种知识分子腔、过分欧化的作品是完全不同的。赵树理那种民族化、大众化的风格是锡金所钦佩的，不仅有利于他反思自己以前的创作，而且为锡金今后的创作树立了榜样。

---

① 赵扬（1914—1974），浙江宁波人，原名赵安济。少年时入上海钱庄学徒，喜爱鲁迅、郁达夫、郭沫若、周作人、林语堂等人的新文学作品，常以“赵不扬”为笔名在报刊杂志上投稿。1938年9月入党。1942年冬天奉命到苏北新四军工作，从此改名“赵扬”。由于文学功底深厚，他入党后长期从事新闻宣传工作，先后在新华社华东总分社和山东《大众日报》工作。杭州解放后，以军代表的身份接管《东南日报》，并负责创办《浙江日报》，后调任浙江省工业厅副厅长。“一五”计划期间，调到东北任哈尔滨汽轮机厂厂长，尔后又调任《黑龙江日报》总编辑，1974年12月，因病逝世。

② 延安文艺座谈会：1942年5月2日至23日中国共产党中央在延安邀集文艺工作者举行座谈会，会议结束时，毛泽东发表了著名的《在延安文艺座谈会上的讲话》。《讲话》也是延安整风运动的一个重要组成部分。《讲话》根据马克思主义基本原理，科学总结了五四以来革命文艺运动的历史经验，创造性地提出我们的文艺是为人民大众的，首先是为工农兵的，为工农兵而创作，为工农兵所利用的，明确提出了文艺为工农兵服务的方向。同时也对文艺与革命、文艺与群众、文艺与生活、世界观与文艺创作作出了科学阐释。在《讲话》精神指引下，解放区群众性文艺运动蓬勃发展，广大文艺工作者创作出了《小二黑结婚》、《李有才板话》、《白毛女》、《王贵与李香香》、《太阳照在桑干河上》、《暴风骤雨》等一批优秀作品，初步形成了无产阶级文艺队伍。实践证明，延安文艺座谈会的召开和《讲话》的发表是中国现代文艺运动史上的伟大革命。但《讲话》关于文艺从属于政治和政治标准第一，艺术标准第二的提法及对知识分子队伍状况估计上的某些偏差，也产生了一些消极影响。

（二） 新 的 天 地

郭沫若著作编辑出版委员会

1983年锡金注释郭沫若的《洪波曲》去武汉查找资料。
这是郭沫若著作编辑委员会给湖北省委宣传部开的介绍信

关于锡金的工作与组织关系的问题，刘长胜和梅益代表组织是这样对锡金谈的：“在解放区从事什么工作可以由你自己选择，但要恢复组织关系，则应该先由本人补写一份《自传》，上交组织，等待讨论的结果。”锡金想了一会儿，觉得自己刚从“敌占区”到“解放区”，一时也不知道做什么工作好，因而就说：“我刚到解放区，好像是从陈旧的地球一下子到了月球，什么都是新的，似乎什么工作我都做不来，所以我希望自己能有一个见习的机会。”刘长胜说：“这样很好，现在正有一个从上海来的资本家，他要向解放区投资，并要顺便参观一下解放区，了解一下解放区的情况，你就先陪他走一趟吧！”于是锡金就陪这个姓徐的资本家参观了江上峰[①]主管的卫生部和淮南日报社等几个单位。

---

① 江上峰（1894—1965），福建建瓯人。中学毕业后，考入福州医学院（旧称协和），后转上海圣约翰大学学习。1923年取得硕士学位。同年赴美入哈佛大学医学系学习。1925年获哈佛大学医学博士学位。1928归国，任教于上海圣约翰大学，时年34岁。抗战期间，在上海创办了伤兵医院和难民医院，秘密收治19路军将士和难民。1944年奔赴苏北解放区，任淮南新浦镇军医学校校长。1946年9月，新四军在苏北益林镇成立了华中医科大学，被任命为校长（1947年改为华东医科大学）。该校为新四军培养了三千多名医务人员，他们为抗日战争、解放军战争和后来的抗美援朝作出了巨大的贡献。解放战争时期，被任命为沈阳市卫生局局长。北平解放后，担任中央卫生研究院（中国医学科学院前身）首任院长。1955年调任中央卫生部任爱国卫生运动委员会办公厅主任。1965年病故于北京。著作有《简易气功疗法》、《科学气功学》和《延年益寿》等 。

在淮南日报社，锡金还遇到了钟望阳和后来领导他工作的社长包之静[①]。钟望阳对锡金来解放区表示热烈地欢迎，并对他违背约定，独自一人离开上海来解放区向锡金道歉，说由于时间仓促，船立刻要开，所以来不及通知锡金，请他原谅。锡金虽然一直对此事耿耿于怀，但却说："没什么，我现在不还是来了吗，早一步，晚一步，大家不还是在一起吗。"

在苏北解放区，锡金还见到了刘贯一[②]，他当时是华中局的敌工部长。看到锡金拿的"特别通行证"后，他很是惊讶。感叹其"造假"技术之精湛，并对锡金说："你别小瞧这个东西，它还能派一些用场呢！"锡金说："这个'特种通行证'已经报失了，还能用它？"刘贯一说："你傻，谁能记得那么多的号码？这还是有利用价值的。"这样锡金就把这个通行证给了刘贯一，以备根据地人员出入敌占区。

（三）　祭奠蒲风，参观建大

抗战时期广州出版的部分诗歌刊物，下行左一为锡金在广州参与编辑的《中国诗坛》

① 包之静（1912—1971），共产党报刊活动家。江苏苏州人。上海震旦大学肄业。1931年加入中国共产主义青年团，投身于抗日救亡运动。1934年后在上海从事进步文化工作，曾任《中国怒吼》杂志编辑。抗日战争爆发后，辗转武汉，参加中国青年新闻记者学会。1938年加入中国共产党。此后深入淮南地区，参加新四军开创淮南抗日根据地的斗争，先后担任新四军第五支队机关报《前锋报》和中共淮南津浦路东区党委机关报《新路东报》社长。抗战胜利后，历任华中《新华日报》副社长、山东《大众日报》社长等职。新中国成立后，长期担任新闻出版方面的领导工作。1971年10月26日逝世。

② 刘贯一（1908—1991），直隶通州（今北京通县）人。1925年加入中国共产主义青年团。次年转入中国共产党。长期从事党的秘密工作。曾任中共蒙城县委书记，皖北特委宣传部副部长，《西北日报》总编辑，察哈尔省联络局书记，中共河南省委统战部部长，新四军第四师政治部敌工部部长，中共中央华东局国军工作部副部长、山东分局秘书长。新中国成立后，历任中国保卫世界和平委员会秘书长、世界和平理事会理事、全国人大常委会副秘书长、中共山西省委常委、山西省副省长。著有《帝国主义侵略西藏简史》和小说《流浪》。

到解放区后不久，锡金就了解到自己昔日的诗界朋友蒲风已经因病去世了。

蒲风（1911—1943），原名黄日华，笔名黄风。广东梅县人，著名诗人。1927年开始诗歌创作。1930年参加中国左翼作家联盟。1932年与任钧等在“左联”直接领导下，组织了中国诗歌会，先后创办《诗歌生活》、《中国诗坛》等刊物，在坚持革命诗风和诗歌大众化方面作出了贡献。1933年以后，提倡过诗歌的“斯达汉诺夫运动”，在诗歌领域里有一定影响。抗战后，积极从事爱国救亡诗歌运动。1941年1月，蒲风到达苏皖边区抗日根据地的天长县，任淮南津浦路东“总文抗”（相当于现在的文联）副主任。当时根据地的生活条件十分艰苦……蒲风不顾自己体弱，工作很起劲，办油印小报、出墙报和黑板报，进行宣传鼓动。他注意联系群众，十分关心根据地的文化建设。他的作品多发表于文艺双月刊《路东大众》、《新路东报》和驻地墙报上。

1942年蒲风肺病复发，加上痔疮出血化脓，病得厉害，但他仍顽强地与疾病斗争。在纪念高尔基逝世六周年大会上，他还坚持上台朗诵自己的诗作。一个多月后，他的病忽然急剧恶化，不幸医治无效，1942年8月13日在天长逝世，终年32岁。蒲风逝世后，遗体埋葬在安徽省天长县半塔镇、汊涧镇、新埔镇之间的葛家巷附近小村落的土丘上。蒲风病重时常怀念故乡。按照他的愿望，坟墓是朝向南方的。由于战火纷飞，河山远隔，蒲风逝世的噩耗至1943年初春才传到重庆，《新华日报》先后发表简壤（徐光霄）、李篁（王亚平）和雷石榆的文章，以悼念这位战士和诗人。锡金也是到苏皖边区后才知道的，为此他曾专程赶往拜祭。

此外，锡金还参观了位于苏皖边区盱眙县境内的新埔镇新开办的华中建设大学①。参观回来后，组织上就又来找锡金谈工作，但锡金觉得

① 华中建设大学：1945年中共华中局决定，在华中党校基础上创办华中建设大学。校址设于苏皖边区的盱眙县新埔，由华中局宣传部长彭康兼任校长。设民政、财政、文艺三系和一个高干班。同年5月4日，正式开学。8月份，首届学生结业，学校迁清江（今淮阴）市。1946年初，校长彭康率领部分干部教师和学员北上并入临沂山东大学，华中建设大学校长由李亚农继任。1948年夏，中共华东局决定，以原临沂山东大学渤海地区的部分留守人员为基础，并集中原来的一些教师，会同华中建设大学的部分干部教师，在潍县成立华东大学，同年9月4日开学。韦悫任校长，张勃川、李宇超任副校长。1949年5月，韦悫调任上海市副市长，彭康接任校长，学校向正规化大学过渡。1950年全国教育工作会议后，学校调整为政治、文学、史地、艺术、俄文五系，转入正规化的业务学习。1950年冬奉命迁青岛，1951年在青岛与山东大学合校。华中建设大学、临沂山东大学和华东大学，都是短期训练班式的政治大学，在战火纷飞的年代，为国家培养了近一万名干部，为革命战争和建设作出了积极的贡献。

参观对他似乎并没有太大的帮助，因为太走马观花了，对解放区的情况仍就不甚了解。

梅益告诉锡金在新埔成立的华中建设大学刚开学，分文教、民建、财经各班，现在正在学习政策，学习的方法是把七年来解放区的各项工作进行全面总结。而该学校的校长彭康①是锡金过去在冯乃超家认识的，他曾参与过《战斗旬刊》的选稿。梅益问锡金愿不愿意到那儿去学习，并同时把《自传》也写起来，就在那里谈组织问题。锡金十分高兴地接受了这个建议，因为他的确实想学习，想学点东西，然后再工作。这样，锡金就到了华中建设大学，校长彭康同意了锡金的学习要求，并把他编入了高级干部研究班。

（四） 华中建设大学高干班

1995年中国作协为纪念抗战胜利50周年授予锡金先生的荣誉
上面镌刻着“以笔为枪，投身抗战”

① 彭康（1901—1968），教育家。江西萍乡人。1927年毕业于日本京都帝国大学哲学系。1928年加入中国共产党。同年参加创造社。曾任中共中央文委委员、代理书记，中共安徽省工委书记，中共中央华中局宣传部部长，中共华中党校副校长，华中建设大学校长。新中国成立后，历任中共中央山东分局委员、宣传部部长，交通大学、西安交通大学党委书记兼校长，上海市哲学社会科学分会会长，陕西省科协主席，是中共八大代表。1952年，主持交通大学西迁工作，为建设西安交通大学作出贡献。1968年，在“文革”中被迫害致死。著有《哲学的任务是什么》，译有《费尔巴哈与德国古典哲学的终结》。

华中建设大学高干班的学员并不多，大约只20人左右，人员成分却十分复杂，正副组长刘来殿[①]和白烽（后任广东省新会县县长）都是县长；和锡金同住一室的另外两个人，一个姓宋的老同志是法院院长，他的生活习惯很奇特，每天早晚都要坐功，打太极拳，因而他几乎不参加学习，也不参与组织的讨论会。但他却很热衷于宣传太极拳的功效，看到锡金身体不好，一定坚持要教锡金打拳。另一个是50多岁的管易文[②]，他劝锡金每天陪他越野赛跑。而锡金本人对建设大学的学习很感兴趣，因为从中他知道了很多自己完全未想到的东西。

除了在高干班听课之外，锡金还同刘来殿和白烽两位县长去参加区干班（区级干部培训班）的讨论，那里的讨论不仅十分热烈而且具体。这样锡金就在建设大学紧张而充实地学习了两个多月的时间，但恢复组织关系要写的《自传》还是没有写出来。锡金曾自己试着写了几次，但一开头就觉得不对劲，有些像文学自传，后来就搁下了。

---

① 刘来殿（1914—1979），山东梁山人。1932年加入中国共产主义青年团。1934年因叛徒出卖被捕。先后被关押在国民党山东省第一监狱和湖北反省院。在狱中受尽酷刑，坚贞不屈。1937年经组织营救出狱后，赴八路军驻西安办事处。后派往淮南，先后任新四军八团队副官主任、五支队副官主任、淮南行署总务科长、粮食局副局长、东冶县县长。1939年后多从事后勤供应工作，保证军需供应、支援战争胜利做了大量工作。先后任苏中四分区隆茂商店经理、苏中利丰公司襄理、华中贸总驻鲁办事处副主任、滨海东海公司监委、东兴公司经理等职。新中国成立后，任中共烟台市委书记兼市长、济南市委常委、市委第二书记、济南市市长、山东省政协秘书长、党组副书记。“文革”期间因解放前曾被捕入狱，受到不公正对待。1979年平反昭雪，同年病逝。1938年，锡金在武昌财政厅任职时，曾专门负责反省院的囚粮、恤金分配，囚粮册上第一个人名就是刘来殿，在学习期间，锡金曾向此人问询，果然是他。

② 管易文（1896—1995），原名关锡斌，广东廉江人。五四运动时期与邓颖超等组织“天津学生联合会”，后参加以周恩来为首的“觉悟社”。1921年赴美国继续勤工俭学，先后在爱荷华州师范学院和耶鲁大学完成学业，并在底特律福特汽车公司做工和进行社会调查。1926年回国后，先后到南开大学、往广州岭南大学任教，继续从事进步活动。1937年抗战爆发后，参加党领导下的爱国抗日活动和地下情报工作。1939年加入中国共产党。1941年3月，护送多批进步青年学生赴苏北盐城新四军军部，后即留在苏北、山东等地工作。1945年，在华中建大高干班学习。抗战胜利前夕，在华东军区联络部交际处，负责外国友人的接待和翻译工作。1949年北京和平解放后，调任中央统战部接待处任处长，负责接待知名人士和原国民党和谈代表。上海解放后，调往上海市军管会任交际处长。1954年任上海市人民政府办公厅副主任，上海市政协副秘书长。1958年，被任命为国务院参事。

这时锡金接到了钟望阳来信，说是有一位同志叫沙文汉[①]（张登），要找锡金谈话，希望锡金即刻去陈家砖井找他。向校部请假后，锡金又向贺希明[②]借了马，骑马赶往陈家砖井，但路上却遭遇了山洪爆发，阻断了交通，无法通行，只好折了回来。后来锡金在淮阴时听钟望阳说，张登是要找他谈组织关系问题的，因为张登知道锡金在“孤岛”上海时的一些情况。但很可惜，后来锡金就再没有机会见到他，从报纸上看，解放后他长时间在广西工作。

（五）任职军宣部

80年代，锡金与老友楼适夷及其夫人摄于长春南湖大桥

① 沙文汉（1908—1964），原名沙文沅，字文舒，化名陈元阳、张登。浙江鄞县人。1925年4月加入中国共产党。1927年秋任中共宁波市委监察委员，兼管东乡农民运动，参与组织发动奉化农民暴动。1929年夏担任中共上海青年反帝大同盟党团书记，7月赴苏联入莫斯科列宁学院深造，攻读马克思列宁主义理论。1930年结业后于5月回国到上海，被派任共青团法南区委书记。1936年后参加文化界抗日救亡宣传工作，任全国各界救国会组织部干事。抗日战争爆发后担任中共江苏省委宣传部部长，并分管上海学委和文委系统工作，后兼省委军委书记、外县工作委员会书记。参与领导开展苏南、苏北等地抗日游击战争。1943年起先后任中共华中局党校教务处处长、中共淮南区党委宣传部部长、城工部部长。解放战争时期先后任中共华中分局城工部部长，中共中央上海局宣传部部长兼统战部部长，并分管南京、杭州的地下工作。中华人民共和国成立后，历任中共浙江省委宣传部部长兼统战部部长，中共中央华东局台湾工作委员会副书记，浙江省人民政府副主席兼教育厅厅长、浙江大学校长，中共中央华东局宣传部副部长等职。1954年12月担任浙江省省长兼中共浙江省委统战部部长。1957年被错划为右派。1964病故。1982年平反，恢复名誉。

② 贺希明：广西桂林人。中国公学肄业。曾任国民党政府广西航空学校政治教官、寿县县长。1940年参加新四军，同年加入中国共产党，后任中共中央华中局政策研究室主任、苏皖边区第一行政区专员、苏北行署主任。新中国成立后，历任广西省财经委员会副主席等职。“文革”中被迫害致死。

1945年8月，锡金在华中建设大学的学习将近结束的时候，日寇就投降了。锡金被分配到了军队宣教部，钱俊瑞[①]处工作。钱俊瑞找锡金谈了话，要求他以朱总司令的进攻命令[②]为内容写一首诗，那首诗写成后，发表在《新华论坛》上。后来，钱俊瑞又分派锡金去前线写一些报道文字，于是锡金就赶上了警卫团（那时已改变番号为独立二旅）随军行动，在体验生活的同时寻找写作素材。

“独立二旅”军队先解放六合后，又去攻打仪征。在仪征城外我军与敌人进行了一场遭遇战。正当锡金全身心写稿之时，却接到上级的通知，命令锡金立刻回到华中局组织部报道，于是锡金又离开部队赶了回来。到组织部后才知道，原来组织要派锡金立即去上海，设法通过二舅父史耀宾找到任援道，劝说他的部队不要与解放军抵抗。但后来不知何故，又通知锡金不用去了，于是他又回到了宣教部。

钱俊瑞要锡金考虑是否愿意从事七旅的文工团工作。并对锡金说：“你别小瞧七旅，它是我军的最精锐部队之一，原来是毛主席率领过的，一切工作都很好，只是原来的团长因工作原因，需要调离，现正在葛家巷（宣教部所在地），你可以先找他谈谈，了解一下情况，再作决定。”锡金找到了原七旅的文工团长了解情况。他看了看锡金单薄的身体说：“同志，我劝你再好好考虑一下。”锡金问：“为什么？”他说：“因为我怕你吃不消。你知道，七旅的特点是快速行军和攻坚必克，但文艺工作实在不好做，最大的困难就是‘三天一个联合政府’”。锡金很惊讶，问：“什么叫‘三天一个联合政府？’”他解释说：“这是政治宣传任务的紧迫

① 钱俊瑞（1908—1985），经济学家，教育家。江苏无锡人。1935年加入中国共产党。曾参加中国农村经济研究会、中国左翼文化界总同盟，后任上海塔斯社记者，《世界知识》、《永生》杂志主编，新四军政治部宣传部部长，新华通讯社北平分社社长兼总编辑，曾创办《解放》三日刊。1946年赴延安。后任中共中央秘书，延安《解放日报》、新华社社论委员会主任。新中国成立后，历任教育部副部长，中国科学院哲学社会科学部委员，政务院文教委员会秘书长，文化部副部长、党组书记，中国社会科学院世界经济研究所所长，中国社科院顾问。著有《怎样研究中国经济》、《中国国防经济建设》、《世界经济与世界经济学》、《世界经济与中国经济》。

② 朱德的进攻命令：1945年8月，抗日大反攻的日子终于到来了，抗日战争进入了夺取最后胜利的阶段。8月9日，中共中央主席毛泽东发表了《对日寇的最后一战》的声明。8月10日，朱德总司令发布了抗日大反攻第一号命令。11日，朱总司令又连续发出第二至第七号命令，命令解放区军民举行抗日反攻作战。

性，比如说《论联合政府》[1]的文件刚到，三天后上级就要求你根据它编写成戏剧，进行演出，而完成这种任务几乎是不可能的……”锡金联想到前些天钱俊瑞要求他以朱总司令的进攻命令为内容写一首诗，自己写得特别苦，因此颇有同感。这是因为政治命令很难于写成诗，而锡金在写作过程中又怕把命令的内容写走了样，虽最后勉励完成了任务，但自己却也弄得筋疲力尽。考虑再三，锡金最终回复了钱俊瑞，没去七旅从事文工团工作，在宣教部耽下来，准备继续为《新华论坛》写稿。

这时宣教部又忽然接到组织的命令，要求全部撤到淮阴，于是锡金便随宣教部过高邮湖，入运河，经宝应，绕过我方军团围困着的淮安到了淮阴。那时所有的事情都在整顿中，所以锡金一时也无事可做，只写了一篇祭文，是追悼在仪征城外牺牲的红军老战士李连长的。后来，钱俊瑞又找锡金，说：“我觉得你的工作最好还是继续搞创作，而且我已经与组织部和新华社都谈过了，组织上决定把你归入新华社编制（因为当时并无“文协”、“作协”之类的单位），但不做其他的工作了，专搞创作。”锡金表示服从组织分配，这样他就到了新华社华中总分站。

（六）新华社华中分社记者

锡金先生收藏的范长江像及其报告文学《塞上行》

① 《论联合政府》：是毛泽东于1945年4月24日在中国共产党第七次全国代表大会上的政治报告，收入《毛泽东选集》第三卷，人民出版社1991年版。

锡金到新华社报道后，找社长范长江[①]谈了话，询问了如何开展工作的问题。范长江告诉锡金一些他初入解放区时在苏北盐城一带搞文化村的情况和经验，并说这些实践活动对他从事新闻工作，写报告文学有巨大的促进作用。

范长江的话启发了锡金，他决定以记者的名义，到盐城市阜宁县益林镇北的陈集西小胡庄去体验生活，因为那个庄子在“生劳互助”与民兵等各方面都是模范村。

锡金在小胡庄原计划住三个月，后来又延长了两个月，共住了五个月，大约是1945年11月至1946年3月。由于当时正处农闲时节，麦子已经播种完了，所以锡金在小胡庄并没有参加农民的生产活动。经县委同意，锡金参与了小胡庄整个冬天的全部斗争，参加了支部会议，只听取了小胡在农民的斗争故事并参加了“减租减息”和挖地主曹士耀枪支的斗争。

锡金和这个村子的农民处得很好，不仅认识了农民骨干干部郑培基、郑培坤等，也认识了周围村子的干部，并察看了过去村民们在“反扫荡”中开展斗争的各处地方。锡金深深地爱上了这些人和这样的生活，觉得通过这次体验生活，自己得到的东西是十分丰富的。但当锡金离开小胡庄回到淮阴准备创作时，才发觉这还远远不够。

---

① 范长江（1909—1970），原名范希天，四川省内江县人，著名新闻记者、新闻学家。1927年参加中国共产党领导下的“八一”南昌起义。1932年进入北京大学哲学系学习。1933年后，积极参加抗日救亡运动，并为北平《晨报》、《世界日报》、天津《益世报》等报撰稿。1935年以天津《大公报》特约通讯员身份到西北采访，发表了一系列轰动全国的报道，这些报道后收入《中国的西北角》一书。1937年11月与羊枣、徐迈进等同志创建了中国青年新闻记者协会（即中国记协的前身），并被推选为“青记”的总事。1939年，加入中国共产党。抗战时期，他还参加了香港《华商报》的创办工作，担任过新华社华中总分社社长，《新华日报》（华中版）社长和华中新闻专科学校校长等职务。1949年7月，在北平发起成立中华全国新闻工作者协会筹委会。新中国成立后历任新华通讯社总编辑，《解放日报》社社长，政务院新闻总署副署长，《人民日报》社社长，国家科委副主任等职。“文革”期间受到迫害，于1970年10月23日在河南确山跳井自杀。范长江是我国杰出的新闻记者，生前写过大量的出色的新闻报道，为我国的新闻事业作出巨大贡献。1991年，中国记协为表彰奖励我国中青年新闻工作者，设立了“范长江新闻奖”。1935年，范长江以《大公报》记者的身份到陕甘宁革命根据地采访考察，写出了《塞上行》、《中国的西北角》等两部报告文学作品，首次向全国报道了红军和长征的真实情况，引起了极大的反响。

（七）小胡庄体验生活

1983年吉林大学举办的萧军创作学术讨论会
（后排：右五、右六：萧军、王德芬夫妇；右八锡金、）

锡金在小胡庄体验生活期间，还发动农民做了两件事，都在农民朋友中产生了良好的反响。

一是锡金鼓励农民在冬季农闲时搞副业生产。因为小胡庄盛产烟叶，锡金便发动农民生产手捲纸烟，并曾写信给县委方劼[①]请他设法给小胡庄销售纸烟提供便利。这件事当时很受农民欢迎，并给他们带来了一定的经济效益，直到锡金离开小胡庄时，村民们仍在生产卷烟。

二是为了活跃农民的业余生活，也为了宣传党的农村政策，锡金花费了约一个月的时间，指导小胡庄村民排演了一出四幕歌剧《生产互助》（缪文渭作），并细心地为农民们修改了程式化的歌舞剧演技，使歌剧尽管在歌唱中也接近于真实的生活，并以动作来加强歌唱的节奏；同时锡

① 方劼（1920—2003），湖南人。14岁入武昌博文中学，1937年奔赴延安，投身革命。1949年任苏南农村工作团苏州团团长，兼任解放后第一任吴县县委书记，负责土改工作。1953年，苏南苏北合并成立江苏省，出任江苏省合作总社主任。1954年任长春第一汽车制造厂党委副书记。“文革”中受到不公正待遇，1971年重新出任领导职务以后，成为我国重型汽车工业的创始人之一。后任中国汽车工业咨询委员会咨询委员。作品多反映一汽建设的生产建设，电影剧本《百舸争流》发表在长春电影制片厂主办的《电影文学》上。

金还与当地一位姓曹的小学教师用多块门板创造了一种套景法，使得多幕剧的换景可以迅速完成。这出歌剧在盐阜区农民会议上演出时得到专员万金培的表扬，因为它不仅给农民带来艺术享受，同时也使他们深受教育，坚定了走生产互助的道路。该剧在益林镇演出时更是引起了轰动。

历时五个月的体验生活，锡金主观上认为自己的材料已经收集得差不多了，就离开了小胡庄。在淮安，锡金遇到了范长江，他问："锡金，你这次体验生活收获如何？"锡金说："收获很大，看到了不少新鲜事和生活中的生动素材，足够写几年的了。""既然如此，那你就回淮阴，我专门给你一个屋子住，着手写吧。"范长江说。

锡金回到淮阴，在新华社住下了。这时淮阴已经成为苏皖边区的首府，所以许多人都集中于此。过去相识的许多朋友也都在淮阴碰了头。特别是芳信，那时他也从浙东解放区来到了苏北，在淮阴一个专门招待贵宾的解放区高级招待所当主任，锡金常去他那儿喝茶，因而遇到的人就更多了。那时锡金集中精力，打算要写一部以小胡庄的民兵建设和生产互助为主题的长篇小说。计划规模很大，力图通过小胡庄来反映整个解放区的生产和斗争以及残存在农民思想中新旧意识的矛盾与冲突。锡金曾和一些同志谈过构思，大家都鼓励锡金完成它。但在写作过程中，锡金却感觉到很费力。首先，他发现自己虽然在小胡庄当地生活过五个月，与那些鲜活、具体的人物有过交往，有的甚至还成了朋友，但下笔的时候，还是觉得把握不住农民的思想和行动，特别是关于生产建设斗争的描写，虽然搜集了许多材料，但着手写时还是觉得隔着一层，更多的是抽象的，概念的化的主观想象；其次，在语言的运用上，锡金也觉得别扭。自己一下笔就是纯粹的知识分子腔，与赵树理小说采用农村的口语、方言形成新鲜、活泼的语体风格形成鲜明反差。锡金很讨厌自己的语言风格，但却不容易摆脱。易稿再三，才觉得自己体验与学习的太不够了，因而感到十分苦闷。

（八）主编《新华日报·华中版》

1979年第四次文代会合影（左起：艾青、锡金、方殷）

锡金从小胡庄体验生活回来时，楼适夷正在淮阴主编《新华日报·华中版》[①] 的副刊，因而锡金在创作进行不下去时，常去他那儿走走，向他诉苦。

楼适夷劝锡金说："你还是到副刊室来负责一项工作吧，好在我在这儿编《副刊》，你有灵感，想写稿时就自管去写你的稿；写不下去，就来帮我的忙，这样也不至于让大家看到你整天愁眉苦脸，天天无所事事。"经向范长江请示，他表示同意。于是锡金在写作进行不下去时也去参与一部分《副刊》的编辑工作。

有一天，楼适夷和范长江一同来找锡金，说是因为组织上另外分配工作，适夷要去上海，他原来编辑的《新华日报·华中版》副刊希望锡金能负责编辑。范长江还特别对锡金说："这是一个很重要的工作，一方面要贯彻毛主席文艺座谈会的精神，为工农兵服务；另一方面又由于

① 《新华日报》（华中版）：中国共产党华中分局机关报。1945年12月6日创建于苏皖边区首府清江（现淮阴市）。中共华中分局组织了党报委员会，以邓子恢、张鼎丞、曾山、刘瑞龙、李一氓、冯定、范长江为委员，范长江为社长；组织了编辑委员会，以范长江、恽逸群、黄源、楼适夷、包之静、史乃展、谢冰岩为委员，范长江为总编辑。1946年5月范长江调往南京后，恽逸群接任社长及总编辑。由于国民党军队进犯解放区，1946年12月下旬报社全体人员北撤山东；1946年12月27日报纸停刊。1947年11月23日中共华中工作委员会机关报《华中日报》在射阳县合德镇出版，1948年元旦恢复原名《新华日报》（华中版）。社长徐进。出版到1949年4月30日停刊。

有京（南京）、沪（上海）的读者，所以也是外界了解我们解放区的一个窗口，因此，这个副刊办的好坏，是‘关乎一代文风’的。”

锡金考虑自己承担不了这样重大的责任，当即就表示推辞。但范长江却说：“遇到事情有党报委员会，不知怎么办时，你只要多请示、商量即可。”（不久以后，党报委员会就由刘江凌来专门负责此事）锡金又说：“这样，我的创作岂不是又要搁下了？”但适夷却说：“锡金，这只是暂时的，告诉你一个经验，在工作中应该多培养些新人，有适当的人可做替身，你自己就可以交卸了。”并说：“没有你做替身，我也走不了。”这样，锡金就接受了这个工作，每天兢兢业业地编辑《副刊》。

（九）思想困惑

锡金发表的部分鲁迅研究论文

此时，锡金曾向范长江谈自己的组织关系问题。但这个时候，来找锡金的熟人渐渐多起来了。因为锡金曾在《新华论坛》发表那首以朱总司令进攻命令为内容的诗作，有些熟人就知道他在解放区了，虽然那时这些熟人是散处各区的，但他们有时候还是可以互相走动一下的。这其中有一部分人是旧知，还有一部分人是锡金在上海建承中学教书时的学生。

从建承中学来解放区的学生曾多方打听锡金的消息，因为在“整风运动”中，这些学生曾说过是受到授课教师“蒋福俦”的启发才走上革命道路的。但当时组织上并不知道“蒋福俦”这个名字，因而也弄不清楚锡金真实的身份。根据这些青年学生在“整风运动”中学生的叙述，组织上认定“蒋福俦”是“国特”。抗战时期“特务”是一个通称，细分下来有“敌特”（日本特务）、“汪特”（汪伪特务）、“国特”（国民党特务）之分，而那种“国特”则口头上也往往是说抗日的，因而这些青年曾受到过拘禁，直到问题弄清楚后才恢复了工作。

这些问题现在想来原本是应该这样仔细调查的，因为只有弄清一个人的底细，才能对他信赖。但当时锡金的自尊心却为此受到了伤害，感到很难受，特别是他听说这其中有一个女学生董喆池（来解放区后改名“稷子”，又叫“七子”，她原是锡金在建承中学教书时最喜欢的学生之一），当时就因为大家都承认了自己可能是“国特”，而她却坚决不承认，因而被关押的时间最久，直到抗战胜利后才释放，这就更让锡金感到难受。

锡金在新华社工作时，建承中学的五个学生都在淮阴，并且有四个就在报社（董喆池、李尚应、吴娴修、叶寒华）。另外，还有些学生纷纷写信，或找他汇报工作，并回忆当年承建中学的学习时光。锡金当时虽然口头上不说什么，但心中很是委屈，觉得：“不是有这么多青年在我的影响下参加了革命吗？难道这还不算我对革命的贡献吗？”因此产生了抵触情绪，对恢复组织关系也不太上心了。

当时，锡金的一个在“四师”工作的表弟徐忻（新中国成立后在北京政治部工作）也来看他。徐忻原是1938年锡金在武汉时送到延安去的一批青年。徐忻一见到锡金，就对他进行了最严厉的责难：“你为什么不早来解放区？”锡金向他说明了原委。可徐忻却说：“你撒谎，完全不是这回事。因为你在上海与关露搞恋爱而不肯来。”“你这简直是莫名其妙，丧失立场。”锡金很气愤，便问：“你是从那儿听来的？”徐忻说，有一次他因工作经过《淮南日报》，遇见钟望阳，曾和他谈起过锡金。钟望阳说：“别理锡金了，他为了与关露谈恋爱，怎么动员他也不肯来苏北解放区。”

锡金当时对“他与关露谈恋爱”这个谣言感到莫名其妙，恰巧钟望阳来了，锡金就向他问询。钟望阳先是抵赖不说，后来说，“哦，我想起来了，一定是那个姓徐的同志说的，那个同志和我在工作上有意见，所以胡说一气。”因为锡金听徐忻说起过，他只是路过钟望阳那里，和钟望阳素无工作上的联系，更没有产生过矛盾，所以徐忻是不会这样说的，一定是钟望阳在说谎。锡金当时很生气，就骂了钟望阳“无耻”，后来也并未对徐忻讲明究竟是谁在制造谣言。而正在这时，关露却忽然来到了淮阴。

（十）追忆关露

①1930 年 3 月 2 日，中国左翼作家联盟成立大会会址：上海多伦路 201 弄 2 号

②1933 年 2 月创刊的中国诗歌会会刊《新诗歌》杂志创刊号

关露[①]原名胡楣，据说曾为沈志远[②]的爱人，1936 年锡金与她认识时，两人已经分开了。那时上海的生活书店刚刚出版了她的诗集《太平

---

① 关露（1907—1982），原名胡寿楣，又名胡楣，原籍河北延庆，生于山西太原。1927 年至 1928 年，先后在上海法学院和南京中央大学文学系学习。1930 年初，第一篇短篇小说《她的故乡》发表于南京《幼稚周刊》。九一八事变后，参加上海妇女抗日反帝大同盟。1932 年加入中国共产党，同时加入“左联”。曾在中国诗歌会创办的《新诗歌》月刊任编辑，左联时期著有诗集《太平洋上的歌声》蜚声当时上海文坛。影片《十字街头》主题歌《春天里来百花香》词作者。1939 年冬至 1945 年，受组织派遣，先后打入汪伪政权和日本大使馆与海军报道部合办的《女声》月刊，任编辑。在该刊发表长篇小说《黎明》，同时以此作掩护，收集日伪机密情报。1945 年抗日战争胜利后，她因病由苏北转到大连疗养。1946 年病愈后，被分配到苏北建设大学文学系任教。从 1947 年秋到 1951 年秋，先后在大连苏联新闻局、《关东日报》社、华大三部文学创作组和电影局剧本创作所工作。自 1955 年至 1976 年粉碎“四人帮”，曾因受潘汉年问题一案牵连，两次入狱，达 10 年之久。1980 年后，因患脑血栓症，全身瘫痪，失去工作能力，1982 年自杀。著作书目：《太平洋上的歌声》（诗集）1936 年生活出版社出版，《新旧时代》（长篇自传体小说）1940 年光明出版社出版，《苹果园》（儿童文学）1951 年工人出版社出版，《都市的烦恼》（散文集）1986 年百花文艺出版社出版。

② 沈志远（1902—1965），经济学家。浙江萧山人。1931 年毕业于苏联莫斯科中国劳动大学。次年回国。曾任暨南大学、北京大学、西北大学教授。1944 年加入中国民主同盟。新中国成立后，历任出版总署编译局局长、华东行政委员会文教委员会副主任、民盟上海市委主任委员、中国科学院哲学社会科学部委员、上海社会科学院经济研究所研究员、上海市第一届政协副主席。著有《新经济学大纲》、《社会科学基础》、《新民主主义经济概论》，译有《辩证唯物论》、《历史唯物论》等。

洋上的歌声》，为建立更为广泛的文艺界“抗日民族统一战线”，“左联”及其所属的“中国诗歌会”先后解散了。

1930 年 3 月，中国左翼作家联盟成立，开始了革命文学运动的新阶段。但当时的中国诗坛，新月派、象征派和现代派的诗歌仍然大量存在，这在一定程度上影响着中国现实主义诗歌的发展，不利于诗歌的大众化方向。1932 年夏天，任钧有感于这种现象，首先倡议成立中国诗歌会，这个建议得到了“左联”的批准。经过了几个月的筹备，穆木天、蒲风、任钧、白薇、杨骚、艾芜，林穆光（林木瓜）、白曙、石灵、杜谈、健民、风斯、辛劳、洪遒、田间、周而复、王亚平、袁勃、曼晴、温流、雷石榆、林林、黄宁婴、童晴岚、芦荻、江岳浪等于 1932 年 9 月正式组建了中国诗歌会，“以推进新诗歌运动，致力中国民族解放，保障诗歌权利为宗旨”（《中国诗歌会会章》）。

中国诗歌会一成立，就开始积极筹备出版会刊《新诗歌》，但由于经费困难，直到 1933 年 2 月才创刊。前 4 期以鲜明的反帝反封建的政治倾向和通俗晓畅的大众化形式，吸引了广大诗歌爱好者。1934 年春，中国诗歌会为了适应会员增多、影响扩大的实际状况，进行了改组，由任钧、蒲风、穆木天、柳倩、杨骚组成编委会，负责一切会务；由蒲风担任组织联络、对外通信，柳倩负责编辑出版工作。他们曾与书店协商出版《新诗歌》季刊，但由于政治色彩浓烈，书商不敢应承。于是，决定把《新诗歌》改为月刊，出版“歌谣”、“创作”、“翻译”等 3 个专号。1934 年 6 月 1 日，“歌谣专号”出版，发表歌 22 首、谣 22 首，时调及各地民歌 40 余首，此外还发表了穆木天等的诗论。同年 7 月 6 日，“创作专号”按计划出版。此后，由于中国诗歌会遭到政府当局的破坏，一些诗人被迫离沪，有的甚至失踪被捕，“翻译专号”延至 1934 年 10 月才出版。由于白色恐怖日益严重，1934 年 12 月，《新诗歌》出版了第 2 卷第 4 期后，被迫停刊。

《新诗歌》停刊后，中国诗歌会的组织开始松散，活动减少。1936 年，为了配合国防文学运动，中国诗歌会曾出版了一套《国防诗歌丛刊》，包括穆木天的《流亡者之歌》、杨骚的《乡曲》、任钧的《战歌》和柳倩的《自己的歌》。同年春天，中国左翼作家联盟解散，中国诗歌会也随之解散。

中国诗歌会解散后，1936 年秋天“中国诗人协会”[①] 成立于上海。锡金刚从武汉回到上海，有幸参加了它的成立大会。成立大会是在当时的吕班路上一家俄国餐馆里开的，锡金因此认识了艾青等人，也认识了关露。1939 年锡金在上海组织“诗歌座谈会”时，关露也参与了，并被选为“诗歌座谈会”及后来“行列社”的骨干，因而锡金与她是有过一些交往的。

有一次，锡金发现关露与他过去在上海正风文学院的同学周孝杰关系暧昧，周孝杰是中兴煤矿公司的一个资本家子弟，爱好踢足球，性情粗鲁而毫无文学趣味。因而锡金对关露是存着一定戒心的。还有一次，锡金与芳信等人去关露家看她，却见周孝杰在家中把她打得一塌糊涂，但关露只是饮泣不言。锡金因与周孝杰曾是同学，便说了他几句。周孝杰说：“咱们出去谈谈。”于是锡金就和他到名为 DDS 的一家咖啡馆小坐了一会儿。周孝杰说：“你别光听她说的那一套，有些事是我不便讲的。”但到了该年的秋天，戴平万忽然找到锡金，问：“关露最近还参加你们行列社的活动吗?”“参加的，有什么问题吗?”锡金问。戴平万说：“别让她继续参加了，要想办法把她隔开，她最近的政治关系很不好。”锡金听了很惊讶，但也没有问为什么，因为这既然是组织上的决定，自己只有服从，是无权过问的，于是就遵照组织吩咐把“行列社”的集会地点从朱维基家中转移到了其他地方，并且不通知关露开会的地点及日期，这样便暂时隔断了关露与“行列社”的联系。但要使“行列社”的每个骨干都知道迁移的真正原因——活动时有意要避开关露，故意不去通知她——是有些困难的。有些人是知道此事的，但并未通知与关露关系较好的许幸之。许幸之再三追问：“为什么关露不来参加活动?”锡金只好说：“没有什么，也许是她自己不想来了。”但芳信却对锡金说，有一天许幸之曾路过关露家，特意要进去找她参加活动。没办法，芳信就把组

① 中国诗人协会：1936 年，中国诗歌会解散后，在上海另行组织、成立了中国诗人协会。这是一个诗歌工作者的统一战线组织。由王统照任会长，穆木天任副会长，成员还有任钧、艾青、关露、严辰、柳倩、蒋锡金等。他们曾先后出版了“国防诗歌丛书”和“诗歌纵横丛刊”。1937 年七七事变后停止了活动。

织上有意不让关露参与活动的意思对许幸之说了，许幸之也就未去找她。

关露却因为没有人通知她参加活动，自己又找不到“行列社”的其他人，就找到了许幸之了解情况。因为是多年的熟友，许幸之就当面与关露讲明，并斥责了她，说：“锡金说你的政治关系不好。”关露听后就哭了。她说：“我是奉组织命令去发展这些关系的，锡金冤枉我了。”许幸之就来责问锡金。锡金说：“关露既然有组织任务，那么和‘行列社’的割断是有益无害的，而且她本人更不该把组织任务到处乱说，这是不符合纪律原则的。”许幸之也点头称是。这以后关露就与“行列社”的活动完全断绝了。

有一天，锡金与楼适夷从陈望道家出来，路过关露家门口。楼适夷说：“好久没看到关露了，不知她现在情况怎么样？”在他的提议下，两人就一同上楼看了关露。关露那天格外高兴，兴致也很高，谈了些闲天后，看到天色已晚，锡金、楼适夷两人便起身告辞，关露坚持要下楼送一段，一直送出很远，快到锡金的住处时才分手。关露对锡金说：“锡金，我已经把你的地址忘掉了。”“谢谢你。”锡金说。适夷听了感到很奇怪，锡金就告诉他，这是对关露暗示的感谢，感谢她不想出卖‘行列社’成员。从此以后，锡金与关露就再没有接触，甚至在路上遇到也互相避开。过后不久，关露就成了日寇在东京举行的“大东亚文学工作者大会”[①]的“中国代表”，而且在上海公开活动起来。抗战胜利后，关露来到了苏北解放区，带来了组织要她从事“地下工作”的证明。关露曾对锡金说，组织委派她去完成的任务是与日共取得联系。这样看来，她确实是一个好同志。

锡金在淮阴的新华社工作时，有一天在芳信的招待所中看到一个穿了很奇特服装（即一种从上海人头脑中想象出来的乡下妇女的穿着）的妇女，正坐在沙发上。由于锡金的眼神不好，所以也并未看清是谁。可那人一看见锡金，就忽然跳起来，一把抱住他就大哭。这使锡金很窘迫，仔细一看，原来是关露，就更加手足无措了。但当时也没有办法，

① 大东亚文学工作者大会：第一次于1942年11月3日至10日在东京举行，关露作为中国代表参加，第二次1943年8月25日在日本召开，第三次1944年12月在南京召开。

只好让她哭完了再说。关露当时不知什么原因，好像是受了些刺激，神经有些失常。锡金听她说话有点颠三倒四，摸不着头脑。由于还有事情要办，锡金便告诉关露他在新华社工作，有事要先走，改日再谈。

过了一两天，关露上午便到《新华日报》编辑室来找锡金。见面就递给锡金一份稿子，是一首诗，要锡金提意见。锡金读了，觉得写得松散，便认真地提了具体的修改意见，让她拿回去了。下午关露又来了，那首诗也已经照锡金的意见修改完了，完全成了另一副面目。因为是完全、彻底地依照锡金的意见修改的，锡金也就再提不出别的意见来了。关露说："好，那就留下给你发表罢。哪一天可以见报？"锡金说："具体的时间我说不准，因为要事先要得到领导的审批，但我会尽快给你答复的。"送走关露后，锡金便去找《新华日报》的社长和总主编——范长江，询问："关露的诗可以发表不？"范长江说："诗可以发表的，但是需要换一个名字。我们这份报纸的阅读对象是上海和南京的读者，那里的读者都知道关露曾与日本人和汪伪汉奸交往甚密，但却不知道她是在执行组织交代的任务，如果用关露的真名发表，也许会有人以此作为口实攻击我们，所以一定要慎重。"锡金问："关露究竟是怎么回事？"范长江对锡金详细地述说了关露的情况，最后语重心长地说："关露是一位好同志，甘愿牺牲自己，为党做了许多工作，很好地完成了任务。"还说："她现在的神经不太正常，正在这里休养，你要好好安慰她，不要刺激她。"后来锡金遇见冯定[①]，他那时是华中局的宣传部长，锡金问起关露的情况，冯定的回答也是这样。鉴于范长江没有同意关露的诗歌可以按原名发表，锡金就把组织方面的意见转述给了关露，并表示按组织意见办事。但关露对此事表现得十分坚决，认为非署真名"关露"不可。她气极了，在门口当众大骂了锡金一顿，并用英语说："You are

① 冯定（1902—1983），浙江宁波人。笔名贝叶。1926年参加中国共产党，后在江苏开展革命活动，曾从事马克思主义的传播工作。抗日战争爆发后，历任新四军政治部宣传科科长兼《抗敌报》主编、苏南军政委员会副主任、新四军第四师政治部宣传部部长、中共淮北区党委宣传部部长、抗大五分校副校长，中共中央华东局宣传部副部长。新中国成立后，任华东军政委员会文教委员会副主任、北京大学副校长及教授。著有《人生漫谈》、《共产主义人生观》等。

a Journalist ，not a poet！”（你是一个新闻从业者，不是诗人）说完便转身而去，从此不再来找锡金，但此事前后也纠缠了锡金近半个月的时间，因而无法安心工作。

（十一）落寞心境

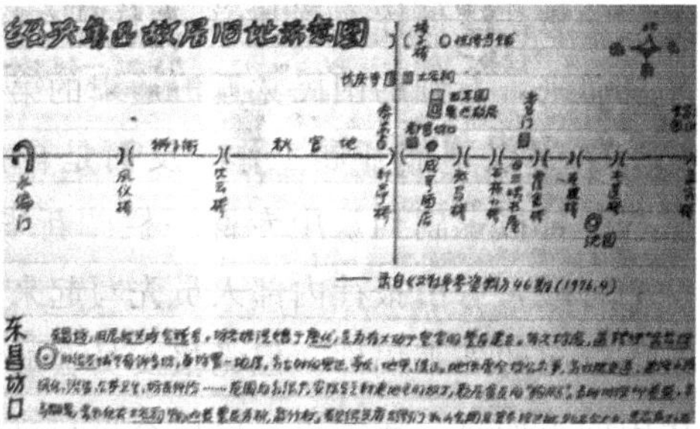

锡金为注释人民文学出版社 16 卷本《鲁迅全集》
时手绘的绍兴鲁迅故居旧址示意图

要恢复组织关系，当然要写自传，这也是必须向组织交代的。但因为锡金与关露谈恋爱的谣言及这段时间关露对锡金的纠缠相混合，使锡金深感痛苦。特别是又听说当时有些同志在忙于争抢名誉地位，锡金的心中更加懊恼。在不良情绪的支配下，锡金产生了组织关系不要也罢的思想，认为自己不是到革命队伍中争名夺利来的，反正自己要将革命进行到底，也不想去别处了，就好好在解放区做些工作，有没有组织关系都一样革命。

锡金的话被在新华社工作的建承中学的一些学生听到了，学生们邀锡金到西门外散步，董喆池批评了锡金认识上的错误，认为锡金是“目无组织，自高自大”。锡金强辩说：“那我也不能为恢复组织关系摇尾乞怜，自轻自贱呀！”学生们当然说服不了锡金，加之他又犯了牛脾气，所以就不再和学生谈话了，气氛变得沉闷起来，大家也就默默地回去了。

这段时间，尽管锡金的心情不好，但他仍努力工作，仔细审阅、修改稿件，从早班到夜班，每天都要看完《副刊》的清样才睡觉。每封编辑室的编辑、助理编辑、见习编辑对投稿者的复信锡金都要亲自看过。当时新华日报社附设了新闻学校，有许多实习生在报社实习，锡金因为不放心他们的工作，所以都要进行认真的检查。此外，锡金和印刷工厂的工人们相处得也很好。

后来范长江调走了，恽逸群[①]继任他的职位。锡金对他提出“想离开报社，回上海去”的想法。但恽逸群却说：“你现在还不是走的时候，我（恽逸群）刚从上海来，看到的国民党返沪通缉的第一批七人黑名单中就有你一个，你回去不仅不能开展工作，反而是自投罗网。”后来，锡金又曾建议在《华中日报·副刊》中专辟一栏“新华社之窗”，发表有关时事、政论性的诗歌，可由报社内部人员先写起来，稿件经审批后再发表，以后再吸收继起的外来稿件。但党报委员会的负责人刘江凌没有同意。基于工作中的不如意，锡金决定以后不再写诗歌了，要写就写小说。但事实上，锡金后来是写过几篇诗歌的，但兴致一直不是很高，至于小说则一直未写。

① 恽逸群（1905—1978），原名钥勋，字长安，江苏武进人。上海大同大学肄业。1926年加入中国共产党。1927年参加北伐，1928年10月，先后调任中共宜兴县委书记、浙江萧山县委书记和浙北特委秘书长。1932年8月，投身上海新闻界，此后即以记者身份为掩护，积极参加党的情报系统工作，任上海《立报》、香港《生活日报》等的编辑、主笔，参加发起成立“上海文化界救国会”，推动新闻、文化界开展抗日救亡运动。抗日战争爆发，在上海担任挂美商、英商招牌的《大款》、《导报》、《译报》编辑、主笔、总编辑等职务，撰写社论。1939年6月，转移到香港，主持国际新闻社香港分社工作。太平洋战争爆发后，根据党的指示，重返上海打入敌《新中国报》社和特务机关“岩井公馆”，搜集了大量情报。1944年10月被日本宪兵队逮捕，备受酷刑，抗战胜利前夕获释。随后，进入苏北解放区，在苏北、山东历任《新华日报》、《大众日报》、《新民主报》等新闻机构领导工作，并任华中局政治秘书，代理宣传部长等职。新中国成立后，调上海任《解放日报》社总编辑、社长和华东新闻出版局局长。从1953年“三反”运动起，受开除党籍、判刑、剥夺政治权利等错误处分。“文化大革命”期间，受尽摧残。1978年到南京第二历史档案馆从事近代史研究工作，1978年12月10日病故。1980年4月平反。著有《新闻学讲话》、《外蒙问题考察》、《抗战国际知识》、《吴佩孚评传》、《中国内幕闻录》、《蒋党真相》等。

（十二）努力工作

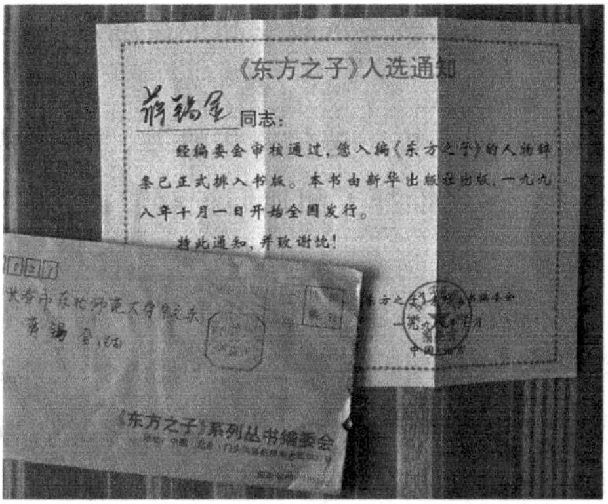
《东方之子》入选通知

薛锡金同志：

经编委会审核通过，您入编《东方之子》的人物辞条已正式排入书版。本书由新华出版社出版，一九九八年十月一日开始全国发行。

特此通知，并致谢忱！

锡金先生入选《东方之子》通知书

1945年的四月间，解放区要为李兆麟①将军和张莘夫②烈士开追悼

---

① 李兆麟（1910—1946），东北抗日联军主要领导人之一。辽宁辽阳人。“九一八”事变后，为开展抗日斗争去北平，参加东北民众抗日救国会。不久被组织派回东北辽阳，组织抗日义勇军。1932年5月加入中国共产主义青年团，不久转为中国共产党党员。在东北长期从事抗日武装斗争，与日本侵略者进行了艰苦卓绝的斗争。1941年起任抗日联军政治副旅长。抗战争胜利后，任松江省（今并入黑龙江省）副省长，中共哈尔滨市委常委。1946年3月9日，在哈尔滨市遭国民党特务杀害，遗体安葬于兆麟公园。

② 张莘夫（1898—1946），原名张春恩，吉林九台人。1919年在北平读书时，参加五四运动，后赴美国芝加哥大学学习，1929年获地质学博士学位归国，出任黑龙江省帝俄遗留下的穆棱煤矿矿长兼总工程师。1931年九一八事变后，流亡关内。历任唐山工程学院教授，河南焦作煤矿总工程师、天水煤矿矿长兼总工程师等职。抗战期间，曾主持国家汞、锡、钨战略性稀有金属的生产，任国家汞、锡、钨金属管理处处长等职，是我国颇有作为的地质学家。抗战胜利后，张莘夫于1946年1月16日，带领7名工程师赴抚顺接管日本留下的矿业，遭不明身份人绑架并杀害。国民党声称是遭苏军绑架而罹难的，并趁机在全国范围内大肆煽动“反苏”运动。

会，黄源[①]要求锡金用白话写一篇听得懂的，有韵而非诗的祭文。锡金写成后修改、补充了几次，就在追悼大会上朗诵了，但却没有同意把祭文在《华中日报》副刊上发表的要求。因为在锡金看来，这种白话散文是不伦不类的。这时从上海陆续到边区的文化界朋友和同志很多，他们看到锡金脾气变得很怪，也就尽量减少和他接触，而锡金则埋头编《华中日报》副刊。

华中建设大学在淮阴复校，芳信、朱维基、刘汝醴、黎冰鸿[②]、赵慧深[③]等都去教课了，锡金推辞了和他们一起教课，只是有时去同他们一起喝茶，抽烟。

华中文协成立了，但由于当时《华中日报》副刊的稿源充足，足以供应每天的稿件需求，而且锡金工作也的确很忙，所以很少去。其实《华中日报·副刊》作为党报副刊，不仅要注意文风，还应该多发动群

① 黄源（1906—2003），浙江海盐人。现代作家、编辑、文学翻译家。青年时代就读于嘉兴秀州中学，后留学日本。1929 年回国后从事著译、编辑工作。从 1933 年起，随鲁迅、茅盾工作。1938 年参加新四军，并加入中国共产党，任新四军文化方面领导工作。后在苏北根据地、浙东根据地工作。1949 年任华东大学文学院院长。上海解放后任华东宣传部文艺处长等职。1954 年来浙江，一直担任省委宣传部、省文化局、文联、作家协会等领导职务。曾编辑过许多有名的刊物。30 年代主编《译文》月刊，协助鲁迅编《译文丛书》。抗战期间编辑抗战文艺刊物《呐喊》、《烽火》、《抗敌杂志》及《新四军一日》。编辑的有《屠格涅夫生平及其作品》（1929）、《高尔基代表作》（1933）等，翻译的有《世界儿童文学研究》（1930）、德国格莱赛的长篇《1902 年级》（1931）、美国哈利逊的中篇《将军死在床上》（1932）、《日本现代短篇小说译丛》（1936）、高尔基长篇《三人》（1937）等。写过《在鲁迅身边》、《忆念鲁迅先生》等回忆散文集。1956 年与人合作改编昆剧《十五贯》。

② 黎冰鸿（1931—1986），生于越南，广东人。30 年代初回国，投身爱国民主运动。1946 年参加革命工作，任上海军事管制委员会文艺处美术干事，《华东画报》记者及制片室负责人，中央美术学院华东分院（后为浙江美院）油画系主任、副教授、院长等职，曾任中国美术家协会理事、浙江分会副主席。代表作油画《南昌起义》。

③ 赵慧深（1914—1967），著名演员。四川省宜宾市人。青年时期受左翼戏剧运动的影响，在南方大学读书之余，演出田汉的许多剧作。1934 年，参加了北京中国旅行剧团，演出《雷雨》（饰繁漪），一举成功，震动剧坛，是我国话剧史上第一个扮演繁漪的女演员。1937 年，在电影《马路天使》中她成功地塑造了善良而不幸的妓女小芸的艺术形象，为影片增添了感人的艺术魅力，也轰动了电影界。全国解放后，她曾任旅大教育厅社团戏剧指导、旅大文协艺委会副主任、东北戏改处编审科科长、东北戏曲研究院研究室主任、东北戏曲学校校长等职。她还改编过许多剧目，后任中国戏曲研究院编剧、中央电影局剧本创作所编剧、北京电影制片厂编辑部主任等职，发表过《不怕鬼的故事》等电影剧本。“文化大革命”中，受“四人帮”迫害，1967 年 12 月 4 日逝世。

众写反映现实斗争的稿件，因此在一定程度上发动各地文协写稿，也是锡金应有的工作，但当时锡金却因心情抑郁而没有意识到。

苏皖边区文教大会开幕，在晚会中，有个音乐节目是以铜乐器演奏《苏州之夜》和《满洲姑娘》。而这两个曲目都是日本侵略者占领中国之后，为粉饰太平，歌功颂德所作的。第一个曲子奏毕后，大家或许因为听不出是什么曲子，所以有很多人鼓掌，叫好。第二个曲子演奏刚开始，锡金就受不住了，他猛地站起来，大喊：“不要演奏了，这曲子是侵略者的，带有侮辱性。”会场的秩序当时就被扰乱了。第二天，冯定找锡金谈话，锡金详细说明了自己发火的理由。冯定说：“你的意见是对的，群众的鉴赏力低，不知道这两首曲子的来由，但你不应该大喊大叫。那个乐队绝大多数成员是起义的伪军，刚刚改编不久，为此有很大的心理压力，所以造成了不好的政治影响。”锡金虽然接受了冯定的意见，但总觉得节目不经审查就拿出来演出是考虑不周全的。

（十三）参加土改

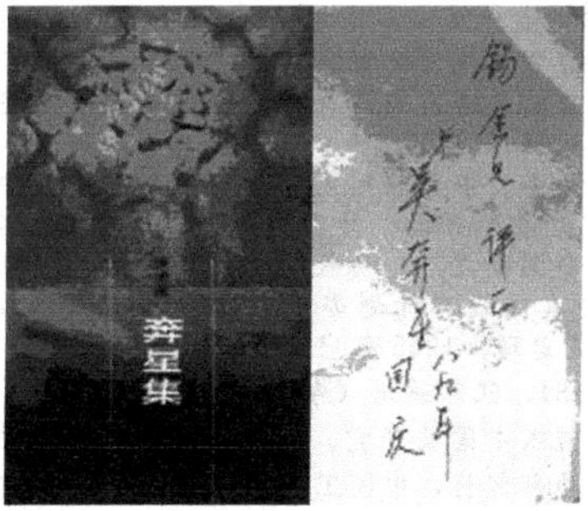

南京师范大学吴奔星先生赠锡金并题字留念的著作（1989年国庆）

1946年的5月，苏皖边区在淮安的石塘区展开了土地改革试点运动。因为对于土改的政策毫无把握，锡金渐渐感到编辑工作很不好做，觉得有必要去参加土改，学习一些政策法规，因此就向组织提出了这个意见。刘江凌（早年在北平从事学生运动，后到上海筹备全国学联，推动学生运动的开展）也表示同意，这样，锡金把工作交卸给了一位新从淮北调来的萧姓同志后，就和刘江凌一同去淮安参加由邓子恢①、刘瑞龙②等领导的，从各地调来的区营级干部组成的工作队。

工作初期，锡金和刘江凌等人一起学习写文件，听一些报告。后期就与苏堃③和一个工作队长领导的文协剧团一同深入到村中。在锡金与苏堃等人的协助下，经过约两个月时间的发动群众、清量地亩、分地等工作，该村的土地改革就结束了。

锡金向组织提出申请，要求继续留在村中看看土改后农村生活的变化，为自己的写作作准备，得到了批准。在工作期间，锡金所作的一切都是依据汇报和请示而行的，因而未发生什么错误。但在土改工作后期，蒋介石的军队已大举向解放区进攻，因而在进行土改工作的同时，还要发动群众积极进行参军保田工作。在这个工作中，锡金所在的乡有

---

① 邓子恢（1896—1972），福建龙岩人。早年赴日本留学。1918 年回国。1926 年加入中国共产党。1928 年参与领导闽西起义。曾任中共龙岩、上杭县委宣传部部长，中共闽西特委宣传部部长、特委书记。领导地方工农武装配合毛泽东、朱德率领的中国工农红军第四军入闽作战。参与领导创建闽西红军和闽西苏区。1930 年任闽西苏维埃政府主席。后任第十二军政委、闽西红军学校政委、中共福建省委巡视员。1931 年任中华苏维埃共和国中央执行委员兼财政人民委员。1934 年中央红军主力长征后，任闽西南军政委员会财政部部长兼民运部部长。坚持了闽西三年游击战争。抗日战争时期，任新四军政治部副主任。1939 年参与组建新四军江北指挥部，开展皖东敌后游击战争。1941 年皖南事变后任新四军政治部主任兼第四师政委、中共淮北区委书记。1945 年当选为中共第七届中央委员。解放战争时期，任中共中央华中分局书记兼华中军区政委、中原临时人民政府主席、中共中央中原局第三书记兼中原军区副政委、中共中央华中局第三书记、第四野战军兼华中军区第二政委。参与组织苏中、淮海和解放中南等战役。新中国成立后，历任中共中央中南局第二书记兼中南军区政委、中南军政委员会副主席、中央人民政府计划委员会副主席。1953 年任中央农村工作部部长。1954 年至 1964 年任国务院副总理。1965 年当选为第四届全国政协副主席。

② 刘瑞龙（1910—1988），江苏通州（今南通）人。曾用名石钧、李也萍。1926 年加入中国共产主义青年团。次年转入中国共产党。曾任中共南通县委书记，江苏省委外县工委书记、农委书记，川陕省委宣传部部长，中国工农红军第四方面军宣传部部长，中共豫皖苏区委副书记，淮北行署主任，苏皖边区政府副主席，华东野战军第二副参谋长兼后勤司令，第三野战军后勤司令兼政委。新中国成立后，历任中共上海市委秘书长、中共中央华东局农委书记、农业部副部长、中共中央华东局农委主任、农林部顾问。

③ 苏堃（1916—1986），戏剧教育家。河南沈丘人。回族。1939 年加入中国共产党。1940 年赴豫皖苏边区，任《抗大生活》报编辑，淮北行署教育处科长，淮北大众文工团、第三野战军政治部文工三团团长。新中国成立后，历任上海戏剧学院秘书长、副院长、院长、党委书记，中国剧协第二至四届理事。著有京剧《里应外合》、曲剧《秋林救母》，改编话剧《战斗的青春》（与人合作）等。

两个村发生了有钱人家用几石稻米买人，冒名参军的事。锡金了解到这事，觉得不对，就力图纠正，但工作队长却不希望深究，不同意把事搞大，结果还是把冒名顶替的人送去参军了。后来锡金曾与刘江凌等人谈起此事，但他们却认为锡金错了，原因是锡金看问题太片面了。当然土改工作应该做好，但深究此事，忽视了参军任务的紧迫性也是不对的。

锡金在土改后的村子住了约一个月，新华社华中分社便来人通知："由于战争形势转紧，组织上请你准备撤离。"锡金对来人说："这儿（石塘区）离县城只十里路，况且我也没有什么东西，如果情况实在紧急，只要派人通知我，我马上就可以动身。"1946 年 12 月下旬，鉴于国民党军队进犯解放区，苏北解放区的形势紧张，有人专程前来通知锡金，锡金便回到了淮安城，并于当夜随军队离开了淮安，随全体报社成员北撤山东，开始了行军。

（十四）　前线创作组

锡金先生的部分学术通信（1983 年 10 月 20 日）

锡金随军队从淮安经板闸，听说淮阴当时得放弃，于是又折转，沿旧黄河到涟水，从涟水经沭阳、阿湖，过陇海铁路，经桃林、郯城、大埠、李家庄，折向临沂不远的枣沟略息，又北上经过临沂、半程、垛庄到梁家北庄驻下，在沂蒙山区停留了约一个多月。不久，《新华日报》与山东《大众日报》[①] 合并，锡金则由组织安排到华东局宣传部听候分配。

锡金到华东局时，彭康告诉他宣传部正组织一个前线创作组去前线深入生活，问锡金是否想去参加，锡金因想继续从事创作，于是就参加了这个组。创作组由吴奚如任组长，组员有宋之的、朱维基、黎冰鸿、胡考[②]、方徨[③]及锡金六人。创作组成员复经临沂南下，过郯城经新安镇到堰头附近找到了军部。那时消灭戴子奇部队的苏北战役[④]已经结束了，锡金等人组成的创作小组即分为两组：锡金、方徨、黎冰鸿三人一组，准备下决心要到连队从事创作。锡金等三人就随叶飞[⑤]的第一纵队出发，经高流又到了沭阳，在沭阳城中住了一夜，部队又从原道折回郯城西北的码头镇。在码头镇附近听了陈毅战略布置的报告，立即出发到离卡庄约

① 《大众日报》：中国共产党在山东革命根据地发行的报纸。1939 年 1 月 1 日创刊于山东沂水王庄，由中共苏鲁豫皖边区委员会主办。曾在敌后艰苦的环境中辗转多次，甚至被迫短期停刊。1941 年后，一度改为油印或石印出版。1949 年 4 月 1 日迁至济南，成为中共山东省委机关报继续出版。现在已发展成一个功能完备的社会主义现代化报业集团。

② 胡考（1912—1994），浙江余姚人。漫画家、作家、诗人。擅长插图、素描、中国花鸟画。1931 年毕业于新华艺术专科学校。抗战期间任武汉《新华日报》美术编辑，创作了一批抗日漫画；后去延安，任鲁迅艺术文学院教员。解放后负责创办《人民画报》并任副总编辑。代表作长篇小说《上海滩》；漫画《大旱望云霓图》是中国漫画史上不多见的素描画法中的成功之作。

③ 方徨（1916—），原名袁金元。上海人。中共党员。1926 年在上海读书，后参加新四军，在教导队毕业后任老一团文工队员，皖南事变后曾入上饶集中营。1943 年后任盐阜区宣传部文工团副团长，山东省文协专业作家。1949 年后历任中央电影局编导，山东电影制片厂副厂长，珠江电影制片厂导演。1939 年开始发表作品。著有长篇小说《菱荷艳》，长诗《红日初升》，电影文学剧本《上饶集中营》（副导演）、《两个巡罗兵》、《敢想敢做的人》、《逆风千里》等。

④ 苏北战役：1946 年 11 月，蒋介石军队分四路会攻苏北，苏北战役全面爆发。12 月 13 日，从宿迁出发的国民党军队六个半旅分两路向北、向东，以新安镇、沭阳为目标发起进攻。山东野战军主力和华中野战军一部，经过两天激战，在 19 日上午全歼整编六十九师，该师中将师长戴子奇自杀，整编十一师星夜撤回宿迁。这一仗通常称为宿北战役，共歼灭国民党军队二万多人，是山野、华野会合后共同进行的第一个规模较大的歼灭战。

⑤ 叶飞（1914—1999），原名叶启亨，福建省南安县人。1928 年入团，1932 年转入中国共产党。土地革命战争时期，任共青团福建省委宣传部部长，中共闽东特委书记，闽东军政委员会主席兼中国工农红军闽东独立师师长、师政治委员。参加了南方三年游击战争。抗日战争时期，任新四军第三支队六团团长，江南抗日救国军副指挥，新四军苏北指挥部第一纵队司令员兼政治委员，新四军第一师一旅旅长，兼旅政治委员，第一师副师长，苏中军区司令员，苏浙军区副司令员。解放战争时期，任华东野战军第一纵队司令员兼政治委员，第三野战军十兵团司令员。中华人民共和国成立后，任福建军区司令员，中共福建省委第一书记，福建省省长，中共中央华东局书记处书记，南京军区副司令员兼福建省军区司令员、第一政治委员，福州军区司令员、第一政治委员，中华人民共和国交通部部长，中国人民解放军海军司令员、第一政治委员。1955 年被授予上将军衔。

十二里处，等待第一纵队主攻的炮声。

1947年1月2日夜里10时，鲁南战役[①]主攻的炮声打响了，半小时后，锡金就随前线创作组成员越过卡庄到达向城的前线。在那里，锡金目击了解放军俘获国民党第一快速部队战车与坦克的壮举。当时解放大军正指向峄县时，前线创作组正要由旅部下到团部，但忽然接到通知，要创作组成员回华东局总结一下工作，于是锡金等人就又回到了华东局。

原定在华东局的总结，因另一前线创作组始终未离开军部，最终无果而终。锡金参加的这个创作组到了华东局以后也就解散了。

（十五）　驻会山东省文协

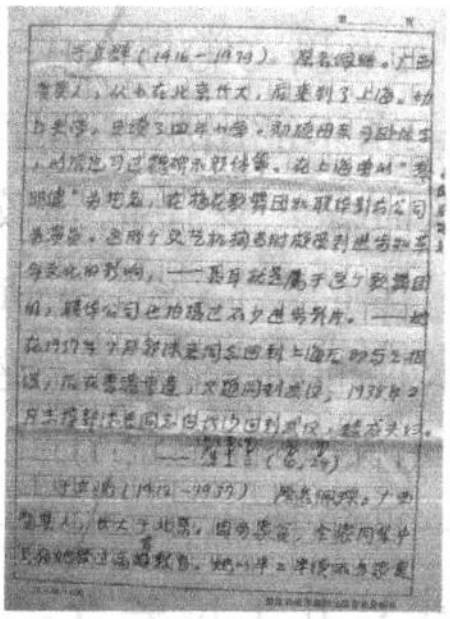

锡金注释《郭沫若全集》时撰写的注释材料

前线创作组解散之后，锡金在华东局招待所住着，有一天，在宣传部遇到吴奚如，他问锡金以后打算干什么，锡金说还未定。吴奚如告诉锡金说，他已经决定去山东省文协从事创作，并邀锡金同去，说“你可以先在那里住着写些东西”。不久，吴奚如又带了山东省文协副会长刘

---

① 鲁南战役：宿北战役后，宿迁和峄枣的国民党军队已转入防御，但由淮阴、淮安、东台出犯的整编七十四师等部在占领盐城、涟水后，正继续向北推进。陈毅、粟裕等决定置淮阴、涟水地区国民党军队的北进于不顾，集中主力星夜隐蔽北上，会同原在鲁南的部队，于1947年1月2日发起鲁南战役。历经十八个昼夜的激战，1月20日胜利结束，共歼灭国民党军队整编第二十六师、第一快速纵队以及整编第五十一师，计两个师部、五个旅共五万多人，俘虏中将师长马励武、周毓英以下36000多人，缴获一百零五毫米榴弹炮48门，山炮、野炮41门，坦克24辆，汽车474辆，改善了华东人民解放军的武器装备。

雪苇[①]来找锡金。刘雪苇代表组织欢迎锡金去山东省文协。锡金原本并不喜欢文协，因为在淮阴时他就感到那的华中文协工作很枯燥，但由于没有什么其他的目的地，所以也就同意去了。

因为还有其他事情，吴奚如和刘雪苇要晚走一步，于是锡金就与原是山东省文协的方徨二人同行，到了十字路北X家石门的山东省文协，见到了文协会长张凌青（新中国成立初期，其撰写的论文《山东文艺工作概况》，收入《中华全国文学艺术工作者代表大会纪念文集》），就被安顿住下了。

锡金用空闲时间，依据前线见闻写了一篇《鲁南前线散记》。这时文协正要出版《胶东文艺》[②]，锡金就把那篇稿件交上了。《胶东文艺》出版后不久，由于战争形势的变化，山东省文协要向山区转移，先是按计划转移到了日照西北马鬐山下的一个村子。在那里，组织上曾要锡金编一个指导文艺习作的刊物，锡金看了几篇来稿，觉得写的还不错，就按计划编成交上去了。后来这个刊物因战事关系未能出版，名字锡金也忘记了。

不久，文协接到了上级命令，要撤退到胶东。锡金又随同文协成员经由枳沟、诸城、百尺河、岳沟、高密、兰辰、古岘、水沟头、莱阳，而到南务附近的一个叫南张夼的村子住下。这时有传言说“文协内部很不团结”，主要是围绕《山东文化》编辑方针问题发生的争执。据说当时有两种不同意见，双方一直争执不休，一直吵到华东局去了，并说华东局已派了阿英来处理此事，并主持会务。锡金因为当时是“驻会作家”，处在“客人”的位置，所以这些论争既未通知锡金，锡金也并不

---

① 刘雪苇（1912—1998），又名孙雪苇，贵州郎岱（今属六盘水市）人。1931年参加革命，1932年3月加入中国共产主义青年团，同年10月转为中国共产党党员，曾担任共青团上海周家桥区区委组织部长、书记，共青团江苏省委青工部负责人。1935年任中共贵州省工委常务委员。1937年到延安，任中央研究院研究员和特别研究员。1946年后任山东省文协副会长、党总支书记，华东大学教务主任，华东人民革命大学教务处长。新中国成立以后，先后任中共中央华东局宣传部文艺处处长，华东行政委员会文化局副局长、党组书记，中央文化部社会文化管理局副局长。因与胡风关系密切，1955年5月被牵涉到“胡风反革命集团”案中，被错定为“反革命分子”，受到不公正待遇长达20多年。1980年平反，到中国大百科全书出版社任副总编辑。

② 《胶东文艺》：半月刊，主编马少波。1947年9月创刊于山东解放区。该刊设有文艺理论、文艺信息、小说、散文故事、诗歌创作等栏目。主要内容为宣传中国共产党的文艺方针与政策，研讨文艺理论问题，介绍不同的文艺创作思潮，报导解放区文化活动情况，也刊载了许多反映解放区人民生活的文艺作品。1948年1月停刊，共出版8期。

准备参与。阿英来文协后，锡金因与他同在张凌青处进餐，曾见了一面。锡金问他："听说你是来文协主持会务的？"阿英回答说："不，我只负责帮助文协解决一些问题。"

那时阿英正在研究图书，组织交给他的主要任务就是在刚解放的地区负责保护文物古迹和搜集珍本图书，后来阿英也因此成了藏书大家。阿英曾告诉锡金"山东是中华文明的发源地，孔、孟等名人辈出，所以胶东一带有很多善本图书"，还说了哪些地方有藏书等等。这勾起了同是爱书人锡金的兴趣，因此锡金很想去实地考察一下。

因为闲住着很无聊，想要做些事，锡金就把一个京剧剧本改编了一下，拿给李纶[①]看。李纶说京剧只适合演历史题材，不适合演近代戏，并说这是在延安时期已有的结论，因此锡金只得作罢。这时吴奚如结婚了，婚后就离开文协去了烟台。另一个驻会作家郑亦桥[②]也到烟台去了。比较熟悉的几个朋友先后都走了，只剩下锡金一人住在村头的一个农民家里，整天闲着，很寂寞，于是就常找那沙[③]、牟英等人谈些闲天，整理和抄写当地的民歌。胶东文协当时离锡金住的地方很近，因而锡金有时也常去马少波[④]处走走。

锡金觉得胶东文协的工作比山东文协活跃得多，心里想最好能转会到

---

① 李纶：新中国成立后，任东北戏曲研究院京剧实验团（简称东北京剧团）院长。1951年主持排演京剧《雁荡山》，其创作目的和排演任务都很明确，即招待来访的外宾及当时留沈阳工作的苏联专家，因此在设计之初便以全剧不使唱念，只用音乐、舞蹈、动作，但能表达剧情作为创作标准。

② 郑亦桥：1957年其在国家文物局主办的《文物》杂志第九期（49页）上发表了《梁祝墓志全文及拓本》考证梁祝的故事发生在济宁。

③ 那沙（1918—2003），作家。原名林澄思。广东博罗人。1936年开始文学活动。1938年在延安"抗大"学习。后任八路军一一五师政治部宣传队教员、山东军区文工团指导员等。1946年加入中国共产党，任山东省文协《文艺丛书》主编。此后，至1958年，一直在解放军中从事文艺宣传工作。转入地方后，历任《安徽文学》主编，安徽省文联副主席、党组副书记，作协安徽分会副主席，中国剧协常务理事等。主要作品有：中篇小说《骨肉亲》，话剧《"圣战"的恩惠》，话剧《雾》，多幕歌剧《捉鬼》、《在前进的道路上》，短篇小说《血案》，《让战魔发抖吧》、《毒手》（又名《这里也是战场》），长诗《英雄岩》等。

④ 马少波（1918—），戏剧理论家。山东掖县（今莱州）人。1937年参加中华民族解放先锋队。次年参加八路军。1939年加入中国共产党。曾任八路军山东纵队第五旅司令部秘书长、胶东文化协会会长。新中国成立后，历任文化部戏曲改进委员会秘书长，中国戏曲研究院副院长，中国京剧院副院长，北京市戏曲研究所所长，中国文联第三届委员，中国剧协第二届理事和第一、四届常务理事，中国剧协北京分会副主席。1957年获国际舞蹈协会、瑞典王国戏剧家协会功勋奖章。著有《戏曲艺术论集》、《戏曲新论》、《马少波创作选》、《马少波新剧作》等。

胶东文协工作。但这时忽然胡风从上海寄给刘雪苇许多书刊，刘雪苇拿来给锡金看，问锡金的意见。锡金指出路翎的创作有陀斯妥耶夫斯基倾向，给人以“阴冷”而“绝望”的感觉，其他“七月派”诗人的诗也有现代主义倾向。刘雪苇听了没说什么，但看得出他很不高兴。过了几天，他又来问锡金：“华中建设大学迁到了胶东，最近要在胶东半岛南翼的海阳举行开学典礼，文协要派代表去参加，你愿不愿意与我同去?”锡金想胶东那边熟人多，况且也好久不见了，在家里也闷得慌，就同意去了。

两人参加完华中建设大学的开学典礼，在从海阳回南张夼的道上，刘雪苇说：“现在胶东土改正开展得很热烈，我们也应该去参与一下。”锡金说：“我在苏北曾参加过一个时期的土改，能再看看胶东这方面的情况也好。”刘雪苇说：“那么我们回去谈谈看，一同出发好了。”

（十六） 考察胶东土改

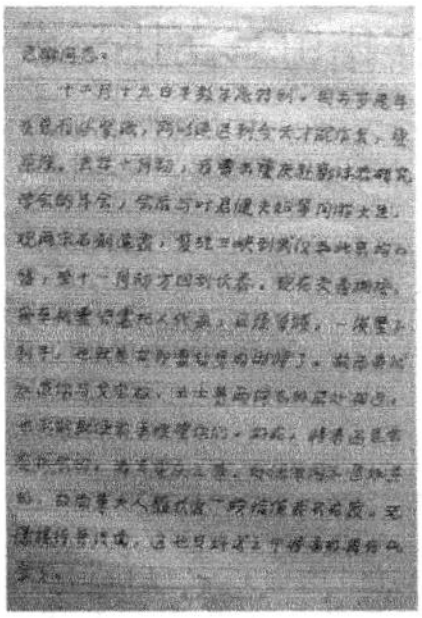

1986年，锡金与卞之琳先生的学术通信

回到南张夼住了几天后，刘雪苇就来通知锡金说，已经与组织上谈妥了，准备出发。那时，陈货听说锡金和刘雪苇等人要去参加胶东土改，也要去，便也跟着一同去了。一行六人：刘雪苇带了一个警卫员，一个饲养员；锡金带了一个名叫涂文彦的通讯员；另外一个就是陈货。行程是由刘雪苇决定的，虽然他也和大家商量，但大家并没有什么不同意见。经过华东局时，六人一起听了曾山[①]的报告后出发。

到胶东文协后，锡金等人在马少波处住了几天。当时胶东农村正在进行土改，锡金看到胶东地区的土改比华中地区的矛盾尖锐得多，因为他亲身经历了恶徒向斗争会场投掷手榴弹的场面。那弹片正射在锡金倚着的一株大柏树杆上，差点命中他。那恶徒投掷完手榴弹后，越岭逃跑，虽有民兵追赶，但并未当场捉住，逃走了。锡金在淮安参加土改时，只听到逃走的恶霸地主被民兵拿获，从未听说过当众在会场投弹，破坏土改这样的事情。几天后，那个村子的土改工作告一段落，于是锡金等六人又出发向北，经过毕郭、赵格庄到黄县。

一路上，锡金等人经常找农会和村干部了解一些土改的情况。六人在黄县住了大约五六天，考察了城市的土改工作。当时黄县的地主都净身出门了，锡金从阿英的谈话中知道黄县有些地主家有藏书，于是就去看了几家。在外号为“丁百万”的地主家，锡金看到有些铜器、香炉、烛台等都已归在一起，其中就有一个北魏的造像，很是小巧精制。锡金就对身边的农会干部说：“这造像是古文物，不要和那些烂铜器混在一起。”同去的农会干部却说：“哪里是文物，这都是封建迷信用品，种田的本分人用不着，哪有什么价值。”说着就捡起来交给了锡金，并说：“你看这些东西中有什么你需要的尽可以拿去。”在他的再三要求下，锡金就拿了这尊北魏造像和一个铜毛笔套。那铜笔帽在“文革”抄家时已经遗失了。那个造像，锡金在烟台时赠给了李一氓[②]，后来据李一氓

---

① 曾山（1899—1976），江西庐陵（今吉安）人。原名洛生。1926年在家乡组织农民协会，同年加入中国共产党。1927年参加广州起义。1934年中央红军主力长征后，任中共江西省委代理书记，在江西坚持游击战争。1938年后任中共中央东南局副书记兼组织部部长，中共中央华中局、华中分局组织部部长，中共中央华东局财经委员会主任。新中国成立后，历任华东军政委员会副主席兼财经委员会主任，政务院财经委员会副主任，纺织工业部、商业部、中共中央交通工作部、内务部部长。

② 李一氓（1903—1990），四川彭县人。原名民治。沪江大学，东吴大学肄业。1925年加入中国共产党。1927年任国民革命军南昌总政治部秘书长，同年参加南昌起义。1932年到江西中央苏区。1934年参加长征，后任中共陕甘宁省委宣传部、陕西省委宣传部部长，新四军秘书长，中共淮海地委、苏北区委书记，苏皖边区政府主席兼中共中央华东局宣传部部长，中共旅大区委副书记，大连大学校长。1953年后，在布拉格、维也纳参加世界和平理事会的工作。1958年后，历任驻缅甸大使，国务院外事办公室副主任，中共中央对外联络部副部长，中共中央纪委副书记，中国国际交流协会会长，国务院古籍出版规划小组组长。译有《马克思文选》，著有《一氓题跋》、《存在集》等。

说，那尊造像是维县的赝品。此外锡金还拿了一些木刻套印的笺纸，每种两张。

回来后，锡金告诉刘雪苇说："农会没收的地主财务中，有一些地主的藏书很珍贵，放在那里很容易散失和破损，是不是可以运些到文协妥善保存?"刘雪苇说："是呀，听你这样一说，看来文物和书籍流失很严重，所以我们应该立刻采取行动。"于是雪苇就用随身带的公章向农会要了一部分书。书是锡金从一大堆之中挑选出来的，包扎、寄送是由刘雪苇的警卫员做的，其中有一部汉代瓦当的拓片，约160余幅。还有其他几本书，锡金也很喜欢，但由于携带不便，锡金就把这些书寄给胶东文协的马少波请他代为保存了。1949年锡金去北京时还遇到了马少波，他说这些东西可能还在胶东，因为当时他已经交待农会妥善代为保存了。

以上是锡金等人在黄县耽搁五六天的原因。从黄县出发，锡金等人又去龙口住了两天，参观了一些地方，后乘汽车到蓬莱。因为饲养员要牵马，所以走得慢，于是锡金等人就又在蓬莱住了两天等他赶上。

"土改"之后，蓬莱一些地主家的藏书，弄得十分狼藉，有的农民竟撕了《西清古鉴》[①] 在抽烟，锡金就写了一封信给北海的曹专员，建议政府注意文化古物的散失。后来锡金在文登时接到那位专员的复信，说已有了妥善的保护办法，请他放心。

---

① 西清古鉴：清代金石学著作，简称《古鉴》。乾隆十四年（1749）由梁诗正等奉敕编纂，乾隆十六年编定，被收入《四库全书》。著录当时官廷所藏商周至唐代青铜器1529件。40卷，另附钱录16卷。每卷先列器目，然后按器绘图，附有铭文并加考释。对每器还记录高度和重量。共录彝器1436件、镜93件。绘出器物图形，有方案拓本或摹本。记器物尺寸，并有简略考证说明。此书在鉴定和考释上失误不少，摹写文字也有失真。《西清古鉴》、《宁寿鉴古》、《西清续鉴甲编》与《西清续鉴乙编》四书，旧称"西清四鉴"。现学者或称"乾隆四鉴"。

（十七） 蓬莱——威海——大连

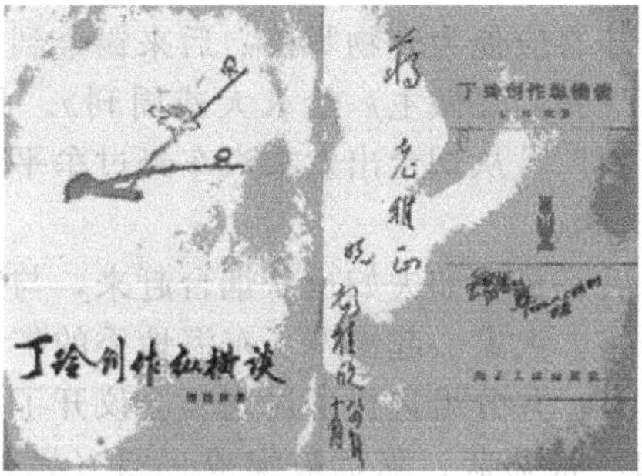

《丁玲创作纵横谈》作者杨桂欣赠送给锡金的著作并题字留念（1984年11月）

离开蓬莱后，锡金曾向刘雪苇建议到栖霞去，因为他认为那里是大粮户所在地，斗争一定很激烈，同时又是清代著名学者郝懿行[①]的故乡，珍贵的古籍会有很多，但刘雪苇和陈货不同意。于是锡金等人又沿公路出发，在八角口宿了一夜，次日到了福山和烟台。从南张夼出发到烟台，路上每经过村庄，锡金等人都停下来，了解土改的情况。

刘雪苇当时是山东文协的党委总支书记，所以一路上锡金也同他谈一些组织关系的问题。锡金把在武汉入党和"孤岛"沦陷后与组织失去联系的经过以及自己的想法都详细地和刘雪苇谈了。雪苇批评了锡金组织观念薄弱。锡金也觉得他的批评是对的，应该珍视自己的组织关系和政治生命。

在烟台住的五六天里，锡金除了与吴奚如夫妇，郑亦桥等会晤外，

① 郝懿行（1755—1823），清代经学家、训诂学家。字恂九，号兰皋，山东栖霞人。嘉庆进士，官户部主事。长于名物训诂及考据之学，于《尔雅》研究尤深。所著有《尔雅义疏》、《山海经笺疏》、《易说》、《书说》、《春秋说略》、《竹书纪年校正》等书。

还见到了姚仲明[①]、李一氓、罗竹风[②]，另一个人是钱醉竹〔一个在抗日时期被我军俘获的伪方小报记者，那时他正在威海卫办一个大型周刊，20世纪50年代，在旅大市（今大连）东北第一届戏剧汇演中，他是一个得奖者〕，他们几个人是从蒋管区来的，当时想在威海办一个大型的文艺刊物《大威周刊》[③]。钱醉竹曾有意邀锡金留下与他们合作，锡金没有同意。但却答应他为刊物写稿。后来锡金到文登后，曾写了一个隋姓雇农的谈话《我们要做主》给《大威周刊》。此外锡金等人还参观了烟台的张裕造酒厂。从烟台出发乘汽车经过牟平，转道文登，便到达了东海地委。

到文登两三日后，吴奚如夫妇也从烟台赶来，与锡金等人一同参加东海地区的土改工作。大家一起出席了东海地委的扩大会议，听取了各地贫雇农代表的发言，并分组进行了讨论。会议开了五六天，会议结束后，锡金和吴奚如、张菊蓝、陈货被编成一组（另外还有两个记者），准备下乡。而刘雪苇这时说他不想下乡了，因为他在开会这几天遇到了他以前的爱人杨烈，两人已经谈妥了离婚，他带着一个大孩子在身边，听说有部队要插出去解放贵州，而他的老家正是贵州，他本人也有回家乡的想法，因此放弃了参加土改的打算。因为要急着赶上那部队，所以就丢下锡金等人，带了马匹、饲养员、警卫员和孩子先走了。

---

① 姚仲明（1914—1999），山东东阿人。曾名梦龄。1932年加入中国共产党。后从事党的秘密工作。1937年后任八路军山东纵队第三支队政委、纵队政治部联络部部长。1940年入延安马列学院、中央党校学习。后任中央党校文教主任。1946年后任华东解放区驻联合国鲁青分署代表，北平军事调处执行部驻青岛小组中共代表，烟台市、潍坊市市长，济南市市长兼中共济南市委第一副书记。新中国成立后，历任驻缅甸大使、外交部条约法律司司长、驻印度尼西亚大使、文化部副部长，对外文化联络委员会副主任。著有话剧剧本《同志，你走错了路》等。

② 罗竹风（1911—1996），山东平度人。著名的语言学家、宗教学家、出版家、杂文家、辞书编纂家。1937年秋组织平度抗日游击队，后转为胶东抗日游击队第三支队第八大队。1938年2月加入中国共产党，先后任胶东文化联合社编委、《海涛》半月刊主编，胶东文化协会常务委员等职。1940年9月任平度县抗日民主政府首任县长。1943年任胶东文化协会研究部部长。中华人民共和国成立后，历任上海出版局局长、上海哲学社会科学学会联合会副主席等职。曾任《辞海》常务副主编、《汉语大词典》主编。

③ 《大威周刊》：1946年4月14日创刊于山东省威海卫。钱醉竹任社长兼主编，社址在城东村236号。邀请解放区较有名望的报人作者刘知侠、王若望、董均伦等特约撰稿人。

刘雪苇走后，锡金等人下乡最终没能成行，因为蒋匪范汉杰①突然进攻胶东，胶东保卫战爆发，形势骤然紧张。张鼎丞②作了《关于目前局势的报告》，鉴于敌人来犯之势十分凶猛，党要求大批干部隐藏起来，以保存实力，为最终的反攻作准备。锡金等人，连同两个通讯员被安排埋伏在昆嵛山中的桃花岘村住了约一个月。锡金和张菊兰二人还去参加了两三次区的土改工作会议，并参与了农民在夜间到山中埋藏物资的行动，这样就对那一带山路稍微熟悉了一些。

情势愈渐紧张起来，消息说蒋匪前锋已抵达乳山，离锡金等人的住地仅 40 里。一天晚上，锡金等六人接到东海地委通知，叫锡金和吴奚如夫妇当夜必须立即到威海卫集合。匆忙准备了一下后，吴奚如夫妇、锡金和张菊兰连同两个通讯员就出发了，只留下陈货在原地。返回东海地委后，锡金和地委宣传部长朱凡③说留下陈货一人恐怕不妥，于是决定把通讯员徐文彦留下，请他返回去找陈货。

这样，锡金等四人就继续出发，连夜步行百余里，到了威海卫。在威海卫停留了五六天，大家交出了随身的东西，改了装。傍晚时分，锡金等人在海边登了船，在船上看到了刘雪苇和帮他带孩子的警卫员。原来刘雪苇没有赶上去解放贵州的部队，便转道威海卫，等锡金一行一起

---

① 范汉杰（1896—1976），广东大埔人。黄埔军校第一期毕业。北伐战争中，任国民革命军团长。后任国民党政府军第一军副军长、中央军校高等教育班主任、第二十七军军长、第三十八集团军总司令、第一战区长官部副长官、陆军总部副总司令、山东第一兵团司令等职。解放战争期间曾先后指挥胶东战役、辽沈战役，并任东北“剿总”副司令，在攻占锦州战役中被解放军俘虏。

② 张鼎丞（1898—1981），闽西红军和苏区创建人。1927 年 5 月率本乡农民参加广东大埔暴动，不久加入中国共产党。1928 年 6 月领导永定县农民武装暴动，建立苏维埃政府，后任中共闽西特委组织部部长、闽西暴动委员会副总指挥、闽西工农红军第 7 军第 19 师第 57 团团长。参加中共第四军第九次代表会议（古田会议）后，率部转战赣南、粤东北，反击国民党军“会剿”。抗日战争爆发后，他任新四军第 2 支队司令员，8 月率部进入苏南地区，与陈毅率领的第 1 支队一起，开辟以茅山为中心的抗日游击根据地。抗日战争胜利后，任华中军区司令员。1946 年 7—8 月间，参与组织苏中战役，领导支援前线工作，同年 10 月率部到山东。1948 年调任中共中央华东局常务委员、组织委员会书记，负责党的工作和群众工作。1949 年上海解放后，组织华东随军南下工作团，并率领该团南下福建。中华人民共和国成立后，任中共福建省委书记兼省人民政府主席、福建军区政治委员，领导福建海防建设。1954 年任最高人民检察院检察长。1981 年 12 月 16 日在北京病逝。

③ 朱凡（1909—1987），江苏涟水人。上海同文书院肄业。1932 年毕业于上海艺术大学。1937 年加入中国共产党。曾任《江淮日报》主编，涟水县县长，新四军政治部宣传科科长，淮海行署秘书长，中共胶东区东海地委宣传部部长，中原大学副教务长、党委副书记。新中国成立后，历任湖南省文教厅厅长、中共湖南省委宣传部部长、湖南大学校长。

启程。刘雪苇、锡金等人乘坐的船天黑起程，第二天早晨到达大连，但直到傍晚，大家才登岸。刘雪苇在招待所里对锡金等人说：“我们现在已经不是领导和被领导的关系了，你们现在按照组织安排已归华东局驻大连办事处领导了。”说完他就搬走了。不久，锡金与吴奚如夫妇一同搬入了西岗的招待所，陈货也过海赶来了，并在华东局办事处工作。其他从文协到大连来的人尚有郑亦桥，牟英等，他们也都来西岗住了些时候，后来迁到了貔子窝。

（十八） 大连文友

锡金先生保存的作家柳青像及其 1947 年创作的小说《种谷记》

锡金于中秋节前两天到大连，十月革命纪念日前一天离开大连，在那里住了大约三个月。那时从海南撤退到大连的干部有数万人，所以一时很难找到适当的工作。锡金在大连住着没有事，也没有什么活动，便从组织上领了钱，改了装，整天逛旧书店，坐咖啡馆。大致说来，锡金那时在大连的人际交往如下：

1. 因为吴奚如和张菊兰的交往关系，锡金曾经去参观过一个铁厂，厂长是张菊兰的朋友，并在那儿吃过一顿饭，洗了一回澡。

2. 因为与刘雪苇的关系，锡金到过时任大连教育局长的虞正义家去吃饭。有一次，刘雪苇来找锡金与吴奚如夫妇去他的新居做客，后来就顺路到了虞正义家。吴奚如曾问刘雪苇下一步如何打算，雪苇说因为他是贵州人，所以还是想回老家，海道未通以前，他就在大连等着。

3. 锡金与刘江凌的交往。刘江凌是锡金的旧识，时任旅大区的教育厅长，锡金曾经去找他，问有什么工作可以推荐。他说一时很难安插，接着就叫罗菡子送了几千元红军币给锡金，后来锡金离开大连时，刘江凌还到船上专程来送。

4. 大连大众书店的经理徐澄波原为淮阴《新华日报》印刷厂厂长，因工作的关系与锡金相处得很好，因而锡金经常到他的宿舍去同他喝酒聊天。

5. 此外，锡金与华中建设大学一些过去熟识的文化界朋友之间还有交往，如宋之的①、关露、芳信、黎冰鸿、赵慧深等。有的见面次数多些，有的见面次数少些，大都是喝杯咖啡。当时锡金等人常去的咖啡馆名字叫“船”，每次见面都谈些闲天。

光华书店出版了柳青②的《种谷记》，并要为他送行。锡金也被邀去参加座谈，并提了一些意见。在喝咖啡，谈闲天时，宋之的问锡金以

① 宋之的（1914—1956），剧作家。河北丰南人，原名汝昭。1931年在北平大学法学院读书时，积极参加进步戏剧活动，组织苞莉芭剧社，演出救亡戏剧。1932年参加北平左翼剧联，主编《戏剧新闻》。1933年到上海，从事革命戏剧活动，曾两度被捕。1935年出狱后，到太原继续参加革命戏剧活动，写有话剧剧本《谁的罪》、电影剧本《无限生涯》和报告文学名篇《一九三六年春在太原》。1937年在上海组织抗日救亡演剧一队，任副队长。1939年在重庆组织作家战地访问团，任副团长。1941年在香港组织“旅港剧人协会”。1946年后任山东大学教授、东北文协《生活报》主编。1948年参加中国共产党，同年参加中国人民解放军。创作戏剧《武则天》、《刑》、《雾重庆》、《黄浦江边》、《善忘的人》、《春》、《出征》、《凯歌》、《群猴》等，另与人合作戏剧《戏剧春秋》、《保卫卢沟桥》。新中国成立后，历任第四野战军南下工作团研究室主任、总政治部文化部文艺处处长兼《解放军文艺》主编、《剧本》月刊编委、中国作协常委等。创作剧本《爱国者》、《保卫和平》，历史剧《西厢记》，歌剧《打击侵略者》（与人合作）及《宋之的散文选》、《宋之的剧作集》、《宋之的剧作全集》。

② 柳青（1916—1978），原名刘蕴华。陕西吴堡人。1928年加入共青团。参加过“一·二九”学生运动，任《救亡线》编辑。1936年加入中国共党。曾任《西北文化日报》副刊编辑。1938年到延安。写有《地雷》等短篇小说。后任随军记者、文化教员，米脂县乡政府文书，大连大众书店主编。1947年创作第一部反映陕北农村互助合作运动的长篇小说《种谷记》。新中国成立后任中国作协理事等职。1951年出版长篇小说《铜墙铁壁》。次年到陕西长安县皇甫村安家十四年，写下了大量反映农村生活的作品。1960年出版反映农村社会主义改造的长篇小说《创业史》，塑造了众多典型人物，洋溢着陕北农村的乡土风味，笔墨细腻，色彩明丽，语言简洁明快。后又出版该书第二部（上下卷），被称为史诗性巨著。另有中篇《恨透铁》，散文特写集《皇甫村的三年里》、《柳青文集》等。

后如何打算，锡金说“现在没有打算”。宋之的就说：“既然我们大家已经到了大连，不去看看东北未免太可惜了。”众人也都有这样的愿望，于是，宋之的、锡金，后来是锡金和吴奚如，一同去华东局办事处找吴伯超四次，要求去东北解放区考察和工作。

第一次，吴伯超要打电报到华东局请示。第二次去办事处，吴伯超说：“华东局回电了，但不同意你们去东北，要你们作为华东局干部保留在大连。”锡金等人就要求他再发一次请示电报。第三次去办事处时，吴伯超仍说组织上不同意。宋之的说：“我们可以请假，到东北旅行，将来再回来不好吗?”于是，吴伯超又给华东局发了一次电报。这次，华东局回电同意了。宋之的、锡金等人欣喜万分。于是经过协商，大家制定了“（中国）大连——渡海——（朝鲜）镇南浦、平壤、南阳——（中国）图们——哈尔滨（东北局所在地）”的行程安排。这样锡金就与宋之的、吴奚如夫妇、李一氓、罗炳辉[①]的女儿罗镇涛，以及一位已故参谋长的爱人，还有两位从事财经工作的同志，一行九人，于 1947 年 11 月同乘苏联海船离开了大连驶往朝鲜，从海道经朝鲜，向目的地——东北进发。

锡金等人在海上过了十月革命节。第二天，船抵朝鲜镇南浦，大家又在镇南浦买票，乘车到达朝鲜首都平壤，住了十多天，领到了苏军颁发的出国护照，又从平壤乘火车经南阳，过图们江回到了中国的边境城市——图们。

① 罗炳辉（1897—1946），中国工农红军和新四军高级指挥员，军事家。生于云南彝良。1915 年入滇军在蔡锷部当兵，参加讨袁护国战争。1922 年参加孙中山领导的北伐战争。1926 年参加国共合作的北伐战争，为北伐军胜利攻占南昌奠定基础。1929 年 11 月率部起义参加红军，先后任团长、旅长，红三军第二纵队、第十二军军长，福建军区司令员，红九军团军团长等职。参加了中央革命根据地的五次反“围剿”作战，因战功卓著屡受表彰。抗战爆发后以八路军副参谋长名义在武汉从事统战工作。1938 年底起先后任新四军第一支队副司令员、新四军江北指挥部副指挥兼第五支队司令员等职，率部开展游击战争，开辟皖东抗日根据地，撰写了《指挥员实用手册》、《民兵战术》、《淮宝战役的战术诸问题》等著作。抗战胜利后任新四军第二纵队司令员兼政治委员。因长期艰苦奋战，身患重病，于 1946 年 6 月在重病未愈的情况下到枣庄部署战备工作，21 日在山东兰陵不幸逝世。

（十九）选择——入伍还是教学？

锡金收藏的部分建国前鲁迅研究资料

到图们后，吴奚如夫妇要去延吉找周保中①，便先走了。锡金等七人（尚有勤杂人员二人和两个孩子）乘火车到了哈尔滨。到车站后，李一氓和宋之的等都另外有住处，锡金便与罗镇涛等人住进了招待所。

次日，锡金到东北局组织部报了到，想想自己几年来流转各地，未能好好工作，心中甚感遗憾。到东北后，看到局势比较稳定，大概是可以做些工作的，而参与工作之前，最好还是把自己的组织关系恢复了，免得在工作中感到格格不入。锡金把自己的想法和东北局干部科李之琏②谈了。他询问了锡金组织关系的情况后，对锡金说："你暂时先不

---

① 周保中（1902—1964），云南大理人。原名奚李元。白族。1917年入滇军。曾任排长、连长。1924年毕业于云南陆军讲武学校，后任国民军营长。1926年参加北伐战争。任国民革命军第六军团长、副师长。1927年加入中国共产党，在上海中共中央军委工作。次年赴苏联，入莫斯科劳动大学等校学习。九一八事变后回国。曾任中共满洲省委军委书记，吉林省委书记，东北抗日联军第五军军长，第二路军总指挥，指挥了袭击敦化、三打宁安、围攻依兰等战斗。1945年后，任中共中央东北局委员、东北人民自卫军总司令兼政委、东北民主联军副司令员兼东满军区司令员、吉林省人民政府主席、东北军区副司令员兼吉林军区司令员。1950年后，任云南省人民政府副主席。

② 李之琏（1913—），河北蠡县人，1913年生。1930年考入北平大学法商学院，1932年加入"左联"。曾任北平左联执行委员。后历任冀中军区政治部民运部长、东北局组织部秘书兼干部科长，中南局组织部副部长兼中南局纪委副书记、中组部工业干部管理处长、中宣部秘书长兼机关党委书记。中共七大、八大代表。1958年在"反右补课"中因认为丁玲案不实被打成"反党集团"成员，被划为右派并开除党籍。十一届三中全会后任中央纪委委员、常委。1951年曾出版诗集《让孩子们记着》。

谈工作，先把自传写起来再说。”于是锡金就住在招待所中写自传。写了约一个月，终于写成了，交到东北局组织部后，锡金就开始想自己未来的工作问题。

当时锡金在东北遇到了一些旧日的朋友，时常在一起商量各自的工作。宋之的和塞克①问锡金愿不愿到文协，锡金说：“文协的生活过得太闲散了，还是想到前线部队去锻炼一下，写些东西。”吴奚如支持锡金这个主意，并说：“锡金如能到前线去，写些东西实在是一件好事。”但有些朋友并不同意锡金做这样的决定，因为锡金初来北方，怕他不习惯这里的气候。那时锡金每天从哈尔滨的南岗区到道里区的霁虹桥，路上脸总是被冷风吹肿。大家都说锡金受不了东北的寒冷，在城市中还冻成这样，前线战场的原野，半夜零下四十度的天气是经常事，他怎么能吃得住？还有人为锡金描述了一些东北酷寒的情况，说什么“滴水成冰”，“三九、四九棒打不走”等，这样锡金的主意就有些动摇了。

组织部的意见是要锡金到佳木斯东北大学②任教。李之琏对锡金说：“教书并不妨碍你去前线工作的志愿，现在是东北最冷的时候，东北大学又缺少教师教课，你先去那儿讲几个月的课，等到明年开春，天气暖和些，再进部队，在部队历练些时候，等天气渐渐冷起来，再到前线，这样你也就不会受不住天气的严寒了。”并说：“组织部方面在给东北大学的介绍信上可以注明，要东北大学答应你明年开春离开。”虽然当时萧军、李雷等人都劝锡金不要到东北大学，但锡金仍觉得组织部的意见是对的，自己不能闲半年不工作，放着东北大学那边半年缺教师，无法进行正常的教学工作。这样锡金就决定了到东北大学从事教书工作。

在哈尔滨一个月左右的时间，除了写自传，锡金还经常去“文协”

---

① 塞克（1906—1988），诗人。直隶（今河北）霸县人。原名陈凝秋。上海艺术大学肄业。1928年参加南国社。曾任哈尔滨《晨光报》副刊主编、中华全国戏剧界抗敌协会理事、延安鲁艺教授、延安青年艺术剧院院长、热河省文联主任、东北鲁艺院长。新中国成立后，历任东北人民艺术剧院院长，中央实验歌剧院、中国歌剧舞剧院艺术顾问，中国文联第一届委员，中国剧协第一、二届理事。著有诗集《紫色的歌》，作有歌词《救国军歌》、《生产大合唱》、《纪念碑大合唱》等。

② 东北大学：今东北师范大学的前身。1946年2月创建于辽宁省本溪市，是中国共产党在东北创建的第一所综合性大学。随着解放战争的进程，学校曾多次迁移到本溪、安东、通化、吉林市、长春、佳木斯等。1946年6月至1948年7月在佳木斯市。

与罗烽[①]、白朗[②]、金人[③]、宋之的、塞克等人闲谈，并经常去看些戏。

萧军听说锡金到了哈尔滨，便来招待所来找他，邀请锡金去他创办的鲁迅文化出版社[④]工作，并说："东北大学没意思，校长张如

① 罗烽（1909—1991），作家。奉天盛京（今辽宁沈阳）人。原名傅乃琦。1929年加入中国共产党，曾任中共北满省委候补委员，创办《文艺》、《夜哨》周刊。1935年在上海加入左联，曾任中华全国文艺界抗敌协会延安分会第一届主席、陕甘宁边区政府文化工作委员会常委兼秘书长、中共中央东北局宣传部文委委员、东北文艺家协会代主任、中共旅大特区委员会文委书记。新中国成立后，历任东北人民政府文化部副部长兼秘书长，东北文联、中国作协东北分会第一副主席，中国作协第一、二届理事，中国作协顾问。著有短篇小说集《呼兰河边》，中篇小说集《粮食》，剧本《台儿庄》、《总动员》。

② 白朗（1912—1994），女作家。原名刘兰东。辽宁沈阳人。1932年参加杨靖宇领导的抗日斗争。次年，先后任《国际协报》记者、文艺副刊主编。1932年以后到上海从事专业创作，发表短篇小说《伊瓦鲁河畔》，受到文艺界注意。她与萧军、萧红等为"东北作家群"重要作家。抗战后参加中华全国文艺界抗敌协会组织的作家战地访问团，写有中篇小说《老夫妻》等。1940年去延安。1942年任《解放日报》文艺编辑。1945年加入中国共产党。后历任东北吉江军区《前进报》主编、《东北日报》副刊部部长、《东北文艺》副主编、东北文艺协会出版部副部长、中国作协理事等。作品有短篇小说集《牺牲》、《伊瓦鲁河畔》，中篇小说《老夫妻》、《我们十四个》、《为了幸福的明天》，长篇小说《在轨道上前进》，散文《西行散记》等及《白朗文集》。

③ 金人（1910—1971），原名张少岩。后更名张君悌，笔名金人、田丰。河北省南宫县人。1927年在哈尔滨东省特别区地方法院当雇员，工余时间学习俄语和法律。1928年任《大北新报》编辑。1930年到东省特别区任俄文练习翻译，后任检察厅俄文翻译。其间，受鲁迅倡导的新文学影响，开始文学创作，并在罗烽、金剑啸、萧军等青年作家启发下，从事了俄国古典和现代文学的翻译工作。1935年翻译了苏联作家左勤克的短篇小说《退伍》、绥拉莫维奇的《荒漠的城》等作品。1937年离开哈尔滨去上海，先后翻译了肖洛霍夫的长篇小说《静静的顿河》和一些俄国古典文学作品。1942年去苏北，曾任苏中行政公署司法处处长。1943年回上海，以律师作掩护从事革命文学的翻译工作，这一时期翻译了索罗维约夫的《俄罗斯水兵—伊万·尼古林》和《从军日记》。1945年返回苏北，任苏中报社编辑，后任苏中行政委员会法制委员会主任。抗战胜利后，到东北从事党的地下工作，曾任中共沈阳地下市委书记。1947年回哈尔滨，任东北文协研究部副部长、出版部部长，1948年任东北行政委员会司法部秘书处长，1949年11月任出版总署编译局副局长。1951年起，先后在时代出版社、人民文学出版社做编译工作，主要译著有《普通一兵——亚历山大·马特罗索夫》、《磨刀石农庄》、《茹尔宾一家》、《克里姆·萨姆金的一生》、《列宁的童年》和重译《静静的顿河》等。

④ 鲁迅文化出版社：1945年"八一五"日本无条件投降，萧军随鲁迅文艺大队从延安奔赴东北解放区。在中共东北局宣传部的领导与帮助下，哈尔滨创办了"鲁迅文化出版社"，并亲任社长和主编。出版社首先出版了烈士遗著，英雄传记，鲁迅、毛泽东、列宁等伟人的活页文选，马列主义普及读物与干部必读等，出版了萧红的《生死场》，萧军的《八月的乡村》、《第三代》等等，在文化性、思想性、可读性方面受到了广大市民、知识分子的欢迎。

心[①]不大好共事，我曾在那儿呆过，呆不下去，所以我看你还是留在哈尔滨，与我一同办鲁迅社会大学好了。”锡金听后没有发表评论。他于1937年至1938年间，在武汉与萧军相识，对他的火爆脾气和倔强个性是有所了解的，所以并没有把他的话放在心上，更何况当时锡金正在要求恢复自己的组织关系，一心想听从组织的安排努力工作，所以就婉言谢绝了萧军的邀请，只答应可以抽空为他主编的《文化报》[②] 写些稿件。萧军说："那也好，反正你也在东北大学呆不久，我在那里有些熟人，给你介绍一下罢。”于是他写信为锡金介绍了杨公骥[③]、张松如[④]。

在哈尔滨，锡金还遇到了李雷。锡金原本并不认识他，但知道他的名字，早年曾读过李雷写的诗。1938年武汉沦陷前夕，锡金曾筹备组织“十人留守团”，李雷曾托人来报名参加，锡金因他要附带一个女朋友便拒绝

① 张如心（1908—1976），广东兴宁人。原名恕安。1926年赴苏联莫斯科中山大学学习。1929年回国后，任中国社会科学家联盟研究部部长。1931年加入中国共产党，同年参加中国工农红军，曾任总政治部《红军报》主编，后方总政治部宣传部部长。1934年参加长征。到陕北后，任延安抗大主任教员、军政学院教育长、中央党校三部副主任、延安大学副校长。1946年后，任华北联合大学教务长，《北方文化》副主编，东北大学、东北师范大学校长。1953年后任中共中央马列学院、中共中央高级党校中共党史教研室主任，中国科学院哲学社会科学部委员。是中共七大、八大代表，第一届全国人大代表，第一届全国政协代表。著有《哲学概论》、《论我国过渡时期的经济基础与上层建筑》等。

② 《文化报》：抗战胜利后，萧军从延安回到东北的哈尔滨。1947年4月，在中共中央东北局的资助下创办了鲁迅文化出版社，并于同年5月4日创办了《文化报》。当时的社址在原来的福特汽车公司（原哈尔滨市道里区尚志大街5号）。《文化报》初期为8开纸印刷，周刊；1948年1月1日以后为4开纸印刷，五日刊。从1947年5月4日创刊到1948年11月2日被迫终刊，正式出版72期，另有8期增刊。《文化报》的主导思想是宣传新思想、新文化、新道德、新科学，反对迷信，歌颂人民解放战争等。另外还开辟“马列主义研究”、“群众问答”、“国内外社会新闻”等专栏。深受群众喜爱，当时产生了积极的影响。《文化报》还兴办了企业，进行了“以商养文”的探索，在此基础上，萧军创办了鲁迅社会大学。

③ 杨公骥（1921—1989），教授。直隶（今河北）正定人。中华大学肄业。1938年加入中国共产党。先后在陕北公学、鲁迅艺术学院学习、工作。曾任东北大学教授。新中国成立后，历任东北师范大学教授、中国古代文学研究所所长、图书馆馆长。吉林省社会科学院副院长、省文联副主席。中国作协吉林分会副主席，吉林省哲学社会科学联合会副主席，国务院学位委员会第一届学科评议组成员。专于中国古代文学研究。著有《中国文学》（第一分册）、《唐代民歌考释及变文考论》等。

④ 张松如（1910—1998），诗人、教授。笔名公木。河北束鹿（今河北辛集）人。1928年在北平辅仁大学读书，后转入北平师范大学。1930年加入中国共产主义青年团，因参加进步活动和抗日集会两次被捕。1938年去延安，从事文化工作，后在“鲁艺”任教。解放战争时期曾任东北师范大学教育长、东北教育学院院长等职。新中国成立后任吉林大学副校长，中国作协吉林分会第三、四届主席。1947年发表第一部长诗《鸟枪的故事》，是著名歌曲《八路军军歌》、《中国人民解放军进行曲》的歌词作者，著有诗集《中华人民共和国颂歌》、《十里盐湾》、《黄花集》、《崩溃》。此外有《谈诗歌创作》、《古典诗论》等。有《公木诗选》和自选诗集《我爱》。

了。因为当时“十人留守团”的原则是不要女性参加，原因是：

1. 生理原因。男女有别，怕不好照顾，而且战乱环境，条件恶劣，随时有生命危险，加之经常要急行军，女性恐怕不适合。

2. 本来武汉就已经处于沦陷前的战时紧张状态，更害怕在男女相处中闹出什么恋爱纠葛，以致乱上加乱。

当时李雷在哈尔滨也住在松江招待所。有一天他忽然来找锡金，请锡金去他的房间喝酒，这样两个人就谈了些话。李雷说：“张如心这人在延安是出名的教条主义，恐怕不好相处的。”锡金说：“这没有什么，反正我只在那里执教半年，又不争权夺利，不会有什么相处不下去的原因的。”这样，锡金便与许遇之一同从哈尔滨出发，赶赴位于佳木斯的东北大学。

锡金从1945年5月进入苏北解放区，至1947年12月离开哈尔滨到佳木斯东北大学任教，期间二年零八个月。这段时间，他在华中建设大学高干办学习了两个多月，在乡间——阜宁县益林镇北的陈集西小胡庄体验生活五个月，做了三个多月《新华日报》华中版《副刊》的编辑工作，两次去前线体验生活，时间约两个月，其他的十个月时间大都在行军中。

（二十）　本期锡金著译年表（七）（1945.5—1947.12）

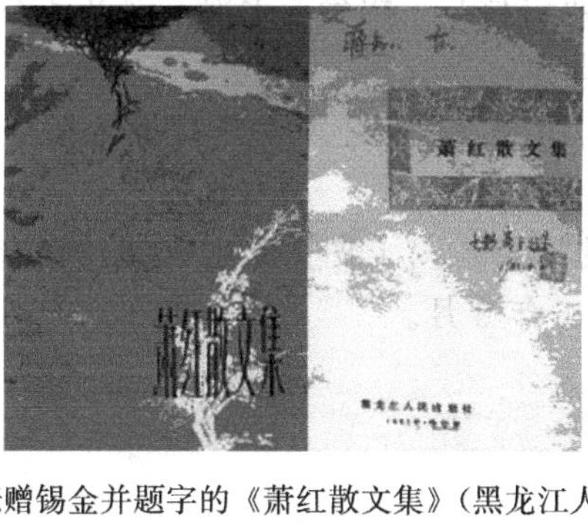

1983年萧军之女萧耘赠锡金并题字的《萧红散文集》（黑龙江人民出版社，1982年）

一九四五年

《矛盾》(寓言诗) 锡金 上海 《文艺春秋》丛刊之四:《朝雾》 1945年6月1日。

《枯鱼》(寓言诗) 锡金 上海 《文艺春秋》丛刊之五:《黎明》 1945年9月1日。

《鲁迅诗话——纪念鲁迅逝世九周年》 锡金 上海 《时代学生》创刊号 1945年10月16日。

《星象》青年知识读物 锡金著 上海永祥印书馆 1945年10月初版 1947年9月再版。

《鲁迅诗话》 易人 上海 《大公报》 1945年12月6、10日。

《蛇》(散文) 锡金 上海 《文艺春秋》第2卷第1期 1945年12月15日。

《赌徒别传》(五幕剧)(由F·道斯退夫斯基小说改编)(剧本丛刊之一) 锡金著 上海世界书局 1945年。

一九四六年

《愁城》(诗) 锡金 上海 《新文学》创刊号 1946年1月1日。

《摩罗诗说》 锡金 上海 《文艺春秋》第2卷第2期 1946年1月15日。

《假威》(中国寓言诗) 锡金 上海 《文艺春秋》第2卷第3期 1946年2月15日。

《咏雪词话》 锡金 重庆 《新华日报·新华副刊》 1946年5月23日。

《给一位波兰的母亲》 [波]密克威支 锡金译 《新生之歌》上海黄河书店 1946年8月。

九　学者生涯（1947.12.24—1957.6）

（一）佳木斯东北大学

1948 年东北大学时期的蒋锡金教授（背后条幅为“东北大学”，天空中红旗招展）

1947 年 12 月，锡金到佳木斯东北大学①后，学校专门开了教职员工会，欢迎锡金和一些从解放区陆续到来的教师。那时锡金一心想把教学工作做好。

① 东北大学：1946 年 2 月创建于辽宁省本溪市，是中国共产党在东北创建的第一所综合性大学。随着解放战争的进程，学校曾多次迁移，到本溪、安东、通化、佳木斯、吉林市、长春等地。（具体时间：本溪——安东（1946 年 2 月下旬，现丹东市）——通化（1946 年 3 月 18—3 月 30）——吉林市（1946 年 4 月 3 日—4 月 25 日）——长春（1946 年 4 月 26 日—5 月 22）——佳木斯（1946 年 6 月 1—1948 年 7 月）——吉林市（1948 年 7 月与吉林大学、沈阳东北大学合校，校名仍定为“东北大学”。1948 年 10 月 19 日，长春解放。1949 年 2 月 28 日，长春的长春大学、吉林长白师范学院陆续并入东北大学）——1949 年 7 月，东北大学由吉林市迁到长春市——1950 年 4 月 1 日“东北大学”更名为“东北师范大学”。

当时学校分配锡金给两个班的学生授课，校长张如心要锡金好好研究教学方法，根据学生的实际程度教好功课，锡金也很愿意在教学实践中总结出一些方法来。他所教的五个班学生程度参差不齐，锡金总结了他们共同的缺欠，准备从三个方面下手，写了“语文三书”即：《方块字怎样认识》、《文章怎样写通》和《标点符号怎样使用》[①]。这几本书想从最基本的字、词、句、标点符号等方面的识别与应用入手，循序渐进地提高学生的知识水平，因此在授课中，锡金有意渗透这样的教学理念，受到了学生们的欢迎，授课效果良好。

因为学校刚建立不久，教学还没有完全走上正轨，因此大部分的课是分节集中上的，即一段时间集中讲某门课程，教完课后，时间常有余暇，这为锡金从事写作创造了条件。由于处于解放战争时期，学校也随战事的发展不停地迁移。锡金的“语文三书”只完成其一，1948 年 3 月 9 日，吉林市就解放了。根据组织安排，1948 年 7 月，东北大学由佳木斯迁往吉林市，锡金写书的任务也就搁置了。

锡金在佳木斯东北大学教书的时间约为半年，从 1947 年 12 月到 1948 年 7 月。除了教课和写作，他还用剩余时间积极进行了社会实践调查。因为锡金当时想从事创作的念头尚未打消，所以总是找机会增加自己的阅历。他曾先后两次去黑龙江的鹤岗煤矿，了解矿工们的斗争和生产。另外，锡金还去了一次山湾子农村（位于内蒙古自治区赤峰市境内），看了翻身后农民的生活。

萧军从哈尔滨寄来了复刊后的《文化报》，约锡金写稿，锡金曾写了《课余笔录》[②]、《寓言诗》[③]、《伊索寓言两章》（诗）[④] 陆续刊发在《文化报》上。宋之的的《生活报》[⑤] 也来约稿，锡金就为它写了连续

---

① 《标点符号怎样使用》：青年知识读物，锡金著。光华书店，1948 年 10 月初版；沈阳三联书店，1949 年 3 月第 1 版；1951 年 4 月第 7 版。

② 《课余笔录》：锡金，哈尔滨《文化报》，第 25 期。1948 年 3 月 25 日。

③ 《寓言诗》：锡金，哈尔滨《文化报》，1948 年 8 月 25 日。

④ 《伊索寓言两章》（诗）：锡金，哈尔滨《文化报》；1948 年 9 月 5 日。

⑤ 《生活报》：东北解放区共产党创办的刊物。1948 年 5 月 1 日创刊于哈尔滨。五日刊。由时任东北局宣传部副部长刘芝明领导，上海孤岛时期的“国防文学”戏剧家宋之的主编，金人、华君武、王坪等人为编委。设有时事评论、文艺简讯、思想批判、一般论述、专论、自由谈、农村小景、各科知识、通讯等栏目。注重研究文艺理论，宣传党的各项方针政策，报道解放区军民斗争和生活情况。1949 年 7 月停刊，共出 83 期。

登载的《几何居杂记》。

这时期锡金还写了《毛泽东诗词四首億释》[①] 解读毛主席的诗词。锡金把这篇文章拿给校长张如心看了，他说可以拿出去发表，后来这篇文章就发表在佳木斯《知识》[②] 杂志第七卷第6期（1948年7月1日）上。这篇文章在当时因较早阐释毛主席诗词，并贴近原作本意，因此产生了良好的反响。

在东北大学的众多同事中，与锡金较接近的是张松如、吴伯箫[③]、杨公骥、黄耘等人，这是因为锡金经常同他们在一起谈一些文艺和教学方面的问题。

---

① 《毛主席诗词四首億释》：锡金，佳木斯《知识》第7卷第6期，1948年7月1日。

② 《知识》：半月刊，1946年6月创刊于沈阳，后迁至哈尔滨、佳木斯等地出版。第9卷第5期后又迁回沈阳出版。1949年8月停刊，出至第12卷第2期。由东北杂志社编辑出版。设有半月时评、作家与作品、短评、思想修养讲话、学习指导等栏目。以辅导青年学习，提高他们的思想文化水平为主旨。内容有讲解马列主义的基本原理，宣传中国共产党的方针政策，介绍社会科学与自然科学的基础知识，评述社会政治问题，解答青年们的生活、学习和工作问题，也刊有关于历史、政治、经济等方面的研究文章。该刊对于推动东北解放区干部的学习起了积极作用。

③ 吴伯箫（1906—1982），熙成，笔名山屋、山荪。我国现代著名文学家和教育家。1924年毕业于曲阜师范学校，在孔府任孔子七十三代孙孔德成的英语教师。1931年北京师范大学英语系毕业，在青岛大学（现为山东大学）当校长办公室职员；抗战前，在山东省教育厅担任过高等教育股主任科员、莱阳简易师范学校校长。抗日战争爆发后，1938年4月去延安，1941年8月加入中国共产党。1942年5月参加延安文艺座谈会和整风运动。在延安期间，先后担任陕甘宁教育厅教育科长、文化协会秘书长、延安大学和华北大学教授，并发表了《战斗的丰饶的南泥湾》、《一坛血》、《黑红点》等大量反映当时抗战军民英勇斗争的文章，这些文章收入作家出版社1955年出版的《烟尘集》中。解放战争至新中国成立后，先后担任了东北大学社会科学院副院长、东北师范大学副教务长兼文学院长；1949年7月，参加新中国第一次文代会，被选为中华全国文化工作者协会全国委员会理事，同时被任命为秘书长，后又连续担任了东北教育学院副院长、人民出版社副社长兼总编辑、中国文联委员、社会科学院文学研究所副所长等职务。1956年10月，赴民主德国参加“海涅学术会议”；1981年11月，又对英国进行访问。主要作品《羽书》、《黑红点》、《北极星》、《忘年》、《吴伯萧散文集》。

（二） 迁校吉林市

文化報

新年獻詞

萧军赠送锡金的 1948 年 1 月 1 日《文化报》复刊号

1948 年夏，吉林市解放。根据东北局的决定，佳木斯东北大学迁往吉林市，校址设于吉林的八百垄。迁校中途路过哈尔滨，锡金就停下来住了几天。当时锡金认为首要的事情是解决自己的组织关系问题，于是他就先到了东北局组织部。李之琏对锡金说：“现在你的组织问题还不能解决，原因是知情人陈波儿、何伟等同志还没有为你作证明。”锡金原本对自己解决组织关系一事满怀希望，但现在却是“一盆冷水浇头”，因此心中感念愁苦，很不好受，回到哈尔滨财经学校的住处，便关起门来，大哭了一场。看到锡金心情抑郁，许遇之便邀锡金游览旅游胜地——太阳岛。不料锡金却因为心情不好，竟与许遇之因为言语龃龉，吵了一架。

为了排解心中郁闷，锡金决定去《文化报》看望自己的老朋友萧军，向他倾诉自己内心的痛苦。可到了萧军的住处，却发现萧军正为东北局刚发动的批判他和《文化报》事件[①]而弄得心情烦躁。

萧军向锡金倾诉说："这一定是有人出于嫉妒，故意要整我。"回想自己去《生活报》时与宋之的的谈话，锡金觉得当时的确有"整"萧军的意味。本来锡金是想从萧军那里得到解脱，但不想萧军本人也搅进了政治漩涡。思前想后，锡金觉得自己连组织关系都弄不明白，况且这件事的来龙去脉自己又不十分清楚，就决意不参与这种"纠纷"，回到了吉林市。

回到吉林以后，由于东北大学刚和吉林大学合并[②]，正在内部重组，调整人员，所以短时期内不能开课，因此锡金的生活就更闲散起来。虽然他自己也力图振作，曾与上海的光华书店（现今上海的三联书店）接洽编一部辞典，但心情因组织关系未能解决，总是落寞而痛苦的，所以稿件也迟迟没能完成。

这时，锡金向东北大学校方提出要求，决定换个环境，离开学校，到前线去工作。因为当时长春即将解放，轰轰烈烈的反攻形势已在眼前

① 抗战胜利后，萧军回到东北，积极投身于建立解放区的民主政权工作。他日夜奔忙、废寝忘食，到处演讲、座谈，宣传党的政策，宣传马克思主义。他还先后担任东北大学鲁迅艺术文学院院长、鲁迅文化出版社社长、《文化报》主编等职务。然而不久，同在东北地区的宋之的主编的《生活报》发起了对萧军的政治性批判，指责萧军反对苏联，反对土改，反对共产党。"狭隘民族主义"、"反对苏联"、"反对共产"、"反对土改"等政治帽子盖到了萧军头上，一夜之间他成了"反苏反共反人民"的罪人。倔强的萧军当然不服，于是论争进一步升级，终于发展成为东北文艺界对萧军及其《文化报》的一次声势浩大的批判运动。1949年4月1日，《东北日报》发表了东北文艺协会《关于萧军及其〈文化报〉所犯错误的结论》，认为"萧军及其《文化报》的根本反动观点，是企图把人民民主的革命统治与帝国主义、封建主义、官僚资本主义的反革命统治描写成为一样东西，把新的看成旧的，革命的看成反动的，把是非黑白作了根本的颠倒"；并要求"在东北文艺界继续展开关于萧军及其文化报的思想批判，把封建地主和官僚资产阶级的反动思想，以及这种思想在自由资产阶级和小资产阶级中的翻版，从文艺战线上驱逐出去"。第二天，《东北日报》又发表了中共中央东北局做出的《关于萧军问题的决定》。决定认为，东北局完全赞同东北文艺协会对于萧军的结论，并作如下决定：一、在党内外展开对于萧军反动思想和其他类似的反动思想的批判，以便在党内驱逐小资产阶级的、资产阶级的和地主阶级的思想影响；在党外帮助青年知识分子纠正同类错误观点。二、加强对于文艺工作的领导，加强党的文艺工作者的马克思列宁主义的修养，在文艺界提倡严正的相互批评和自我批评，反对无原则的"团结"和无原则的"争论"，为提高文艺作品的思想性和艺术性而奋斗。三、停止对萧军文学活动的物质方面的帮助。中共中央东北局的决定做出后，批判萧军思想这场运动告一段落。萧军思想批判这桩历史旧案，在30多年之后，才有了新的结论。1980年4月，经中共中央批复，中共北京市委给萧军做出了正式政治结论，确认他是"维护中国共产党，维护社会主义，有民族气节的革命作家"，改正了过去所作的错误结论。

② 1948年7月3日，东北局、东北行政委员会发出"1948年东教字第一号通令"，决定将东北大学、吉林大学合校，校名仍定名为东北大学。

了。但校长张如心不同意锡金离开。锡金找校长谈话时说："我来时，组织部的推荐信上就已经注明：锡金来校工作半年后，是可以离开的。"可张如心却说，"那也要经过校长的同意，现在我不同意，你还是不能离开。"

由于组织关系未能解决，加之工作愿望受挫，这就更增加了锡金内心的烦闷，于是锡金便经常喝酒排遣自己郁闷的内心情绪。这时，有些同事便劝锡金索性找一个适当对象结婚，安心工作算了。锡金因校方不同意自己离开东北大学，心情便又寂寥落寞，就接受了这样的意见，决定成家。

（三） 吉林省文协的成立与《文艺月报》创刊

锡金先生与赵彝女士结婚照（1949 年 1 月 24 日）

1948 年 10 月，锡金参加了吉林省文协在吉林市举行的成立大会。吉林市文协成立以后，决定要办一个大型的文艺刊物——《文艺月报》[①]，

① 《文艺月报》：1948 年 10 月创刊于吉林，次年 6 月终刊，共出版 4 期。编委会由天蓝、吴伯箫、李则蓝、林耶、高叶、蒋锡金、张松如、魏东明等组成。编者在创刊号的《发刊辞》中说，"这刊物一面发表青年们的文艺创作，一面介绍前辈们的作品和理论"。所刊作品，以反映解放区人民的斗争生活为主，如丁玲的小说《拔大旗》(《太阳照在桑乾河上》选载)、天蓝的诗《煤矿工人之歌》、赵彝的散文《农村杂记》等。该刊发表了较多的民间文艺作品或采用民间文艺形式的作品，如秧歌剧、二人转等。该刊也发表了很多文艺青年的作品，如董速、萧枫等的小说，阎石、夏葵等的诗。主要作者还有师田手、马加、晋陀等。

锡金被推为编委之一。当时李又然[①]负责主持《文艺月报》的编辑工作，第一期他一定要锡金编。因为那时东北大学还没有开课，锡金推辞不过，就接受了。《文艺月报》第一期编完以后，锡金又参与了它第二期的编务。但到第三期编辑时，东北大学已经开课了，由于有教课的任务要完成，《文艺月报》的编务锡金就很少过问了。

1948年秋季学期到1949年的春季学期，锡金在东北大学教授的课程是一年级的《国文讲读》；二年级的《名著选读》；三年级的专题研究《楚辞》部分。后来第一个学期结束时，原来讲授《文学概论》的魏东明[②]由于工作需要，调走了，锡金又接替魏东明讲授《文学概论》课。第二个学期，又增加了三年级的《苏联文学》。当时《文学概论》课还处于草创时期，国内还没有合适的教材，讲课缺乏体系和依据。为了改变上述状况，锡金便找曲秉诚合作，编译了《俄罗斯人民的口头文学》[③] 一书。

此时锡金和赵彝结了婚。赵彝原是佳木斯东北大学时期的学生，学校迁到吉林后，她经常来找锡金问些学习上的问题。看到锡金一人生活，便在生活上多方面加以照顾，帮锡金拆洗棉衣、被褥等。两人在长

---

① 李又然（1906—1984），又名李品振、李则蓝，浙江慈溪人。1926年，考入上海南洋高商英文专修班，翌年又转入上海群治大学法律系学习。大学期间，开始接触共产主义思想，于1927年赴法国巴黎勤工俭学。回上海后，积极从事革命文化运动，从事世界语研究，并努力写作，揭露国民党统治下的社会黑暗现象，从此登上文坛。1935年春，参加共产党领导的“反帝大同盟”，成为“反帝大同盟”中的年青骨干人员。1936年上海发生了“七君子事件”，李又然为营救七君子奔走呼吁。抗战期间，李又然又参加了李公朴在山西临汾创建的民族革命大学，为抗战培养了大批的人才。1942年李又然参加了延安文艺座谈会，抗战胜利以后，李又然到黑龙江，先后任联合中学副校长和哈尔滨大学文艺院院长。在东北期间，李又然为培养发掘文学人才，呕心沥血，被人誉为“东北文艺园地的创始人和奠基人”。新中国成立前夕，任四野南下工作团政治部副主任。1950年后，先后在新闻总署和文化部中央文学研究所工作。1957年，李又然与丁玲一起被列为“右派”，沉冤22年，1979年平反昭雪。

② 魏东明（1915—1982），浙江绍兴人。1935年北京大学肄业后，主编文艺刊物《泡沫》、《浪花》。1937年加入中国共产党。历任重庆育才学校文学部主任，延安中央研究院教学和研究人员，南昌大学党组书记、校务会副主任，中南土木建筑学院副院长，湖南大学副校长和湖南省文联副主席。1979年调任国家科委科技情报所领导工作，1980年任教育部《人民教育》杂志主编。

③ 《俄罗斯人民的口头文学》：（民间抒情和叙事歌谣）锡金、曲秉诚合译；上海时代出版社，1950年版。

期的学习和生活中逐渐产生了感情。当锡金决定要结婚时，便和她谈了自己的婚姻情况，并征求她的意见。赵彝考虑了一个时期，同意了锡金的结婚请求，并与锡金共同打了《结婚申请报告》，征得组织同意后，1949 年 1 月 24 日，锡金与赵彝在吉林市结了婚。从此锡金就再不用过独身生活了。

这一时期，锡金的生活也由"供给制"改为"薪金制"，从此开始了自我经营生活的历程。在此以前，锡金从没有独立经营过自己的生活，可以说一直是过着组织管理下的"群居供给制"。到解放区以前，最初是家庭供给，其后是朋友供给。当时锡金的经济情况是颇为宽裕的，因为除了薪金外，尚有三联书店等支付给锡金的稿费，而且锡金对物质生活的要求还算朴素：穿最普通的衣着，除烟酒的消耗外，大部分的收入都用于购书。

（四）烦心往事

东北大学在吉林市"八百垄"旧址（1948 年 7 月 3 日—1948 年 10 月 19 日）

东北大学在吉林市期间，锡金除了授课、结婚外，还有如下几件事情引起锡金思想上的波动：

1. 学校在吉林市时，曾有一个参观团来东北大学访问，校方设宴招待他们，与会者除锡金和杨公骥、陈元晖①等极少数教学人员外，竟没有其他教学人员参加。校长张如心要求科长以上的行政人员必须参加，而有幸被邀请的教学人员则少得可怜，充其量只能是某种点缀。于是向来宾介绍时就只听见某某长、某某长了。

锡金觉得这样一来，一个学校就跟普通的机关没有什么两样，不像一个学校的样子。学生和教学人员应该是学校的主体，行政人员只是为保证教学秩序正常进行而服务的，可现在的情况却“本末倒置”了。

当时有一些锡金知名的熟人（虽不一定有什么往来，但互相是知道姓名的）也在这个参观团中，如史东山②、常任侠③等，他们和锡金谈起一些解放区外熟人的情况，谈及他们的生活和斗争……这使锡金怀念起往昔的朋友来，觉得还是外面的斗争紧张热闹，生动而饶有兴味。那时锡金想，大概自己的一生只能安于“庸庸碌碌”的教书生活了，因此心中无限惆怅。

① 陈元晖（1913—1995），哲学家、教育家。福建福清人。中央大学肄业。1938年加入中国共产党。1940年赴延安，任《中国青年》杂志编辑。1941年后入延安马列学院、中央研究院和中央党校学习。后任中央研究院研究员、哈尔滨大学教授、东北师范大学教育系主任。新中国成立后，历任东北师范大学附属中学第一任校长（1950），人民教育出版社教育编辑室主任，中央教育科学研究所研究员，中国社会科学院哲学研究所研究员、顾问，国务院学位委员会第一、二届学科评议组成员，《中国大百科全书·心理学卷哲学卷》副主编，南开大学、北京师范大学、厦门大学兼职教授。著有《实用主义批判》、《马赫主义批判》、《康德的时空观》、《中国现代教育史》。

② 史东山（1902—1955），著名电影编导。浙江杭州人。1922年入上海影戏公司，先后任美工、编导。后入联华影业公司，创作了《人之初》、《狂欢之夜》、《青年进行曲》等影片。抗日战争时期，在中国电影制片厂编导了《保卫我们的土地》、《胜利进行曲》等影片。1946年参与组建昆仑影业公司，创作了影片《八千里路云和月》等。新中国成立后，历任文化部电影局艺委会委员兼技术委员会主任、中国影协第一届常务委员，是第一届全国政协代表。编导的影片《新儿女英雄传》1951年获捷克斯洛伐克第六届卡罗维·发利国际电影节导演奖。著有《电影艺术在表现形式上的几个特点》、《论电影镜头的组接》等。

③ 常任侠（1904—1996），美术史论家。安徽颍上人。1931年毕业于中央大学。1936年毕业于日本东京帝国大学研究院，曾任国民党政府军事委员会政治部秘书、中英庚款艺术考古研究员、南京艺术专科学校教授、昆明东方语言专科学校教授兼教务长。1942年加入中国民主同盟。新中国成立后，历任中央美术学院教授、图书馆馆长，国家侨委委员，国家文物鉴定委员会委员，国务院古籍整理出版小组顾问，民盟中央委员。著有《东方艺术丛谈》、《中国舞蹈史话》、《汉画艺术研究》、《印度东南亚美术史》等。

2.1948年冬天，茅盾、许广平等路过吉林[①]。作为他们的旧友熟人，锡金很想见见他们，谈一谈“阔别”后的情况。于是锡金向校方提出了申请，要求参加这次见面会。得到的答复是“等待通知”，但直到开会的当天，锡金也没有得到校方的任何回复，而且经校方审阅的与会名单上竟没有锡金的名字！学校没有为锡金提供见“故友”的最后机会。

每每想起此事，锡金的内心就很不舒服。1978年后，锡金去北京参与注释《鲁迅全集》工作时，还与茅盾见过面，可错过与许广平先生的见面机会，竟成为他们之间的“诀别”。从此直至1968年6月许广平先生逝世，锡金再没有见过她。这不能不说是一件憾事。

3.此期间，参加第一次全国文代会的代表资格审查问题对锡金的影响就更大。1949年春，报纸上发表了召开全国第一次文代会的消息。锡金根据报上发表的条例以及学校教学的需要，结合自己能与一些旧友见面的愿望，向校长张如心提出了参加这盛会的申请。

张如心说：“代表资格要经过校方审查后才能产生，请你回去耐心等待，有消息我会通知你的。”但过后不久，在锡金毫不知情的情况下，校方却指定吴伯萧和张松如两人同去参加，对锡金的申请没作任何答复。

这使锡金觉得自己现在从事的教学与文艺工作的关系似乎是越来越远了，更觉得造成这种结果有很多人为的因素，因而内心十分委屈，思想和生活上也逐渐消沉。

---

① 1948年，全国解放前夕，中国共产党秘密运送一批文化名人由香港北上解放区。1948年11月23日夜，第二批从香港北上解放区的文化名人有鲁迅夫人许广平、郭沫若 、马叙伦、陈其尤、沙千里、翦伯赞、宦乡、曹孟君、韩炼成、冯裕芳、丘哲等人，乘坐挂挪威国旗的“华中号”到东北大连登岸，奔赴沈阳。

——引自周海婴：《鲁迅与我七十年》，海南出版社，2002年，第243页。

（五）迁校长春与参加第一次文代会

文學理論教學大綱
東北人民政府文化教育委員會 主編
1951

锡金翻译出版的《文学理论教学大纲》版权页（东北教育出版社，1951年版）

1948年10月19日，长春解放。1949年1月31日北平和平解放。2月28日东北局大学委员会、东北行政委员会教育部发布《对于在平东北各校学生处理办法的规定》，根据这一决定，长春大学、沈阳东北大学、长白师范学院等全部并入东北大学，壮大了东北大学的队伍。1949年7月，东北大学从吉林市迁到长春市，校舍设于斯大林大街（现名人民大街）中段的自由大路两侧。

1949年5月，上海解放。由于阔别家乡多年，且与父母音讯断绝，得知上海解放后，锡金归心似箭。他于同年夏，向组织请假，回上海探亲，顺带解决自己与朱琴秋的旧式婚姻问题。临行前，学校因怕锡金一走了之，特意派时任校党委书记的何锡麟找锡金谈话说，学校体谅锡金思乡心切，同意了他的探亲要求，但锡金不能以“探亲”为名，一去不返，丢下学生和教学课程不管不问。又说：“锡金，你现在还不能走，组织方面答应你，如果以后有人能接替你上课，你可以走，但现在还不行。”锡金请何锡麟转告学校：“探完亲后，自己一定按时回来，不另找岗位，一定回来工作。”这样才得以离开长春。

在回上海探亲的途中，锡金顺道先到了北京，因为往返旅费不足，他必须把一部书的成稿——《俄罗斯人民的口头文学》换成稿费，才能够往返的花销。那时，第一届全国文代会[①]正在北京举行。锡金到北京后就住在文代会东北代表团的宿舍中，并得到了一张第五号的来宾证，有幸参加了大会。

在会上，锡金与一些旧友如冯乃超、孔罗荪、楼适夷、蒋天佐、朱维基、胡考、严厂民、艾青、田间[②]、马少波、董均伦[③]、臧云远[④]、张乐平[⑤]、

① 第一届文代会：1949年7月，中华全国文学艺术工作者代表大会在北平举行。文代于7月2日开幕。先后与会的各民族的代表达824人，代表着大约7万多新文艺工作者。毛泽东亲临大会讲话，朱德代表中共中央致了贺词，周恩来向大会作了政治报告。大会总主席郭沫若在会上作了《为建设新中国的人民文艺而奋斗》的报告，副总主席茅盾、周扬分别作了国统区、解放区文艺运动的报告。大会听取了各方面代表的一系列报告和专题发言，进行了热烈的讨论和交流，产生了“全国文联”和文学、戏剧、电影、音乐、舞蹈、美术、诗歌的部门协会以及戏曲改革协会、曲艺改进会等组织，至7月19日胜利闭幕。1949年7月23日中华全国文学工作者协会（中国作家协会的前身，简称全国文协）在北平成立，选举91位文学界著名人士组成全国委员会，主席茅盾、副主席丁玲、柯仲平。丁玲为文协党组组长，冯雪峰为副组长。协会设职能部门5个，并相继创办《文艺报》、《人民文学》、《新观察》等报刊，建立中央文学研究所、创作委员会等机构。到1953年7月，定编245名，所属单位15个。此间，冯雪峰、邵荃麟为文协党组书记，舒群、陈企霞、严文井先后任文协秘书长。

② 田间（1916—1985），诗人。安徽无为人。原名童天鉴。上海光华大学肄业。1933年参加“左联”，曾任左联刊物《新诗歌》、《文学丛报》编辑。1938年加入中国共产党。同年随西北战地服务团到延安，倡导街头诗运动，后任晋察冀边区通讯社战地记者，晋察冀边区文化协会副主任，新群众杂志社社长兼主编，中共雁北地委宣传部部长、秘书长，张家口市委宣传部部长。新中国成立后，历任中华全国文学工作者协会创作部负责人，中央文学研究所秘书长，中国作协文学讲习所主任，河北省文联主席，中国文联第一、三、四届委员，中国作协第一、二、四届理事，是第三、五届全国人大代表。著有诗集《中国农村的故事》、《给战斗者》，长诗《赶车传》，散文集《板门店纪事》。

③ 董均伦（1917—2004），民间文学搜集家。山东威海人。华北外国语专科学校肄业。1938年入延安抗大学习，曾任印度援华队翻译。后在陕甘宁边区政协、胶东文协、山东文协从事专业创作。新中国成立后，在山东省文协，中国曲艺研究会、山东省文联从事创作，从50年代起多次深入山东农村“采风”，先后出版了《石门开》、《玉仙园》、《聊斋汉子》、《聊斋汉子续集》等著名民间故事专集，并被译成日文、德文等多国文字。

④ 臧云远（1913—1991），诗人。笔名辛苑、秀沅。山东蓬莱人。1932年在北平参加北方“左联”，次年加入中国共产党，同年冬东渡日本，参加东京“左联”分部《质文》杂志的编辑工作。1937年回国。次年在武汉与孙陵合编《自由中国》月刊，后赴延安。1939年起，在重庆中华全国文艺界抗敌协会从事诗歌和戏剧创作活动。新中国成立后历任山东大学艺术系教授、系主任，华东艺专副校长。南京艺术学院教授，山东省文联常委，华东文联委员等。著有诗集《炉边》、《云远诗草》，长诗《静默的雪山》，诗剧《苗家月》、散文集《文苑拾影》，歌剧《秋子》以及译作《艺术史的问题》等。有《臧云远诗选》。

⑤ 张乐平（1910—1992），漫画家。浙江海盐人。1932年开始漫画创作。1935年创作长篇漫画主角“三毛”。1937年与叶浅予等组织抗战漫画宣传队，任副队长。新中国成立后，历任中国美协第一、二届理事和第三届常务理事、上海分会副主席。1979年加入中国共产党。是第五、六届全国政协委员。1958年获全国先进儿童少年工作者称号。1980年获全国少年儿童文艺创作荣誉奖。作品有长篇画集《三毛流浪记》、《三毛从军记》、《二娃子》及《张乐平画集》等。

盛家伦[①]、郑振铎[②]、茅盾等见了面，作了多少不同的会晤和谈话。他们都对锡金不出席文代会感到奇怪，锡金内心虽十分委屈，但却说自己已经改行教书了，离文艺界很远了，没参加也没有什么关系。

锡金曾找时任中共中央东北局宣传部秘书长、文委书记、副部长的刘芝明[③]询问自己不能出席大会的原因。得到的答复是："参加文代会的东北代表团必须由党员组成，由于你（锡金）的组织关系尚未恢复，所以没有资格参加。"锡金当时并不同意刘芝明这样的解释，因为报纸上发表的代表条例中无此规定，而且其他各区的代表团审核代表资格时也无此项要求。不仅如此，因为党的目的还在于团结更多的民主党派和无党派人士的文艺工作者参加大会，建立广泛的文艺战线，所以这样做也并不符合党的文艺方针政策。但锡金当时觉得自己硬要争取一个代表的资格似乎也没有什么意义，就表示一定要争取早日解决组织关系，这次文代会不参加也就算了。

7 月 24 日，文代会诗歌工作者联谊会第二次会议通知锡金去参加，并选举锡金为全国理事，《新华月报》对此事曾有报道。在文代会闭会的那天，会场上也悬牌揭示大会承认锡金为"文协代表"，这大概是

① 盛家伦（? —1956），音乐家，1933 年参加上海左翼剧联音乐小组活动，并与塞克、崔嵬、沙梅等组织"上海业余合唱团"、"歌曲作者协会"和"歌曲研究会"。歌唱代表作《夜半歌声》。

② 郑振铎（1896—1958），文学史家，考古学家。福建长乐人。笔名西谛、郭源新。早年参加五四运动。1921 年与沈雁冰等人发起成立文学研究会。后在上海创办《儿童世界》。1923 年主编《小说月报》。1924 年后任上海大学、复旦大学教授。1925 年与胡愈之等人创办《公理日报》。1930 年后任清华大学、燕京大学教授。1935 年后任上海暨南大学教授兼文学院院长，并从事《世界文库》的编辑出版工作。抗日战争时期，任中国文艺界抗敌协会理事。1945 年后从事民主运动，创办《民主》周刊，并兼任国立中央图书馆顾问。新中国成立后，历任文化部文物局局长兼中国科学院考古研究所所长、文学研究所所长，文化部副部长兼中缅友协会长，中国文联第一、二届委员，中国作协第一届理事，中国科学院哲学社会科学部委员，国务院科学规划委员会委员。1958 年率中国文化代表团出国访问，因飞机失事遇难。毕生致力于中国新文化事业，对考古学及古典文献整理工作做出重大贡献。著有《文学大纲》、《插图本中国文学史》、《中国俗文学史》、《近百年古城古墓发掘史》等。

③ 刘芝明（1905—1968），文艺理论家。奉天盖平（今辽宁盖县）人。原名陈祖睿。早年留学日本，1929 年回国后，任上海政法大学、暨南大学教授。1931 年加入中国共产党，曾先后在左翼社会科学工作者联合会、上海反日救国联合会担任负责工作，并任上海东北同乡抗日救国会会长，中国领土保障大同盟党团书记。1937 年赴延安。后任中央党校政治经济学教研室主任、教务处主任、第三部主任，延安平剧（京剧）研究院院长，组织领导了京剧《逼上梁山》、《三打祝家庄》和话剧《同志，你走错了路》的创作与演出。1945 年后任中共鞍山市委书记兼市长，中共中央东北局宣传部秘书长、文委书记、副部长。新中国成立后，历任东北人民政府文教委员会副主任、文化部部长，文化部副部长，中国文联党组副书记、代理书记、秘书长、副主席，第四届全国政协委员，著有《社会科学概论》、《把文艺提高到人民建设时期的新水平》等。

“文协”根据锡金过去的工作情况结合条例的有关内容决定的。关于此事上海《解放日报》[1] 7月底的报纸上也有文字记载。

代表资格问题在一定程度上影响到文艺界对锡金的看法，三联书店因此推辞了出版锡金书稿的计划，因此锡金想将书稿兑换成旅费的愿望最终没能达成。没办法，锡金只好借了钱，乘文代会南方代表团的专车回到上海。

（六） 东北南下人才招聘团

《亡灵书》（埃及金字塔中的纸草诗歌）
锡金译，吉林人民出版社1955年版；《译文》1957年1月号。

在北京停留时期，锡金除了参加第一届文代会外，还与冯仲云[2]领

① 《解放日报》：1949年5月28日创刊于上海。初为中共中央华东局兼上海市委机关报。1954年改为上海市机关报。历届负责人有范长江、恽逸群、张春桥、杨永直、杨西光、魏克明、王维、马达等。日出对开4版，是以新闻为主，富有上海地方特色，又有全国影响的报纸。1979年10月4日起同时出有市郊版，并办有《支部生活》、《报刊文摘》等报刊，迄今仍在出版。

② 冯仲云（1908—1968），江苏武进人。1927年加入中国共产党，1928年任清华大学党支部书记。“九一八”事变后，任全满反日总会党组书记兼满洲省委少数民族委员会负责人，积极进行反日活动。建立中国工农红军第二十三军汤源游击队，奠定东北抗日联军第六军的基础。1935年7月，任中共满洲省委秘书长，主持省委机关报《东北民众报》、党的理论刊物《满洲红旗》的编辑出版工作。1937年抗日战争全面开展，率领部队在小兴安岭一带进行游击战争。抗日战争胜利后，被派往沈阳、哈尔滨等地工作。1946年4月，任松花江省人民政府主席兼哈尔滨工业大学校长。1954年9月，任水利部副部长兼华东水利学院院长和中国水利学会负责人。1958年，任水利电力部副部长。“文化大革命”期间受到迫害，1968年逝世。

导的东北南下人才招聘团有过几次接触，因为成员中有东北大学的同事智建中①。锡金曾与他们谈起自己要回沪办理离婚手续的问题。冯仲云劝锡金不必太着急，说是国家对这个问题就会有统一办法公布的。后来锡金才知道，冯仲云当时所说的办法就是指 1950 年 4 月 13 日新中国颁布的第一部法律——《婚姻法》。

在火车上，锡金也与彭慧、刘海民等民主妇联的同志商议如何处理旧式婚姻才妥当。刘海民说，因为情感不和，离婚当然是好的，但也应该为对方考虑一下出路，最好是能设法为她找一个职业，让她经济上独立，如果找不到职业，可去民主妇联找她想办法。

7 月底，锡金回到了上海，见了阔别已久的家人。父亲因为曾在《大公报》上看到范泉为悼念锡金写的文章，以为锡金早死了。见了锡金，喜出望外，竟大哭了一场。上海的一些亲戚也都来探望锡金。锡金看上海家中人多，经济情况也很不容易维持，就决定带一子一女——蒋启文、蒋启慧到东北长春来读书，以减轻家中的经济负担。

锡金与家人及亲戚们谈及与朱琴秋解除婚姻关系的问题。最初，母亲不同意，她说自己没有女儿，把朱琴秋留在家中当做女儿算了，但对锡金要为朱琴秋找职业出路是同意的。亲戚们也都是这个意见，并劝锡金不必直接与她谈判，由大家来从中劝说好了。顾虑这件事拖延的时间太久会影响自己回长春的工作，锡金就同意了大家的意见。

在上海时，智建中请锡金帮助他招聘一些人到东北大学去工作，锡金便和他商议在大三元茶室举行了一次茶话会。由锡金出面召集了一些上海文化界过去熟识的朋友，介绍了东北及学校的情况，动员大家来东

① 智建中（1911—1983），教授。江苏盐城人。1936 年参加中华民族解放先锋队。1937 年毕业于北平师范大学历史系。1938 年加入中国共产党，曾任湖北省第五战区文化工作委员会驻老河口办事处主任，中共中央青委宣传干事，陕甘宁边区青委宣传部副部长、边区教育社主编，延安大学教育科科长，东北大学教育学院副院长、社会科学系主任、社会科学院副院长。新中国成立后，历任东北师范大学教授、历史系主任、副教务长、研究部主任、副校长。主编《中国近百年史》等。

北从事教学工作。那次与会的人有李平心、章靳以[①]、周煦良[②]、穆木天、彭慧[③]、王元化、满涛等，还有《大公报》记者姚君在座。《大公报》后来对此事曾有报道。

这些人中，后来到东北大学从事教学工作的有穆木天和彭慧；王元化最初也说要来东北，但后因故没来。由于离婚的问题暂时不能解决，考虑到学校的教学工作不能耽误，锡金便决定先回长春。走之前，锡金到上海时代出版社找了姜椿芳[④]，把带来的稿子卖给了出版社，然后就

① 章靳以（1909—1959），原名章方叙，字正侯，笔名靳以、苏麟、陈涓。天津市人。12岁进南开中学，毕业后进上海复旦大学商学院。1929开始写诗、小说。1932年大学毕业后以写稿为生。1933年在北京与郑振铎共同主编《文学季刊》，1934年编《水星》月刊。1936年到上海，4月，在良友图书印刷公司与巴金共同主编《文季月刊》。1937年初离开良友，又与巴金创办《文丛》月刊。日军进占广州时停刊。"八·一三"事变后，与巴金编辑《呐喊》。1938年10月，在重庆复旦大学任教。进入教育界后二十几年间，陆续编辑10种以上大型期刊和文艺副刊。1939年，为《国民公报》编辑《文群》文艺副刊。1941年底，在福建永安改进出版社主编《现代文艺》。1943年，在南平创刊《文艺丛刊》，同时，在福建师范任文史地科主任。1944年，又回重庆复旦大学任教，同时在北碚戏剧学校上课。日本投降后，随复旦返沪。1946—1948年编辑大公报馆的《星期文艺》。1947—1948年与叶圣陶、楼适夷、梅林合编《中国作家》季刊，1948—1949年还担任商务印书馆的特约编辑。1950年下半年，接编《小说月刊》。次年，调沪江大学任教务长。1953年调华东文联，任创作研究部主任，兼代秘书长，上海作协副主席。1957年，与巴金共同创办并主编大型文学双月刊《收获》。"不管有多少干扰，他坚持着把全部心血花费在刊物上"（巴金语）。1959年5月，加入中国共产党。曾任全国人大代表，上海市人大代表，中国作家协会书记处书记。在教学、编辑的业余时间勤奋写作，留下四十几部小说、散文集。著有《靳以选集》5卷本、《靳以文集》2卷本、《靳以散文小说集》2卷本等。

② 周煦良（1905—1984），文学翻译家。安徽至德（今东至）人。笔名文木等。上海大同大学肄业。1932年获英国爱丁堡大学文学硕士学位。曾任暨南大学教师、四川大学副教授、武汉大学教授、光华大学英文系主任。1945年加入中国民主促进会。新中国成立后，历任光华大学英文系、华东师范大学外语系主任，中国作协上海分会书记处书记，是第五届全国政协常委。译有[英]高尔斯华绥《福尔赛世家》（三部曲）、毛姆《刀锋》、霍思曼《西罗普郡少年》、[苏]科热夫尼科夫《活命的水》等。

③ 彭慧（1907—1968），女。教授。湖南长沙人。诗人穆木天的妻子。北京女子师范大学肄业。中国共产党党员。1927年赴苏联莫斯科中山大学学习。1930年回国后，在武汉、上海参加工人运动，并加入"左联"，从事文学创作和翻译。1941年后，任中山大学讲师，桂林师范学院副教授。新中国成立后，任东北师范大学、北京师范大学教授。著有长篇小说《不尽长江滚滚来》等。

④ 姜椿芳（1912—1987），翻译家。江苏常州人。1931年加入中国共产主义青年团，次年转入中国共产党，曾任共青团哈尔滨市委，满洲省委宣传部部长，哈尔滨英吉利亚细亚通讯社俄文翻译，负责编辑《满洲青年》、《满洲红旗》。1936年到上海后，任中共上海局文委文化总支部书记，《时代周刊》主编。1945年抗战胜利后，又创办了《时代日报》社，任总编辑、社长。新中国成立后，曾任马恩列斯编译局副局长，长期负责马克思、恩格斯、列宁、斯大林三大全集翻译工程和《毛泽东选集》外文版出版工作。中国翻译工作者协会第一、二届理事会会长。主持历经15年，共74卷、有66门学科、1. 2亿万字、2万多名专家学者参加编撰的《中国大百科全书》，是中国大百科事业的奠基人。

带了两个孩子，与穆木天、彭慧一同回东北。途中遭遇暴雨，几个人在天津受阻，在招待所中住了18天。

那时东北招聘团招聘的教师陆续到天津的有四十余人，天津市教育局就让这些人都来找锡金。铁路交通恢复后，就由锡金带他们到沈阳，以后又经沈阳带穆木天、彭慧、何善周等人回校。回校后，锡金接到家中的来信，说朱琴秋已同意离婚了，并且已经进会计班学习了。

（七）教学、科研和日常生活

①50年代享誉全国的东北师范大学中文系。后左：张毕来、杨公骥、蒋锡金（前左：穆木天、吴伯箫、张松如（公木）1951年摄于东北师范大学）

1949年秋到1950年春这两个学期，锡金担任《文学概论》及二年级《名著选读》教研组的组长。在教学工作中，他尽了自己最大的努力，因而教学工作曾受到校方的表扬。除了开设《名著选读》课之外，锡金整天在头脑里构思《文学概论》的讲义，因为那时《文学概论》这门课正处于草创期，全国各高校还没有完善的教材，这种努力的成果就是东北教育出版社将锡金的讲义《文学理论教学大纲》出版，作为学生的课本使用。

这期间，锡金的家庭生活迭遭变故。1950年2月，上海家中来信说锡金的一个孩子因结核性脑膜炎夭折了；5月，长春的大孩子启文又患了结核性脑膜炎，在医院中每天要注射两针链霉素，需东北币100万元，拖了五个月，才病死，这些打击使锡金身心俱疲，但他并没有因此而耽误教学工作。

由于经济和精力上的困顿，在思想中，锡金也逐渐滋生了许多消极的因素：时时感到疲惫，觉得工作没有什么大意义，对于以后发生的许多政治运动，如“镇反运动”等，感觉与自己没有什么关系，便淡漠处之。

1951 年上学期，锡金担任了名著选讲组的教研组长，内设三个小组（名著研究、名著选读、习作）。而三年级的名著研究课当时是新开课，完全要摸索着讲起来，因此工作也就比较繁忙。为了准备教学工作，寒假期间，锡金虽接到了父亲病危的电报，但并未回去，尽力地张罗三个小组与文学概论的十余个同事一起研究教学工作。2 月，锡金的父亲病逝于上海。从此，上海家中的生活必须由锡金来负担。由于工作意见的分歧，锡金与当时的系主任张毕来①曾发生过争执。到了学期末，由于惦念着上海家中的生活安排问题，锡金才请假回家。

那时锡金的生活一直很窘迫。首先是孩子启文的那场病花掉了家中所有的积蓄。其次是妻子赵彝自结婚后即患踝关节结核病，已近两年。再加上孩子於菟的饥饿性消化不良，都需要开销，所以连回家的旅费都无法筹措。

组织上为了照顾锡金，想了一个去上海购书的办法，这样锡金就可以借出公差的机会报销来往的旅费。锡金带了 3000 万东北币（合现在的 3000 元）的图书馆购书经费去了上海。由于没有经验，在购书的过程中，锡金错误地认为“出高价才能买到好书”，一心想买一批难得的好书，因此就放宽了评价的尺度。事实上，锡金当时未经过专业训练，虽然懂得图书的版

① 张毕来（1914—1991），现代文学史家、红学家。原名张启权。贵州炉山人。1936 年入浙江大学文学院教育系。1938 年加入中国共产党。曾任浙江遂昌县民众教育馆馆长，金华台湾义勇队秘书，桂林师范学院讲师，副教授。曾主编《台湾先锋》月刊。1942 年在广西桂林、南宁一带工作。1946 年加入中国民主同盟。1949 年任东北大学、东北师大教授和中文系主任。1953 年回到上海，任华东师大中文系教授。次年调北京，任人民教育出版社中学语文编辑室主任。1960 年后历任民盟中央常委、宣传部长、全国鲁迅研究学会理事、《鲁迅研究》编委、《红楼梦学刊》编委等。著有《新文学史纲》、《漫说红楼》、《红楼佛影》、《贾府书声》等。译有［印度］尼赫鲁《走向自由·尼赫鲁自传》，［英］爱略特长篇小说《亚当比德》、［苏］穆沙托夫长篇小说《小北斗村》。有《张毕来文选》。

本和学术价值，但却并不懂得图书的市场价格，自以为自己懂得每本书有什么用途，结果一二十天所放的“长线”也并未钓回什么“大鱼”，反而被书商吞去了不少的“饵”，给校方带来了一定的经济损失。

锡金回校后，大约在9月10日，《东北日报》[①] 上首先发动了“三反”、“五反”[②] 的号召，锡金原本觉得这次出差自己存在过失，但又觉得这过错并不应当由自己独自承担。在“三反运动”蓬勃展开之际，由于受到了群众的教育，锡金消除了思想疑虑，把问题向组织讲清楚了，偿还了校方车旅费及买书款约200万元（今200元）的经济损失，并接受了警告处分。

（八）“从思想改造”到“整风运动”

在锡金家做客（1981年）（左起）丁玲、楼适夷、锡金

---

① 《东北日报》：中共中央东北局机关报。1945年11月1日在沈阳创刊。4开1张。因战争环境，先后迁到本溪、海龙、长春出版。1946年5月28日入哈尔滨，改为对开1张。1948年12月12日迁回沈阳出版。1954年8月31日，由于东北大区行政机构撤销而终刊。历任社长为李常青、廖井丹、李荒。解放战争时期，该报宣传中国共产党的政策，报道土地改革和支援人民解放战争，为建设民主自由的新东北而奋斗。著名记者华山、刘白羽、穆青等采写的战地通讯，华君武的漫画，都深受读者欢迎。中华人民共和国成立后，宣传重点转入经济建设，尤以鞍山钢铁基地为代表的重点工程建设的报道，在全国产生重大影响。1953年发行量达31万份，在全国大区报纸中居第一位。

② “三反”、“五反”运动：1951年底到1952年10月，在党政机关工作人员中开展的“反贪污、反浪费、反官僚主义”和在私营工商业者中开展的“反行贿、反偷税漏税、反盗骗国家财产、反偷工减料、反盗窃国家经济情报”斗争的统称。

1952 年上学期，全国范围的知识分子思想改造运动[①]展开了。这场运动对于全面清理从旧社会步入新中国的知识分子思想来说是大有好处的，但不可否认，运动中也存在着一些偏差：如并非是自己的思想错误也必须按照大家所提的意见来检讨；对于造谣、污蔑、莫须有等罪名，不承认就以“抗拒改造”论处，这样就造成了许多“冤假错案”。

锡金在这场运动中也受到了冲击。本来这场运动主要针对的是知识分子，特别是长时期在国统区生活的知识分子；目的是要帮助他们摆脱存在于头脑之中根深蒂固的封建思想流毒，确立共产主义人生观和全心全意为人民服务的精神。锡金作为从解放区来东北教书的诗人、学者，本来并不在主要改造目标之列，但由于他为人平和，亲切，所以同许多从国统区来的知识分子，如穆木天、何善周等人相处得都很好。因此就有人指责他没有明确的界限、没有发挥解放区知识分子的先进地位、自觉在改造中放弃主导权、与思想有问题的人打成一片等“罪名”。锡金最初参与这项运动态度是严肃而积极的，也曾为此自省和忏悔，但后来看到情况发展得不对头，也就消极了。心想“无论说我什么都行，反正我主要是为了端正自己的思想，好好为人民工作，其他一切都可不管”，因此就草草地承认了大家对自己提出的意见都是正确的，把本来不合理的意见也帮大家“润饰”成合理，“过了关”。在写思想总结的时候，本来组织上认为是可以修改会上发言不尽不实的内容的，但锡金也懒得去修改。因为他想背负些恶名也没有什么，主要的是今后应该好好工作。

---

① 知识分子思想改造运动：1951 年秋至 1952 年秋在全国知识分子中开展自我教育和自我改造运动。1951 年 11 月 30 日，中共中央发出《关于在学校中进行思想改造和组织清理的指示》，要求在所有大中小学的教职员和高中以上学生中普遍进行初步思想改造工作；号召认真学习马克思主义、毛泽东思想，运用批评和自我批评的方法，进行自我教育和自我改造。1952 年 1 月 5 日全国政协常委第三次会议发出《关于开展各界人士思想改造的学习运动的决定》，此后，思想改造的学习运动从教育界扩展到文艺界和整个知识界。1952 年三四月间，运动转入组织清理阶段，到 1952 年秋基本结束。1951 年 9 月 29 日，周恩来在北京、天津高等院校教师的学习会上作了《关于知识分子的改造问题》报告，着重阐明了知识分子进行思想改造的必要性。知识分子思想改造运动也就此拉开序幕。在这次学习运动中，虽然注意运用批评和自我批评的方法，启发引导广大知识分子进行自我认识、自我教育和自我改造，但在制定执行具体政策的过程中，存在着一些“左”的偏差，主要是有些地方的领导在指导思想上有急于求成的倾向，方法过于简单，使有些知识分子的自尊心受到某种程度的伤害。有些地方在思想批评中是非混淆，把崇美思想和学习研究西方的科学技术混为一谈，造成思想混乱，使一些学术研究受到影响。

思想改造运动虽然对锡金认识自己这一方面有帮助，但也给锡金带来了一些消极的影响，即遇事有猜疑与顾忌，对群众信任程度减弱。特别是对于某些无事生非的同事产生了很深的厌恶感。当然，这些同事本身存在着许多错误以及卑劣的品质都是事实，但这也反映了当时的锡金还不能超越这些干扰，从较高的角度去正确认识和处理这些问题。

思想改造运动后，锡金曾想振作起来，好好从头做起，努力工作，但运动之后，中文系内的各种工作出现了各不相谋、不容置疑的情况，这种情况延续了一年之久，才渐渐地由于在实际工作中发现错误而得到了纠正。接着系内进行了制定教学工作的五年计划，但锡金是被排除在外的。这使锡金深感悲哀，因为自己一生热爱教育事业，为之辛勤耕耘，但现在却变成了一个"局外人"。心想自己既然落到这样的地步，那就多一事不如少一事，不求有功，但求无过，凡事便缩手缩脚起来，与人相处也就落落寡合，丧失了热情与兴趣。

1952年下学期，锡金的工作基本上是补足了上学期因思想改造运动而缺讲的课，在教学中也遇到了一些新困难：即有些被"思想改造"运动歪曲了的课程，内容还必须重新加以纠正，但当时锡金所说的意见在一定程度上是听者寥寥的，因此成效并不显著。

1952年11月，东北师范大学中文系开始了函授教学工作，首次招收语文专修科学生476人。1954年10月，又继续招收第二期中文函授专修班。1956年，学校又开办五年制函授本科，首次招生即达468人，而且是面向广大的东北三省。为了实施标准化教学，系里在教材建设方面下了苦功，聘请锡金、杨公骥、孙晓野等几位资深教授为函授生编写教材和参考资料。1954年下学期，锡金又参加了《东北师大学报》[1] 的

---

① 《东北师大学报》：1951年5月1日创刊。学报分自然科学和社会科学两种版本，均为16开本，不定期。学报编委会由张松如、孙亚明、胡绍祖、智建中、杨公骥、蒋锡金、穆木天、丁锡祉、王琳、傅桐生、郑汝骊、［日］芦泽、吴宗涵等13人组成。当时因稿源不足，只出刊一期被迫停刊。1955年6月，又以《东北师范大学科学研究通报》的刊名出版了一期自然科学版。编委会由20人组成，主编由智建中担任，副主编由王琳和蒋锡金担任。从1956年至1958年间共出版教育、语言文学、历史、地理、数理化、生物、世界古代史译文等专业版10期，均为不定期。1958年8月，学校下放吉林省后，改称吉林师范大学。1959年初，恢复学报，改称《吉林师大学报》。1980年起学校又重归教育部直属，恢复了东北师范大学的校名，学报也随之恢复了《东北师大学报》的原刊名，分为《东北师大学报》（哲学社会科学版）（教育部主管、东北师范大学主办，核心期刊），双月刊、国内外公开发行，《东北师大学报》（自然科学版）（教育部主管、东北师范大学主办，核心期刊）季刊，国内外公开发行。

编辑工作，这两项工作是几年来锡金多次建议，并十分喜欢从事的，同时也是新的，需花费精力去开辟的有意义的工作。尽管锡金当时体弱多病，但他仍尽力想把工作做好。不料在《学报》选稿工作时，却出现了锡金意想不到的情况：有些人的稿件竟可以不经审查，有些人的稿件可以坚持不修改显著的错误而得以发表！这又使锡金觉得《学报》的工作还是没法做好。于是便退回来，想在教学之外写好自己的《文学概论》讲义。在讲义的撰写工作中，锡金一心想写好它，因此就产生了一些好高骛远的想法，想把它编写成初步中国化了的，可用来解决中国文学现象的现代文艺理论教材。事实上，这种努力的方向是值得肯定的，但由于主客观条件的限制，此项工作在当时的历史条件下并不能完成。

“思想改造”在锡金思想中增添了猜疑与顾忌，这些思想时时苦恼着锡金，使他不能很好地进行工作。在教研室工作中，也表现为畏首畏尾，不敢放手，往往在工作中有些想法，但一听到有不同的意见，就收回来。因为怕被说成是“宗派”，锡金就尽量少与人接触；因为怕人说自己“想当系主任，争夺领导权”（思想改造中曾加过锡金这些罪名），因而就坚决推辞了系函授副主任的工作。这就使锡金在1949—1954年的工作中完全丧失了主动性和积极性，在精神上极端痛苦，辗转而不能自拔。

（九） 卷入政治漩涡

70年代的东北师范大学现代文学教研室

左起：锡金、张芬、吴天霖，后立者孙中田（摄于吉林德惠黑坎子“五七”干校）

1955年5月至9月间，中国文艺界先后出现了所谓的“胡风反革命集团”① 和“丁玲、陈企霞②反党集团”③ 事件。锡金因早年从事文艺运动，经历丰富，直接或间接与胡风、丁玲产生过接触，因此也卷入了政治漩涡。

锡金与胡风的交往始于1938年武汉沦陷前夕。那时萧军、萧红和锡金同住在武昌小金龙巷，胡风经常去那里与二萧谈些文艺问题，因此锡金与胡风是有些交往的。特别是解放战争时，锡金曾在山东省文协当

① 胡风反革命集团：胡风的理论批评文字涉及多种文体及中外作家作品、“五四”新文学运动中出现的理论问题等，但中心是围绕着现实主义的原则、实践及其发展而展开的。对胡风的一些理论主张，长时期内一直存在着不同意见，展开过批评，发生过论争，胡风坚持自己的观点，进行了反批评。1954年向中共中央写了《关于几年来文艺实践情况的报告》（即“三十万言书”），详细陈述了他的文艺理论主张和对党的文艺政策的一些看法。1955年初，中共中央决定对胡风思想进行批判。1955年5月24日，《人民日报》公布了《关于胡风反党集团的第二批材料》。这批材料主要包括胡风与别人的一些通信。报纸另附了《编者按》，其中指出，胡风恶毒地污蔑中国共产党，污蔑党的文艺方针。秘密地有计划地组织反党集团向中国共产党和党所领导的文艺战线猖狂进攻。这批材料公布后，国内掀起了批判胡风的高潮。而在此前的5月17日，胡风被定为“胡风反革命集团”之首，已被公安部门逮捕。这样，一场批判胡风反党思想的批判运动在全国展开并一直延续到1957年底，胡风本人在“文革”中也被判无期徒刑。党的十一届三中全会后，中央重新审查了胡风一案。1979年1月，胡风被释放出狱。1980年9月，中共中央在复查报告通知中说：“‘胡风反革命集团’一案，是在当时的历史条件下，混淆了两类不同性质的矛盾，将有错误言论、宗派活动的一些同志定为反革命分子、反革命集团的一件错案。中央决定，予以平反。”1988年，中共中央又发出关于此案的补充通知，在1980年平反通知的基础上，对某些内容进行了澄清和新的说明。至此，胡风一案得到了彻底的平反。文学理论著述辑为3卷本《胡风评论集》出版。

② 陈企霞（1913—1988），文学评论家。浙江鄞县人。1933年参加左联。同年加入中国共产党。1940年到延安，先后任《中国青年》、《解放日报》编辑。1945年赴晋察冀边区，任华北联合大学文学系主任，《北方文化》、《华北文艺》编辑。新中国成立后，历任《文艺报》副主编、主编，中国作协第二、四届理事。1955年因“丁玲、陈企霞反党集团”案而受到错误处理。后任杭州大学教师。1979年恢复名誉。后任《民族文学》主编。著有评论集《光荣的任务》。

③ “丁陈反党集团”：1954年10月31日，中国文联和作协主席团先后召开扩大会议，就俞平伯《红楼梦研究》中唯心主义的观点和《文艺报》没能及时刊发李希凡、蓝翎《关于〈红楼梦简论〉及其他》和《评〈红楼梦〉研究》两文做出“决议”，指出其错误是对资产阶级思想的容忍和投降；轻视和压制新生力量；在文艺批评上的粗暴、武断等恶劣作风。1955年，在整肃“胡风反革命集团”时，《文艺报》副主编陈企霞对此不服，要求改变对《文艺报》检查的结论。结果受到进一步的批判，把《文艺报》正副主编丁玲、陈企霞定为“反党小集团”。党组扩大会议后，周扬以中国作家协会党组的名义写成《关于丁玲、陈企霞进行反党小集团活动及对他们处理意见的报告》呈报中宣部和中央。1957年党内整风时，丁玲、陈企霞和《文艺报》的一些编辑对1954年关于《文艺报》的“决议”仍表示不满。于是中国作协党组于同年6月至9月连续召开二十七次扩大会议，对丁玲、冯雪峰、陈企霞进行批判斗争。在批斗中涉及到三十年代以来文艺界的许多矛盾和争论，如“两个口号”论争中指控冯雪峰分裂左翼文艺运动等，并把与丁、冯、陈有关的老作家，如艾青、李又然、舒群、罗烽、白朗等打成“反党分子”、“右派分子”。一直到粉碎“四人帮”后，此案才得以平反昭雪。

驻会作家，由于工作关系，与省文协主席刘雪苇有工作往来，而刘雪苇因与胡风关系密切，文艺观点相同，所以，新中国成立后，也被错划为“反革命集团”成员，锡金也因此受到牵连，被隔离审查了一段时间。

至于锡金与丁玲，当时就更没有直接的交往。1932 年淞沪战争爆发时，锡金在大夏大学附中学习，积极参加了学校文艺研究会举办的活动。有一次文艺研究会邀请丁玲为全校文艺爱好者做了一次关于左翼文学的报告，锡金去参加，有幸聆听了丁玲的演讲。1981 年，鲁迅诞辰 100 周年，长春举行了“纪念鲁迅诞辰 100 周年学术讨论会”，丁玲应邀参加，两人才在晚年有了进一步的交往。其后，书信往来几次，丁玲旅美归国后，还将出版的《旅美散记》签名邮寄给锡金。

由于年代久远，加之年纪较轻，因此虽与胡风和丁玲有过交往，但两人留给锡金的印象并不深刻，所以当组织方面要求锡金写材料“揭发”他们的“罪恶行径”时，锡金只是客观地回忆了与他们交往的一些事件，并没有无限上纲上线地进行揭批，但他本人也因此遭到了组织的指责，说他自身觉悟不高。实际上，看到昔日的“革命战友”今天纷纷变为“反革命”，锡金的心中是十分困惑的。这些事件虽然与锡金自身无关，但也在他内心投下了巨大的阴影。锡金没有料到的是，1957 年“反右”风暴来临后，他本人又陷入了更深的政治旋涡，承受了更大的打击和磨难。

（十） 本期锡金著译年表（八）

锡金：《标点符号怎样使用》（青年学习丛书），光华书店 1948 年 10 月初版。

一九四八年

《课余笔录》　锡金　哈尔滨　《文化报》第25期　1948年3月25日。

《毛主席诗词四首億释》　锡金　佳木斯　《知识》第7卷第6期　1948年7月1日。

《寓言诗》　锡金　哈尔滨《文化报》　1948年8月25日。

《伊索寓言两章》（诗）　锡金　哈尔滨　《文化报》　1948年9月5日。

《提倡“记录文学”》　锡金　吉林市　《文艺月报》创刊号　1948年10月19日。

《为了忘却的纪念诠释》　锡金　吉林市　《文艺月报》创刊号　1948年10月19日。

《标点符号怎样使用》（青年知识读物）　锡金著　光华书店　1948年10月初版；沈阳三联书店1949年3月第1版　1951年4月第7版。

《再论“记录文学”》　锡金　吉林市　《文艺月报》第2期　1948年12月10日。

《伊索寓言论导》　锡金　吉林市　《文艺月报》第2期　1948年12月10日。

一九四九年

《俄罗斯文学之父——普式庚》（论文）　锡金　吉林市　《文艺月报》第4期　1949年6月1日。

《关于“纪录文学”》　锡金　桂林　《文艺生活》（海外版）第15期　1949年6月20日。

《普式庚诗五首》　锡金、曲秉诚译　哈尔滨　《文学战线》第2卷第5期　1949年7月。

一九五〇年

《怎样学习文学》　锡金　《先锋报》　1950年4月29日。

《俄罗斯人民的口头文学》（民间抒情和叙事歌谣）　锡金、曲秉诚

合译　上海时代出版社　1950 年。

一九五一年

《枪杆诗》(四首)　锡金　《朵朵红花胸前挂》东北人民出版社 1950 年 5 月。

一九五五年

《亡灵书》(埃及金字塔中的纸草诗歌)　锡金译　吉林人民出版社 1955 年;《译文》　1957 年 1 月号。

一九五六年

《鲁迅的杂文》　锡金　《长春》创刊号　1956 年 10 月 1 日。

《鲁迅诗本事》　锡金　《文学月刊》　1956 年 11 月号。

《离骚的"骚"为什么不是地名》　蒋锡金　《争鸣》　1956 年第 4 期　1956 年 12 月 11 日。

《关于文学作品中的叙述人的语言和人物的语言》　蒋锡金　《争鸣》　1956 年第 4 期　1956 年 12 月 11 日。

一九五七年

《关于于植元同志的质疑的答复和补充说明》　锡金　《处女地》 1957 年第 1 期　1957 年 1 月 1 日。

《处女地赞》(诗)　锡金　《处女地》　1957 年第 1 期　1957 年 1 月 1 日。

《从鲁迅的战斗学习战术》(1956 年 10 月 20 日在沈阳驻军俱乐部的鲁迅逝世 20 周年纪念会上的发言)　锡金　《争鸣》　1957 年第 1 期　1957 年 1 月 28 日。

《似非不慎之过》　锡金　《争鸣》1957 年第 3 期　1957 年 5 月 11 日。

十　锡金的晚年生活（1957—2003）

（一）　历尽劫难终不悔，我的父亲蒋锡金
——蒋於菟先生访谈录

晚年的锡金先生与夫人赵彝女士

（本文依据访谈录音整理而成，经被访者审阅并签名，以证明其真实性。）

时间：2003 年 1 月 14 日下午 2：00（农历腊月二十三，小年）

地点：东北师范大学文学院　门卫室

采访人兼整理人：吴景明（东北师范大学文学院　现当代文学教研室　讲师）

采访对象：蒋於菟（东北师范大学文学院　总务干事　蒋锡金先生之子）

吴：於菟老师，你印象中的父亲——锡金先生是什么样子，能否请你回忆一下？

蒋：半个多世纪前的 1950 年，我（蒋於菟）出生在长春东北师范

大学第一教工宿舍的一座平房内，那时我的父母——锡金和赵彝就住在那儿。该宿舍楼现在还在，位于32、33栋与29栋之间，但即将面临被拆除的命运。1954年，我4岁的时候，全家曾在楼前合影，这张照片看来不久就要成为历史的遗迹了。那个时候我还小，对曾经发生的事情记忆并不深刻，长大后，曾听母亲（赵彝）谈起过以前的一些往事，因而对于父亲的一些事情我是记得些大概的。

吴：能否请你简单回忆一下1957年“反右斗争”爆发前，锡金先生的工作情况？

蒋：从1947年父亲（蒋锡金）到佳木斯东北大学（1950年更名为东北师范大学）任教起，至1957年“反右斗争”以前，父亲一直在东北师范大学中文系教书。那时的老中文楼为现在的东北师范大学出版社。至1957年前，父亲为中文系的学生开设过《文学概论》、《儿童文学》、《楚辞研究》、《民间文学》等课程。在我幼小的印象中，父亲的工作态度十分认真，每天当我半夜从睡梦中醒来时，经常发现父亲还在昏暗的灯光下批改作业。父亲作为教师，真可谓是诲人不倦。

父亲学识渊博，待人和善，是从苏北解放区来东北工作的老作家。从50年代初开始，他开设的一系列课程不仅在吉林省，而且在全国范围内都具有拓荒的性质，他也因此成为吉林省现代文学、民间文学、儿童文学及文艺理论等众多学科的重要奠基人之一。在当时父亲与讲授外国文学（法国文学）的穆木天，讲授中国古典文学的杨公骥，讲授语言文字学的孙晓野①一起并称为东北师范大学中文系“四大名教授”。

吴：从50年代初，蒋先生就逐渐卷入“政治漩涡”，到1957年，更错被划为“右派”，这方面的事情不为世人所知，能否请你谈一下你了解的这方面的情况？

蒋：众所周知，1957年父亲被错划为吉林省的头一号“右派”，但

---

① 孙晓野（1908—1994），字常叙，教授。吉林省吉林市人。吉林省立大学文法学院教育系肄业。曾任长白师范学院、东北师范大学教授。新中国成立后，历任东北师范大学教授、中文系主任，中国语言学会理事，吉林省语言学会理事长、省文史馆馆长、省社会科学联合会副主席，对古汉语、词汇学、古文字学有研究，著有《中国语言文字概要》、《钟鼎铭文通释》、《汉语词汇》、《耒耜的起源及其发展》等。

对为什么被错划为“右派”的原因，外人却知之甚少。

那时父亲为吉林省作家协会副主席、长春市作家协会主席。吉林省的反“右”斗争是在当时吉林省政府文化处处长宋振庭①的布置下，由父亲主持召开全省作家联席扩大会议，在会上发动的。当时大会的中心议题是要求父亲作一个报告，鼓励大家即席发言，“畅所欲言”，充分发扬民主，为党提意见，以便改进和加强党的领导。

父亲是诗人出身，加之又为人正直，仗义执言，当时就提出了一些关于知识分子处境的意见，说出了50年代客观存在的现象——学校中官僚成风，对知识分子、人才缺乏尊重，用他本人的话来说就是“什么大学教授，在一些人的眼中还不是会讲话的牲口……”。这些话虽然有过激之辞，但绝不是后来政治定性所说的“向党发动疯狂的进攻，妄图颠覆党的统治”，而是一些正面的、善意的建议，目的是为了纠正和进一步完善党的各项方针政策。大会当即演变为针对父亲的“批判会”，许多人登台发言，对我父亲的“错误”思想进行“清算”。其中就有一位师大文选写作教研室与父亲关系比较亲密的老师，竟然拿稿登台，罗列我父亲的罪状，说的吐沫星子横飞，最后连稿件都掉到讲台下了。这件事给父亲以很大的震动，使他对人性产生了怀疑，内心形成巨大的阴影，以至于在他去世前的一两年，还一直不断地在提及此事。

大约是1957年8、9月份，《吉林日报》发表整版文章，批判父亲的所谓“错误”，父亲被定为“极右”，从此父亲的政治生命就结束了。从1957年父亲被错划“右派”，到1966年“文化大革命”爆发，父亲被迫离开他珍爱的讲台，离开他热爱的教育事业、离开他可爱的学生们……这期间，我家搬到师大第四教工生活区，住址在吉林艺专（现吉林艺术学院）后面，师大专家公寓附近，是房号为435的两栋小平房。那时我七八岁，已经在师大附小开始上学了。

① 宋振庭（1921—1985），教授。吉林延吉人。笔名星公。1936年在北平参加中华民族解放先锋队。1937年入延安抗大学习。同年加入中国共产党。曾任延安马列学院哲学研究室研究员，华北联合大学哲学教研室主任，中共延吉市委、延吉县委书记。新中国成立后，历任吉林省政府文化处处长，中共吉林省委文教部、宣传部部长，中共中央党校教育长、教授，顾问。著有《怎样自修哲学》，《星公杂文集》，主编《当代干部小百科》。

吴：1957年后，锡金先生在系内从事何种工作，遭遇如何？

蒋：1957年前，父亲在文艺理论教研室工作，讲授《文学概论》课，被错划为“右派”后，父亲被降职使用，离开了讲台，在中文系作清洁工、资料管理员等工作，后来又被分配到文选写作教研室，负责批改学生作文而不准担任教学任务。1966年“文革”爆发后，又被打人师大图书馆，负责馆藏古籍图书的编目工作。现在，我家里还保管着父亲当时编纂的师大图书馆馆藏古籍书目三本。“文革”爆发后的1969年，父亲被下放到偏远农村走“五七道路”。

吴：锡金先生在“文革”中是否遭受过批斗，是否被关过牛棚？

蒋：父亲1957年便被打成“右派”，1964年虽然被“摘帽”，但到底还是一个“摘帽右派”，因此人人避之惟恐不及。“文革”期间，当然要受到“批判”，那时在文选写作教研室批改作文的父亲曾遭到造反派的诬蔑，说“批改作文的功底不够”，“有政治倾向问题”。这当然是子虚乌有之谈。父亲解放前虽不是最著名的作家，但从1934年从事创作起，到“文革”时，算起来也已有30多年了，发表了上百篇作品，批改学生作文的资格总该是有的。更何况他工作态度兢兢业业，一丝不苟，每天批改作文到深夜，这样的知识水平，这样的工作态度，批改作文能有什么问题？

那天，教师中的极左分子和学生中的造反派把父亲揪到“风雨操场”（现东北师范大学篮球场）批斗了一天，并把父亲批改过的作文张贴在操场四周的围栏上进行展览。不过，这样一来却没有达到他们最初设想的目的，因为有的老师和学生看了作文的评语后反响不一。有人认为：“批得对，批得好！”特别是他们看到父亲的批语有时竟比学生作文的篇幅还要长时，深深地为父亲负责任、认真的工作态度感动了。

当时学校中有一个女红卫兵是很有名的造反派，她冲上前打了父亲一个嘴巴。没想到，一向老实、容忍的父亲竟还了手，也打了她一个嘴巴。批斗会被父亲突如其来的举动镇住了，鸦雀无声，这瞬间的沉寂，显示了父亲人格的伟大和尊严的不可侵犯。回过神来的造反派冲上来要打父亲，在场的中文系现代汉语教师黄克俊与一些有正义感的，对父亲怀有敬意的学生一起，把父亲护送到原师大校部机关楼（现城市与环境科学学院），在那儿等到天黑，才又护送父亲回家。“文革”中，批斗时给“右派”分子戴高帽、挂牌子是常有的事，有些人甚至会遭受肉体上的伤害，但父亲不但很少遭受身体上的伤害，还常有学生保护他，这都是他平时关心、照顾学生的缘故。在父亲的历史问题得以平反昭雪后，组织上曾向他询问当时是谁打了他，可他却淡然地说：“我忘记了。”真的是父亲忘记了吗？不，决不是，他只不过是不想深究而已，他希望过去的事就过去了，他要留给那一个女青年改过自新的机会。这就是父亲，宽容、平和但又追求尊严。

父亲在“文革”中没有被关过牛棚，但却时常被造反派与地、富、反、坏、右关在一起，在学习班进行所谓的学习，时间从一两天到半个月不等。经常是造反派突然到家，马上就要求父亲跟他们走，甚至连被褥和换洗的衣服都来不及带，以至于母亲经常在家中放一个收拾好的包裹，以便父亲匆忙走时带在身边……

吴：锡金先生在“文革”期间历尽磨难，作为他的直系亲属——儿女，你们是否受到了牵连？

蒋：答案是肯定的。但当时我们都认为父亲是好人，只是不知道什么地方出了问题。1958年至1964年，我完成东北师范大学附属小学的学业后，于1964年秋，升入长春市三十中学，即现在的东方中学。初中二年级时“文革”爆发了，学校基本上就停课了，我也就辍学在家。1968年8月31日，第一批知识青年离开家乡，开启了全国范围内知识青年上山下乡运动的序幕。那一次我也报了名，但没有获得批准，原因是我的身体太差；另一个原因就是：我是“黑五类”的“狗崽子”。为了能够尽快地响应毛主席“知识青年到农村去”、“广阔天地大有作为”的号召，第二次报名时，我便要求母亲带我到老师家里去说情，以显示家人的诚意。同时，我自己也向老师表了决心，这才得到校方的批准。1968年10月14日，我以知识青年的身份到德惠边岗公社“插队落户”，和公社的农民一起干农活，挣工分。原本学校第二次下乡的目的地是吉林省通榆县，但老师考虑到我身体不好，通榆县离家又太远，为了照顾我，就把我安插在第一批知识青年下乡的德惠县边岗公社集体户里。

我的另两个妹妹也晚我一个月，于1968年11月18日下了乡。大妹妹蒋於穆去了敦化官地公社东胜大队第五生产队；二妹妹蒋於拉去了农安榛柴岗公社。兄妹三人把自己宝贵的青春和血汗留在了吉林农村………

吴：1969年，锡金先生走“五七道路”是怎么回事，到农村后，以何谋生？

蒋：1969年，东北师大撵大批的“黑五类”分子（地、富、反、坏、右）下乡。作为“黑五类”之一的“右派”分子，12月18日，我的父母和三妹（蒋於辑），连同我80多岁的瞎眼奶奶一起被下放到吉林省通榆县，走“五七”道路。当时我和我的大妹、二妹早已响应国家号召，作为知识青年上山下乡，家中只剩年幼，还没有到下乡年龄的三妹。得知父母要被下放到通榆县，我从德惠专程赶回长春，亲自送他们到通榆县新华公社七撮东队插队落户。组织上考虑到父母需要人照顾，就把我也从德惠转往通榆县新华公社。

那时父亲与五六个农民一起在菜园子中当灌园叟，并负责在卖菜时算账收款。我则同社里其他农民一样下地劳动，兼管社里的账目收支。当时父亲从师大中文系带下去的工资为149.50元，除了维持家中五口人的生活外，还要邮寄给两个在外下乡的妹妹，加之奶奶年事已高，生活不能自理，母亲的身体又一向不好，几乎不能从事劳动，因此经济条件极端困难。这样的窘迫生活一直持续到父亲1972年被抽调回校。

吴：锡金先生在什么情况下被抽调回校，回校后从事何种工作？

蒋：父亲之所以能回校，是与当时的教育现状及国家政策分不开的。“文革”爆发后，社会各项事业受到全面的冲击，教育，特别是高等教育受到的冲击更大，到1972年的时候，几乎濒临崩溃。鉴于上述情况，国家于1972年下达了关于加强学校教育教学秩序的有关文件。根据文件精神，东北师范大学抽调部分老教师回校，以帮助青年教师备课，恢复学校的正常教学。在这样的背景下，父亲与历史系的教师范新民，于1972年6月18日，作为第一批教师返回师大。最初父亲是只身一人被抽调回校的，住单身宿舍，约半年后的1973年，奶奶、母亲、妹妹才回到长春。这时全家住在青年一舍（此楼早已被拆，原地建起了干训楼）123 号。

吴：锡金先生返城后，你的生活怎样，何时调到师大工作的？

蒋：1973 年，全家返城后，我调到通榆县新华公社当地一个名叫“西力不可”的生产队，在那里工作了 9 个月。9 月 6 日，我插队到永吉县的河湾子马场五队。1974 年 12 月 25 日，我又调到敦化铁路段，当线路工，负责铁路大修。在那，我认识了当临时工的田华，1979 年，我们结了婚。新房就设在青年一舍 123 号，那是一间 18 平方米的房间，中间用木板隔成了两间。1982 年，师大分给父母现在的住房——一教 29 栋 1 单元 301，家里的居住条件才得以改善。

11 年后的 1985 年，学校考虑到我父母年龄大了，无人照料，才将我调到东北师范大学中文系当总务干事。直到那时，我才离开敦化铁路，结束了 11 年的检修工生涯。1987 年，学校安排田华到师大幼儿园工作，同年，72 岁的父亲离开了自己深爱的教学工作，光荣离休。我调回东北师大后，全家与父母住在一起，共同生活了五年，直到 1990 年，学校分给我一套住房——师大一教 26 栋 3 单元 206——我们一家才搬出来单独生活。1998 年 9 月 2 日，母亲赵彝去世后，为了父亲有人照料，1999 年 7 月，我和妻子田华又搬回 29 栋 1 单元 301，与父亲同住。2002 年，妻子田华从幼儿园退休，专职在家照料我父亲，直至他老人家 2003 年 5 月 25 日辞世。

吴：请你谈一谈你眼中的锡金先生。

蒋：与别人比较起来，我看父亲的视角稍有不同。别人是在工作、学习中，看父亲为师长、著名作家、诗人、学者，但我从普通的日常生活中看到的父亲，却是一个慈爱的老人，是世界上千百万普通父亲中的一员。

吴：能否结合生活中的小事，谈锡金先生对你人格的影响？

蒋：我幼年的时候，父母在日常生活中对我们子女就要求很严，由于我是家中的老大，又是男孩，所以父亲对我的要求就更严，教育我“勤于读书，诚恳待人”。“文革”中，学校停课，我辍学在家，父亲怕我和那帮“红卫兵”外出惹事，就买了一把二胡，教我学习。我就是在那时开始学习乐器的，但那时我还不明白父亲的用心——在那狂乱的年代，父亲被划为“右派”，不能从事心爱的教育事业，内心的痛苦可想而知。但他什么都没有说，也不可能说，只能在音乐中寻找自己的灵魂栖息地。后来，我才渐渐明白，他认为音乐能陶冶人的灵魂，想用悠扬的二胡涤荡我那颗年少冲动的心，使我少犯错误，以免遗憾终生。时至今日，我仍是教授合唱团的成员，拜父亲所赐，这一爱好对陶冶我的性情发挥了巨大的作用，它是父亲留给我无法估量的精神财富。

吴：作为学者的锡金先生，在日常生活中扮演的是怎样的角色？

蒋：父亲是一个学者，因此他视书如命，有着文人的个性与癖好。在日常生活中，他几乎不做任何的家务，用一句话来形容就是“连油瓶子倒了都不扶一把”。家务事几乎都被母亲包揽了，而父亲整天一个人呆在书房里，坐在写字台前看他的书，沉浸于其中，乐此不疲。

父亲从来也不接触钱，甚至连自己每个月能开多少工资都不知道，因为他只注重书籍，对钱财从不放在心上。每次发工资都是母亲到中文系去取。久而久之，负责发工资的人就直接通知母亲取回了事，而不再通知父亲。

父亲很少花钱，他吃、穿、住、行的全部生活都由母亲照顾。他对自己吃的饭菜和穿的衣物并没有过分的要求，饭能吃饱、衣能穿暖就行。对他而言，生活中什么都可以没有，但绝不能没有三样他最珍爱的东西——书籍、香烟和白酒。他视这几样为生命，没有这些，仿佛他的生命也就失去了意义与乐趣！

吴：是的，在一般人看来，书籍、白酒和香烟，构成了锡金先生的日常生活。下面能否请你分别谈一下书籍、香烟和白酒在他日常生活中的作用？

蒋：可以的，先谈香烟吧，因为我和父亲同是“烟民”。父亲因幼年时体弱多病，加之祖父母管教又严，因此小时候并没有抽烟的习惯。1934年，父亲求学于上海正风文学院期间，聪慧过人，博闻强志，据说看书可以“过目不忘，一目十行”，因此，同学们在考试前习惯于让他帮忙押题，而且他押题的命中率很高，每次都在80%以上。一些同学为了与他拉关系，就时常供给他烟抽。那时家里并不知道父亲吸烟，父亲也从不敢在祖父母面前吸烟，但每当祖母去学校看他时，总能从他的床铺底下搜出香烟。父亲也因此挨过不少惩罚，他自己也曾几次戒烟，但都没有成功。抗日战争和解放战争时期，父亲曾两度到苏北抗日根据地及后来的解放区工作。当时父亲的主要工作是写战地通讯，经常深入前线，为了驱蚊避虫，刺激思维，集中写作思路和消除疲劳，这时期，父亲开始大量吸烟。这种对香烟的痴迷，一直持续到他辞世。

吴：经常听人说起比较讲究的抽烟人对何时抽烟，以及香烟的品牌有颇多偏爱，锡金先生是否也有？

蒋：父亲虽然喜爱抽烟，但对香烟的品牌和产地并不十分在意，他一直抽"经济烟"——长春人谓之"八分损"的"金葫芦"。对父亲而言，那时抽得最好的烟就是"大众品牌"——"大生产"和"迎春"烟，后期也曾和我一起抽过"黄果树"和"牡丹"，但和前几种烟比较起来，次数和数量都少很多。

"文革"的艰辛岁月，损害了父亲的身体健康。因此母亲在世时，出于健康的角度，对父亲的吸烟进行了一定程度的限制：每天定时定量发放，准许他最多吸六支烟。由于父亲的烟瘾大，这样少的数量无法满足他的需求。所以我们经常看到他抽半支烟，即一支香烟点燃后，他只抽几口就掐灭，过一段时间再重新点燃，再抽几口过过瘾，再掐灭，如此反复，有时一支烟抽完要反复三四个来回。这样，虽然母亲每天给父亲限定了吸烟的额度，但父亲仍然通过此种办法存了一些"私房烟"，所以当母亲有时看到他某天的吸烟量超出定额时，就问他："你的烟是从什么地方搞来的?"父亲则一边用手从嘴中取出令他陶醉的香烟，一边很快地把它背到身后，眉毛一扬，眼睛一瞪，对母亲说："你这个人真奇怪，这是我自己'节省下来的'。"说完孩子气地流露出一种怕被抢的神情，弄得母亲也毫无办法。

父亲虽然离不开烟，但晚年的父亲因体弱多病，经常住院。在医院，父亲听从医生的叮嘱，从不吸烟，显现了惊人的抑制力。母亲过世后，由我照料父亲的生活，考虑到父亲年纪大了，因此在吸烟上，我没有严格地加以限制，但也不让他吸得过多。

不仅如此，父亲与其他吸烟的人比较起来还有个与众不同的习惯：通常吸烟的人经常家里会存有一两盒好烟，准备家里来客人时，请客人吸。但在我家，就是家里来了客人，父亲也只会请客人抽“经济烟”，从不搞特殊化。来我们家做客的人，经常会看到这样的一幅情景：书房内，父亲一人静静地坐在写字台前，一动不动，桌上放着一本打开的书，而父亲嘴中正叼着一支烟，烟从点燃后不弹烟灰，能燃到最后，一直在嘴上挂着，而他本人正出神地不知想些什么。

吴：先生可真有趣，我真不知道吸烟还有这么多趣事，那关于喝酒呢，你是不是还有很多的故事？

蒋：如果说父亲白天看书，必不可少的是烟，那么晚间看书，必不可少的就是酒。父亲没有告诉过我他是从什么时候起开始喝酒的，但他却有每天喝酒的习惯。每天吃完晚饭后，到睡觉前的一段时间，父亲通常是一边看书，一边喝酒，直至深夜才睡。这时他一手拿书，一手持瓶，倚在床头，慢慢地喝一口酒，徐徐地翻几页书，再喝一口酒，又捻几页书……这时他喝酒什么都不吃，即我们通常所说的“干拉”。一晚就能喝光装二两二锅头的一小扁瓶酒。

同吸烟一样，父亲对酒的品牌也没有什么选择，也是经常喝一些“经济型”的酒，比如说散装的白酒和榆树二锅头、清老白酒等。从健康角度出发，母亲对父亲的饮酒也加以控制，但并不像抽烟那样严格。父亲通常喝的是白酒，但在我母亲去世前后，考虑到他的身体状况，我开始限制他喝白酒，在他想喝酒时，则改用啤酒替代。

吴：喔，真令人羡慕，看来先生还是一个“酒仙”。书籍呢，我想作为一个学者，这方面的话题应该更多一些吧？

蒋：父亲一生最珍爱的三件事就是——香烟、白酒和书籍，这其中，与烟和酒比较起来，书籍无疑是父亲的最爱，是第一位的。就父亲的一生而言，烟、酒、书，三者虽相伴始终，但他抽烟喝酒的大部分时间都是在看书和写文章，可以说如果没有了书籍，烟和酒对他也就失去了乐趣，因为无论抽烟与喝酒都是为“读书”、“写文章”而服务的。

从我记事起，父亲在家中就有一个专门放书的地方，无论那时的家居条件多么狭窄，这块地方一定是干燥、向阳，地势较高的。每次搬家，父亲首先做的事就是整理好他自己心爱的书，他认为，其他的东西都可以不带，但书籍一本也不能少拿。1978 年后，我家的居住条件有所改善，父亲便有了自己单独的书房，随着岁月的流逝，我亲眼看到父亲书房里的书由少增多，直至摞摞大满，堆得满地都是。那时我们年纪尚小时，父亲很少允许我们翻动他的书籍或是进入他的书房，生怕我们弄坏他的书。父亲对书籍始终怀有一种特殊的感情，甚至他认为书籍就是他生命的一个组成部分。除了烟和酒，父亲花费最多的就是买书。

对吸烟与喝酒，父亲采取的是一种平民化的立场，不甚讲究，但对买书却是一个例外。父亲注重对书籍版本的搜藏与校对，他本人也经常逛书店，而且从不空手而归，对于自己需要的书，他从不问价，从不吝惜花钱。每当他买到一本好书或是自己急需的书时，他都高兴得像一个孩子。他将书整齐地摆在书架上：古代文学、民间文学、儿童文学、外国文学、现当代文学、文艺理论、鲁迅研究等等，分类严格又收拾的一尘不染，而他每天就坐在窗前的桌边，乐此不疲地看书……

吴：听了上面的叙述，我深感作为学者的锡金先生对书籍的珍爱，但他一生处于国家和社会的动荡之中：新中国成立之前辗转迁徙，新中国成立之后历经政治动乱，这样的环境中他的书籍很难保存，是否有散失和损毁？

蒋：这种现象当然存在，这也是父亲最痛心的事。父亲的一生都处于辗转迁移中，他出生在新中国成立前的动荡岁月里，19 岁就离开故乡宜兴，先后在武汉、上海从事进步文艺运动，几经敌人搜捕；抗战爆发后，又辗转流亡于中国各地；解放战争时期，来到苏北解放区，后经大连、朝鲜平壤来到佳木斯的东北大学任教；并先后随学校迁到吉林市、长春等地。新中国成立后，父亲经历了“反右”斗争和“文化革命”，被下放到通榆县走“五七”道路，直到 1979 年平反昭雪后，他才算得以安度晚年。父亲本身是一个爱书、藏书的人，但生在这样颠沛流离的时代，连自己的性命都难以保全，那些他用心血换来的藏书就更朝不保夕，书籍的散失、损毁对父亲心灵造成的创伤也是巨大的。

吴：我想请你分期谈一下锡金先生藏书流失和受损的情况，先说新中国成立前的吧？

蒋：当然可以。第一次书籍散失是抗战时期的 1938 年。那时父亲与著名诗人穆木天一起在武汉从事进步文艺运动。武汉沦陷前夕，穆木天和夫人彭慧准备离开武汉，到昆明去。临行前，穆木天想起父亲在小金龙巷住处的那些藏书。父亲对我说，那时他的藏书数量并不多，可是有关新诗的集子却不少。例如五四后，流行的“冰心体”小诗和类似“泰戈尔式”的小诗，父亲收集到的，就有几十种之多。还有许多诗集，是各地相识和不相识的诗歌作者寄赠的，大多数是自费印行的，发行量并不广，而且很不容易见到，总数达到三百多种，比《文学》的《新诗专号》上刊载的目录，几乎多出一倍。据父亲后来说，他曾在上海看过阿英收藏的新诗集，数量也没有他的多。作为诗人的穆木天当然十分看重这批新诗集，由于当时战局紧张，他怕父亲把这批书丢失了，便向父亲提出：书让他带走，先邮寄到昆明，由他代为保存，以免武汉沦陷时散失，等父亲到昆明时，他再奉还。父亲同意了，可是并没有改变这批诗集散失的命运。在抗战中，穆木天夫妇在西南各地辗转迁徙，这批书也就不知道散落在西南什么地方了。直到晚年，父亲再也没有见过比那更多、更好的诗集了，为此，他一直惋惜，这批书如果保存下来，对研究中国现代新诗和丰富新文学史料有重大意义。

吴：从“反右斗争”至“文革”初期，锡金先生被下放走“五七道路”前，他藏书的命运如何？

蒋：1957年，父亲在反“右”斗争中被错划为吉林省的第一号“右派”，性质为“极右”；1966年“文化大革命”爆发了，父亲理所当然要受到冲击，在劫难逃。那时我家住师大四教，专家公寓附近的435号宿舍，是两间半的小平房（现早已拆除）。首先，师大的工人强占了我家一间阳面的房子，把我们全家赶到另一间十分潮湿、阴暗的屋子里，这样的条件不利于书籍的保存，许多书籍因潮湿而发霉，长了绿毛。其次，“文革”时期，家里还不止一次（至少有三次）经历了“抄家”，许多书籍在“破四旧”、“斗资批修”的过程中丢失或损毁。那时来抄家的“红卫兵”小将们大多是师大的大学生，年纪多在二十左右岁。有一次，我还亲眼目睹了这一过程。那时我十五六岁，对这一切十分恐惧，“抄家”也完全不像后来电影里所演的那样有秩序、程式化——“红卫兵”冲进家门，集合地、富、反、坏、右家属，一些“红卫兵”手捧“红宝书”，当众宣布罪状；另一些人则开始“抄家”，带走罪证，最后是对被抄家人进行“训话”，有时还要拉出去“批斗”。在我的记忆中，我所看到的“抄家”全不如此。只是一些人冲进家里，像土匪似的到处翻东西，拿东西——钱财、物品、书籍……，什么都拿。几次下来，家里差不多被打、砸、抢光了，父亲的书籍也大部分丢失。每次“抄家”后，父亲都要整理幸存下来的，被弄乱的书籍，重新把它们排好、摆齐。看到父亲步履蹒跚地弯腰，一本本捡起地上的书籍，轻轻拭去上面的尘土，展开弄皱了的封面，用手轻轻地在上面摩挲着、摩挲着……他虽然没有对我说过内心的感受，但我分明能感到他一腔悲愤、无助之情。近几年，经常有逛旧书摊的学生跑来告诉我，说是在旧书摊发现了1947年印行的，签有我父亲名字的一些书籍，还有的学生甚至把买到手的书拿给我看：那上面签着父亲的名字和买书的时间，盖着父亲的藏书章，这是父亲的习惯。可以肯定这是父亲新中国成立前的藏书，想必是经过“文革”抄家后，流失到外面的。

吴：先生被下放到通榆县走“五七道路”后，书籍是否再次遭到损毁？

蒋：1969年，我全家被下放到吉林省通榆县新华公社七撮东队走“五七”道路。尽管路途遥远，父亲全部带走的，仍然是他十分珍爱的书籍。尽管他已经不再教书，而是当了一名灌园叟，每天天亮上工，天黑收工，繁重的工作本来已经使他精疲力尽，可他仍然保持着看书的习惯，从未间断过。每天收工回来，吃过晚饭，他都要借着油灯微弱的光线看书，直到深夜；而母亲则在一旁缝补衣服，做家务。1972年，父亲被抽调返校备课，带走了部分书籍。1973年，全家返城时，父亲将他所有的书籍用麻袋捆装好，运回长春。由于没有住房，就暂时存放在当时中文系（现为东北师范大学出版社）的一间屋子里，现在父亲书房中藏书的大部分就是由这些书构成的。

吴：新时期以来，特别是先生重返文坛后，他的藏书情况是否发生了变化，体现在哪些方面？

蒋：1979年，父亲得以平反昭雪，组织上为他恢复了名誉。同年，他又应邀参加了第四次全国文代会，开始重返文坛，重新焕发了生机和活力。从1978年到1984年，父亲开始参加学术会议，频繁地出差，进行学术交流。可惜具体参加了哪些会议、内容及时间我并不记得，这些内容有待于向父亲的老友、同事作进一步的咨询。留在我记忆深处的是，此期间，父亲被征调到北京人民文学出版社，参与1981年版《鲁迅全集·日记》的校对与注释。大约是在1984年，父亲在出差途中脚部骨折，从此就很少出差了。

1978年到1984年不仅是父亲学术交流最频繁的时期，也是他学术论文、回忆史料发表最多的时期，还是他的藏书极大丰富的时期。这期间由于开会和频繁的学术交流，父亲联系到了原来的许多老友，也结识了许多文艺界的新人，他们纷纷把自己写的书赠给父亲，而父亲此时由于家中经济条件的宽裕，更加热衷于买书，这使得他的藏书成倍地增多起来。

吴：先生藏书的命运及其变化可以看做是现代中国学术凋零和繁荣的晴雨表。我听人说，先生的晚年对学术和书籍的兴趣仍然不减，你能说一说这方面的情况吗？

蒋：晚年的父亲，由于身体原因，时常住院，因此很少参加学术会议，但他并没有单纯地休养身体，而是发挥自己作为学术前辈的余热，不断地扶持后学，奖掖青年。从1986年到1993年，他陆续为一批后学青年写《书评》或《序言》，身体力行，以薪火相传的精神推动了吉林省学术的繁荣。随着年纪的增长，父亲的眼睛花得厉害，因此，晚年的父亲看书时便形成了一个习惯——一边看书，一边用红蓝铅笔在行与行的空白处划道，并不时在书旁记些自己零星的感想。

每当春暖花开的时候，父亲总是要求母亲或我与妻子田华带他外出走走。而每次外出，他必去家附近的“学人书店”逛逛，并且每次从不空手而归。晚年的父亲买书，多从兴趣与爱好出发，喜欢买一些《名人传记》或《鲁迅研究资料》性质的书。逝世前两年，他还在我的陪同下买了鲁迅之子——周海婴先生写的，回忆鲁迅先生的史料性图书《鲁迅与我七十年》。由于父亲的学术地位，晚年的他还不时能收到各出版社、期刊社邮寄给他的书籍，比如，上海鲁迅博物馆、北京《新华文摘》杂志社都定期邮寄杂志给他，一直到他逝世时至。而他本人仍然坚持每期都阅读。

吴：正如你所言，烟、酒、书籍构成了锡金先生生活的主要部分，除此之外，是否还有其他应该提及的人或事？

蒋：对父亲的一生产生重大影响的，除了烟、酒、书籍之外，还应该提及一个人，那就是我的母亲——赵彝女士，她与父亲的生命紧密相连。母亲是父亲的第二任妻子，可以说没有母亲的关心、照料、荣辱与共，就不会有今天的父亲。

吴：能否请你详细谈一谈先生和夫人之间相濡以沫的半个世纪情感？

蒋：1932年夏天，17岁的父亲在祖父母的包办下结了婚，父亲的第一任妻子叫朱琴秋，是一个没落地主家庭的女儿。她父亲曾一度办过钱庄，后来倒闭了，她的长兄则做着股票交易所的生意。她结婚的目的，用自己的话来说是“我不是和你（指父亲）结婚的，我是嫁给你家的钱和田的。”婚后，父亲很快便发现，两个人在思想和兴趣上都是迥异的。所以他们只在一起生活了不到半年的时间，就因为父亲去武汉、上海等地从事文艺运动而分开了。后来父亲辗转到了苏北解放区，并依据工作需要被组织派遣到佳木斯东北大学教书，在那里结识了母亲赵彝。

母亲原是佳木斯东北大学时期的学生，学校迁到吉林市后，她经常来找父亲问些学习上的问题，看到父亲一个人生活很苦，又缺乏照顾自己的能力，便在生活上力所能及地关心父亲，为父亲拆洗棉衣、被褥等，两人渐渐产生了感情。1949年1月24日，我的父母在吉林市结了婚。1949年夏，父母又随学校迁到长春，1950年，他们爱情的结晶——我，就出生在长春的师大教工宿舍。当时我们家三口人的出生年代分别是：父亲，1916年；母亲，1928年；我，1950年，按阴历计算，恰好都属“虎”，所以一家人以“三只虎”著称。

从1948年父母结婚，到1998年母亲去世，母亲陪伴父亲走过了半个世纪的风风雨雨，从吉林到长春，从反“右”到“文革”；从下放走“五七”道路，到抽调返城；从父亲“平反昭雪”到“重返文坛”，参加学术活动，这其中每一个历史过程都饱含着母亲与父亲互相扶持、互相依偎，相互的关心和照料……

吴：蒋夫人的去世对先生的生活造成了哪些影响？

蒋：母亲的去世带给父亲的打击是巨大的，作为生活了半辈子的夫妻，他们相濡以沫共同走过了半个多世纪的风风雨雨，父亲早已习惯了母亲对他的照料和关心。母亲也早已习惯了将父亲视为自己生命的一部分。老伴、老伴，老来为伴，年迈的父亲无法接受母亲已经去世的事实，身体状况和精神状态每况愈下。由于过分思念母亲，父亲甚至有时会犯糊涂，多少个夜晚，他从噩梦中醒来，痛苦地追问身边的我："你母亲上哪儿去了？"我无言以对。2003 年 5 月 25 日，在母亲去世 5 周年之际，父亲带着对母亲的思念走向了另一个世界，走完了他全部的人生历程。

吴：谢谢你，蒋老师。我们今天的采访就到这里结束吧，在结束之前，你是否还有其他的话要说？

蒋：是的。今天，我在这里接受你的访谈，首先是为了缅怀我的父母，勾画我所知道的父亲的生命历程，以寄托我的哀思。更为重要的是，我知道有这样人生遭遇的，决不仅仅只是父亲一人，父亲是那个时代千百万正直、善良、有良知的知识分子中的一员，从他们的身上，我们可以看到身处乱世一代知识分子人格的崇高和伟大！

（二） 本期锡金著译年表（九）

1996 年吉林省人民政府颁发给蒋锡金先生的吉林省文艺最高奖项

——长白山文艺奖特别成就奖

一九五七年

《关于方法、流派的理论研究的展开》　锡金　广州　《作品》1957年第7期　1957年7月1日

《瘸腿的甲鱼》（儿童叙事长诗）　上海　少年儿童出版社　1957年8月；吉林人民出版社　1984年11月

一九六六年

《毛主席诗词十首》（讲稿）　锡金　长春　吉林师范大学　1966年3月。

一九七六年

《三月的租界》　诠释　江昕　《吉林师大学报》　1976年第6期。

一九七八年

《关于提高创作技巧的问题》　锡金　《长春》　1978年第1—2期。

《从创作上的"公害"谈起》　锡金　《长春》　1978年第1—2期。

《严肃·勤恳·诚笃——追念老舍同志》　锡金　北京　《新文学史料》　1978年第1辑，《泪雨集》（乙编）生活、读书、新知三联书店。

《鲁迅为什么不去日本疗养》　锡金　北京　《新文学史料》1978年第1辑。

《关于弘文学院二三事》　锡金　长春　《吉林师大学报》　1978年第4期。

一九七九年

《西村真琴与鸽子及一首和歌》　锡金，长春　《吉林师大学报》

1979 年第 1 期。

《读萧红遗简题书后》 锡金 《文艺百家》 1979 年第 1 期。

《关于行列社》 锡金 长春 《新苑》 1979 年第 2 期；《上海“孤岛”文学回忆录》（上） 上海“孤岛”文学资料丛书 上海社科院文学研究所编 中国社会科学出版社 1984 年 3 月。

《小说创作的几个问题——在长春市小说创作座谈会上的发言》 锡金 长春 《春风》 1979 年第 2 期。

《鲁迅与光复会》 锡金 长春 《吉林师大学报》 1979 年第 2 期。

《鲁迅与任国桢——兼记与李秉中》 锡金 北京 《新文学史料》 1979 年第 2 辑 1979 年 2 月。

《鲁迅的四去日本》 锡金 长春 《吉林师大学报》 1979 年第 3 期。

关于《申报〈自由谈〉源流》 锡金 北京 《新文学史料》 1979 年第 3 期 1979 年 5 月。

《萧红和她的〈呼兰河传〉》 锡金 《长春》 1979 年第 5 期；《怀念萧红》黑龙江人民出版社 1981 年 2 月。

《关于〈自题小像〉问题的“交谈”》（通讯） 锡金 辽宁阜阳 《鲁迅诗歌研究》 1979 年 6 月。

《论〈祝福〉的技术特点》 锡金 长春 《创作通讯》 1979 年第 2 期 1979 年 7 月。

《关于〈阿 Q 正传〉中的“自由党”和“银桃子”补志》 锡金 《文教资料简报》 1979 年第 7 期

《关于〈文艺新潮〉及其他》 锡金 《长春》 1979 年 7、8 月号。

《“左联”解散后党对国统区文艺工作领导的亲历侧记》 锡金 北京 《新文学史料》第 4 辑 1979 年 3 月号。

《文艺批评和艺术民主》 锡金 《吉林日报》 1979 年 8 月 30 日。

《鲁迅与苏曼殊》 锡金 杭州 《东海》 1979 年 9 月号。

《海月庵里的贤夫妇——追忆穆木天和彭慧》　锡金　《长春》1979 年第 10、11 月号。

《关于〈申报·自由谈〉编辑的通讯》　胡山源、锡金　上海《资料与研究》第 13 期　1979 年 11 月。

《鲁迅与陈子英》　锡金　《鲁迅研究年刊》　1979 年陕西人民出版社。

一九八〇年

《我所知道的戈宝权同志》　锡金　吉林市　《江城》　1980 年第 1 期。

《从轻松的开始转向严肃》　锡金　《长春》　1980 年第 1 期。

《鲁迅与秋瑾》　锡金　长春　《吉林师大学报》　1980 年第 1 期；《鲁迅研究年刊》　1980 年　陕西人民出版社。

《读〈鲁迅日记〉识小录》　锡金　湖南　《鲁迅研究文丛》　第 1、2、3 辑。

《〈吉林儿童文学作品选 1949——1979〉序言》　锡金　吉林人民出版社　1980 年 6 月。

《鲁迅研究应该有新进展——评〈鲁迅回忆录正误〉》　锡金　《读书》　1980 年第 9 期　北京三联书店　1980 年 9 月。

《〈东皇太一〉的节奏韵律》　锡金　长春　《春风》　1980 年第 10 期。

《芳信和诗歌书店》　锡金　北京　《新文学史料》　1980 年第 4 期　1980 年 11 月 22 日；《上海"孤岛"文学回忆录》（下）　上海社科院文学所编　中国社会科学出版社　1985 年 9 月。

一九八一年

《〈1949——1979 儿童文学论文选〉序言》　锡金　中国少年儿童出版社　1981 年 2 月。

《敬悼茅公旧事》　锡金　长春　《新苑》　1981 年第 2 期。

《〈自题小像〉和"婚姻说"——〈鲁迅诗直寻〉之一》　锡金　长

春 《新苑》 1981年第3期；《鲁迅研究年刊》 1981年 陕西人民出版社。

《鲁迅和东北作家》 锡金 长春 《社会科学战线》 1981年第3期 1981年7月。

《蒋锡金从北京寄给大会的信（萧红纪念会）》 黑龙江 《创作通讯》 1981年第4期。

《伟大鲁迅的思想光辉，照耀着我们的未来——为纪念鲁迅先生诞辰一百周年而作》 锡金 吉林市 《江城》 1981年第9期。

《鲁迅的宽厚》 锡金 《吉林日报》 1981年9月18日。

《辫子与弓鞋——鲁迅研究谈往录之一》 锡金 《芒种》 1981年第9期。

《论鲁迅的“国民性改造”思想》 锡金 《文艺论稿》第4辑 1981年10月。

《长怀许广平先生》 锡金 《红旗飘飘》第24期 中国青年出版社 1981年11月；《上海“孤岛”文学回忆录》（下） （上海“孤岛”文学资料丛书） 上海社会科学院文学研究所编 中国社会科学出版社 1985年9月。

《范爱农其人和〈哀范君三章〉——〈鲁迅诗直寻〉之一》 锡金 长春 《东北师大学报》 1981年第5期。

《孔乙己说“回”字有四种写法，对吗?》 锡金 《鲁迅研究百题》湖南人民出版社 1981年11月。

《康大叔就是刽子手吗?》 锡金 《鲁迅研究百题》湖南人民出版社 1981年11月。

《“EL”和“ELEF”是不是鲁迅笔名，它们是什么意思?》 锡金 《鲁迅研究百题》湖南人民出版社 1981年11月。

《〈鲁迅日记〉注释》 锡金、包子衍等合作 《鲁迅全集·14·15卷》人民文学出版社 1981年。

一九八二年

《鲁迅诗解》序 锡金 中国社会科学出版社 1982年2月。

《讲礼貌必须从家庭开始》（在北京一次座谈会上的发言）　蒋锡金　《礼貌和礼貌语言》北京出版社　1982 年 3 月。

《武汉时期的〈抗战文艺〉》　锡金　《中国现代文学研究丛刊》1982 年第 1 辑　北京出版社　1982 年 5 月。

《毛泽东同志怎样论创作态度》　锡金　《长春》　1982 年第 5 期。

《鲁迅诗少作六题十三首——鲁迅诗直寻之一》　锡金　长春《东北师大学报》　1982 年第 3 期

《文章怎样才能写好》　锡金　《写作》　1982 年第 3 期。

《读〈书叶集〉——锡金先生致姜德明同志的信》《鲁迅学刊》1982 年第 3 期。

《加强文艺评论，促进创作繁荣——在全省文艺理论评奖仪式上的发言》　锡金　《文艺论稿》第 6 辑　1982 年 9 月。

《从历史的角度认识伟大鲁迅——读〈鲁迅生平史料汇编〉第一辑》　锡金　《人民日报》　1982 年 10 月 19 日。

《回忆同郭老在抗战中相处的日子》（《郭沫若传略》序）　锡金　《人民日报》　1982 年 11 月 16 日；《长春》　1982 年 11 期；《郭沫若生平事略》　蔡宗隽著　时代文艺出版社　1985 年 11 月。

一九八三年

《鲁迅研究论文集·前言》　锡金　（纪念鲁迅诞辰一百周年）吉林人民出版社　1983 年 1 月。

《悼关露》　锡金　北京　《诗刊》总 165 期 1983 年 2 月；《谍海才女》丁言昭编　北方妇女儿童出版社　1989 年 7 月。

《读〈藤野严九郎简谱〉》　锡金　长春　《东北师大学报》　1983 年第 1 期。

《〈聊斋〉故事两篇》　锡金　沈阳　《文学少年》　1983 年第 1 期。

《〈鲁迅日记〉研究答问二则》　锡金　《鲁迅研究》　1983 年第 1 期。

《答关于鲁迅日记〉杂问若干》 锡金 《鲁迅研究》 1983 年第 2 期。

《穆木天，中国诗歌会和他的诗》 锡金 长春 《社会科学战线》 1983 年第 2 期 吉林人民出版社 1983 年 4 月。

《我所知道的武汉文化界情况》（1934——1938 年） 蒋锡金 《武汉文化史料》第二辑 1983 年 9 月。

《“孤岛”文艺杂忆》 锡金 长春 《作家》 1983 年第 9 期。

《敬悼冯乃超同志》 锡金 《人民日报》 1983 年 10 月 11 日。

《关于〈鲁迅生平史料汇编〉的通信》 锡金、薛绥之；辽宁《鲁迅学刊》 1983 年第 5 期 1983 年 12 月。

《关于林琴南》 锡金 吉林市 《江城》 1983 年第 6 期。

一九八四年

《李辉英〈经历〉补正） 锡金 北京 《新文学史料》 1984 年第 2 辑 1984 年 5 月 22 日。

《忆成仿吾同志》 锡金 《长春日报》 1984 年 6 月 5 日。

《我和印刷界战友有特殊感情》 锡金 上海 《革命印刷印钞史料征集研究工作座谈会专刊》 1984 年第 6 期。

《悼念智建中同志》 锡金 长春 《东北师大报》第 84 期 1984 年 9 月 10 日。

《忆司徒宗——〈血债〉代序》 锡金 上海 《社会科学》 1984 年第 9 期 1984 年 9 月 15 日；《血债》海峡文艺出版社 1985 年 6 月。

一九八五年

《冯乃超在武汉》 锡金 北京 《新文学史料》 1985 年第 1 期 1985 年 2 月 22 日；《南海文史资料》第 9 辑 1986 年 9 月。

《儿歌赞》 锡金 《童心》 1985 年 4 月 28 日。

《我的自学》 蒋锡金 长春 《青年社会科学》 1985 年第 3 期。

《书贺荆溪诗社成立》（诗）　锡金　江苏　《宜兴报》　1985 年 8 月 6 日。

《我是在武汉成长的》　锡金　湖北　《长江日报》　1985 年 8 月 17 日。

《〈鲁迅与日本文学〉序》　锡金　《鲁迅与日本文学》刘柏青著　吉林大学出版社　1985 年 12 月；《吉林大学社会科学学报》　1986 年第 3 期。

《锡金致本刊编者》　北京　《鲁迅研究动态》　1985 年第 8 期　1985 年 12 月。

《〈穆木天诗文集〉引言》　锡金　《穆木天诗文集》长春 时代文艺出版社　1985 年 12 月。

一九八六年

《儿童文学近作选 1980——1982·序言》　锡金　《儿童文学近作选》北方妇女儿童出版社　1986 年 4 月。

《为了鲁迅的事业》　锡金　《鲁迅研究动态》　1986 年第 2 期。

《祝辞》（诗）　蒋锡金　吉林　《希望的摇篮》第 1 期　1986 年 6 月 1 日。

《奇趣出于新知——为〈东西南北〉创刊三周年而作》　锡金　长春　《东西南北》精华合订本 第 3 集　1986 年 6 月。

《关于鲁迅和梅尼契柯夫》　蒋锡金　长春　《吉林省教育学院学报》　1986 年第 3 期。

《杂文值得研究》　锡金　《长春日报》　1986 年 3 月 7 日。

《锡金谈茶》　江苏　《宜兴报》　1986 年 8 月 19 日。

《谈谈“放”与“争”》　锡金　长春　《吉林社会科学》　1986 年第 8 期。

《吉馔漫录》　蒋锡金　《中国烹饪》　1986 年第 9 期。

《校庆漫兴》（诗）　锡金　长春　《东北师大报》　1986 年 9 月 8 日。

《关于〈死火〉和鲁迅与许广平的爱情》　锡金　《长春师院学报》

1986年第3期 1986年10月。

《乱离杂记——序〈萧军萧红外传〉》 锡金 《萧军萧红外传》庐湘著 北方妇女儿童出版社 1986年11月；长春《新苑》 1986年4期。

《〈关于《死火》和鲁迅与许广平的爱情〉的一封信》 锡金 《长春师院学报》 1986年第4期 1985年12月。

一九八七年

《〈九月的枪声〉序》 锡金 《长春日报》 1987年6月9日《九月的枪声》张少武著 北方妇女儿童出版社 1989年8月。

《在江南社工作的回忆》附：《常熟农民第一次反对敌伪收租的斗争》 蒋锡金 《常熟革命史资料》第4辑 1987年7月；《苏州革命斗争史料选辑》、《苏州杂志》 1989年第2期

《自博返约，探源得归——序〈新编中国现代文学教程〉》 蒋锡金 《新编中国现代文学教程》乔福生、谢洪杰主编 吉林文史出版社 1987年9月。

《锡金来信（关于茅盾信件的说明）》 锡金 《茅盾书信集》百花文艺出版社 1987年10月

《〈弄潮集〉序》 锡金 《弄潮集》上官缨等著 吉林人民出版社 1987年11月《长春日报》 1987年12月6日。

一九八八年

《关于通俗小说（在中国通俗小说研究会吉林分会成立会上的发言)》 蒋锡金 《长春光学精密机械学院学报》(社会科学版) 1988年 创刊号。

《关于〈赠蓬子〉诗本事》 蒋锡金 辽宁 《鲁迅学刊》 1988年第1期 1988年5月20日。

《序〈老舍年谱〉》 锡金 《老舍年谱》郝长海等编 黄山书社出版 1988年9月；长春《吉林大学社会科学学报》 1988年第4期。

一九八九年

《〈五月〉杂记》　锡金　《文坛风景线》　1989 年第 1 期。

《〈披虎皮的狼〉序》　锡金　《东北师大学报》　1989 年第 1 期；《长春日报》　1989 年 3 月 14 日；《披虎皮的狼》陆景林著　北方妇女儿童出版社　1989 年 10 月。

《建承难忘》　锡金　上海　《建承五十年》　1989 年 3 月 31 日。

《〈文学知识大观〉引言》　蒋锡金　《文学知识大观》赵润峰著　时代文艺出版社　1989 年 4 月。

《从一张照片想起的一篇小说本事》　锡金　《文坛风景线》　1989 年第 3 期。

《故友三人行》　锡金　《东北师大学报》　1989 年第 5 期。

一九九〇年

《从〈五月〉想起的穆木天及其他》　《吉林师范学院学报》（哲学社会科学版）　1990 年第 1 期。

《王志之同志离世》　锡金　北京　《鲁迅研究月刊》　1990 年第 3 期。

《〈关东奇人〉序》　锡金　《关东奇人》　杨子忱著　长春出版社　1990 年 9 月。

《“哈喽，胡子！”——一位应该大写的诗人（祝贺公木教授创作执教 60 周年暨 80 周年诞辰）》　锡金　长春　《文艺争鸣》　1990 年 9 月 15 日。

《〈几何居杂记之一〉——解题》　锡金　《长春晚报》　1990 年 10 月 18 日。

《〈关东风情录〉序》　锡金　《关东风情录》　侯树槐著　长春出版社　1990 年 11 月。

《尾骶 尾巴 尾闾——几何居杂记》之二》　锡金　《长春晚报》　1990 年 12 月 18 日。

《请〈老鼠神〉的真象——〈几何居杂记〉之三》　锡金　《长春晚报》　1990 年 11 月 17 日。

《〈中外童话大观〉引言》锡金《中外童话大观》　郭大森、高帆主编　东北师范大学出版社　1990年12月。

《〈穆木天研究论文集〉序》　蒋锡金　《穆木天研究论文集》　时代文艺出版社　1990年12月。

一九九一年

《小时过年——〈几何居杂记〉之四》　锡金　《长春晚报》1991年2月11日。

《一个难忘的春节——〈几何居杂记〉之五》　锡金　《长春晚报》1991年2月14日。

《新春又记——〈几何居杂记〉之六》　锡金　《长春晚报》1991年2月23日。

一九九二年

《好好重读〈讲话〉》　锡金　《春风》　1992年第5期。

《〈作家的世界〉序引》　蒋锡金　《作家的世界》　时代文艺出版社　1992年12月。

《郭沫若〈洪波曲〉注释》　锡金、陈漱渝等合作　《郭沫若全集·文学编·14卷自传》　人民文学出版社　1992年9月。

一九九三年

《〈鲁迅书信钩沉〉序引》　锡金　《鲁迅研究月刊》　1993年第2期。

《〈毛泽东诗词赏析〉代序》　锡金　《毛泽东诗词鉴赏辞典》　北方妇女儿童出版社　1993年11月。

附录一　锡金活动年表（1915—2003）

“丁玲吃菇蘑儿”左起：陈明、丁玲、楼适夷、蒋锡金

“纪念鲁迅诞辰 100 周年学术讨论会”留影（1981 年 8 月 7 日摄于长春）

1915 年（民国五年）

1 月 3 日，蒋锡金出生于南京。祖父蒋励真（利贞）曾官费留学日本，当时是南京江苏省立第一医院院长。父亲蒋伯阳，毕业于日本东京高等师范学校化学专业，回国后当教员，也曾在教育厅当科员与视学等。母亲史久芳，信仰基督教，闲居在家。锡金自幼体弱多病，但家庭管教却极为严格。

1918 年（3 岁）

因两代“单传”，所以蒋家对锡金的教育十分注意。幼年时锡金的生活无时无刻不在各式各样的督责与诱导之下。3 岁起，由父亲蒋伯阳在家教识方块字。

1919 年（4 岁）

入江苏省立第一女子师范学校附设的幼稚园，开始受“新式教育”。

1920 年（5 岁）

入江苏省立第四师范学校附属小学读书。

1921 年（6 岁）

这时锡金已经能跳越着看《三国演义》了。这表明家庭一心想把锡金培养成一个“超常”儿童的想法似乎取得了成功。

1922 年（7 岁）

锡金随父母到松江县，初小毕业后，升入松江县南门的县立第一高小。家庭有意让他跳过高小进入初中，所以在学习上抓得更紧。每天从早到晚除正常上学外，英文、《四书》、习字、算学等没有间歇。

1923 年（8 岁）

由于年幼及长期劳累，导致锡金突发疾病，四肢麻木并伴有抽搐、头晕，于是锡金只好辍学在家。

1924 年（9 岁）

随父母回到南京，在家里休养了好长时间才又进入实行“道尔顿制”教学模式的南京第四师范学校附属小学读书。

1925 年（10 岁）

因身体不好，加之咳血，再次辍学在家自修，直至 1927 年。

1927 年（12 岁）

北伐战争期间，上海真如镇的暨南大学高中部暂时停办。锡金随父亲迁到上海，附在姨母家的私塾内读古文。接触到《幻洲》、《太阳月刊》等许多新文艺书籍，受到了新思想和新文化的影响。

秋天，锡金随母亲史久芳回故乡宜兴省亲，在外祖父家住了一个多月。

11 月 1 日，锡金亲眼目睹了“宜兴秋收暴动”，锡金的二舅父史耀宾和宜兴小学教员万镒组织了这次“暴动”，起义失败后，逃亡上海。这场农民运动对锡金人生观方面的启迪是巨大的。除锡金外，蒋家、史家的许多表兄弟也都受到二舅父的影响，多数兄弟姐妹在 1937 年投身于火热的抗日战争。

1929 年（14 岁）

9 月至 1930 年 7 月。上海大同大学附属初中学习初一课程。

1930年（15岁）

9月至1931年7月。上海东吴二中初中学习初二课程，并受基督教洗礼。

1931年（16岁）

9月。上海光华大学附中高中部学习。

9月28日—29日。“九一八”事变爆发，上海学生赴京（南京），向国民政府请求抗日，锡金任光华附中请愿团小队长。

1932年（17岁）

2月至4月。锡金带头并积极鼓动学生参与各种救亡活动的情况被光华附中通报给了蒋家。由于担心锡金“赤化”，在父母的建议下，锡金被送往杭州，在省立高中继续学习。

4月至7月。由于淞沪战争爆发，家人不放心锡金，便令其从杭州回来，在上海大夏大学附中高中学习。这期间，锡金参加了“左联”领导下的学生组织“文学研究会”，参与了一些由“左联”发动的听讲演、写标语和贴标语的活动，并曾聆听过左翼著名女作家丁玲的报告。

9月。锡金听从了祖父的意见，考入上海同济大学附中德文补习班，准备学医。

1932年秋天，锡金的表兄蒋有林在宜兴地方报纸上办了多种文艺副刊，每期都寄给他看，并向锡金约稿，那时锡金正学德文，就从教科书上译了几篇歌德和海涅的小诗寄给他。这些小诗被蒋有林发表在地方报纸上。看到自己的诗歌习作时常在报刊上零星出现，锡金便开始练习写作。

1933年（18岁）

3月至8月。在上海同济大学附中德文补习班学习期间，国民党的教育法西斯化逐渐深入，锡金因带头“闹学潮”，反对国民党党棍、教务长周尚和附中主任陆希言对学校和学生的法西斯专制统治，而被开除。

9月。因不满国民党的黑暗统治，加之对读书失去信心，锡金一心想早点结束自己的学业，于是就进了上海正风文学院国文系学习。

1934年（19岁）

夏，锡金从上海正风文学院毕业，为上海《申报·自由谈》写稿，开始了文学创作生涯。

10月。与正风文学院同学严厂民一起主编《当代诗刊》。《当代诗刊》出版于1935年1月，锡金参与了它的编辑工作，这也是他从事编辑工作的开始。刊物一共出了四期，主要撰稿人有臧克家、朱维基、邵冠华等。刊物后来因其中一位同学挪用了共同筹集的办刊资金而被迫停刊。

12月。锡金只身离开宜兴，到湖北武昌，在父亲的故交贾士毅的安排下入农村合作委员会任贷放干事，解款到咸宁、孝感、浠水等县发放，并同蒋有林一起编辑《中国新诗》。《中国新诗》由锡金在武昌集稿，寄到宜兴蒋有林处印刷，然后再运到上海发行。这个刊物大约办了一年多时间，共出版10余期。

由于工作较为清闲，锡金就接受汉口《华中日报》副刊编辑广西人刘浪的邀请，与财政厅同事李任子一起为《华中日报》每周编一期《文艺周刊》。《文艺周刊》大约出了十期左右，《华中日报》便停刊了。这是锡金步入“武汉文坛”而渐渐成为“知名人士”的开端。

1935年（20岁）

4月至7月。锡金毕业后，约有半年时间，呆在家中无事可做，他就把时间都花在阅读书报上，每天步行去《申报》业余图书馆看书。

此期间，锡金对正在发生翻天覆地变化的俄国和俄文产生了兴趣，并参加了《申报》办的业余夜校，由冯定老师教授习作和俄文。但由于受到国民党特务的注意不得不中途辍学。这个时期，锡金读了由艾思奇、夏征农等人编的《读书生活》及《大众哲学》等书刊和张仲实翻译的列昂节夫（苏）的《政治经济学》，这是锡金接受的第一次马克思主义思想启蒙。

8月。贾士毅的湖北省农村合作委员会委员长的兼职被取消了，锡金便从武昌辞职回到上海赋闲在家三四个月。

秋冬之际。又在贾士毅的安排下入湖北省财政厅第一科任科员，办理审核各县所发的囚粮报销，空余时间为《申报·自由谈》、《光明》、《人间世》写稿，编辑《中国新诗》等刊物。

1936年（21岁）

春。湖北省政府实行和署办公。锡金结识了当时民政厅做选举股股长，化名为“冯子韬”的创造社著名成员冯乃超，在思想和文学创作上得到冯乃超的帮助。

8月至9月。全国的抗日风气渐浓。国民党控制的《武汉日报》就成立了一个所谓的“武汉文艺工作者协进会”，登了锡金、冯乃超等人的照片，说是“会员”。为了消除影响，锡金就和孔罗荪商量，在当时主办的汉口《大光报》文艺副刊上发表了一个消息，说是在汉口又成立了一个“武汉文艺工作者联谊会”，用以和国民党的“武汉文艺工作者协进会”相对抗，为了表示这个“组织”确实是一个存在的实体，锡金等人还借用《大光报》副刊《紫线》的篇幅改办了一个周刊，取名叫《文艺周》，定期出版。一直到《大光报》的全部厂房设备都转让给了《大公报》办武汉版，宣告倒闭为止。这已经是接近于“七七”抗战了。

1937年（22岁）

7月。“七七事变”导致抗日战争全面爆发。锡金等人参加了武汉《扫荡报》召集组织的“武汉市文化界抗敌工作团。在成立大会上，冯乃超、夏特伦、孔罗荪和锡金都当选为理事。在理事会上，锡金又被推选为宣传组正副组长，于是，锡金、冯乃超等人投入了火热的抗战工作。

9月。鉴于上海战事在8月13日爆发，上海以及全国各地的书报不能运抵武汉，于是锡金等人计划筹办刊物，以文艺为武器激发人民的抗日斗志。经商量，将刊物定名为《战斗旬刊》，刊物的发行处设在武昌胡林翼路234号（现为武昌民主路263号）的一家临街的店面，并带三间楼房。“战斗书店”经售的图书，由生活书店供给，采取先赊，卖后结账的办法。书店主要发行《战斗旬刊》，同时销售延安出版的《解放》杂志。

《战斗旬刊》共出版23期，一直坚持出版到1938年4月。因“中华全国文艺界抗敌协会”成立，锡金、孔罗荪等人接受了筹办全国文协的机关报《抗战文艺》的任务，在人手上忙不过来，所以就主动把《战斗旬刊》停刊了。

10月至11月。创办《战斗旬刊》的同时，冯乃超又介绍锡金与穆木天认识，商议创办一个诗刊。诗刊取名为《时调》，意思是“时代的调子”。《时调》由穆木天和锡金主编，叶平林做发行人。《时调》于1937年11月1日在武昌创刊，32开本，每册16页。冯乃超作发刊辞，特伟题写刊头字，梁白波设计封面。刊物的周围簇拥着柳倩、王亚平、蒲风、舒群、方殷、窦隐夫等著名诗人和伍禾、叶平林等武汉地区的青年诗人。由于种种困难，处于战乱中的《时调》常常不能按时出版，1938年3月1日，经艰难挣扎，出了5期之后，被迫停刊，但“时调社”的活动并没有结束。

12月9日。锡金因参加武汉青年举行的纪念“一二·九”运动二周年游行而被国民党特务逮捕，在湖北省国民党党部的反省院被关了四个小时。后经贾士毅营救才得以出狱。

12月下旬。为工作方便，锡金与冯乃超、孔罗荪三人合住在汉口三教街九号原罗荪的家中。除了办《战斗旬刊》、《时调》等刊物之外，每日还要忙于“中华全国文艺界抗敌协会”的筹备工作。

1938年（23岁）。

1月。郭沫若自上海经由香港、广州到达武汉，冯乃超带锡金去新四军筹备处与郭沫若会面，探讨关于抗战时局及文艺工作者的相应对策。

2月。锡金由冯乃超介绍在汉口加入中国共产党，介绍人为冯乃超与何伟。5月，经过三个月的预备期考察，由吴奚如宣布锡金转为党员，被编在吴奚如同志领导的“文艺中心小组”过组织生活，每周在大和街的八路军办事处开会。

同年2月，茅盾秘密来武汉，邀锡金、楼适夷、以群、孔罗荪等共6人，在孔罗荪的住处三教街开会，商讨办刊物一事。大家商量了办刊物的方针，并决定将刊物的名字定为《文艺阵地》。《文艺阵地》在上海、香港、广州、汉口、西安、成都设六个通信站就是在那次会上商定的。武汉的通信站就由冯乃超和锡金负责。

3月27日，中华全国文艺界抗敌协会在汉口成立，锡金出席，并经老舍题名为中华全国文艺界抗敌协会机关报《抗战文艺》的编委。

5月底。汉口编辑出版了《诗歌综合丛刊·五月》。这是“时调社”结束后，继续从事文学救亡工作的穆木天、锡金、高兰与长沙的力扬等诗歌工作者通力合作的结果。《诗歌综合丛刊·五月》由“诗歌工作社”编辑，32开本，84页，每月刊行一册。《五月》实际上是《时调》的继续，坚持了《时调》面向现实，服务抗战的方向，在诗歌运动中产生过久远的影响。

6月。日军进攻武汉，“武汉保卫战”爆发。党小组同意了锡金的提议：组织“十人文艺留守团”计划。“十人文艺留守团”是指留下一些单身而力壮的青年文艺工作者，在被围困的武汉继续从事抗日文艺宣传运动，坚持到最后突围。但这个计划因准备参加的人陆续离开武汉而没能实现。

8月12日。经党小组同意，锡金托《大公报》副刊编辑陈纪滢代买车票，与叶君健一起离开即将沦陷的武汉，到广州协同已经先到那里的楼适夷办《大地》杂志，结束了在抗战初期武汉的文艺生涯。

8月24日。锡金与叶君健到达广州，找到楼适夷，可因为天马书店的办刊经费迟迟没有送来，加之战争时局的变化，《大地》杂志最终没能出版，锡金与楼适夷也就耽搁在广州了。

9月至10月。锡金和楼适夷在广州等着天马书店汇款的这段时间，参加了广州的“中国诗坛社”和《救亡日报》的文艺活动。“中国诗坛社”是华南诗歌工作者的组织，拥有约200名社员，主要成员有蒲风、陈残云、黄宁婴、任钧等人。锡金到广州后，中国诗坛社邀锡金来参加他们组织的活动，并推举锡金来主编《中国诗坛》。锡金在广州编了一期改版的《中国诗坛》，交付印刷后未及出版，广州就沦陷了。《救亡日报》也邀锡金参加他们的工作，锡金与周钢鸣、司马文森等同志在一起参加了他们主办的文艺总站通讯的工作，为通讯员改稿件，复信提意见，同时空闲时为《文艺阵地》写稿。

10月19日。锡金与楼适夷、施征军、郭少卿四人离开即将沦陷的广州城，登上了去梧州的一艘英国轮船，在船上度过了鲁迅先生逝世二周年的纪念日。

10月下旬。锡金等人在梧州住了约一个星期，发现梧州虽然有一所大学，但却根本没有什么文化工作可做。于是搭乘一辆装运军火的大卡车到了广西郁林（今玉林）。四人商讨了行进的方向，决定到香港九龙去投靠茅盾。于是从郁林（今广西玉林）经西营（湛江市），过广州湾到了香港。

11 月初。到香港的当晚，锡金就在九龙太子道 196 号四楼的茅盾家中住下了。锡金原想在香港继续从事文艺工作，但据茅盾介绍香港的文化界主要是在“第三种人”的掌握中，进步文化是孤立的，文艺工作陷于困境。思前想后，锡金就和茅盾、楼适夷商议自己的去留。大家经商讨，认为锡金还是回上海继续从事文艺工作为好。那时由茅盾主编的《文艺阵地》也正在上海印行，茅盾请锡金捎一些在香港组织好的稿件给孔另境，并附带委托锡金在上海协助孔另境组织稿件，编辑《文艺阵地》。

11 月 11 日。锡金从香港回到上海，开始参与上海“孤岛”时期的文艺运动，先后编辑《文艺新潮》、《文艺新闻》周刊、诗歌半月刊《行列》和《中美日报》上的《堡垒·诗座谈》等刊物，并继续为《文艺阵地》写稿。

1939 年（24 岁）

1 月。锡金找到王任叔接续了党组关系，并参加了当时的“文艺中心小组”。这个小组由戴平万、蒋天佐、林淡秋、石灵、王任叔及锡金六人组成，每周在霞飞路路北的大三元茶室以茶会的形式开会，讨论一些文艺问题。当时“文艺中心小组”的中心议题是商议如何使“孤岛”时期上海的文艺工作重新开展起来。

因锡金从事诗歌工作较久，所以组织上就请锡金与石灵专门负责这方面的工作。他们两人经过商量后，聚集了一些当时上海的诗歌爱好者，包括许幸之、关露、朱维基、吕绍光、列车等十余人，着手组织一个“上海诗歌座谈会”。每周举行“茶会座谈”，商讨诗歌创作和文艺问题。“上海诗歌座谈会”曾计划出版《诗人丛刊》多种，1939 年 6 月份出版了第一辑《我歌唱》。《我歌唱》出版后，因传说部分成员已经堕落为汉奸。为了安全，避免可能发生的危险，“上海诗歌座谈会”只好暂时停止了活动。

5月下旬。锡金接编《文艺新潮》。《文艺新潮》是出现在“孤岛”时期上海的一种文艺月刊，1938年10月16日创刊于上海，由钱君匋、李楚材担任主编，上海万叶书店出版发行。1940年5月1日，出至第二卷第7期停刊，共出19期。从一卷10期起，锡金出面参与主编这个刊物，实际上从第9期起，锡金已参与它的编务了。这样从1939年5月下旬到1940年7月，锡金参与了它一年多的编务。锡金在《文艺新潮》一卷9期起，开辟了《文艺通讯》专栏，这主要就是为文艺通讯运动开辟的一个园地，每期都发表三到五篇的文艺通讯，还配合着一些短论和专论。《文艺新潮》是在锡金被调去“江抗”后停刊的。这个刊物在“孤岛”上海支持了23个月，跨越1938—1940三个年头，可能是“左翼”进步文艺刊物出版时间最长的。此期间，锡金还协助楼适夷在上海编《文艺阵地》。

8月。文艺中心小组要求锡金等人再次恢复“诗歌座谈会”的活动。根据前一阶段“上海诗歌座谈会”的活动情况，经讨论和改组，成立了一个五人组成的核心领导小组，负责策划工作并处理一些日常事务。锡金等人还办了一个定期的《行列》诗歌半月刊，每期16开8页。刊物由朱维基、沈孟先出面主编，而实际上是由锡金主持，因此“上海诗歌座谈会”也就又有了一个“行列社”的名字。一直到后来《行列》停刊，“上海诗歌座谈会”的活动仍然没有停止，但人们还是称它为“行列社”。

9月。上海《中美日报》副刊《堡垒》主编范泉邀锡金及“行列社”成员在其主编的副刊上办专刊，定名为《堡垒·诗座谈》。周刊是由朱维基出面和范泉联系的，但实际上的主持人是锡金。出了三期后，范泉说重庆方面已发电报把他免职了，副刊不能继续再办下去了。

9月下旬。鉴于日伪当局图书出版审查制度严密，《行列》也没能逃脱厄运，大约出到六期之后，经销刊物的国民书店先是接到了恐吓信，后来《行列》半月刊的登记证又被租界当局吊销，这刊物便几乎与《鲁迅风》同时停刊。“孤岛”文艺界又成为了空白。针对上述情况，经上海地下党委研究决定由锡金、戴平万、黄峰（邱韵铎）三人创办一个偏于报导性质的文艺刊物——《文艺新闻》，经再三考虑决定由锡金化名“蒋策”到租界工部局登记。《文艺新闻》主要是报道文艺界的消息，作家、艺术家的动态，反映抗战时期的现实生活，特别是“孤岛”错综复杂的社会状况。

10月1日。《文艺新闻》创刊，每周1期，一共出了10期。出版第4期后，锡金被调去筹备《文艺新潮》，刊物便由戴平万、黄峰两个人编辑。

1940年（25岁）

2月中旬。《文艺新闻》周刊由于揭发了穆时英投降汪伪政权的事实，不久就遭到查禁，汪伪政权开始对刊物主编人“蒋策”（锡金的化名）展开调查，锡金被迫蛰居。

7月。为躲避搜捕，党组织决定派锡金去常熟游击区去从事宣传工作。

8月。锡金离开上海，前往江南游击区。

9月初。锡金到达常熟，进入“江抗”根据地，任江南社（新华社）记者。

9月中旬。锡金在社内写通讯《江南漫记》，这是锡金仿照埃德加·斯诺《西行漫记》的名字而起的。写成约8万字，未最后完稿，后来交组织带到上海发表的途中遗失了。此期间，锡金还编辑《大众日报·副刊》，任《江南半月刊》编委。

10月。由于游击生活，居无定所，加之多宿野外，致使锡金得了痔疮。后来痔疮时好时坏，致使他寝食难安。

11月。因痔瘘再次发作，锡金病倒了。鉴于根据地的医疗条件有限，所以组织上就安排锡金回上海医治。11月11日，锡金通过长江下游南岸的浒浦敌据点回到上海治病，继续参与上海“孤岛”时期的文艺运动。

1941年（26岁）

年初。回上海后，党组织把锡金与钟望阳、林钰（唐景阳）编为一个小组，每周在钟望阳家里开会商讨形式和文艺活动。当时上海文艺界国民党的“汉奸文学”及小市民的“光明文学”与“颓废文学”泛滥一时。锡金除继续为《文艺阵地》和《上海周报》写稿外，还从事以下文艺工作：

继续参加“行列社”的活动。锡金去“江抗”的这段时间，虽然《行列》半月刊被迫停刊，但“行列社”的活动还是继续的，鉴于《行列》半月刊难以重新出版，于是锡金等人就改出不定期的“丛刊”。丛刊是以单行本方式发行的。丛刊共出了五辑，有一个总名为《上海诗歌丛刊》。后来随着社员们文艺兴趣的扩展，锡金等人又把他们写的或翻译的诗歌以外的作品汇集起来，出版了《上海文艺丛刊》和《述林丛刊》。前者只出了一辑，名字叫《群鸟》，后者出了两辑，其中一辑名字叫《春雷》。

组织诗歌朗诵活动。选取了一些后期参加“行列社”的教会学校的青年学生加以训练，并请了电影明星蓝兰及话剧演员陈致通等人参加朗诵。

创办诗歌书店，出版《诗歌丛书》。经朱维基、沈孟先、石灵、辛劳和锡金几人商议，决定创办“诗歌书店”。锡金等人决定出版四个方面的书籍：诗歌创作丛书、诗歌翻译丛书、诗歌古典丛书、诗歌理论丛书。诗歌创作丛书出版了锡金的诗歌选集《黄昏星》。《诗歌翻译丛书》出了两本：一本是由朱维基译的英国 W. H. 奥登的《在战时》，另一本是由芳信翻译的西班牙反法西斯内战歌谣集《而西班牙歌唱了》。太平洋战争的猝然爆发，使这一宏大的《诗歌丛书》计划最终没能完成。

“孤岛”时期，锡金还参与了当时的一些妇女界活动，并为许广平先生主持，戴平万作指导的《上海周报》和董秋斯爱人凌山创办的《妇女知识丛刊》等刊物写稿。

改组“奔流文艺社”，创办《奔流新集》。1941 年初，林淡秋、柯灵、蒋天佐、蒋锡金、楼适夷、满涛等在上海组成奔流文艺社，同年 1 月创刊了“奔流文艺”丛刊，每辑都用一个带水字旁的字来作为刊名，第 1 辑《决》，以后各辑分别是：《阔》、《渊》、《汛》、《沸》、《激》。《奔流文艺》出版到第 6 辑时，锡金等人对刊物进行了改组，以预约、预订的办法扩大销路。《奔流新辑》的出版得到了许广平的支持，她把鲁迅署名“直入”的一篇文章发表在《奔流新辑》第 1 辑上，《直入》也作为这一辑的书名。《奔流新辑》第 2 本是《横眉》，于 1941 年 12 月 8 日太平洋战争爆发那天出版，没来得及发行，就在印刷厂焚于战火，后日军进驻租界，奔流文艺社被迫解散。

12月8日。太平洋战争爆发，日军占领上海租界区，当天上午锡金就去林淡秋家询问组织安排。经商量后，锡金便按计划回去收拾东西，为撤退作准备。当晚，锡金又去了位于霞飞路（今名淮海中路）霞飞坊六十四号的许广平先生家。送了一本刚出版却不能发行的《横眉》给她。关于许先生和海婴，锡金认为还是离开上海到苏北根据地。但许先生却考虑海婴患哮喘病，在上海医治比较方便，所以坚持留下。锡金要把她的想法向组织汇报，就告辞离开了。

12月15日。清晨，日本宪兵司令部的十多个便衣突然闯入许广平先生的家，捕走了她。楼适夷当天得到消息后，立刻通知锡金，叫大家注意戒备，不要来往。

12月16日。日寇发动了针对上海文化界的搜捕，锡金数次去找林淡秋商量对策，都没有找到。

12月17日夜。准备与锡金同去苏北根据地的朱维基被捕入狱了。锡金得到消息，就连夜匆忙离家，去新婚表妹史云瑜家暂避。

12月20日。锡金改名为“史曾则”，同也改名为“方克勤”的芳信，领了“身份证”一同动身赶赴南京二舅父史耀宾家中躲避。

1942年（27岁）

1月。与芳信隐居南京二舅父珠江路家中。在百无聊赖的情况下，锡金除继续进行《楚辞》研究，作《楚辞辩证》初稿外，还经常去“国府路”的“国立中央图书馆”。

2月。由于不善理财和花费较多，两人都觉得这样整天无所事事呆在南京不是办法。因此经商量，芳信先回上海打探，再设法决定以后出路。

3月至4月。锡金仍去图书馆看书，继续《楚辞研究》。鉴于芳信离开南京回上海已经两个月，但还没有与组织取得任何联系，锡金决定自己必须回去一趟。

5月至8月。回南京后，一时难以找到组织关系，锡金便每天去鸿英图书馆，继续作他的《楚辞》研究，并在鸿英图书馆遇见董秋斯、赵景深和钟望阳，诉说了与组织失去联系的经过。钟望阳建议锡金下星期与他一同乘船到苏北去。按约定的时间，锡金去找钟望阳，可是却发现他全家都已经搬走了。这样，锡金就又与组织断了联系。

1942年9月至1945年5月（27—30岁）

1942年9月。在李平心的介绍下，锡金以“蒋福俦”为名，到位于白克路上的私立建承中学（现位于上海市静安区北京西路653号）任高中国文及历史教员，组织青年学习时事、政治，宣传民族思想，积极从事进步文化活动。

拜访许广平先生。锡金等人听说许先生已由内山完造的营救而获释了，于是便和朱维基去看了一次许先生。许先生对他们讲述了她自己在狱中的遭遇：她于1941年12月15日被日军监禁在北四川路日本宪兵司令部，次年2月17日又由日本宪兵“护送”到沪西极司非而路（今万航渡路）76号臭名昭著的汪伪特务机关所谓“调查统计局”，3月1日才由内山书店出面保释，在狱中蹲了两个半月共76天！她在狱中虽然吃尽苦头，出狱后，念念不忘的却是老朋友的安全。

恢复“行列社”的活动。自朱维基出狱后，锡金就与朱维基等人一齐恢复了“行列社”的活动。成员有朱维基、戴鸿麟、沈孟先、芳信、林雪明、姚云及锡金，共七人。主要活动是谈论时事和学习李昂吉耶夫著的《政治经济学》，此外，还汇集当时可得到的英文、德文书籍，着手研究和翻译以鲁迅《摩罗诗力说》中提到的“摩罗诗人”为中心的诗歌作品。锡金在这一期间翻译了匈牙利诗人裴多菲、波兰诗人密茨凯维奇、斯洛伐茨基和克拉西茨基的诗选，后来这些诗选大都散失了，只存一部埃及《亡灵书选》的译稿，新中国成立后发表在1957年1月的《译文》杂志上。

发行手抄本刊物《行列》。在日伪白色恐怖文艺政策笼罩下的上海，出版进步刊物已不可能，于是锡金等人只能采用“手抄本”的方式分类编行刊物《行列》，并在会员中互相传观，现在锡金仍保存和积累了一些稿件。

青年学生工作。“行列社”成员如，戴鸿麟肄业于圣约翰大学；林雪明肄业于沪江大学，他们在学校中组织一些学生团体，如沪江大学的

“战时文学研究所”，圣约翰大学的“莎士比亚研究会”等，在这些团体中，除了讨论文学问题之外，经常研究些时事问题，读些社会科学方面的书籍，借此在青年学生中传播一些革命思想。

文学创作。时任编辑的范泉找到锡金，邀请锡金为永祥印书馆编一套《青年知识文库》。因锡金正在研究《楚辞》，积累了一些天文学方面的知识，所以写了一部《星象》，并组织了朱维基写《生物的进化》、芳信写《罗曼·罗兰评传》等书。孔另境当时正为上海世界书局编一套《剧本丛刊》，也来向锡金约稿，锡金就把从F. 道斯退夫斯基的小说改编而成的《赌徒别传》略加修改，给了他。

学术研究。继续进行《楚辞》研究，两年半（1942年9月—1945年5月）中完成了约40万字。

1945年（30岁）

5月12日。浙东解放区寄往建承中学的信被日寇截获，因信中提及锡金和一些同学的名字，因此日军赶往学校捕人。当时有一个女学生吕宏贞看到形势危急，立即骑脚踏车来给锡金送信，锡金得到消息后，马上离家，后来在组织的安排下去了苏北解放区。

5月14日。锡金只身到达苏北解放区的边缘交通站——濮拊湾附近，又休息了两天，便在交通站雇了驴子，向解放区腹地——天长县（今为安徽省天长市）的华中局所在地进发。到华中局天长县汊涧镇后，锡金被安置在新建的唐家油坊招待所，最初接见他的是刘长胜。

5月15日。梅益派警卫员领锡金到新华社住所，两人谈了一个下午，主要谈的是解放区1942年以后和上海“孤岛”沦陷后的情况。梅益向锡金介绍了解放区最近的情况，特别是关于“整风运动”的必要性及意义等，还送了锡金一部由他自己整理装订的《整风二十一文件》和一本赵树理的小说《李有才板话》，叮嘱锡金一定要认真阅读，仔细体会，以便锡金今后更好地从事文艺创作。

6月至8月。到解放区后不久，锡金就了解到自己昔日的诗界朋友蒲风已经因病去逝，并葬于天长县葛家巷，曾专程赶往拜祭。此外，锡金还参观了位于苏皖边区盱眙县境内的新浦镇新开办的华中建设大学。为了更好地适应新环境的工作，锡金向组织上提出到在新埔刚成立的华中建设大学去学习。校长彭康同意了锡金的学习要求，并把他编入了高级干部研究班。

8月。锡金在华中建设大学的学习将近结束的时候，日寇就投降了。锡金被分配到了军队宣教部，在钱俊瑞领导下工作，为《新华论坛》写稿。

9月。为适应战时的变化，宣教部接到组织命令，要求全部撤到淮阴，于是锡金便随宣教部过高邮湖、入运河、经宝应，绕过我军团围困着的淮安而到了淮阴。这时，钱俊瑞又找锡金谈话，认为锡金最好还是继续从事创作，组织上决定把锡金归入新华社编制，专搞创作。这样锡金就到了新华社华中总站。

10月。锡金到新华社后，找社长范长江询问如何开展工作的问题。范长江的话启发了锡金，他决定以记者的名义，到盐城市阜宁县益林镇北的陈集西小胡庄去体验生活。

11月至1946年3月。锡金原计划在小胡庄体验生活三个月，后来又延长了两个月，共住了五个月。锡金参与了小胡庄整个冬天的全部斗争，通过这次体验生活，锡金感到收获颇丰。

1946年（31岁）

4月。经过历时五个月的体验生活，锡金离开小胡庄，回到淮阴新华社，打算写一部以小胡庄的民兵建设和生产互助为主题的长篇小说。但在写作过程中，却感觉到很费力，因而感到很苦闷。

那时，楼适夷正在淮阴主编《新华日报·华中版》的副刊。楼适夷劝锡金到副刊部负责一项工作，范长江也表示同意，于是锡金便参与了《新华日报·华中版》副刊的编辑工作。

5月至8月。因组织上另外分配适夷去上海工作，所以他原来编辑的《新华日报·华中版》副刊希望锡金能担负下去。推辞不过，锡金就主持了编辑工作近3个月。

9月至11月。1946年的5月，苏皖边区在淮安的石塘区展开了土地改革的试点运动。锡金和刘江凌去参加土改，学习一些政策法规。经过约两个月时间的发动群众、清量地亩、分地等工作，土改工作基本结束。锡金要求继续留在村中看一看土改后农村生活的变化，为写作积累素材，得到了批准。

12月。锡金在土改后的村子里住了约一个月，由于战争形势转紧，新华社华中分社来人通他准备撤离。

12月下旬。鉴于国民党军队进犯解放区，苏北解放区的形势紧张，锡金便回到了淮安，并与全体报社成员随军队北撤山东，开始了行军。

1947年（32岁）

2月。军队从淮安经板闸，折转沿旧黄河到涟水，从涟水经沭阳、阿湖，过陇海铁路，经桃林、郯城、大埠、李家庄折向临沂不远的枣沟略息，又北上经过临沂、半程、垛庄到梁家北庄驻下，在沂蒙山区停留了约一个多月。

3月。《新华日报》与山东《大众日报》合并，锡金则由组织安排到华东局宣传部。

5月至7月。锡金到华东局宣传部后，参加了正组建的"前线创作组"深入"鲁南战役"前线去体验生活，由吴奚如任组长，组员有宋之的、朱维基、黎冰鸿、胡考、方徨及锡金六人。

8月。前线创作组解散后，吴奚如邀锡金去山东省文协从事创作。这时文协正要出版《胶东文艺》，锡金就用空闲时间，依据前线见闻写了一篇《鲁南前线散记》，交上了那篇稿件。

9月。《胶东文艺》出版后不久，由于战争形势的变化，文协要撤退到胶东。锡金又随同文协成员经由枳沟、诸城、百尺河、岳沟、高密、兰辰、古岘、水沟头、莱阳，而到南务附近的一个叫南张夼的村子驻扎下了。

10月上旬。锡金与刘雪苇参加胶东地区的土地改革，并参观山东各地了解土改的情况。后来，又参加了东海地区的土改工作，出席了东海地委的扩大会议。会议结束后，锡金打算下乡，但因为蒋匪范汉杰突然进攻胶东，胶东保卫战爆发，没有成行。

10月下旬。鉴于敌人来犯之势十分凶猛，在组织安排下锡金等人躲进昆嵛山中的桃花岘村住了约一个月。由于敌军已抵达乳山，锡金等人接到东海地委通知，立即向威海卫进发。在威海卫停留了五六天，便在海边登了船，向华东局大连办事处进发。

11月初。锡金到大连，在那里住了大约三个月。宋之的、锡金等人决定到东北解放区考察和工作。得到华东局许可后，制定了“（中国）大连——渡海——（朝鲜）镇南浦、平壤、南阳——（中国）图们——哈尔滨（东北局所在地）”的行程。

11月中旬。锡金等人乘苏联海船离开大连驶往朝鲜，从海道经朝鲜，向目的地——东北进发。第二天，船抵朝鲜镇南浦，在镇南浦买票，乘车到达朝鲜首都平壤，住了十多天，领到了苏军颁发的出国护照，又从平壤乘火车经南阳，过图们江回到了中国的边境城市——图们，又乘火车到哈尔滨。次日锡金到东北局组织部报到。

12月。接受东北局的派遣，锡金决定到东北大学教书。12月24日，锡金到佳木斯东北大学（今东北师范大学前身）任教。因教学需要撰写“语文三书”（《方块字怎样认识》、《文章怎样写通》和《标点符号怎样使用》），但只完成第一部。同时为哈尔滨萧军主办的《文化报》和宋之的办的《生活报》写稿。

1948年7月（33岁）

夏。吉林市解放，根据东北局的决定，佳木斯东北大学迁往吉林市，校址设于吉林的八百垄。锡金在佳木斯东北大学教书的时间约为半年，除了教课和写作，他还用周余的时间积极进行了社会实践调查。他曾先后两次去黑龙江的鹤岗煤矿，了解矿工们的斗争和生产。另外锡金还去了一次山湾子农村，看了翻身后农民的生活。

从佳木斯到吉林的迁校途中，锡金路过哈尔滨，去《文化报》看老朋友萧军，却发现萧军正为东北局刚发动的批判他和《文化报》的问题而弄得心情烦躁。思前想后，锡金决意不参与这种“纠纷”，回到吉林市。

10月。锡金参加了吉林省文协在吉林市举行的成立大会，吉林市文协成立以后决定要办一个大型的文写刊物——《文艺月报》，锡金被推为编委之一。负责主持《文艺月报》第一期的编辑工作。第一期编完以后，锡金又参与了第二期的编务。但到第三期编辑时，东北大学已经开课了，由于有教课的任务要完成，《文艺月报》的编务锡金就很少过问了。

1948年秋季到1949年春季（33—34岁）

锡金在东北大学教授的课程是一年级的《国文讲读》；二年级的《名著选读》；三年级的专题研究《楚辞》部分。第一个学期结束时，锡金接替因工作需要调走了的魏东明讲授《文学概论》课。当时《文学概论》还处于草创阶段，国内还没有合适的教材，讲课缺乏体系和依据。为了改变上述状况，锡金便找曲秉诚同志合作，编译了《俄罗斯人民的口头文学》一书。

1949年（34岁）

1月24日。锡金与赵彝在吉林市结了婚。赵彝原是佳木斯东北大学时期的学生，经常来找锡金问些学习上的问题，看到锡金一人生活，便在生活上多方面照顾锡金，两人在长期的学习和生活中逐渐产生了感情，征得组织同意后举行了婚礼。

7月初。东北大学从吉林市迁到长春市（1948年10月19日长春解放），校舍设于斯大林大街（现名人民大街）中段的自由大路两侧。

7月中旬。因上海5月已经解放。由于阔别家乡多年，且与父母断绝音讯，锡金向组织请假，回上海探亲，顺道先到了北京，有幸参加了第一届全国文代会，并在7月24日文代会诗歌工作者联谊会第二次会议上被选举为"诗歌工作者联谊会"全国理事。在北京停留时期，锡金除了参加第一届文代会外，还与冯仲云领导的东北南下人才招聘团有过几次接触。

7月底。锡金回到上海探亲。在上海时，锡金协助东北人才招聘团在大三元茶室举行茶话会。由锡金出面召集上海文化界过去熟识的朋友，动员大家来东北从事教学工作。那次与会的人有李平心、章靳以等人。这些人中，后来到东北大学从事教育工作的有穆木天和彭慧；王元化最初也说要来东北，但后因故没来。

1949年秋到1950年春（34—35岁）

这两个学期锡金担任《文学概论》及二年级《名著选读》教研组的组长，除了开设《名著选读》课之外，整天在头脑里构思《文学概论》的讲义，这种努力的成果就是东北教育出版社将锡金的讲义《文学理论教学大纲》作为学生的课本出版。

1951年（36岁）

2月，锡金父亲病逝于上海。组织上为了照顾锡金，派其去上海购书。这样锡金就可以借出公差的机会报销往返的旅费。锡金带了3000万东北币（合现在的3000元）购书款去上海购书兼探亲。

1952年（37岁）

因教学需要开设“儿童文学”课程，并培养研究生，因此专心于儿童文学研究。

4月。全国范围的知识分子思想改造运动展开了。锡金作为从解放区来东北教书的诗人、学者，本不在改造目标之列，但由于他为人谦和，亲切，与国统区来的知识分子相处得都很好，因此就以“界限不明”、“自觉在改造中放弃主导权”和“与思想有问题的人打成一片”等“罪名”受到冲击。

1954年（39岁）

带自己培养的儿童文学方面研究生浦漫汀、姜郁文等去北京访学，拜访儿童文学专家老友叶君健及其他儿童文学作家。

下学期，参加了《东北师大学报》的编辑工作，并任社会科学版副主编。

1955年（40岁）

5月至9月。中国文艺界先后出现了所谓的“胡风反革命集团”和“丁玲、陈企霞反党集团”事件。锡金由于早年从事文艺运动的丰富经历，都直接或间接与胡风、丁玲产生过接触，因此也卷入了政治漩涡。

1956年（41岁）

东北师范大学中文系开办五年制函授本科，首次面向东北三省招生468人，为了实施标准化教学，在教材建设方面，聘请蒋锡金、杨公骥、孙晓野等人为函授生编写教材和参考资料。

夏。参加全国总工会组织的北方作家南方考察团，去南方参观社会主义工业建设成就。由吴伯箫带队，公木、彭慧、锡金等20余人组成。旅行经过上海，遇见了承建中学教过的学生姚云，她把保存的一份关于埃及《亡灵书》的译稿还给锡金。1957年1月，茅盾主编的《译文》月刊上发表了这篇稿件。

1957年至1966年从“反右”到“文革”（42—51岁）

1957年6月。“反右”斗争开始。锡金在“反右斗争”中被错划为“右派”，由教授降级使用，先后在中文系做资料员和清洁工工作。

1957年8、9月份起，《吉林日报》发表整版文章，批判锡金的所谓“错误”，性质被定为“极右”。

从1957年错划“右派”，到1966年“文化大革命”爆发，锡金被迫离开他珍爱的讲台，离开他热爱的教育事业，离开他可爱的学生们……

1966年至1976年“文革十年”（51—61岁）

1966年“文革”爆发后，锡金被打入东北师范大学图书馆，负责馆藏古籍图书的整理与编目工作。

1969年12月。东北师范大学撵大批的“黑五类”分子（地、富、反、坏、右）下乡。作为“黑五类”之一的“右派”分子，12月18日，锡金全家连同其80多岁的瞎眼母亲一起被下放到吉林省通榆县新华公社七撮东队插队落户，走“五七道路”。

1972年国家下达了关于加强学校教育教学秩序的有关文件。根据文件精神，东北师范大学抽调部分老教师回校，以帮助青年教师备课，恢复学校的正常教学。在这样的背景下，锡金于1972年6月18日作为第一批教师返回学校负责指导青年教师备课、写教案、刻钢板等后台工作。

1976年。“文革”结束、“四人帮”倒台，锡金才又重返讲台，讲授关于鲁迅研究的系列课程，包括鲁迅的诗歌研究、小说研究、《野草》研究等。同年，吉林师范大学（1958年—1978年东北师范大学校名）出版了锡金的研究成果《鲁迅年谱》。

1979年（64岁）

锡金的所谓“历史问题”和“右派”问题得以平反。锡金平反复出后，多次参加国内外的学术会议，为促进学术交流，培养文艺新人做了大量的贡献。

8月。参加在长春召开的“中国当代文学研究会”成立大会，并与任教于徐州师范学院（现徐州师范大学）的老友吴奔星会面。

1979至1981年（63岁—66岁）

为纪念鲁迅诞辰100周年，人民文学出版社抽调全国各地著名学者到北京鲁迅博物馆重新注释校订《鲁迅全集》。锡金因在上海孤岛时期与鲁迅夫人许广平有过往来，并在那时就开始注释鲁迅诗歌，加之重返讲台后，又讲授《鲁迅研究专题》，所以被抽调到北京鲁迅博物馆与包子衍一起参与《鲁迅全集·日记》第13、14卷的注释工作。几年间，锡金频繁地往返于长春和北京两地。1981年，人民文学出版社16卷本的《鲁迅全集》出版，至今仍是研究鲁迅的最权威版本。

1980年（65岁）

3月27日，锡金被选为中国人民政治协商会议吉林省第四届委员会委员。

1981年（66岁）

夏。代表吉林省鲁迅研究会主持在长春召开的“纪念鲁迅诞辰100周年学术讨论会”，并陪同来长春开会的丁玲去吉林市、延吉等地讲学，进行学术交流。

1982年（67岁）

10月27日至11月1日。参加四川成都大学举办的郭沫若研究第二次学术讨论会。

1983年（68岁）

5月12日。接到中国现代文学6月在上海华山饭店（静安寺附近）举行理事会的邀请函，但因与去武汉注释郭沫若《洪波曲》的时间发生冲突而忍痛作罢。

5月23日至27日。赴北京参加由中国社会科学院郭沫若著作编辑出版委员会、文学所、历史所、考古所和中国文学艺术联合会共同发起主办的郭沫若研究学术座谈会。会议在北京西苑饭店召开。

6月初。参加黑龙江大学举办的萧军从事文学创作五十周年学术讨论会。

6月10日。为注释郭沫若的《洪波曲》，携郭沫若著作编辑出版委员会的介绍信到湖北武汉查找资料并重访1938年武汉沦陷前工作和战斗过的旧地。

7月1日晚。离开武汉，乘江轮去上海，转道厦门，受陈漱渝的邀请参加审定《鲁迅大辞典》入选条目的会议。

7月中旬。由厦门返回北京，住在阜成门内鲁迅博物馆，执笔注释《洪波曲》，直至9月末。

1984年（69岁）

1月12至13日。在吉林省宾馆参加由吉林省社会科学联合会主办的吉林省世界语工作座谈会及吉林省世界语学会成立大会。

5月。去北京、兰州、包头等地开会，并游览五当召。8月末返回长春。

6月14日至6月20日。“全国首次丁玲创作研讨会”在厦门大学举行。锡金、楼适夷、杨沫、骆宾基、魏巍、刘真、马烽、秦兆阳等出席会议。

9月至10月。去哈尔滨和大连开会，并游览老虎滩。

12月。去北京开会，至1985年初才返回长春。

1985年（70岁）

10月。10日至20日，参加中国文联、中国作协、中国郭沫若研究学会、四川省文联等单位主办的“郭沫若在重庆”学术讨论会。会后，与叶君健夫妇同游四川大足石刻，复经三峡，到武汉和北京稍作停留，11月初，返回长春。

1986年（71岁）

1月1日。被聘为吉林省社会科学联合会举办的《吉林社会科学》（内部学术理论月刊）顾问。

3月12日至17日。参加由中国作家协会和人民文学出版社联合举办的在政协礼堂三楼会议室召开的冯雪峰逝世十周年学术讨论会。

3月15日上午8：30分，在北京语言文化学院主楼北侧电影厅参加由中国老舍研究会和北京语言学院联合举行的第三届老舍学术讨论会。

4月9日。到昆明出席中国现代文学研究会与云南大学中文系合办的中国现代文学研究会第四届理事会第二次会议。

9月。参加东北师范大学建校四十周年典礼。

10月19日至23日。参加北京中国社会科学院文学研究所举办的纪念鲁迅逝世50周年——鲁迅与中外文化学术研讨会。

1987年（72岁）

本年度，锡金光荣离开教学工作岗位，但仍在扶植后学、鼓励青年方面散发余热，多次为青年后学的著作撰写《序言》和评价文章。

1990年（75岁）

5月。经本人申请，东北师范大学离退休党支部调查，并报请中共吉林省委组织部批准，决定恢复蒋锡金同志的党籍，重新确立组织关系，党龄从1938年算起。

2002年（87岁）

5月。获吉林英才奖章并享受政府特殊津贴。

2003年（88岁）

5月25日。锡金因感冒引发心肺功能衰竭，经抢救无效，病逝于吉林大学第一临床医院。

附录二　锡金的社会关系

（一）锡金的家族关系

文革结束后锡金参与撰写的《鲁迅小说选讲》（吉林人民出版社，1978 年版）

1. 贾士毅（果伯）：金融资本家兼有千亩以上土地的大地主。过去为“政学系”中的财政家，并是以杨永泰为首的蒋介石“智囊团”人物之一。杨永泰死后，他转与张群（民国时期曾任上海市市长）接近。他是锡金江苏宜兴的同乡，并与锡金的祖父是朋友，因而也与锡金的父亲熟识。锡金父亲曾在他家当过家庭教师。

1934 年夏，锡金自上海正风文学院毕业后，未找到职业，贾士毅当时正担任湖北省财政厅厅长，对锡金父亲说可以在他那里为锡金谋一个差事。在他的安排下，锡金先在湖北省农村合作委员会（贾士毅在这个组织中兼任委员长）做贷放干事约四个月，后来该会委员长易人，改由湖北省建设厅厅长刘寿朋兼任，锡金即辞职。贾士毅又把锡金安插在湖北省财政厅，先为第一科办事员，后提升为科员。

1937年12月10日，锡金因参加纪念“一二·九”两周年的学生运动而被特务逮捕，是由贾士毅亲自去向蒋介石要出的。因锡金不方便再在财政厅呆下去，贾士毅就改放他为枣阳县县政府会计主任。锡金并未到任，以后也再未见过他。这段时间，贾士毅是以“父执”的身份照顾锡金的：安排锡金住在他办公室的对门，有空也找锡金去闲谈，出入游玩可以用他的私人汽车。

贾士毅的意图除了表示“父执”与乡谊的关怀外，似也有意培养锡金作为他文字上的助手，因为他的著作《民国财政史》（商务印书馆，1917年版）之类，原本是朱莘芍等人为他撰写和修改的。后来锡金的发展大概是使他失望的，因为他对锡金父亲说过，要当心锡金接近共产党。新中国成立后，贾士毅移居香港，他有两个儿子，其中之一在上海人民银行工作。

2. 史耀宾（久鑑）：锡金的二舅父。原出身于大地主家庭，土地在千亩以上。大革命前后参加共产党。1927年11月1日，与万镒同志（烈士）等领导宜兴农民暴动。当时锡金13岁，正随母亲在外婆家，曾目击这次起义。暴动失败后，万镒同志牺牲，史耀宾逃往上海，家中田地、房屋均被国民党没收，生活清苦，赖亲戚的接济维持生活。后来锡金听大舅父史仪宾说，他因在暴动中犯有错误，被开除党籍。以后漫长的时间里他很消沉，整年躺在家中吸食鸦片，很少外出。

锡金母亲从小将锡金“寄名”给他为“寄子”，所以锡金称他为“寄父”，因为住处离得很近，因而锡金常去看他。锡金从小便钦佩他，尊重他过于自己的父亲。在锡金入党之前，有思想上的疑难常去找他商议解决。

1934年，锡金离家到武汉后，就和史耀宾分开了。1938年，锡金回到“孤岛”上海后还常去找他，就自己的稿件，请他提些意见。

1941年，锡金因在承建中学教书时传播进步思想，遭日寇搜捕。为避搜捕，锡金与芳信至南京二舅父史耀宾家中住了约四个月。那时史耀宾在南京汪精卫伪政权的监察院任秘书，但锡金整天看到他在家吸食鸦片，从未见他去办过公。

解放后，锡金曾回上海探亲两次，都曾见过他。20 世纪 50 年代，史耀宾在上海师范学院任政治教员，家住上海提篮桥霍山路明华坊 6 号。

3. 史仪宾（久型）：锡金的大舅父，出身与二舅父史耀宾同。也参加过共产党，但宜兴暴动时他不在城中。他入党较锡金二舅父史耀宾晚，后来也被开除了党籍，原因不详。

锡金那时因为年轻的关系，感觉大舅父史仪宾为人圆滑，因而对他不像对二舅父史耀宾那样有好感，所以也很少和他接近。

史仪宾晚年靠女婿王显庭过活。新中国成立初期是上海常熟区人民代表、里弄委员会主任委员。家住上海复兴西路，永福路 110 弄 10 号，与他的女儿史曾瑞一起生活。

4. 史翰宾（寒冰、久铸）：锡金的三舅父，出身与前两个舅父同。早年参加过创造社的文学活动〔《郭沫若全集·文学编·14 卷》（《自传·到宜兴去》）有所记载。锡金、陈漱渝等注释，人民文学出版社，1992 年 9 月版〕。锡金小时候接触的许多新文艺作品都是从他那里看到的。

史翰宾没有参加共产党，宜兴暴动后，田产也未被没收，但因家族中有人参与暴动，因此受到牵连，不能在故乡宜兴容身，便举家迁到河南焦作以行医为生。后来，较锡金略晚，也在贾士毅的帮助下到湖北财政厅任第三科科员。

1938 年武汉沦陷后，锡金与史翰宾失去了联系。1949 年锡金回上海探亲时与他见过面，以后再无往来。20 世纪 50 年代，史翰宾在农林部所属的某木材厂工作，家住上海梵皇渡路，武定路 1371 弄 43 号。

5. 葛伯寅：锡金的六姨父。20 世纪 50 年代在东北师范大学化学系任助教的葛嫩玉之父。上海葛记窑货号的经理。50 年代家住上海太原路 188 弄 14 号。

6. 蒋智同、刘泽先：锡金的姑母和她所生的表弟。锡金的姑父刘大辉是官僚家庭子弟，回国后未从事过什么职业，失业在家搞什么“力行学说”。解放后，锡金曾在北京见过他一次。关于他“学说”的具体内容不得而知。后来听说他被政府管制了。表弟刘泽先曾在天津开药行，20 世纪 50 年代他与锡金姑母同住在北京西单区翠花湾 2 号。锡金的亲戚大多数都是母系的。父系惟此一家。

7. 锡金的母家，兄弟三人，姊妹六人。大姨早殇；二姨史久瑜信奉基督教，生活靠变卖姨父所遗留的上海房产维持，20 世纪 50 年代去世。锡金的母亲居三；四姨及四姨父均亡故，家人均死于抗战，有一表妹蒋静娟随丈夫徐通在台湾。五姨与五姨父也已去世，有表弟徐忻，在北京总政治部工作。另一表弟徐直不详，曾听说在南通工作。50 年代锡金曾应组织要求为表弟徐忻写过材料。

另外一些表兄弟姐妹人数极多，情况不详，年纪小的，甚至连名字也不知道。自 1945 年锡金到解放区后，与他们几乎断绝了往来。他们上述的工作和地址是 1952 年 5 月，锡金母亲来长春时告诉他的。

（二）锡金与出版界的关系

上海文学发展基金会

锡金保存的上海“孤岛”文学学术讨论会邀请函（1992 年 11 月）

锡金因过去多从事文艺工作，因而与出版商接触较多，主要的出版社有：郭挹清的天马书店、钱君匋的万叶书店、卢春生的潮锋出版社、卢芳的国民书店、谢澹如（丹如）的金星书店、武汉生活书店、汉口读书生活出版社、上海世界书局、永祥印书馆等。

一、天马书店

陈之佛设计的天马书店标记

1932 年创办于上海。绍兴人郭挹清得余姚钱庄老板的股本而开办。由于规模小，没有像其他书店那样开在上海的棋盘街和四马路（今福州路）一带，而是开在北河南路的一条不显眼的里弄内。天马书店是从 1933 年出版《当代作家自选集》开始“出名”的。最先出版的是《鲁迅自选集》，接着是知堂（周作人）、茅盾、郁达夫的自选集。自选集中都有作者的近照和手迹，资料相当齐全。但因资本有限。出版了几种后，便没有再继续下去。1934 年、1935 年上述自选集都被国民党政府列入“左翼作家文艺作品 149 种书目”遭到查禁。1938 年，广州沦陷后，天马书店停业。

天马书店标记由著名的书籍装帧家、浙江余姚人陈之佛设计。“天马”标记完全是装饰性的，颇有童话意趣。马为黑色，像儿童乘坐的木马。在马身上画有两翼，在马身上写有“天马书店”之名，马身的弧形下写有天马书店的英文名。天马书店出版的书籍封底，都印有这枚出版标记。

天马书店出版了不少名著，如 1933 年出版的田汉编的《创作的经验》，其中除收有鲁迅先生的名篇《我怎样做起小说来》，还收有郁达夫、茅盾、张天翼、田汉、丁玲、叶圣陶、施蛰存、郑伯奇等的自述创作实践的经验16篇，同时附录高尔基谈创作的文章3篇，在当时产生过很大的影响。除新文学作家的著作外，还出版过不少艺术绘画作品。如，外山选编的《苏联版画新集》，收录不少绘画精品。郭挹清在开办书店之初为何取名“天马”，似乎没有资料可以作为佐证，但天马行空之意，却可能使人产生不受约束的奇妙遐想。

锡金因楼适夷的关系结识了书店的经理郭挹清。1938年锡金和楼适夷曾想在广州办一个刊物《大地》，郭挹清去送办刊款，但因战事吃紧而作罢。广州沦陷前，锡金、郭挹清等四人曾结伴一同去香港。锡金并未在这家出版社出过书。

二、万叶书店

钱君匋设计的万叶书店标记

创建于1938年7月的上海“孤岛”时期。由艺术家钱君匋[1]和教育家李楚材、陈恭则、陈学鏊、顾晓初、季电云等创办，每人出100元作为资金。初时设址天潼路宝庆里39号，后期迁至南昌路43弄76号。

---

① 钱君匋（1906—1998），原名钱锦堂，字豫堂。祖籍浙江省海宁，浙江省桐乡县人。1925年毕业于上海艺术师范学校，从丰子恺学习西洋画，并自学书法、篆刻、国画。擅装帧美术及篆刻、书法。曾为茅盾的《蚀》、巴金的《家》、《春》及《小说月报》、《东方杂志》、《教育杂志》、《妇女杂志》等刊物设计封面。出版有《鲁迅印谱》、《长征印谱》、《钱君匋画集》、《钱君匋书籍装帧艺术选》和《钱君匋书画篆刻精品集》等。曾任中国美术家协会会员、中国书法家协会会员、中国音乐家协会会员、上海市书法家协会常务理事、西泠印社副社长、华东师范大学艺术教育系教授、桐乡市君匋艺术院院长、海宁市钱君匋艺术研究馆名誉馆长。

钱君匋任经理兼总编辑。最初出版音乐、美术等学校辅助读本，有《小学活页歌曲选》、《儿童画册》、《国语副课本》、《子恺漫画选》等。后来业务发展，资金增加，开始出版文学读物。出版了《文艺新潮》月刊，由钱君匋、李楚材、锡金主编，还出版了《文艺新潮小丛书》，作者有茅盾、巴金、靳以、丰子恺、王西彦、适夷、瞿秋白、凤子、李广田、梅林、舒湮、索非、臧克家、顾均正等。另有新文艺作品集《第一年》出版，收辑了张天翼著《华威先生》、姚雪垠著《差半车麦秸》等解放区和大后方的文艺名作。抗战胜利后，大量出版音乐读物，达 200 种左右。后期专门从事音乐书籍的出版。1946 年改组为股份有限公司，费新我任董事长。1954 年迁北京，改组为音乐出版社。“万叶”的出版标记，图案的外沿呈尖齿轮状，内画有 3 片向上的叶子，正中一叶的左右，各写有“叶”、“万”两字。图案简洁，对称感极强。这个图案是由画家钱君匋设计。

锡金也因与楼适夷的关系而与万叶书店结识。1939 年，锡金主编万叶书店出版的《文艺新潮》月刊及《文艺新潮小丛书》十余种。这套丛书后来由钱君匋接编陆续出版的，他是万叶书店经理，也是股东之一。1939 年，锡金曾与他一同编过由楼适夷主编的《大陆画报》，所以关系较为密切。

三、潮锋出版社

1934 年初建，社址位于上海江西路（今江西中路）170 号 238 室。经理卢春生。锡金在武汉时期从事文艺活动与之发生联系，曾委托潮锋出版社代卖过他自己主编的《诗歌综合丛刊·五月》，但并未专门给该出版社写过书，只是应经理卢春生的邀请为两本书写了《序言》：一本是《列宁画传》，另一本是《钢铁是怎样炼成的》（段洛夫译），还曾向出版社介绍过几部书稿。

四、上海国民书店

锡金与国民书店的交往是由于 1939 年上海国民书店出版了一套

“国防戏剧丛书”，锡金的两幕剧《横山镇》即是其中之一，经理为卢芳[①]。

五、武汉生活书店

1937年9月—1938年4月，武汉生活书店曾代售过由锡金主编的《战斗旬刊》。为发售《战斗旬刊》，锡金等人曾专门成立了一个战斗书店，战斗书店经销的一些图书，也是由武汉生活书店赊给的，卖后再结账，因而一些本钱是书店先垫付的。

六、汉口读书生活出版社

1938年曾出版过锡金的剧本《台儿庄》（三幕剧，集体创作，锡金写第一幕，并创作了主题歌），锡金与这家书店过去关系曾相当密切。

七、上海世界书局

1917年沈知方创办。沈知方脱离中华书局后，在闸北义品里及福州路青莲阁茶馆对面弄内的其昌旅馆租房，作为出版营业点，以世界书局等名义出书，并委托大东书局代为发行。1921年7月改组为股份有限公司，沈知方任总经理，魏炳荣、林修良、毛纯卿、张丽云为董事，陈芝生、胡挺楣为监察。局址位于福州路、山东路处的怀远里，并于怀远里口（福州路320号）租店面为门市部，门面漆成红色，又叫红屋。并在闸北香山路和虬江路设立编辑所和印刷所。1925年在虹口大连湾路（今大连路）建造总厂。1926年，总务处、编辑所、印刷所迁入总厂。1932

---

① 卢芳（1901—1991），又名卢昌言、卢苍雁。浙江宁波人。少入私塾，19岁入法商元利洋行当学徒，业余进尚贤堂留法勤工俭学法文班学法文。曾任英美烟草公司当检验员及美商友邦人寿保险公司职员。1925年9月，与沈松泉、张静庐合办光华书局，主管发行。1927年7月，在南京创立中央书局，任经理。1928年1月，应洪雪帆之邀，进现代书局，任出版部主任，负责收稿、排印和发行工作。1930年，阿英介绍参加“左联”。1936年5月，入上海杂志公司，任监理。抗战爆发，去南京将中央书局的部分存书抢运到华中、华南销售。1938年，在汉口创立大众出版社，出版一些抗日小册子。经长沙、广州、香港，逃回上海。1940～1942年创立国民书店，出版《李香君》、《郑成功》、《葛嫩娘》、《洪宣娇》等书。太平洋战争爆发，将存书运往金华，途中被查抄没收。1945年12月沈松泉、姚蓬子出资于上海创立联合书报社聘请其经理。新中国成立后，参加新华书店工作，任新华书店华东总分店发行科科长。1953年，全国实行“邮发合一”，率全科人员并入上海邮局发行处，任本埠发行科副课长。1962年1月退休。

年建成五层楼厂房，又添置大批印刷设备，拥有全张密勒机 17 部。同年，发行所迁入福州路 390 号。1934 年沈知方被迫辞去总经理职务，改任监理，由陆高谊继任总经理。抗日战争期间，大连湾路的总厂被日军占用，厂内财物损失严重。抗战胜利后，李石曾强制投资半数，自任常务董事与总经理。张静江、杜月笙先后任董事长，吴稚晖等为监察人。世界书局设总务处及编辑所、印刷所、发行所。至 1948 年，书局资本增为 60 亿法币。书局的上海职工人数为 100 多人，后来最多时达千人。书局先后在广州、北京、汉口、奉天等地设立分局 22 处，并在苏州、杭州设过编辑分所，在赣州、长沙、邵阳、重庆等地设立出版分部。解放后实行军管，没收其中的官僚资本，1950 年 2 月私股参加公私合营。

世界书局出版各类出版物达 5580 种。早期主要出版各类通俗读物，长篇小说、名人传记、期刊。1924 年，该局开始出版小学教科书。1927 年又增出初高中教科书，并陆续出版各种丛书。徐蔚南主编的《ABC 丛书》（100 多册）、《生活丛书》、《世界少年文库》等均颇有影响。其中《ABC 丛书》由玄珠（沈雁冰）、李浩吾（杨贤江）、张东荪、陈望道、傅东华、丰子恺、谢六逸、洪深等人撰稿，最为著名。外国文学方面较著名的则有朱生豪翻译的《莎士比亚戏剧全集》。

1945 年，上海沦陷时期，经茅盾先生的妻弟孔另境介绍，把锡金从 F・道斯退夫斯基小说改编的剧本《赌徒别传》作为“剧本丛刊”之一出版。实际上，锡金与上海世界书局并无直接关系。

八、永祥印书馆

永祥印书馆出版标记

创办于1899年，比商务印书馆晚两年，是中国创办较早的出版社之一。由陈永泰独资创办。社址位于上海福州路380号，直到1942年才改为股份有限公司，主要以印刷与纸品为主业，出版物的比重不大，以文艺读物为主。曾出版过《文学新刊》，每集6种，由范泉主编。如第二集中就有范泉的小说《浪花》，司徒宗的小说《昨日》，赵景深的杂文《银字集》，朱维基的新诗《世纪的孩子》，吴天的戏剧《红楼梦》，顾仲彝的戏剧《衣冠禽兽》。“永祥”的出版标记非常繁琐，构图为圆形，上有公司的英文名，下有中文全名“永祥印书馆股份有限公司”，中间有一图案，一艘航船头顶着白云在大海中航行，海鸥展翅飞翔，一翼“飞”出圆形，图案感还蛮强。此图含义，似有着“永翔”之意。

1945年，在永祥印书馆做编辑的范泉找到锡金，说该书馆想编一套《青年知识文库》，邀锡金写稿。因为当时锡金正在研究《楚辞》，积累了一些天文学方面的知识，就答应为永祥印书馆写一部名为《星象》的小书，还为该书馆组织了朱维基写《生物的进化》、芳信写《罗曼罗兰评传》。但《星象》写到一半，锡金就遭到日军的搜捕，于是就把半部书稿交给了永祥印书馆，换取的稿费作为进解放区的路费。

九、金星书店

抗战时期由谢澹如[①] 1938年创办于上海，曾协助许广平编辑出版鲁迅的《译丛补》和《鲁迅全集》。1940年5月出版刊物《译林》，32

---

① 谢澹如（1904—1962），又名旦如，江苏上海（今属上海市）人。20年代同应修人、楼适夷等创办专门介绍新文化书刊的上海通信图书馆，编辑书目和《上海通信图书馆月报》，并加入应修人、冯雪峰等组织的湖畔诗社，自费印行湖畔诗集《苜蓿花》。1929—1930年，参加中国济难会、中国自由运动大同盟，与周全平、徐耘阡等合办西门书店，编辑《出版月刊》，向读者推广宣传马列主义和新文艺书刊，并为读者代理选订外国进步书刊，成为左翼文化工作的一个据点。1930年夏，西门书店被反动当局注意，被迫歇业，由谢澹如个人续办，改名公道书店，成为“左联”联络点之一。1931年夏，纪念“左联”五烈士的《前哨》创刊号，就是在公道书店用手工加盖木刻印章《前哨》刊名，粘贴烈士肖像，装订后再分发出去。此后，他冒着生命危险，掩护瞿秋白、杨之华隐居在南市紫霞路68号他的寓所达两年之久，以丰富的藏书为瞿秋白提供著译的有利条件，并保存瞿秋白、方志敏烈士的手稿以及一批“左联”机关刊物《前哨》、《文学导报》等。1938年起，创办金星书店，以霞社名义编印瞿秋白遗稿《乱弹及其他》及方志敏《清贫》等10多种书。并资助出版发行进步文艺刊物《鲁迅风》。1942年，上海“孤岛”沦陷，长期收藏保存瞿秋白、方志敏和鲁迅等手迹、原稿和书刊等革命文献史料，解放后慷慨捐献给政府和鲁迅纪念馆。新中国成立后，先后任华东文化部研究室副主任、上海鲁迅纪念馆副馆长，当选市第三届政协委员。1962年9月26日在上海逝世。著有《苜蓿花》（诗集），编有《上海通信图书馆书目》。

开本，上海金星书店总经售。值得一提的是当时金星书店还刊行了瞿秋白的《乱弹及其他》、《社会科学概论》及《方志敏自传》等。这一切都让人呼吸到战时“孤岛”文艺的空气，那是个不应该轻易忘掉的特殊战斗环境。《译林》仅出 1 期，较罕见。上海“沦陷”后，出版并经销《鲁迅风》杂文刊物。因参与上海“沦陷”时期的文艺运动，锡金曾与该书店有过接触。

（三） 锡金的同学关系

东北师范大学中文系老教授合影（1985 年 8 月 9 日）
前排左起：吴伯威、孙晓野、锡金、杨公骥
后排左起：郎峻璋、李宽、李葆瑞、王志之

锡金个性随和，同学多愿与他交往，但自他投身革命文学运动后，因怕受牵连，许多同学纷纷与其断绝了往来。因此，与其保持交往的除少数同学外，更多是文艺界的进步朋友。

锡金与毕业于上海正风文学院的同学曾有过书信或往来的只有三人：

1. 严辰[①]（严厂民）。20 世纪 50 年代，他为了诗歌创作，曾到长

① 严辰（1914—），诗人。江苏武进人。笔名，厂民。1935 年毕业于上海正风文学院。曾任国立编译馆编审。1941 年到延安，在中华全国文艺界抗敌协会从事创作。后任中共中央党校、华北联合大学教员。1946 年加入中国共产党。新中国成立后，历任《人民文学》编辑部主任、人民文学出版社现代部主任、《新观察》主编、中国作协黑龙江分会副主席、《诗刊》主编，中国作协第二至四届理事，中国文联第四届委员。著有诗集《唱给延河》、《繁星集》、《英雄与孩子》及《严辰诗选》等。

春第一汽车制造厂体验生活，来找过锡金。

2. 郑康伯。20 世纪三四十年代在上海文坛上露过头角的南通作家、诗人。诗作有《濠河抒情》。50 年代锡金曾接到过他的来信，那时他在扬州苏北师范学院教书。锡金未复信。

3. 朱征骅（振华）。20 世纪 50 年代在宜兴私立苏南中学为校长，学校在徐舍镇。锡金曾给他回过他一封信。

（四） 锡金与文艺界、文化界的关系

锡金与戈宝权在吉林市文艺青年座谈会上
（左一：戈宝权；右一：锡金。1979 年，吉林市）

锡金与文艺界和文化界的交往较多。由于新中国成立之前锡金长期编辑刊物，认识过许许多多各色各样的人物，包括进步的革命同事和反动派；有名的和当时尚未有名的青年作家，无法一一列举。这里按不同时期将主要与锡金进行交往的人开列如下：

1. 1934—1937 年，抗日战争前。这期间锡金主要交往的人有：严辰、夏特伦（已故）、冯乃超、孔罗荪等。

2. 1937—1938 年，抗战初期。此期锡金在武汉从事文艺运动，主要交往的人有：冯乃超、孔罗荪、夏特伦、楼适夷、吴奚如等。

3. 1938 年，武汉沦陷前。党组织派锡金到广州从事文艺运动，时间为

两个月。此期间，与锡金主要交往的人有楼适夷（建南）、施征军（继仕）等。当时锡金与他们同在一个支部小组。除此之外，锡金当时还与《救亡日报》主编夏衍（新中国成立后曾任文化部副部长）有过往来。

4.1938年11月，广州沦陷后。锡金经梧州到香港，在香港锡金停留了三四天。主要交往的人是茅盾（沈雁冰），锡金到香港后，就住在茅盾九龙太子道196号四楼的家中。

5.1938—1939年，锡金从香港回到上海，继续从事文化活动。当时主要交往的人有：王任叔（巴人，曾任北京人民文学出版社副社长）、戴平万（锡金当时的组织关系由他直接领导）、茅盾、蒋天佐（新中国成立后曾任北京文化部办公室主任）、芳信（新中国成立后在北京，搞翻译）、朱维基（新中国成立后在上海新文艺出版社第二编辑室工作）等。

6.1939年9月—11月，锡金在江南游击区常熟新四军六师任“江南社（新华社）”记者。主要交往的人有曹白（冯二郎、夏侯未乱，在江南社由他领导锡金工作）、吴保康等。

7.1939—1940年，锡金自江南游击区回到“孤岛”时期的上海从事文艺工作。当时锡金的主要文化界工作关系有：蒋天佐（由其领导锡金工作）、楼适夷、林淡秋（在蒋天佐去苏北解放区时由他领导锡金，直到日寇进租界，新中国成立后任《人民日报》副总主编）、朱维基、芳信、沈孟先（孟天）等。

8.1941—1945年，在上海建承中学教书期间。1941年12月9日，日寇进入上海租界区，上海“孤岛”时期结束。锡金与党组织失去联系，以在私立建承中学教书为掩护，积极传播进步思想。锡金当时的主要交往人有李平心（新中国成立后为上海华东师范大学历史系教授）、朱维基、芳信、沈孟先等。

9.1945年5月，日寇再次搜捕锡金，锡金脱走入解放区，此后就一直在党组织领导下工作，无对外的联系。此期主要交往的人有：刘天胜、梅益、范长江、包之静、彭康、钱俊瑞、李一氓、方徨、马少波、刘雪苇等。

10. 新中国成立后，锡金与昔日文艺界旧友见过面的有下列诸人：

(1) 1949 年在第一届全国文代会上见面的有茅盾、郑振铎、朱维基、蒋天佐、孔罗荪、冯乃超、光未然（张光年）、楼适夷、胡考、严辰、艾青、孔另境、臧云远、彭慧等。所谓见面，是指握过手，谈了多少不同的话的而言。

(2) 1949 年，锡金回上海探亲，与智建中等人组建的“东北南下人才招聘团”在上海举行了人才招聘说明会。在会上，锡金见到了往日的朋友李平心、穆木天、彭慧、姜椿芳、钟望阳、王元化、满涛、萧岱、沈孟先、于伶、黄源、戴白桃等人。

(3) 1954 年夏，锡金在带儿童文学专业的研究生姜郁文等人去北京访学时，见到了叶君健、王任叔、萧军、芳信等人。

(4) 新中国成立后与锡金通过信的有下列几个人：严辰、蒋天佐、萧军、芳信、王元化、楼适夷、叶君健、茅盾、王任叔等，大概都是通过一封或两封信。其中，王元化的一封信是代时代出版社编辑部来催促锡金写《俄罗斯人民的口头文学》一书的前记，锡金写好后寄去了，但书已出版，《序言》未用，原信未保存。

（五）锡金的姓名及笔名

“九叶诗人”曹辛之签字并赠送锡金的诗集《九叶集》

锡金，是祖父替他起的名字，也是蒋锡金的学名。1934 年，锡金在上海正风文学院肄业，毕业证书上开始改用“蒋镛”为名，以后在湖北省农村合作委员会和湖北财政厅做公务员时，用的也是这个名字。锡金还曾用此名在《武汉日报副刊》、《扫荡报副刊》及《江汉思潮》等报刊发表文章。

1934 年，蒋锡金从事写作时，开始用“锡金”作为笔名。锡金用过不少笔名，最初的原因是因为自己编辑的《中国新诗》有时同一期要发表自己的几篇短论或补白之类的文字，用同一个名字就不好看。后来，锡金到江南游击区写报道时，就要尽量避免别人知道是他写的，因而也就多用笔名。用的最主要的笔名有：“锡金”、“霍亭”、“束胥”等，此外还有“常棻”、“辛壑”、“辛谷”、“西壑”、“蒋青嶂”、“蒋镛”、“周康”、“符祉”、“丰隆”、“长庚”、“孟雄”、“辛”、“西”、“壑”、“亭”、“胥”、“郊”等等。也有用过一两次就不用了的，因而他自己也无从记起。

此外，1941 年“太平洋战争”爆发后，日军进驻上海，为了躲避日寇对自己的追捕，锡金去南京避难时所领的“国民身份证”化名为“史曾则”，后来因为日寇占领租界，重新发放“身份证”，故而锡金又钻空子在上海领了一张“身份证”，化名为“蒋福俦”。自 1941 年 9 月到 1945 年 5 月，锡金在上海私立建承中学教书时，用的就是这个名字。但“蒋福俦”、“史曾则”等名字，锡金并未用做发表文章的笔名。

当时还有党内用的代号，锡金在上海前后共用过两个代号，先期是“哲孟雄”，后改名为“红锡包”。

另外还有一个“蒋策”的名字，是锡金主编《文艺新闻》周刊时在上海“工部局”登记时用的化名，并未用它作笔名写过文字。

后　记

1998年，我考入东北师范大学中文系中国现当代文学专业攻读硕士学位。2001年毕业后，留校任教，并为本科生讲授专业必修课《中国现当代文学史》。读研究生的时候，我就听系里的老师说过，文学院有一位著名的学者、中国现代文学的亲历者，有“文坛活化石”之称的蒋锡金先生。后来，我在讲授文学史“抗战时期的文艺运动”章节时，“诗朗诵运动”发起人就有“锡金”先生的名字。这就激发了我想见先生的渴望。

2003年初，学校社科处为鼓励青年教师进行科学研究而设立了“东北师范大学青年社科基金项目”，我抱着试试看的心理以“一部活的中国现代文学史——蒋锡金口述新文学史料的整理与研究”为题，提交了项目申请，没想到专家组评审的结果竟是全票通过，这说明了该项目的价值和意义，同时也坚定了我从事研究的信心。

其实，早在申请研究项目之前，我已经对此进行了研究，曾经几次去蒋老师家与他交谈，谈学术，谈人生……先生渊博的知识、和蔼的态度、淡泊名利的思想使我获益匪浅。他给我讲抗战时期的武汉文艺运动、上海孤岛文艺运动亲历记、苏北解放区的生活与斗争、东北师范大学创建的历史；讲他与许广平、茅盾、郭沫若、夏衍、楼适夷等人的交往；讲《当代诗刊》、《战斗旬刊》、“时调社”、“行列社”等现代文学史上的鲜为人知的社团流派……

正当我的研究走向深入时，一场灾难性的疾病——“非典”席卷全国，学校为防止疾病，便于管理而“封校”，我也不可能再去先生家了，只是偶尔打个电话，问候一下。

2003年5月，从电话中得知：先生因感冒住进了吉林大学第一医院，我匆忙赶往探视。听医生说先生已经好转了许多。看我来了，先生还报以微笑。握着先生瘦削的手，我一阵心酸，衷心地祝愿他老人家早日康复！可谁料5月25日，噩耗传来，锡金先生因感冒引发心肺衰竭，病逝于吉林大学第一医院。

先生病逝后，我觉得自己应该为先生做些什么，为了他和我的交谈，为了我见证了他最后的人生岁月……于是我将整理的《上海"孤岛"文艺运动亲历记》等三篇稿件寄给《新文学史料》陆续发表，同时《中国现代文学研究丛刊》、《文艺报》、《新文学史料》等都发表了我撰写的《锡金先生逝世》的消息和简介。

因锡金先生的突然逝去，2003年11月，在东北师范大学社科处进行项目中期检查时，我递交了项目名称变更申请，将"一部活的中国现代文学史——蒋锡金口述新文学史料的整理与研究"变更为"蒋锡金与中国现代文艺运动"，对项目的研究也只能从"直接研究"——对蒋先生的访谈，转向"间接研究"。"间接研究"需要发现新的资料、图片，进一步寻访与蒋锡金先生一起共事的当事人。特别是1958—1966（"文革"前的反右斗争时期）、1966—1976（"文革十年"）及1979年，历史问题平反后，蒋先生又重返文坛的活动和经历几乎是空白，这些史实有待挖掘。为了弥补这方面资料的不足，我采取发掘史料与采访调查当事人相结合的方式。到目前为止，已经采访的有关当事人有蒋锡金先生的儿子蒋於菟、蒋锡金先生的学生，后来曾长期与其在东北师范大学文学院中国现当代文学教研室共事过的资深教授、博士生导师孙中田教授及张芬教授，从而在最大程度地避免了因蒋先生逝世而给研究工作带来的困难。

2004年10月15日上午，东北师范大学社科处举行了校内青年社科基金项目终期检查。我向专家组汇报了项目的进展情况，并出示了已经完成的书稿和发表的论文，回答了专家组提出的问题。专家组一致认为：立项人申请的课题值得研究，对丰富新文学史料和东北师范大学校史以及廓清锡金先生对新文学的贡献有重大意义。

尽管有这么多的溢美之词，我还是认为书稿存在着不足，特别是锡金晚年的生活（1957—2003）和锡金创作研究方面薄弱。此外，由于篇幅的限制，书中没有收入锡金先生的书信、创作及文艺理论研究等方面的材料，这些都需要研究者在今后的研究中进步加强。

此书在写作中得到了导师逄增玉教授及社科处处长刘建军教授的多方指导，文学院资料室曾与锡金夫人赵彝女士共事的王洁白老师也多方协助我查找资料，还拿出她多年编辑、整理的《锡金著译年表》让我使用。出版社总编吴长安先生对书稿的修改提出了许多建设性的意见，并给予我多方面的鼓励。责任编辑吴东范女士和负责排版校对的赵金霞女士认真负责的工作态度使我感佩。

感谢东北师范大学学术出版基金委员会，在学术图书出版日窘的今天资助此书出版。衷心感谢上述师长，没有他们的支持和帮助，书稿不可能出版！

谨以此书告慰蒋锡金先生在天之灵！

谨以此书向东北师范大学建校六十周年献礼!!

吴景明